南京大学人文基金资助

國民革命軍陣亡將士公墓圖志

周学鹰 主编
马晓 鄢增华 苏艳萍 副主编

南京大学出版社

图书在版编目（CIP）数据

国民革命军阵亡将士公墓图志 / 周学鹰主编. —
南京：南京大学出版社，2020.12
ISBN 978-7-305-24009-6

Ⅰ. ①国… Ⅱ. ①周… Ⅲ. ①国民革命军—战斗英雄—公墓—墓志—图录 Ⅳ. ①K877.452

中国版本图书馆CIP数据核字(2020)第247831号

出版发行 南京大学出版社
社　　址 南京市汉口路22号　　邮　编 210093
出 版 人 金鑫荣

书　　名 国民革命军阵亡将士公墓图志
主　　编 周学鹰
责任编辑 王　静　　编辑热线 025-83685720

制　　版 南京紫藤制版印务中心
印　　刷 南京凯德印刷有限公司
开　　本 890×1240　1/16　印张20.75　字数460千
版　　次 2020年12月第1版　2020年12月第1次印刷
书　　号 ISBN 978-7-305-24009-6
定　　价 128.00 元

网　　址 http://www.njupco.com
官方微博 http://weibo.com/njupco
官方微信 njupress
销售咨询 (025) 83594756

编委会

主编： 周学鹰

副主编： 马　晓　鄢增华　苏艳萍

特邀顾问： 殷力欣

撰稿： 周学鹰　马　晓　鄢增华　苏艳萍　张　伟
鲁　迪

制图及档案录入： 马　晓　鄢增华　苏艳萍　张　伟　鲁　迪
李思洋　何乐君　牛志远　王翊语　等

摄影： 马　晓　牛志远　殷力欣　周学鹰　何乐君　等

项目组成员：

南京大学历史学院： 周学鹰　马　晓　李思洋　何乐君　牛志远
王翊语　安瑞军　宋　尧　鲁　迪　柏倩然
王雨佳　夏碧草　王文丹　胡梦丹　张丽姣
芦文俊　杨晨雨　唐奕文　顾田田　石　川
崔晓培　贵　琳　彭金荣　王　珣　郭玉菱
万小平　刘真吾　徐咏怡　等

南京孙中山纪念馆： 鄢增华　苏艳萍

同济大学： 张　伟

故宫博物院： 吴　伟

南京博物院： 卢小慧

西安工程大学： 高子期

参编： 南京大学历史学院
南京孙中山纪念馆
《中国建筑文化遗产》杂志社
《建筑文化》考察组

序文

革命勋烈，青史永垂！

国民革命军阵亡将士公墓系中华民族对内波澜壮阔、奋发图强，对外抵御外辱、不屈不挠的历史见证！

民国时，国民党中央执行委员会在民国十七年十一月建议设立建筑阵亡将士公墓筹备委员会，择址于原灵谷寺旧址建设阵亡将士公墓。自民国廿年三月正式开始，止于民国廿四年十一月工竣，新建或利用旧建筑，形成包含墓门、牌楼、祭堂、公墓、纪念馆、纪念塔等单体的建筑群，成为我国现代规模最大的纪念性公墓建筑群。

《国民革命军阵亡将士公墓图志》由南京大学历史学院、南京市中山陵园管理局孙中山纪念馆、南京市档案馆、《中国建筑遗产》杂志社及田野新考察组等共撰，数年成稿，凡二十余万言。

本书体例完整，内容齐备。含国民革命军阵亡将士公墓建设之源起与历程、建筑意匠探析、历史与现状照片、实测图纸等。尤可贵者，编者将诸多建设史料逐一梳理、标识，在此首先面世；实测图纸，绘制精美；溯原委、铭史册、存图照，泽及后学。

全书尊重历史，呈现原貌，史料丰富，论从史出。诚为研究中华民国建筑文化、国民革命军史，弘扬抗日英烈，彰我中华儿女自强不息、振奋民族精神之佳作。

读是书，唯感念中华民族励精图治、坚韧不拔、勉励探求之艰辛及牺牲之巨大。愿我华夏子孙缅怀先烈之勋业，牢记侵略者之寇仇，唾弃奸伪之卑劣。祈愿我中华后来人，同心协力图强，珍爱世界和平，坚守人间正义。

国民革命军阵亡将士公墓之兴建，其不独为中华民国规模最大之公墓建筑，在中华史上首倡殉国列兵与殉国名将同在，开享以国葬规制之先例。此亦为中华民族伟大之人文精神，在二十世纪初期之新气象也。

序文

铭记历史，昭示未来。唯缅怀英烈、慎终追远，可绵延我中华儿女之血脉；唯敬忠崇义、礼赞英雄，能延绵我中华民族之血性；唯继往开来、齐参天地，方显我中华文明之豪迈。

仆本中华后裔，敬先祖、慕勋业。欣闻是书付梓，谨表祝贺，安敢称序！

蔣孝嚴

二〇二一年一月二日

例言

1. 本书编制体例，大体上参考了《总理陵园管理委员会报告》[1]。

2. 所列各项记载，包括“建筑阵亡将士公墓筹备委员会”“总理陵园管委会”及其下设“园林处”等所办之事业。因为安葬历次战争中的阵亡将士，一切事业先后相承，故将自“民国十七年十一月建议设立建筑阵亡将士公墓筹备委员会”时1928年11月.起，讫中华人民共和国成立为止的21年，所办之各项事业，均依据目前所掌握之资料，按顺序汇编，本报告庶原委可以明显。其暂付阙如未备者，留待未来陆续增补，以臻完满。

3. 本书所载各项工程，其最重要者为公墓各部工程，均尽量将合同、图样、说明书等全文刊列，以昭翔实。

4. 历年以来公墓之管理，均按摘要叙录，藉资参考。

5. 本书所载经费报告，完全依据预算项目开列所有各项工程造价，详载各项合同。至于历年经收之纪念捐款，至捐赠者姓氏、数量等，目前掌握资料虽然有限，仍逐一列出，留待未来增补后，编列赠赙总表，以昭彰善举。

6. 历年所办之重要工作，有现已久经完竣者，另辟“纪事”一项专文记载，以存其实。

7. 有关国民革命军阵亡将士公墓之管理机构，虽非建设内容，然与公墓建设息息相关，故特分别专文以志之。

8. 原文中有姓无名者，均依据原文。例如，“马×”“王××”“马〇”“王△△”等。

9. 原文中日期均依据原档照录。例如，“廿”“卅”等。

10. 原档案材料几乎均无标点，文中断句为编者依据现通行标点符号规则所加。

11. 相关表中之未填充内容，均为原文所无，原文中“"”今改为“——”。

12. 原档案中之大写数字，均改为小写。例如：“捌”“肆”改为“八”“四”等。

13. 原档案中之“民国”，一律改为“中华民国”。

14. 原档案中有存在表述不当之处，均加引号处理。例如，“剿赤”“匪患”等。

---

① ［民国］总理陵园管理委员会：《总理陵园管理委员会报告》上.，南京：南京出版社，2008年。

15. 档案正文中出现的编号，均为原文中的编号，例如“国民政府训令第五〇号”。

16. 原文中有些符号，今依格式统一所需而取消。例如，“监印：”“校对：”分别改为“监印”“校对”。

17. 档案中分别有“灵谷寺本会办事处”“灵谷寺本会办事厅”，统一为“灵谷寺本会办事处”。

目录

目

录

目

录

下篇：国民革命军阵亡将士公墓照片与图纸

上篇

国民革命军阵亡将士公墓建设报告

导图

1. 区位图（图 1–1）

2. 国民革命军阵亡将士公墓原设计总平面图（图 1–2）

区位图

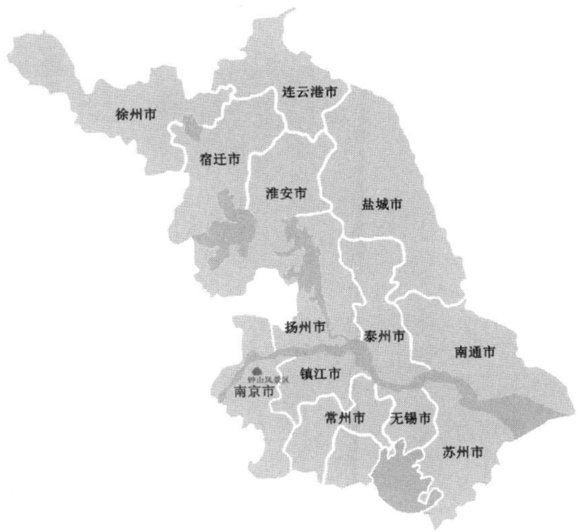

国民革命军阵亡将士公墓在江苏省的位置

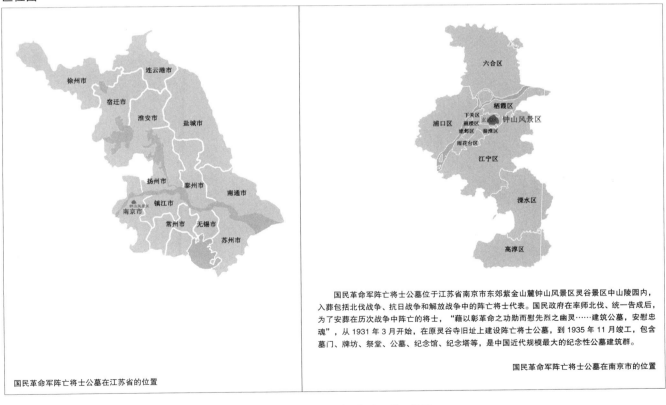

国民革命军阵亡将士公墓位于江苏省南京市东郊紫金山麓钟山风景区灵谷景区中山陵园内，入葬包括北伐战争、抗日战争和解放战争中的阵亡将士代表。国民政府在率师北伐、统一告成后，为了安葬在历次战争中阵亡的将士，“藉以彰革命之功勋而慰先烈之幽灵……建筑公墓，安慰忠魂”，从 1931 年 3 月开始，在原灵谷寺旧址上建设阵亡将士公墓，到 1935 年 11 月竣工，包含墓门、牌坊、祭堂、公墓、纪念馆、纪念塔等，是中国近代规模最大的纪念性公墓建筑群。

国民革命军阵亡将士公墓在南京市的位置

图 1–1　国民革命军阵亡将士公墓区位图

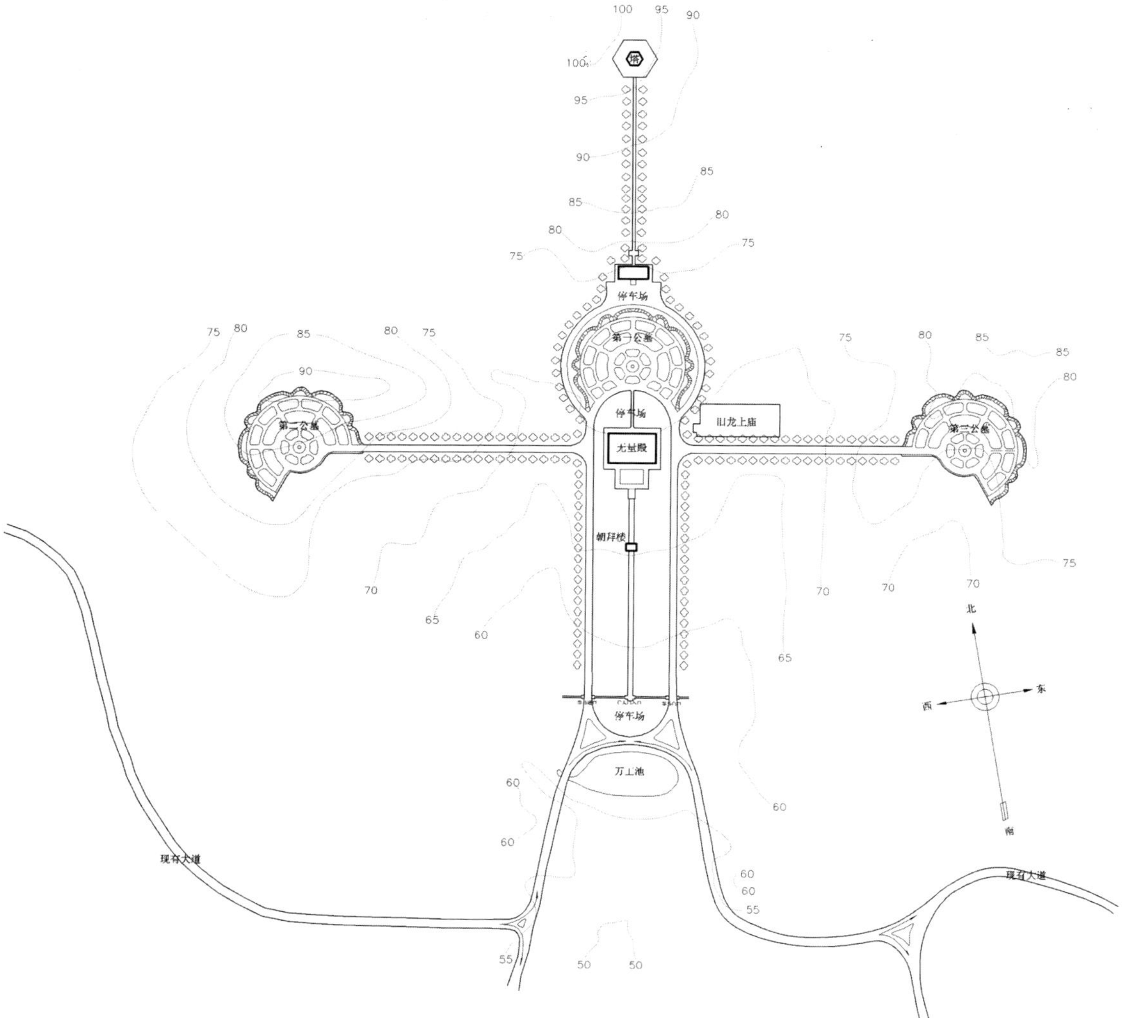

图 1–2　国民革命军阵亡将士公墓原设计总平面图

第一章　法规、训令

第一节　国葬法

一、国民政府为修正国葬法致总理陵园管委会训令①

来文机关：国民政府

事由：明令修正国葬法训令通饬施行

中华国民政府训令　第五五一号

令总理陵园管理委员会

为令知事，查国葬法，前经制定公布在案。兹将该法酌加修正，应再通饬施行。除公布并分行外，合行抄发该法修正条文，令仰知照，并转饬所属一体知照。

此令

计抄发国葬法一份

附　国葬法（中华民国二十五年七月十三日修正公布）

第一条　中华民国国民有殊勋于国家者，身故后，依本法之规定，举行国葬。

第二条　国葬由国民政府明令举行之。

第三条　国葬经费由国库支出之。

第四条　举行国葬由国民政府派员组织国葬典礼办事处，筹办国葬事宜。

第五条　国葬之仪式由国民政府以命令定之。

第六条　国葬举行之日，全国停止娱乐，并下半旗以志哀悼。

第七条　为举行国葬应设立国葬墓园，其条例另定之。

第八条　本法自公布日施行。

国民政府主席　林　森

立法院院长　孙　科

监印　陈光远

校对　沈绍珠

中华民国二十五年七月十三日

二、国民政府为修正国葬法致总理陵园管委会训令②

来文机关：国民政府

事由：明令修正国葬法训令通饬施行

国民政府训令　第三〇二号

令总理陵园管理委员会

为令知事，查国葬法，前经制定公布，并经明令修正各在案。兹将该法再加修正，应即通饬施行。除公布并分行外，合行抄发此次修正条文，令仰知照，并转饬所属一体知照。

---

①《国民政府为修正国葬法致总理陵园管委会训令》，南京市档案馆藏，档号：10050010034（00）0014。

②《国民政府为修正国葬法致总理陵园管委会训令》，南京市档案馆藏，档号：10050010038（00）0012。

此令

计抄发国葬法一份

附　国葬法（中华民国二十六年四月二十三日修正公布）

第一条　中华民国国民有特殊勋劳或伟大贡献，足以增进国家地位、民族光荣或人类福利者，身故后，得依本法之规定举行国葬。

第二条　国葬应经行政院提请中央政治委员会会议，以无记名投票三分之二以上同意，议决举行，由国民政府明令公布之。

第三条　受国葬者之国葬费用，由国库支给一万元。

第四条　办理国葬，应由内政部设立国葬典礼办事处，其组织通则由内政部拟订，呈请行政院核定之。

第五条　国葬仪式由国民政府以命令定之。

第六条　国葬举行之日，由国民政府派员致祭，全国下半旗志哀。

第七条　凡国葬均应葬于国葬墓园，如愿择地另葬者，应经国民政府核准，由受国葬者之家属领费自行安葬，但仍应于国葬墓园内建立碑记。

第八条　国葬墓园条例另定之。

第九条　本法自公布日施行。

国民政府主席　林　森

立法院院长　孙　科

监印　陈光远

校对　曾宪孔

中华民国二十六年四月二十三日

三、国民政府为修正公布国葬仪式致总理陵园管委会训令[①]

来文机关：国民政府

事由：明令修正公布国葬仪式训令通饬施行

国民政府训令　第五九〇号

令总理陵园管理委员会

为令知事，查国葬仪式，前经制定，明令公布在案。兹将该项仪式酌加修正，除公布并分行外，合行抄发修正条文，令仰知照，并转饬所属一体知照。

此令

计抄发修正国葬仪式一份

附　国葬仪式（中华民国二十六年七月二十九日修正公布）

第一条　本仪式依国葬法第五条之规定制定之。

第二条　参加国葬典礼人员，应于国葬日指定时间，齐集灵榇所在地。

第三条　启灵前，中央执行委员会、中央监察委员会、国民政府各派代表十人，各院部会署长官、国葬典礼办事处正副主任、亲友及家属，举行移灵典礼，由行政院院长主祭，其秩序如下：（一）典礼开始，（二）全体肃立，（三）奏哀乐，（四）主祭就位，（五）献花，（六）恭读诔文，（七）

①《国民政府为修正公布国葬仪式致总理陵园管委会训令》，南京市档案馆藏，档号：10050010039（00）0018。

向灵榇行三鞠躬礼，（八）默哀三分钟，（九）奏哀乐，（十）礼毕启灵。

第四条　灵车覆以党旗国旗。

第五条　启灵时，由附近要塞鸣礼炮十九发。

第六条　灵榇前后行列如左：

第一行列　骑兵官长一员，乘黑马，执军旗开道。骑兵二名，乘黑马，背枪护旗。骑兵二名，乘黑马，背枪分执党旗国旗（党旗在右，国旗在左）。骑兵二名，乘黑马，背枪护旗。军乐队，明令亭，铭旌，花圈挽词，遗像亭，骑兵（抱战刀）。

第二行列　步兵军乐队，步兵（枪口向下）。

第三行列　海军军乐队，海军（枪口向下）。

第四行列　警察乐队，警察队（枪口向下）。

第五行列　军乐队，京外党政军各机关代表，京内党政军各机关代表，各团体学校代表，外宾，步兵（枪口向下）。

第六行列　各国代表，中央执行委员会、中央监察委员会及国民政府代表，各院部会署长官，国葬典礼办事处正副主任，亲友。

第七行列　灵车，家属车，步兵（枪口向下）。

第八行列 骑兵殿后（抱战刀）。

以上各行列内之骑兵步兵海军警察队等之人数，由国典礼办事处临时定之。

第七条　灵榇经过时，军警应行最敬礼，民众一律脱帽，肃静致敬。

第八条　送灵人员自先头部队到达国葬墓园后，即依次分左右相向作二行停止，于灵榇经过时，军警行最敬礼，余脱帽鞠躬致敬。

第九条　灵榇抵国葬墓园后，中央执行委员会、中央监察委员会、国民政府代表，各院部会署长官，国葬典礼办事处正副主任，亲友及家属，恭扶灵榇入祭堂，举行安葬典礼，仍由行政院院长主祭，其秩序如下：（一）典礼开始，（二）全体肃立，（三）奏哀乐，（四）主祭就位，（五）献花，（六）恭读诔文，（七）向灵榇行三鞠躬礼，（八）默哀三分钟，（九）恭扶灵榇入墓门（由各院部会署长官、国葬典礼办事处正副主任、亲友及家属恭扶），（十）奏哀乐，（十一）葬毕礼成。

灵榇安葬毕，送灵人员，应各就指定地点，向墓行三鞠躬礼，辞归。

第十条　灵榇安葬时，由国葬墓园附近要塞，鸣礼炮十九发。

第十一条　灵榇安葬时，航空委员会派飞机示敬。

第十二条　送灵人员，均应于左臂缠黑布一道志哀。

第十三条　凡依国葬法第七条规定择地另葬者，不适用本仪式。

第十四条　择地另葬者，应于安葬之日，在国葬墓园内建立碑记，并由中央执行委员会、中央监察委员会、国民政府各派代表十人，各院部会署长官，京内各党政军机关、各团体学校代表，亲友家属或代表，举行国葬立碑致祭典礼，由行政院院长主祭。其秩序如下，（一）典礼开始，（二）全体肃立，（三）奏哀乐，（四）主祭就位，（五）献花，（六）恭读诔文，（七）向碑行三鞠躬礼，（八）默哀三分钟，（九）主祭报告受国葬者之事略，（十）奏哀乐，（十一）礼成。

第十五条　前条所定典礼，由国葬墓园管理处办理之。

第十六条　择地另葬者，移灵时，当地军警机关应派军警护送，各机关长官，应亲自送灵，各团体各学校得派代表参加。

第十七条　本仪式自公布日施行。

国民政府主席　林　森

行政院院长　蒋中正

内政部部长　蒋作宾

监印　陈光远

校对　曾宪孔

中华民国二十六年七月二十九日

第二节　建筑公墓、国殇墓园

一、各地建筑阵亡将士公墓办法、修正营葬条例及国殇墓园设置办法[①]

抄联勤总部签呈

卅六年十二月九日

事由：为筹划统一建筑阵亡将（士）[②]公墓办法拟具意见签祈核示由

案查前奉主席交下整编第五师师长邱清泉电，请在京郊指拨公地，以便集资兴建茔地，安葬阵亡将士一案，当以建筑公墓依法系由地方政府办理，应如何筹划统一办法，俾部队办理一致起见。经承办 钧部代电，征询内政部意见，兹准函复。以阵亡将士建筑公墓，已有国殇墓园设置办法颁行，且经一再催办，终以部队与地方隔膜及地方财政支绌依法设置者无多等由。容其未能实施，原因已如内政部所叙，即使重申前令，似仍无补。既有规定办法，自无须重新拟订。况在胜利之前，原有战后统筹举办之议，同因"匪患"继起，多无法推行。而各省市财政支绌，亦系事实。除俟"匪患"敉平，再请通令各省市县办理外，拟以首都所在地，先行筹办首都国殇墓园，以示崇敬。谨拟左列数项，拟作开会商讨之原则：

一、筹办事宜悉依国殇墓园设置办法之规定。

二、由本部通令陆、海、空军，各独立单位（陆军师以上、海军一个单位、空军一个单位）造册申请（限卅七年　月底）采用代表葬，每一单位迁葬一至五人，其余另在墓园内各建碑亭，刊列姓名。

三、商由京市府拨给京郊公地若干亩（估计每一单位一亩，须三百市亩）。

四、建筑费用由内政部、国防部、南京市府会呈行政院转请国民政府，饬由国库拨付专款。至迁葬费则由各部队先行垫支，专案报国防部核销。

以上原则拟定期邀请内政部、南京市政府开会商讨。俟有结果，再拟详细办法会呈请示，是否有当。理合抄同国殇墓园设置办法。签祈。鉴核示遵。

谨呈

部长　白

附抄办法一份

联合勤务总司令　郭　忏

（一）各地建筑阵亡将士公墓办法

（二十五年六月公布）

一、凡阵亡将士捐躯地点，应由当地地方建筑公墓，以葬忠骸。

---

①《各地建筑阵亡将士公墓办法、修正营葬条例及国殇墓园设置办法》，南京市档案馆藏，档号：10030031284（00）0010。

② 编者按：原文无"士"字。

二、建筑公墓地点总以省会或交通巨埠为适宜，可以引起人民观瞻，藉资矜式。

三、凡抵御外侮、北伐、“剿赤”阵亡将士，均应附入公墓。

四、公墓之大小以埋葬忠骸穴数之多少而定之。

五、公墓前应建立石碑，将死亡将士职级、姓名、籍贯均刻入之，以垂永久。

六、建筑公墓经费以各将士捐躯地点，均于该地地方有功，应由当地地方筹措之。

七、公墓四围应植花种树，以资点缀。

八、每年于七月九日（国民革命军北伐誓师纪念日）举行公祭，该地党、政、军、学、商各界均应参加。其仪式须极隆重，以志哀悼。

九、各地方公墓应由该地地方官随时修葺，负责保护。

十、凡分葬各处之将士坟墓不能附入公墓者，亦应按照致祭，并于其坟前立碑、种树，随时修葺，负责保护，一面严禁人民，不得任意践踏、畜牧、采樵，以慰忠魂。

十一、各地方建筑公墓务于本年六月底以前完成，以备七月九日公祭。公[①]于完成公祭后十日以内，报由该省最高军事长官及该省政府，于二十日内会报本会备案。

（二）国民革命军阵亡将士公墓修正营葬条例

二四七军委会公三（训）字第一七九八号训令施行

第一条　本公墓营葬阵亡将士以国民革命军为限，采用代表葬办法。

第二条　代表葬代表规定用抽签法，于每战役每部队每阶级抽定一人。

第三条　本公墓举行抽签时，得于正代表外，另抽补充代表一人，以备正代表忠榇无法迁葬时补充之。

第四条　正代表及补充代表之忠榇均无法迁葬时，得用正代表姓名刻碑代葬。但各代表之忠榇或经公葬、或经家族安葬祖坟，不愿迁葬本公墓者，将其姓氏刻入题名碑。

第五条　凡国民革命军部队，应将每次战役阵亡将士依照本公墓规定之调查表格式详细填注，呈由中央最高军事机关核准，转送本公墓作为抽签根据。

第六条　凡各师部队之将、校、士兵如有特殊勋绩，经中央最高军事长官特许阵亡例送葬本公墓者，得照本公墓之规定区域，妥为安葬。

第七条　自民国二十三年七月一日起，凡每一战役终了时，各师部队除照本公墓表式造送阵亡将士名册外，得于每阶级迁葬代表忠榇一具至本公墓安葬，不再抽签。但每一战役之阵亡将士姓名已经呈报并经本公墓抽定代表者，不得再行选送。

第八条　准葬本公墓之将士家属或其关系人，拟在墓上建立特别碑石者，须绘具图样及说明书等，送由本公墓核准，方得施工。

第九条　凡各地已经建筑之阵亡将士公墓，应责成当地政府妥为保管，建立墓碑。但墓碑须遵照本公墓规定之式样。

第十条　本条例如有未尽事宜，得随时呈准中央执行委员会修正之。

第十一条　本条例呈奉中央执行委员会核准施行。

（三）国殇墓园设置办法

（军事委员会、行政院训令　三十年七月　办二处渝第二四一八、勇二字第一〇九九二号公布）

第一条　国殇墓园之设置，除法令另有规定外，依照本办法办理之。

① 编者按：原文为“公”，或为“并”。

第二条　凡参加中日战争之阵亡将士，均得葬于国殇墓园。文职官吏及人民因守土抗战而死亡者，经查明核准，并得葬于国殇墓园。

第三条　首都应设国殇墓园，各省、市、县及具有特殊战绩之地方得设置之。

第四条　建筑国殇墓园须依照左列各款之规定：

一、建筑公共纪念碑，纪载战役时间、事迹、参加作战部队、阵亡官兵姓名级职。

二、墓前应立石碑，刊列阵亡将士职级、姓名、籍贯、死时年月日。

三、死难文职官吏及人民刊列纪念碑之事迹，得参照前两项之规定，分别办理。

四、墓园应尽量利用天然风景，并种植花树。

五、公共纪念碑前应设置石凳、石几、香炉，并须有相当空场以供祭祀及游人休憩。

第五条　已葬之阵亡将士及第四条第三项之文职官吏及人民，经核准后得迁葬于国殇墓园。其未迁葬者，仍于墓园内立碑，以为纪念。

第六条　阵亡将士之姓名无法查考者，应将其战役人数刊列于纪念碑上。

第七条　各地方建筑国殇墓园，得就各部队自行建筑之公墓改建之。

第八条　国殇墓园应于每年植树节日举行致祭典礼，由所在地方之行政长官主祭，当地各党政机关、军队、学校、团体，均得派代表陪祭。

第九条　国殇墓园内安葬人之家属得参加典礼与祭。

第十条　致祭次序之规定，依公祭礼节之规定。

国外阵亡将士公墓调查表

（三十七年四月调查）

区域	所在地	建立经过	埋葬人数	费用	看守人	管理机关	备
印度	滩勒浦（TALAP）	远征军与当地政府建立	约三百人	三七年度常年经费五三四〇盾，重点修理费在外（连以下共五处）	托管	原有英方代管，现由驻印使馆委托印方政府代管	
	雷多（LEDO）	—	约六百人	—	—	—	
	雷多（LEDO）	—	约六百人	—	—	—	距雷多廿三公里
	兰加（NAMQAN）	新一军建	约五百人	—	—	—	
	高赫店（GAUHATE）	英方建立	二十七人	—	—	—	二十七人系葬英军公墓内
缅甸	密支那	远征军建	新一军校官三、尉官二六、士兵一千六百余，一四师官廿六，余数目不详，五七师校一、士兵八六，数未详	连以下五处，三七年度常年管理费一四九一〇盾	刘　龙 周朝贵 郑明辉	驻缅领事馆	密支那公墓计处官佐均系单葬，士兵系合葬
	八莫	—	官兵一九八人	—	周　斌 黄千峰 杨济东		
	南坎	—	官兵三八三人	—	王少武 李国森 黄仁顺	—	黄仁顺原看芒友，三七年四月调来南坎
	芒友	—	正调查中	—	周启明 袁光辉	—	芒友之黄仁顺，三七年四月赴南坎
	腊戌	—	正调查中	—	胡蔚华		

第十一条　国殇墓园之建筑管理，由所在地方政府办理。其墓园设计碑石式样，应报由内政部核定之。国殇墓园之经费，除首都由国库拨付外，余均列入地方预算，必要时由国库补助之。

二、国民政府为公布施行国葬墓园条例致总理陵园管委会训令

来文机关：国民政府

事由：明令公布国葬墓园条例训令通饬施行

国民政府训令　第五五〇号

令总理陵园管理委员会

为令知事，查国葬墓园条例，业经制定，明令公布，应即通饬施行。除分行外，合行抄发该条例，令仰知照，并转饬所属一体知照。

此令

计抄发国葬墓园条例一份

附　国葬墓园条例（二十五年七月十三日公布）

第一条　本条例依国葬法第七条之规定制定之。

第二条　国葬墓园设于首都郊外，其地点由南京市政府选定，呈由行政院转请国民政府核准备案。

第三条　凡依国葬法举行国葬者，应依本条例之规定，安葬于国葬墓园。但有特殊情形不能安葬于国葬墓园者，经国民政府之核准，得树立墓碑，以资纪念。

第四条　国葬墓园之设计、建筑、管理、警卫等事宜，应设国葬墓园管理委员会办理。其组织规程，由行政院拟订，呈请国民政府核定之。

第五条　国葬墓园之墓位，应由国葬墓园管理委员会先行规划，编列号数。受国葬者，应依次安葬。前项墓位及其号数编定后，应呈报行政院核准，并转呈国民政府备案。

第六条　国葬坟墓、碑碣等之式样，由国葬典礼办事处拟具，经国葬墓园管理委员会审定之。

第七条　受国葬者之姓名、籍贯及事迹，应镌载墓碑。

第八条　国葬墓园每年于植树节日由国民政府派员致祭。

第九条　在本条例公布前举行国葬者，不适用本条例之规定。

第十条　本条例自公布日施行。

国民政府主席　林　森

立法院院长　孙　科

监印　陈光远

校对　曾伯球

中华民国二十五年七月十三日

第三节　祭祀

一、国民政府为公布公祭礼节致总理陵园管委会之训令[①]

来文机关：国民政府

事由：明令公布公祭礼节训令通饬施行[②]

①《国民政府为公布公祭礼节致总理陵园管委会之训令》，南京市档案馆藏，档号：10050010038（00）0053。

② 编者按：原文缺，本句为著者依文意所加。

国民政府训令　第五〇九号

令总理陵园管理委员会

为令知事，查公祭礼节，现经制定，明令公布，应即通饬施行，除分行外，合行抄发该项礼节及附图，令仰知照，并转饬所属一体知照。

此令

计抄发公祭礼节附位次图一份①

附　公祭礼节（二十六年六月二十二日公布）

第一条　凡举行公祭，除法令别有规定外，依本礼节之规定。

第二条　公祭依左列之秩序：一、祭礼开始。二、全体肃立。三、奏哀乐。四、主祭者就位。五、陪祭者就位。六、与祭人全体就位。七、上香。八、献花。九、恭读祭文。十、行祭礼三鞠躬。十一、主祭报告致祭意义。十二、演讲。十三、奏哀乐。十四、礼成。前项第五、第六、第十一、第十二各款规定，得因致祭时实在情形酌量改赞或从略。

第三条　公祭位次依附图之规定。

第四条　本礼节自公布日施行。

国民政府主席　林　森

行政院院长　蒋中正

内政部部长　蒋作宾

监印　陈光远

校对　张家柱

中华民国二十六年六月廿二日

二、国民政府为抄发春秋二季致祭阵亡将士办法致国父陵园管理委员会的训令②

来文机关：国民政府

事由：为抄发春秋二季致祭阵亡将士办法令仰知照由

国民政府训令　第六六三号

卅六③年六月廿一日

令国父陵园管理委员会

春秋二季致祭阵亡将士办法，兹经制定，应即通饬施行。除分令外，合行抄发该项办法。令仰知照。

此令

计抄发春秋二季致祭阵亡将士办法一份

春秋二季致祭阵亡将士办法

一、春秋二季致祭阵亡将士典礼，除中央在国都所在地举行外，全国各省、市、县应一律就地举行，以表崇敬。

二、兹定春祭日期为每年三月二十九日，秋祭日期为九月三日。

三、春秋二季致祭阵亡将士典礼参加人员，除中央举行时另有规定外，全国各省、市、县应由各地方首长领导，当地各机关、法团、学校一律参加。

---

① 编者按：公祭位次图略。

②《为抄发春秋二季致祭阵亡将士办法的训令》，南京市档案馆藏，档号：10050030560(00)0002。

③ 编者注：与前文使用“二十六年”格式不一致，均据原档照录。

四、各省、市、县春秋二季致祭阵亡将士典礼地点，应就各地忠烈祠或其他适当地点举行之。

五、各地致祭阵亡将士典礼时，同时致祭抗战殉难官民。

六、致祭仪式依照国民政府二十六年六月二十二日公布之公祭礼节规定之，其仪式附后：

1. 祭礼开始；
2. 全体肃立；
3. 主祭者就位；
4. 陪祭者就位；
5. 与祭者全体就位；
6. 奏哀乐；
7. 上香；
8. 献花；
9. 恭读祭文；
10. 行祭礼三鞠躬；
11. 主祭报告致祭意义；
12. 演讲；
13. 奏哀乐；
14. 礼成。

前项五、九、十一、十二各款规定，得因致祭时实在情形酌量改赞或从略。

国民政府主席　蒋中正

行政院院长　张　群

监印　陈光远

校对　沈业裘

中华民国卅六年六月廿一日

第四节　其他

一、国民政府为绥远抗战阵亡军民追悼大会是日下半旗致总理陵园管委会训令[①]

来文机关：国民政府

事由：据文官处签呈以准行政院函为绥远定于三月十五日举行该省民国二十五年绥远抗战阵亡军民追悼大会请转陈通饬于是日一律下半旗志哀签请鉴核等情应准照办通令转饬遵照由

国民政府训令　第一六八号

令总理陵园管理委员会

为令遵事，案据本府文官处签呈称："准行政院二十六年三月六日第七九七号公函开，'案据绥远省政府主席傅作义萧未总电称，"本省三月十五日举行民国二十五年绥远抗战阵亡军民追悼大会，业经铣电呈报。查此次阵亡前防国军及地方团队人民，均系为国牺牲，似应全国一致哀悼，以资表扬，而励士气。可否由钧院通电全国于是日一律下半旗志哀之处，尚祈鉴核示遵"等情，据此，除复电照准，并饬属一体遵照，暨函达中央执行委员会秘书处查照转陈电饬各级党部遵照外，相应

①《国民政府为绥远抗战阵亡军民追悼大会是日下半旗致总理陵园管委会训令》，南京市档案馆藏，档号：10050010037（00）0034。

函请查照转陈电令直辖各机关一体遵照’等由；准此，理合签请鉴核。”等情，据此，应准照办。除饬复并分令外，合行令仰遵照，并饬属一体遵照。

此令

国民政府主席　林　森
行政院院长　蒋中正
监印　陈光远
校对　胡建磐
中华民国二十六年三月十一日

二、国民政府为会议决定本年三月二十九日举行革命先烈纪念时增加追悼抗战死难军民一项的训令①

来文机关：国民政府

事由：为三中全会主席团决定本年三月二十九日举行革命先烈纪念时增加追悼抗战死难军民一项令仰遵照并饬属遵照由

国民政府训令　第二三六号

令国父陵园管理委员会

第六届中央执行委员会第三次全体会议主席团第一次会议决定：本年三月二十九日举行革命先烈纪念时，增加追悼为抗战死难军民一项。除分行外，合行令仰遵照，并转饬所属一体遵照办理。

此令

国民政府主席　蒋中正
兼理行政院院长职务　蒋中正
立法院院长　孙　科
司法院院长　居　正
考试院院长　戴传贤
监察院院长　于右任
监印　陈光远
校对　沈业袭
中华民国卅六年三月十九日

①《国民政府为会议决定本年三月二十九日举行革命先烈纪念时增加追悼抗战死难军民一项的训令》，南京市档案馆藏，档号：10050030560（00）0001。

第二章　组织

第一节　会议纪要

一、筹备委员会会议记录

（一）第十四次会议

建筑阵亡将士公墓筹备委员会第十四次会议记录 ①

地　点：灵谷寺本会办公处

时　间：民国十九年十二月十六日下午二时

出席者：何应钦　刘纪文　林焕庭　傅焕光　陈果夫（赵棣华代）　夏光宇　黄为材

列席者：董大酉　薛次莘　邵叔嘉　刘梦锡

主　席：何应钦　　　　纪　录：邵叔嘉

主席恭读　总理遗嘱

报告事项

一、宣读上次会议记录。

二、报告与馥记营造厂商洽大纲，并与商定日后按工程步骤分期付款办法各情形。

讨论事项

一、请决定全部工程归馥记营造厂承造，包价八十万元，先付二十万元，其他按商定之工程分期付款表（见附件）办理，请即指定委员与该商订定合同案。

决议：

（一）全部工程归馥记营造厂承造，工程分期付款表通过，推定林焕庭委员代表本会与该商订定合同。

（二）预付建筑费二十万元，馥记营造厂请上海许蓉芳担保，又工程请上海董家渡外滩复记木行担保，公推刘纪文委员调查后办理。

二、奚荣记修造灵谷寺请求加价案。

决议：准加给洋一千一百三十六元。

三、请加用监工一员案。

决议：准加用一员，月支薪水六十元。

完

（二）第十五次会议

建筑阵亡将士公墓筹备委员会第十五次会议记录 ②

地　点：灵谷寺本会办公处

时　间：民国二十年元月十三日下午三时

出席者：林焕庭　黄为材　刘纪文（傅焕光代）　傅焕光　夏光宇　陈果夫（赵棣华代）

---

①《建筑阵亡将士公墓筹委会第十四次会议记录》，南京市档案馆藏，档号:10050010254(00)0001。馆藏档案文件题名将“筹备委员会”简化为“筹委会”，下同。

②《建筑阵亡将士公墓筹委会第十五次会议记录》，南京市档案馆藏，档号:10050010254(00)0002。

何应钦（谭葆寿代）

列席者：董大西　邵叔嘉　刘梦锡　梁鼎铭

主　席：夏光宇　　　　纪　录：邵叔嘉

主席恭读　总理遗嘱

报告事项

一、宣读上次会议记录。

二、代陈果夫委员报告以本公墓经费收买公债之最近情形。

三、报告先与承造人馥记营造厂订立合同，后经调查担保人及核在申过，付现款及盖立保单之经过。

四、报告各投标人保证金已如数发还，所收图案费七十元，已抵拨说明书印刷费。

五、梁艺术专员报告此次赴豫调查战绩之经过。

讨论事项

一、据承造人之请求，已改由广东银行担保，预付造价二十万元，请为追认案。

决议：追认。

二、董大西代表以茂菲不照合同接济用款，请暂借三千元，俟茂菲回华自与料理，业已酌借二千元作为建筑师费预付金，请为追认案。

决议：追认。

三、诸事就绪，大工已兴。茂菲忽电致傅委员请将工程暂缓进行，待其二月间回华，可省十万元等语，应如何办理案。

决议：请傅委员电复茂菲，业已开工。

四、无量殿图案说明书已备，应否由馥记单独开账承修，抑另行登报招标，请公决案。

决议：

（一）登报招标，十五日起，登报一星期，一月底截止，一切办法悉照上次招标方法办理。投标保证金定为洋一千元，押图费十元。

（二）请建筑师先行估价送会。

五、十一月及十二月份账目请另推委员审核，以便报告案。

决议：仍请赵棣华代表审核。

六、元月份预算请照准案。

决议：照准。

七、迁移坟墓案。

决议：函请总理陵园管理委员会派员，会合办理所有坟墓一律迁葬陵园第二公墓。

完

（三）第十六次会议

建筑阵亡将士公墓筹备委员会第十六次会议记录[1]

地　点：灵谷寺本会办公处

时　间：民国二十年二月三日下午三时

出席者：林焕庭　黄为材　蒋中正（傅焕光代）　傅焕光　夏光宇　陈果夫（赵棣华代）

①《建筑阵亡将士公墓筹委会第十六次会议记录》，南京市档案馆藏，档号:10050010254(00)0003。

刘纪文（林焕庭代）

列席者：董大酉　薛次莘　邵叔嘉　刘梦锡

主　席：夏光宇　　　　　纪　录：邵叔嘉

主席恭读　总理遗嘱

报告事项

一、宣读上次会议记录。

二、报告十一、十二两个月收支情形。（见附件一、二）

三、代陈果夫委员报告，收买公债手续繁琐，决暂中止，已将中笺及利息所收入解存中央银行各情形。

四、报告迁移本会建筑区域内各坟墓已与总理陵园管理委员会商办法，一俟布告，限满即行兴迁各情形。

讨论事项

一、修复无量殿工程招标计收得馥记、利源、竞记三家，请与建筑师估价单一并开折，决定承修人案。

决议：决由馥记以十二万元承修。所有本会已购材料及已做成之木架、木壳等概归馥记，以抵所减之价三千八百六十四元，仍请林委员[①]签订合同。（见附件三）

二、本京市政府工务局来函，以拆除中山门外套城改筑马路图案，已定需款二万一千元，拟由市政府、总理陵园管理委员会、本会及二十年全国运动大会筹委会四机关平均负担，以示合作等语，请公决如何办理案。

决议：决由本会函复，由本会担任五千元，开标时本会派工程师参加。

三、请酌加职员薪水案。

顾其林、陈子静两助理每月各加薪水十元[②]。

四、二月份支出预算请核准案。（见附件四）

决议：照准。

完

（四）第十七次会议

建筑阵亡将士公墓筹备委员会第十七次会议记录[③]

地　点：灵谷寺本会办公处

时　间：民国二十年三月三日下午三时

出席者：熊　斌　林焕庭　夏光宇　陈果夫（赵棣华代）　蒋中正（傅焕光代）　傅焕光　黄为材

列席者：邵叔嘉　刘梦锡　梁鼎铭

主　席：夏光宇　　　　　纪　录：邵叔嘉

主席恭读　总理遗嘱

---

①编者按：1. 根据前文，“林委员”应为“林焕庭委员”；2. 本文中的附件一至四，原件中均无。下文同。

②编者按：原文如此，句首应缺少“决议：”。

③《建筑阵亡将士公墓筹委会第十七次会议记录》，南京市档案馆藏，档号:10050010254(00)0004。

报告事项

一、宣读上次会议记录。

二、报告元月份收支总结、经赵代表审核之经过。（见附件一）

三、报告林委员与馥记营造厂订立承修无量殿合同之经过，除未曾预付造价外，其余悉照上次办理至分期付款表。可见附件二。

四、报告自修无量殿已经结束，除酌留里工，月需工资洋二百六十七元以资办理杂项工程外，余经让渡与馥记之经过。

五、报告市政府工务局拆除中山门外套城改筑马路，本会派员参加开标之经过及来函催缴本会所认助之五千元。

六、报告茂菲建筑师由美回华，来会声述各节及其代表董大西，函请展缓归还借款二千元之情形。

讨论事项

一、两广宾馆函请另拨地为迁葬两广忠义墓，究应如何办理请公决案。

决议：由本会函请总理陵园管理委员会代购山地十五亩，拨给两广宾馆；另给与迁葬费共洋一千元，由该宾馆自行办理，限三月底一律迁完。如届期不迁完，由本会代迁。

二、战役大壁画第一期应用料具预算六千五百元行将用罄，现因定货将到，拟请照预算准拨第二期四千五百元，以资应用案。

决议：照准。

三、事务股助理金兆祺辞职，陈委员提议补用沈博文，月支薪水一百四十元，请公决案。

决议：照准。

四、三月份支出预算请核准案。（见附件三）

决议：通过。

完

（五）第十八次会议

建筑阵亡将士公墓筹备委员会第十八次会议记录[1]

地　点：灵谷寺本会办公处

时　间：民国二十年四月十九日下午三时

出席者：刘纪文　林焕庭　傅焕光　夏光宇　陈果夫（傅焕光代）

列席者：刘梦锡　梁鼎铭　沈博文

主　席：刘纪文　　　　纪　录：沈博文

主席恭读　总理遗嘱

报告事项

一、宣读上次会议记录。

二、报告二、三月份收支情形。（附件一、二）

三、报告收购民地及两广宾馆自迁各坟之经过。

四、报告茂菲建筑师来函声明收归自管之经过。

五、三月二十五日，蒋主席来会勘视第三公墓，对于第三公墓地势太觉卑洼，主张向西南迁至

---

①《建筑阵亡将士公墓筹委会第十八次会议记录》，南京市档案馆藏，档号:10050010254(00)0005。

约距二百尺之高岗上，并因高岗狭窄，主张将东、西二穴原定直径各四百尺改为各三百尺，茂菲当场接洽，已在改制图案。

六、刘工程师报告各项工程进行之情形。

讨论事项

一、茂菲建筑师依据全部工程九十二万元，已付二十万元之比例，除承认董代表前借去洋二千元外，要求找付建筑师费洋一千，另四十五元已暂行挪付，以免延误工程，请为追认案。

决议：追认。

二、邵干事呈请辞职并荐沈助理自代案。

决议：是否照准函请陈委员决定。

三、艺术股助理梁又铭应陆海空军总司令部第二"剿匪"宣传处暂时调用，从本月十六日起请留职停薪案。

决议：准调用三个月并补具公函。

四、艺术股请添用见习员四名，月支生活费自二十五元至三十五元案。

决议：准用。

五、馥记因塔基工程增加，要求加价二千四百四十二元，请核准案。

决议：准加一千七百七十五元。

六、艺术股拟即装置电灯以便工作案。

决议：接线装灯总数不得超过一千三百元。

七、艺术股木工顾林虎积劳病故，请逾格抚恤案。

决议：付本月工资，另抚恤两个月。

八、新制职员证章以资办公，请为追认案。

决议：追认。

九、新购自行车一辆以资替用，请为追认案。

决议：追认。

十、两广宾馆筹备处请求增加迁葬费洋三百元，应如何办理，请为公决案。

决议：照付。

十一、艺术股请购灭火器一具，约洋五十元，请为核准案。

决议：照准。

十二、四月份支出预算，请核准案。（附件三）

决议：照准。

完

注：廿一年四月十七日下午，于右任、陈果夫、傅焕光、夏光宇、熊斌、刘梦锡、梁鼎铭、周敬照诸先生，同祝誉大门、牌楼、无量殿、纪念馆、纪念塔等处，临时借定，应题各字及地位。大门正中门匾用长方一行字；牌楼正中前面题"天地正气"，后面题"党国之光"，前后各题对联一副；无量殿借定成仁殿，志公塔已详决议案；纪念塔拟请要人分书（碑、石）。

许政 志

（六）第十九次会议

建筑阵亡将士公墓筹备委员会第十九次会议记录[1]

地　点：灵谷寺本会办公处

时　间：民国二十年五月三十日下午三时

出席者：陈果夫　夏光宇　傅焕光　黄为材　赵棣华（陈果夫代）　刘梦锡

列席者：梁鼎铭　沈博文

主　席：夏光宇　　　　　纪　录：沈博文

主席恭读　总理遗嘱

报告事项

一、宣读上次会议记录。

二、四月份收支总结经赵代表审核之经过。（附件一）

三、报告中央改派本会委员之情形。

四、报告艺术股见习员华祥封、沈步洲、毛执中、施志衔均已先后到差。

五、报告陆海空军总司令部政治训练部第二“剿匪”宣传处来函，请准调用艺术股助理梁又铭至该处协助“剿匪”工作五个月，业已遵照本会十八次会议决议案，函复准予调用三个月之经过。

六、刘工程师报告工程进行之情形。

讨论事项

一、茂菲建筑师来函谓依据修复无量殿订定分期付款办法，载明须俟南、北二小拱圈完成后付第一期款二万三千元。现在该二拱圈虽未完成而实际工程代价已超出应付第一期款之数至少一万元，且所到材料亦复不少，拟请本会准付馥记三万元。其付款证容后补具，应如何办理，请为公决案。

决议：函复茂菲须签发付款证后，本会方可通融发第一期款项二万三千元。

二、请装置电话案。

决议：照装。其装接费由沈先生再与电话局接洽。

三、本会补助电厂添杆放线费，依电厂重估数目，连押柜金在内超出决议数约三百元，请为核准案。

决议：照准。

四、本公墓墓门模型已经制就，是否合用，请为公决案。

决议：略为放大，交茂菲建筑师酌办。

五、画馆建筑地点案。

决议：假定新村北第二公墓前之高岗，俟视察后再行决定。

六、谭院长国葬典礼办事处函请于本月底前，拆让本会管有之围墙及办公房屋，以便兴修墓道应如何办理，请为公决案。

决议：围墙照拆让，房屋因办公不能拆迁。

七、工程助理员顾其林、陈子静辞职案。

决议：照准。并由刘工程司[2]另行选用二人补充。

八、刘工程师请酌加监工罗顺全薪水，以资鼓励案。

---

①《建筑阵亡将士公墓筹委会第十九次会议记录》，南京市档案馆藏，档号:10050010254(00)0006。

② 编者按：按原文著录，应为“师”。

决议：准。自六月份起，加薪十元。

九、邵干事呈请辞职案。

决议：照准。

十、陈委员果夫提议以许政同志充任本会干事案。

决议：照聘。月薪定为二百四十元。

十一、决议：请兼秘书黄委员常川驻会工作，每月由会致送伕马费银二百元。

十二、梁艺术专员请装置画室天花板案。

决议：照装。由梁专员与刘工程师商定做法，估计价目，送秘书核办。

十三、五、六月份支付预算请核准案。（附件二、三）

决议：修正通过。

完

（七）第二十次会议

建筑阵亡将士公墓筹备委员会第二十次会议记录[①]

地　点：灵谷寺本会办公处

时　间：二十年十一月六日下午二时

出席者：陈果夫　夏光宇　熊　斌　傅焕光　黄为材　赵棣华　刘梦锡

列席者：许　政　梁鼎铭　沈博文

主　席：夏光宇　　　　　　纪　录：沈博文

主席恭读　总理遗嘱

报告事项

一、宣读十九次会议及六月二十五日、十月七日举行之两次常务会议记录。

二、报告九月份收支总结（已送请陈委员审核）。（附件一）

三、报告九月十四日夏、傅二委员及刘工程师与茂菲建筑师商定对于工程进行办法之经过。

四、报告调查战史之经过。

五、报告罗助理诒莁业已到差。

六、刘工程师报告工程经过情形。

七、梁艺术专员报告壁画进行之情形。

讨论事项

一、公墓第二期款二万四千元到期已照付，以免延误工程，请为追认案。

决议：追认。

二、建筑师费三百七十三元，请核付案。

决议：照付。

三、公墓围墙应否改低案。

决议：通知建筑师酌量情形减低。

四、梁专员提议济南惨案油画经费预算六千八百元（画布除外），请分期拨付案。

决议：第一期先付一千一百元。

五、艺术股请购电炉三具案。

①《建筑阵亡将士公墓筹委会第二十次会议记录》，南京市档案馆藏，档号:10050010254(00)0009。

决议：准购。并另装作燃料用之电表。

六、规定罗助理诒荪月薪案。

决议：月支八十元。

七、请中央执行委员会颁给印信案。

决议：照办。

八、刘工程师请增加监工人员薪额，以资鼓励案。

决议：罗监工员顺全月加薪水二十元，汪监工员源沛、缪监工员宝康各加薪十元，均于本年十二月份起加给。

九、梁艺术专员请增加油画见习生津贴案。

决议：自本年十二月份起，每人增加津贴五元。

十、十一月份预算请为核准案。（附件二）

决议：修正通过。

完

（八）第二十一次会议

建筑阵亡将士公墓筹备委员会第二十一次会议记录①

地　点：灵谷寺本会办公厅②

时　间：二十二年十月九日下午三时

出席者：陈果夫　夏光宇　叶楚伧　刘梦锡　傅焕光　蒋中正（杨志春代）　何应钦（蒋绍昌代）　王柏龄

列席者：张熙麟　许　政　梁鼎铭　沈博文

主　席：夏光宇　　　　纪　录：沈博文

主席恭读　总理遗嘱

报告事项

一、宣读上次会议记录。

二、报告七月份收支总结（下次常会报告）。

三、报告中央执行委员会秘书处推叶楚伧同志为本会委员函。

四、报告墓地调查员成绩及调查经过情形。

五、报告北平军分会函寄一部分长城抗日阵亡将士调查表到会，计三千零二十五份，余表俟呈报续寄。

六、报告“剿匪”阵亡将士调查表经五十二师及五十九师函寄两册到会，因填注简略，经本会检附表式，函请重造送会。

七、祭堂内题名碑、石七十八块，前经十六次常会决议，准由全品记石作承办，其应交第一批碑石二十八块据报运至太湖义山脚下遇风覆舟，沉没十八块，请求展延交货期限两星期等语。除函请吴县县政府查复是否事实外，业经派人查悉运到苏州车站碑石十块，俟往石塘查明该石作采办实情，再行核办。

八、梁专员报告第三步调查战绩之经过情形。

①《建筑阵亡将士公墓筹委会第二十一次会议记录》，南京市档案馆藏，档号:10050010254(00)0030。

②编者按：原文为“厅”，据前文，应为“处”。下同。

讨论事项

一、本会常务委员林焕庭先生病故，故请推举常委补充案。

决议：推叶楚伧先生为本会常务委员。

二、第一公墓内北伐阵亡将士筑墓圹三百个，其工程仍照上次淞沪抗日阵亡将士墓圹建筑，每个墓圹价洋四十三元，限两个月内完工，由李新记营造厂承揽，请为追认案。

决议：追认。

三、整理第二公墓坡度，业经工程股测绘完竣，请审核案。

决议：交常会办理。

四、阶石图案依据刘福泰、陈之佛、李士毅三专家原稿，经梁专员修正，请鉴定案。

决议：依梁专员修正图案通过。

五、纪念馆及祭堂两处工程加账洋一万八千两百五十六元，业经先后付给馥记营造厂，请为追认案。

决议：追认。

六、征集阵亡将士遗物虽经登报征求，而来件甚少，应如何广为征集，请筹议案。

决议：

（1）函总司令部及阵亡将士家族、各师参战长官、黄埔同学会、军官学校、陆军大学学友社征求陈列物品，并附送纪念馆照片及附说明。

（2）征求物品分公、私两种，公有者为旗帜、符号、服装、军械、照片、遗著等件，私有者已登载报纸征求。

七、本会公墓全部布置，拟于本月内先从布景入手，请核准案。

决议：推傅委员负责拟具布置计划及预算，提常会讨论。

八、刘工程师请酌加工程股助理汪原沛薪水，请核准案。

决议：交常会办理。

完

（九）第二十二次会议

建筑阵亡将士公墓筹备委员会第二十二次会议记录①

地　点：灵谷寺本会办公厅

时　间：二十四年十月二十日下午二时

出席者：蒋中正（杨志春代）　陈果夫　叶楚伧　王柏龄（陈果夫代）　夏光宇（叶楚伧代）
　　傅焕光（刘梦锡代）　刘梦锡

列席者：张熙麟　许　政　梁鼎铭　沈博文　沙　晶

主　席：叶楚伧　　　　纪　录：沈博文

报告事项

一、北伐阵亡将士代表忠榇调查营葬完竣。

二、抗日阵亡将士代表忠榇调查营葬完竣。

三、“剿匪”阵亡将士代表忠榇调查营葬进行情形。

四、第一、第三公墓布置及墓圹做齐。

五、纪念塔内刻碑及设计阶石情形。

---

①《建筑阵亡将士公墓筹委会第二十二次会议记录》，南京市档案馆藏，档号 :10050010254(00)0044。

六、馥记加、减账结算完竣。

七、第二公墓坡度整理情形。

八、纪念馆完工后布置陈列架、柜情形。

九、祭堂内布置完竣。

十、本公墓营葬条例修正情形。

十一、布置全部建筑区域完竣。

十二、征求供器情形。

十三、征求先烈遗物为陈列纪念馆情形。

十四、编印总报告进行情形。

十五、订办党魂碑进行情形。

讨论事项

一、本公墓区内缺乏水源，应如何设计，请筹议案。

决议：试开自流井。先与震旦、大华筹商办法，交常会办理。

二、本会公祭阵亡将士及举行公墓落成典礼，请拟定日期案。

决议：

（一）呈请中执委会主持筹办。

（二）定本年十一月二十日上午八时，举行公祭及落成典礼。

三、十月内修整零星工程请核准案。

决议：照准。

完

（十）第二十三次会议

建筑阵亡将士公墓筹备委员会第二十三次会议记录①

地点：灵谷寺本会办公厅

时间：二十五年二月八日下午三时

出席者：叶楚伧　何应钦（蒋绍昌代）　陈果夫　夏光宇　傅焕光　赵棣华（陈果夫代）　刘梦锡

列席者：张熙麟　许　政　梁鼎铭　沈博文　沙　晶

主　席：叶楚伧　　　　纪　录：沈博文

主席恭读　总理遗嘱

报告事项

一、报告十、十一、十二月份收支总结。（附件一、二、三）

二、报告本公墓落成公祭典礼经过情形。

三、报告各省专科以上学校及各省、市中学以上校长及学生代表，于一月十七日到本公墓致祭情形。

四、报告第二批各省“剿匪”阵亡将士调查表汇编名册完竣及各部队选送代表葬之进行情形。

五、报告第二公墓围墙修竣及全部布置完竣情形。

六、报告建筑师刘福泰，本会梁专员、沙先生会勘祭堂内全部墙壁可否粉白之结果情形。

七、报告军官学校函称拟赠本公墓纪念建筑物。

①《建筑阵亡将士公墓筹委会第二十三次会议记录》，南京市档案馆藏，档号:10050010254(00)0046。

八、报告总报告书之编辑情形。

讨论事项

一、本公墓落成公祭典礼实支经费请审核案。

决议：呈请中央执行委员会鉴核，交财务委员会核销。

二、陵园管委员前向本会借拨三万元，原订俟本会工竣时每月付息三百元，以充本会经费。惟迄今已历三年之久，如按年息八厘计算，累积本息已达三万七千八百元之谱。可否请其自今年三月份起，每月付息金四百元，拨充本会事业费之用。请为核议案。

决议：函请拨还借款三万元，并酌付息金。

三、新昌凿井公司承办开井工程承揽，请追认案。

决议：追认。

四、自流井水塔、水管计划图说请鉴核案。

决议：

（一）水塔请刘先生审核再议。

（二）水管再行估计。

五、重漆纪念馆门窗请核准案。

决议：仍用“凡立司”漆。

六、第三公墓需添小墓碑三百块及碑葬之小碑二百六十块，均照旧价（小墓碑工料价均同，及碑葬之小碑连刻字每块一元五角），请核准案。

决议：照准。

七、本公墓春秋祭祀日请议定案。

决议：定清明节为祭祀日（呈报中央备案）。

八、馥记承造各建筑物应如何验收案。

决议：

（一）呈请中央派员，会同本会夏、刘二委员暨本会另聘工程专家一人验收。

（二）函军政部派工程专家一人，帮同验收。

九、本会结束时期请核议案。

决议：

（一）自即日起准备结束，定于本年四月十五日或迟至五月一日移交。

（二）呈请中央执行委员会组织管理机关，接管本会事务。

十、本会一、二月份预算，请核准案。（附件四、五）

决议：修正通过。

完

二、筹备委员会常务会议记录

（一）第一次常务会议

建筑阵亡将士公墓筹委会第一次常务会议记录①

地　点：灵谷寺本会办公处

①《建筑阵亡将士公墓筹委会第一次常务会议记录》，南京市档案馆藏，档号:10050010254(00)0007。

时　间：二十年六月二十五日下午三时

出席者：陈果夫　夏光宇　林焕庭　傅焕光

列席者：茂　菲　许　政　刘梦锡　梁鼎铭　沈博文

主　席：傅焕光　　　　　纪　录：沈博文

主席恭读　总理遗嘱

报告事项

一、宣读上次会议记录。

二、报告五月份收支总结（已送陈果夫委员审核）。（附件一）

三、报告首都电灯厂函称自愿减收添杆补助费函。

四、报告接洽、装置电话之经过。

五、报告电请茂菲建筑师列席今日会议及其复电。

六、报告为故团长潘国聪停柩事，与万寿寺接洽之经过。

七、报告向总司令部接洽催送阵亡将士名册之经过。

八、纪念馆第一期工程费三万元提前拨付，请追认。

九、报告谭故院长国葬典礼办事处复本会办公房屋不必拆让及围墙暂缓拆让函。

十、刘工程师报告工程进行之情形。

十一、梁艺术专员报告壁画进行之情形。

讨论事项

一、战役大壁画第二期应用料具预算已经用罄，请照预算准拨第三期一千三百五十元，以资应用案。

决议：照准。

二、放大墓门案。

决议：正门改为十尺八寸阔，边门改至八尺阔，其他部分斟酌比例放大。

三、纪念塔石梯改用铁栏杆案。

决议：请建筑师另作图样并通知馥记。

四、登报征求阵亡将士照片案。

决议：先登有关系各杂志并通知各师、旅。

五、请追认纪念馆第一期工程费三万元案。

决议：追认。

六、请付第二期无量殿工程费二万三千元案。

决议：照付。

七、请付建筑师费一千一百五十五元案。

决议：照付。

八、装置画室天花板案。

决议：照价通过。

九、装置电灯经费案。

决议：照前案核减二百五十三元。

十、请购置电扇三架案。

决议：限价一百五十元。

十一、潘故团长家族请代安葬案。

决议：函复自行设法安厝。

十二、谭院长国葬典礼办事处请迁让办公房屋案（临时接到函件）。

决议：请刘工程师接洽后，再行决定。

十三、七月份预算请为核准案。（附件二）

决议：修正通过。

完

（二）第二次常务会议

建筑阵亡将士公墓筹备委员会第二次常务会议记录[①]

地　点：灵谷寺本会办公处

时　间：民国二十年十月七日下午二时

出席者：陈果夫　夏光宇　傅焕光

列席者：许　政　刘梦锡　梁鼎铭　沈博文

主　席：傅焕光　　　　　纪　录：沈博文

主席恭读　总理遗嘱

报告事项

一、宣读上次会议记录。

二、报告六、七、八月份收支总结（已由陈委员审核发还）。（附件一、二、三）

三、刘工程师报告向谭院长国葬典礼办事处接洽拆让房屋围墙之经过。

四、刘工程师报告工程进行之情形。

五、梁艺术专员报告壁画进行之情形。

讨论事项

一、杨故师长遗族请求就公墓场内划定杨故师长茔地案。

决议：非阵亡将领不得附葬公墓，函复家族。

二、总部来函请核办公民孔安呈请重葬抛弃紫金山外之龙潭烈士尸骸案。

决议：

（一）函孔安君：凡属国民革命军之阵亡将士，本会自当一律办理，但应先请将名册呈总部核准后送会办。

（二）函复总部：请将孔安呈报之龙潭阵亡将士名册详核送会，俾与历次国民革命军之阵亡将士一律办理。

三、总理陵园管理委员会函请捐建灵谷寺前纪念亭案。

决议：从缓办理。预付一千元，暂行记账。

四、纪念塔第一期包价五万元，纪念馆第二、第三期包价各三万元，公墓第一期包价二万四千元，均已到期照付，以免延误工程，请为追认案。

决议：追认。

五、馥记来函声述工程迟缓及第三公墓窑砖暂改用一三六水泥砖，应否函建筑师声明之后再行办理案。

决议：照办。并将馥记致刘工程师函抄录，加入附寄。

---

①《建筑阵亡将士公墓筹委会第二次常务会议记录》，南京市档案馆藏，档号:10050010254(00)0008。

六、建筑师费二千另三十元业经照付，请为追认案。

决议：追认。

七、放宽山门西至距离龙池二丈止马路案。

决议：追认。

八、直行纪念塔、无量殿、纪念馆装置电灯案。

决议：请工程师、建筑师先行计划，再行核办。

九、志公塔处置案。

决议：保留内塔，拆去外围房屋，不必另加装饰。

十、梁艺术专员提请讨论第二、三张壁画（济南、棉湖）进行案。

决议：请梁专员详细计划，报告交许干事，再行核办。但准先付与定购画布洋二千元。

十一、公文函件应否由常委签字刊成木章，以资应用案。

决议：照陵园委员会办理。

十二、监委周柏年介绍书写碑帖家罗怡孙来会服务案。

决议：由许干事先向参谋本部调查战史编制情况，如有编制就绪稿件，可供本会先事缮写，勒石时即行函聘。

十三、邵助理加薪案。

决议：自十月份起加二十元。

十四、八、九、十月份预算请为核准案。（附件四、五、六）

决议：照准。

完

（三）第三次常务会议

建筑阵亡将士公墓筹备委员会第三次常务会议记录①

地　点：灵谷寺本会办公处

时　间：二十年十二月五日下午二时

出席者：陈果夫　夏光宇　傅焕光

列席者：黄为材　许　政　刘梦锡　梁鼎铭　沈博文

主　席：傅焕光　　　　纪　录：沈博文

主席恭读　总理遗嘱

报告事项

一、宣读二十次②会议记录。

二、报告十月份收支总结。（附件一）

三、报告本会印信业经中央执行委员会颁给，遵于本月一日启用。

四、刘工程师报告工程经过情形。（附件二）

讨论事项

一、公墓第三期款二万四千元到期已照付，请为追认案。

决议：追认。

二、建筑师费第三期第十次款三百六十二元到期已照付，请为追认案。

①《建筑阵亡将士公墓筹委会第三次常务会议记录》，南京市档案馆藏，档号:10050010254(00)0010。

② 编者按：此处“二十次”应指建筑阵亡将士公墓筹备委员会第二十次会议记录（见前文）。

决议：追认。

三、纪念馆装置电灯案。

决议：照茂菲计划修正通过。装线投标在南京、上海二处进行。

四、改定公墓围墙高度案。

决议：照刘工程师所拟图样通过。

五、十二月份预算请为核准案。（附件三）

决议：修正通过。

完

（四）第四次常务会议

建筑阵亡将士公墓筹备委员会第四次常务会议记录[①]

地　点：灵谷寺本会办公厅

时　间：二十年十二月二十五日下午二时

出席者：陈果夫　夏光宇　傅焕光

列席者：黄为材　许　政　刘梦锡　梁鼎铭　沈博文

主　席：夏光宇　　　　　纪　录：沈博文

主席恭读　总理遗嘱

报告事项

一、宣读上次会议记录。

二、报告十一月份收支总结。（附件一）

三、报告赴沪接洽纪念馆电灯装线之经过。

四、刘工程师报告工程进行之情形。

讨论事项

一、纪念塔第二期造价洋五万元到期已照付，请为追认案。

决议：追认。

二、建筑师费第三期第十一次款七百三十五元到期已照付，请为追认案。

决议：追认。

三、纪念馆装置电灯线案。

决议：由本京大华水电公司依照标价承装。

四、二十一年一月份预算请为核准案。（附件二）

决议：修正通过。

完

（五）第五次常务会议

建筑阵亡将士公墓筹备委员会第五次常务会议记录[②]

地　点：灵谷寺本会办公处

时　间：二十一年二月二十三日下午二时

---

①《建筑阵亡将士公墓筹委会第四次常务会议记录》，南京市档案馆藏，档号:10050010254(00)0011。

②《建筑阵亡将士公墓筹委会第五次常务会议记录》，南京市档案馆藏，档号:10050010254(00)0012。

出席者：陈果夫　夏光宇　傅焕光

列席者：许　政　刘梦锡　梁鼎铭　沈博文

主　席：夏光宇　　　　纪　录：沈博文

主席恭读　总理遗嘱

报告事项

一、宣读上次会议记录。

二、报告二十年十二月份收支总结。（附件一）

三、刘工程师报告工程进行之情形。

讨论事项

一、无量殿工程第三期造价二万三千元到期已照付，请为追认案。

决议：追认。

二、公墓工程第四期造价二万四千元到期已照付，请为追认案。

决议：追认。

三、大门、围墙、牌楼工程第一期造价一万元到期已照付，请为追认案。

决议：追认。

四、建筑师费第三期第十二次款四百二十元及第十三次款二百八十元均到期已照付，请为追认案。

决议：追认。

五、馥记送呈无量殿瓦样甲、乙、丙三种，请为核定案。

决议：瓦用甲种。准加予一千三百六十元。

六、馥记请求将广东银行担保银额改由锦记担保案。

决议：准将纪念馆及公墓担保银额改归锦记担保。

七、决议：本会现在经费困难，自二月份起，停送津贴与黄秘书。

八、见习员沈步洲请假回里，现已逾期甚久，应请撤职案。

决议：照准。

九、二、三月份预算请为核准案。（附件二、三）

决议：修正通过。

完

（六）第六次常务会议

建筑阵亡将士公墓筹备委员会第六次常务会议记录[①]

地　点：灵谷寺本会办公处

时　间：二十一年四月十七日下午二时

出席者：陈果夫　夏光宇　傅焕光

列席者：熊　斌　许　政　刘梦锡　梁鼎铭　沈博文

主　席：夏光宇　　　　纪　录：沈博文

主席恭读　总理遗嘱

报告事项

一、宣读上次会议记录。

---

①《建筑阵亡将士公墓筹委会第六次常务会议记录》，南京市档案馆藏，档号:10050010254(00)0013。

二、报告一、二、三月份收支总结。（见附件一、二、三）

三、报告艺术股见习员郑克基于本月十五日到差。

四、报告纪念馆电气工程已由大华水电厂承装，四月六日开工。

五、报告馥记营造厂承造纪念馆及公墓工程，前由广东银行担保银额，已遵照上次决议改由锦记担保。

六、刘工程师报告工程经过之情形。（附件四）

讨论事项

一、请决定迁葬阵亡将士办法案。

决议：先照表、册统计代表葬人数，再依照表、册派员会同就地政府实地整理墓地，再定办法。

二、祭堂内应勒记名碑、石，请予决定案。

决议：假定碑石二尺高、长〇〇，计分二层排列，每行约一寸的四分之三，每二寸半刻一名字，上下左右各留二寸空白。照此规定后，再统计办法。

三、建筑师费第三期第十三次款一百九十六元①到期已照付，请为追认案。

决议：追认。

四、刘工程师请增加里工工人案。

决议：准加至三十五人，连工头、伙夫在内。

五、决议：电请茂菲将纪念塔铁栏杆图样及纪念馆颜色图样尽本月二十五日以前完竣，廿六日亲自带京，呈会核办。

六、决议：纪念塔石碑石料，苏州、河南、湖南三处同时询明价目及全部交货日期，连同石样、字样呈会。用公开投标法决定。

七、决议：志公塔由本会修理。上用绿琉璃瓦，墙用黄色，朱红走廊，由刘工程师主持。

八、见习员郑克基月支津贴三十六元，请予核准案。

决议：照准。

九、梁艺术专员赴申调查汀泗桥战役，旅费洋一百六十元，请为核准案。

决议：照准。

十、四月份预算请为核准案。（附件五）

决议：修正通过。

完

（七）第七次常务会议

建筑阵亡将士公墓筹备委员会第七次常务会议记录②

地　点：灵谷寺本会办公处

时　间：二十一年五月十八日下午二时

出席者：陈果夫　夏光宇　傅焕光

列席者：刘梦锡　许　政　梁鼎铭

主　席：傅焕光　　　　纪　录：许　政

主席恭读　总理遗嘱

---

①前文已提及建筑师费第三期第十三期款，此处与前文不一致，依据原档照录。

②《建筑阵亡将士公墓筹委会第七次常务会议记录》，南京市档案馆藏，档号:10050010254(00)0014。

报告事项

一、宣读上次会议记录。

二、报告四月份收支总结。（附件一）

三、报告艺术股见习员苗子建于本月十一日到差。

四、报告军事委员会来函及淞沪抗日阵亡将士营葬委员会组织章程。

五、刘工程师报告工程经过之情形。

讨论事项

一、请推举淞沪抗日阵亡将士营葬委员会代表案。

决议：推举夏光宇、刘梦锡二委员代表出席。

二、见习员苗子建月支津贴三十六元，请予核准案。

决议：照准。

三、决议：东首公墓改称“第二公墓”，西首公墓改称“第三公墓”。

四、五月份预算请为核准案。（附件二）

决议：修正通过。

完

（八）第八次常务会议

建筑阵亡将士公墓筹备委员会第八次常务会议记录[①]

地　点：灵谷寺本会办公处

时　间：二十一年六月十七日下午二时

出席者：陈果夫　夏光宇　傅焕光

列席者：黄为材　刘梦锡　许　政　梁鼎铭　沈博文

主　席：夏光宇　　　　纪　录：沈博文

主席恭读　总理遗嘱

报告事项

一、宣读上次会议记录。

二、报告五月份收支总结。（附件一）

三、报告甘副师长来函。

四、报告淞沪抗日阵亡将士营葬委员会借本会开第一次会议及本会代表出席情形。

五、报告茂菲建筑师来函。

六、刘工程师报告济南调查碑石之经过。

七、刘工程师报告工程经过情形。

讨论事项

一、茂菲建筑师函请改装纪念塔顶电灯案。

决议：请刘工程师与首都电灯厂接洽后，再行核办。

二、建筑师茂菲函请改换纪念塔滴水瓦案。

决议：准改换绿色滴水瓦。本会担任实价三分之一。

三、刘工程师请建筑第二、第三公墓桥梁案。

---

①《建筑阵亡将士公墓筹委会第八次常务会议记录》，南京市档案馆藏，档号:10050010254(00)0015。

决议：第二公墓桥梁照刘工程师图样招标。第三公墓桥梁改用砖砌涵洞，所需水泥、黄沙先准支材料费洋五百元正。

四、纪念塔第三期款洋五万元到期已照付，请为追认案。

决议：追认。

五、建筑师费第三期第十四次款洋七百五十六元业已到期照付，请为追认案。

决议：追认。

六、纪念塔碑石料请为决定案。

决议：采用山东石料。由元吉工厂以二千一百二十元承包，并就近委托曹松山监采、督运，一次致送伕马洋二百元正。

七、决议：公墓大门以内所有马路两旁用一尺半宽石条一条，中铺石片。分段投标兴筑。

八、决议：志公塔改用黑瓦，不做走廊，四周改筑平台。

九、六月份预算请为核准案。（附件二）

决议：修正通过。

完

（九）第九次常务会议

建筑阵亡将士公墓筹备委员会第九次常务会议记录①

地　点：陵园新村陈委员住宅

时　间：二十一年七月二十九日下午五时

出席者：陈果夫　夏光宇　傅焕光

列席者：许　政　刘梦锡　梁鼎铭　沈博文

主　席：夏光宇　　　　纪　录：沈博文

主席恭读　总理遗嘱

报告事项

一、宣读上次会议记录。

二、报告六月份收支总结。（附件一）

三、报告中央财政委员会派闻秘书来会，审查本会财务状况之经过。

四、刘工程师报告工程经过之情形。

讨论事项

一、纪念馆第四期造价洋三万元到期已照付，请为追认案。

决议：追认。

二、公墓第五期造价洋二万元到期已照付，请为追认案（本期依合同规定，系二万四千元，现因围墙减低，应减价目未经双方核算、认可，故暂扣四千元，并入末期七千五百元内结算）。

决议：追认。

三、建筑师费第三期第十五次款洋七百七十元到期已照付，请为追认案。

决议：追认。

四、纪念塔顶装置电灯案。

决议：塔顶电灯不必装置，改在四周装回光灯。

---

①《建筑阵亡将士公墓筹委会第九次常务会议记录》，南京市档案馆藏，档号:10050010254(00)0016。

五、决议：第二公墓桥梁准由馥记以一千二百五十元标价承造。

六、无量殿祭堂屋顶加盖油毛砖案。

决议：请刘工程师与茂菲建筑师商酌办理。

七、七月份预算请为核准案。（附件二）

决议：修正通过。

完

（十）第十次常务会议

建筑阵亡将士公墓筹备委员会第十次常务会议记录[1]

地　点：灵谷寺本会办公处

时　间：二十一年九月八日下午三时

出席者：陈果夫　夏光宇　傅焕光

列席者：许　政　刘梦锡　梁鼎铭　沈博文

主　席：傅焕光　　　　纪　录：沈博文

主席恭读　总理遗嘱

报告事项

一、宣读上次会议记录。

二、报告七月份收支总结。（附件一）

三、报告济南采办纪念塔碑石及向铁道部接洽半价运费之经过。

四、刘工程师报告工程经过之情形。

讨论事项

一、纪念塔第四期造价洋五万元到期已照付，请为追认案。

决议：追认。

二、建筑师费第三期第十七次款洋七百五十六元到期已照付，请为追认案。

决议：追认。

三、无量殿内地面方砖，馥记请求加价案。

决议：应采用最上等京砖。先行调查砖价，再商决。

四、无量殿墙上旧有之石灰粉饰应如何处置，请为决定案。

决议：旧有石灰一律划除，所有四周墙砖一律换补完整，不另粉饰。

五、纪念塔装置回光灯案。

决议：采用西门子回光灯，托首都电灯厂代为计划。

六、纪念馆电灯式样请为决定案。

决议：通知茂菲建筑师设绘中国式宫灯草样数种，限二星期内呈会酌定。

七、第二、第三公墓马路应请立即招标兴筑案。

决议：照原价尽先修筑。

八、纪念馆、无量殿及牌楼前、后石级需用青石，应请立即招标兴筑案。

决议：招标承办。

九、八月份预算请为核准案。（附件二）

---

①《建筑阵亡将士公墓筹委会第十次常务会议记录》，南京市档案馆藏，档号 :10050010254(00)0017。

决议：修正通过。

完

（十一）第十一次常务会议

建筑阵亡将士公墓筹备委员会第十一次常务会议记录[①]

地　点：灵谷寺本会办公处

时　间：二十一年十一月九日下午三时

出席者：陈果夫　夏光宇　傅焕光

列席者：许　政　刘梦锡　梁鼎铭　沈博文

主　席：夏光宇　　　　纪　录：沈博文

主席恭读　总理遗嘱

报告事项

一、宣读上次会议记录。

二、报告八、九月份收支总结。

三、报告纪念塔碑石已由山东运京，采办员曹松山任务结束之经过。

四、报告纪念塔回光灯已托首都电厂陆工程师代为计划之经过。

五、调查祭堂地面方砖价目之经过。

六、报告中央函令会同陵园与谭墓划界址之公函。

讨论事项

一、代馥记采办之纪念塔碑山东青石运费、采办员公费及碑石加价，共计大洋九百二十一元一角二分正，请为核准垫付案。

决议：准予垫付。

二、无量殿第四期造价洋两万三千正到期已照付，请为追认案。

决议：追认。

三[②]、建筑师费洋五百零四元正到期已照付，请为追认案。

决议：追认。

四、修建第二公墓桥北水坝及两旁石坡岸案。

决议：请刘工程师计划估价，下次会议决定。

五、纪念馆、无量殿前及牌楼前、后等处石级修建案。

决议：基脚拆卸工程由里工自行办理。先拨五百元购料，即日兴工，所有旧石另行保存。应用新石铺工，由骆同和以标价每丈九元、边石每丈九元六角承包。

六、修建志公塔案。

决议：函馥记工程处开价，提交下次会议核定。

七、九、十、十一月份预算请为核准案。

决议：修正通过。

（完）

---

①《建筑阵亡将士公墓筹委会第十一次常务会议记录》，南京市档案馆藏，档号:10050010254(00)0018。

②编者按：此条原文误为“四”，以下顺序均有误，至最后一条为“八”，正义已统改。

（十二）第十二次常务会议

建筑阵亡将士公墓筹备委员会第十二次常务会议记录①

地　点：灵谷寺本会办公处

时　间：二十一年十一月十六日下午二时

出席者：陈果夫　夏光宇　傅焕光

列席者：许　政　刘梦锡　梁鼎铭　沈博文

主　席：傅焕光　　　　纪　录：沈博文

主席恭读　总理遗嘱

报告事项

一、宣读上次会议记录。

二、报告纪念塔、纪念馆、祭堂、牌楼、大门各处所拟题字。

三、报告复中央执委秘书处函稿，为谭墓划界由。

讨论事项

一、纪念塔碑石刻字现已由北平恒盛石厂张殿卿、苏州专刻碑石唐仲芳二人，刻有石样呈会，请为核定案。

决议：函唐仲芳：如能每字以二角计算，即令订约承办。

二、建修志公塔及第二公墓桥北水坝后两旁石坡岸计划请为核定案。

决议：请刘工程师与馥记工程处商酌，在三千元内承办。

三、请决定济南战役画稿，并请拨前已通过之余款三千七百元，以便着手绘制案。

决议：

（甲）余款准予拨付。

（乙）济南画稿第五稿并须特别注重夺获日旗之点，再画第六稿呈核。

四、审定惠州战役油画案。

决议：十二月中旬请各要人参加审定。

五、继续规划油画案。

决议：请梁专员先行详细设计，会同傅委员、许干事将每张画之事实取材、调查经过详加叙述，以便核定。

完

（十三）第十三次常务会议

建筑阵亡将士公墓筹备委员会第十三次常务会议记录②

地点：灵谷寺本会办公处

时　间：二十一年十二月九日下午三时

出席者：陈果夫　夏光宇　傅焕光

列席者：许　政　刘梦锡　梁鼎铭　沈博文

主　席：傅焕光　　　　纪　录：沈博文

主席恭读　总理遗嘱

---

①《建筑阵亡将士公墓筹委会第十二次常务会议记录》，南京市档案馆藏，档号:10050010254(00)0019。

②《建筑阵亡将士公墓筹委会第十三次常务会议记录》，南京市档案馆藏，档号:10050010254(00)0020。

报告事项

一、宣读上次会议记录。

二、报告纪念塔、纪念馆、祭堂、牌楼、大门各处所拟题字。

三、报告复中央执委秘书处函稿，为谭墓画界由。[①]

（十四）第十四次常务会议

建筑阵亡将士公墓筹备委员会第十四次常务会议记录[②]

地　点：灵谷寺本会办公处

时　间：二十二年一月十四日下午五时

出席者：陈果夫　夏光宇（刘梦锡代）　傅焕光

列席者：许　政　刘梦锡　梁鼎铭

主　席：傅焕光　　　　　纪录：许　政

主席恭读　总理遗嘱

报告事项

一、宣读上次会议记录。

二、报告十、十一月份收支总结。（附件一、二）

三、报告纪念塔碑石工程。

四、许干事报告会同各师代表赴申调查淞沪抗日阵亡将士墓地情形，及与上海各慈善团体接洽之经过。

五、刘工程师报告工程进行情形。

六、梁艺术专员报告壁画工作情形。

讨论事项

一、无量殿第五期造价洋二万三千元正到期已照付，请为追认案。

决议：追认。

二、建筑师费三百五十元到期已照付，请为追认案。

决议：追认。

三、征集革命博物馆陈列品案。

决议：先征集阵亡将士遗像、遗物、遗著，其登报启事稿请傅委员撰文。

四、决议：暂拨两千元为淞沪抗日阵亡将士营葬委员会经费。

五、二十一年十二月份及二十二年一月份预算请为核准案。（附件三、四）

决议：修正通过。

完

（十五）第十五次常务会议

建筑阵亡将士公墓筹备委员会第十五次常务会议记录[③]

地　点：灵谷寺本会办公处

时　间：二十二年二月二十三日下午二时

出席者：陈果夫　夏光宇　傅焕光

---

①编者按：原文仅一页会议标题内容，“报告事项”和“讨论事项”均无。

②《建筑阵亡将士公墓筹委会第十四次常务会议记录》，南京市档案馆藏，档号:10050010254(00)0021。

③《建筑阵亡将士公墓筹委会第十五次常务会议记录》，南京市档案馆藏，档号:10050010254(00)0022。

列席者：许　政　刘梦锡　梁鼎铭　沈博文

主　席：傅焕光　　　　　纪录：沈博文

主席恭读　总理遗嘱

报告事项

一、宣读上次会议记录。

二、报告二十一年十二月、本年一月份收支总结。（附件一、二）

三、报告纪念塔碑工程事件。

四、报告纪念馆电灯接洽经过。

五、报告江西省政府来电及接洽之经过。

六、报告军政部请将温故旅长百非附葬公墓函。

七、刘工程师报告工程进行情形。

八、梁艺术专员报告壁画工作情形。

讨论事项

一、革命博物馆征求物品简章，请为核定，以便开始征求案。

决议：修正通过。革命博物馆正名“革命纪念馆”，请蒋委员书额。

二、故团长潘国聪现由顾主席祝同来函证明，确属阵亡，可否编入阵亡将士名册准予附葬案。

决议：核呈报阵亡将士表册，并无该团长姓名，并经二十年六月二十五日常会决议，函请家族自行设法安厝在案。应毋庸议。

三、江西省政府电请将南昌将士公墓迁京附葬，应如何办理案。

决议：派员查明再行核办。

四、艺术股见习员停止工作，请支给遣散费案。

决议：准发三月份津贴作遣散费。

五、惠州画刻已完成，应先暂行收卷，以便保存案。

决议：准予收卷保存。请梁专员办理。

六、志公塔平台石壁、石级招标承包案。

决议：准骆同和以一千二百三十七元价格内承包。

七、纪念塔装置回光灯案。

决议：缓办。

八、祭堂方砖，馥记来函请加价案。

决议：准加给三千二百五十六元正。

九、大门围墙改用红色案

决议：通知建筑师照办。

十、陵园函请拨借三万元案。

决议：准予拨借三万元正。此款即作为本会存储陵园基金。本会工程终了后，按月拨给本会息金三百元正，为维持日常之用。

十一、二、三月份预算请为核准案。（附件三、四）

决议：修正通过。

完

（十六）第十六次常务会议

建筑阵亡将士公墓筹备委员会第十六次常务会议记录[①]

地　点：灵谷寺本会办公处

时　间：二十二年四月十七日下午二时

出席者：陈果夫　夏光宇　傅焕光

列席者：张熙麟　刘梦锡　梁鼎铭　沈博文

主　席：夏光宇　　　　　　纪录：沈博文

主席恭读　总理遗嘱

报告事项

一、宣读上次会议记录。

二、报告二月份收支总结。（附件一）

三、报告张秘书于三月十六日到会服务。

四、报告三月十八日举行阵亡将士代表葬代表抽签之经过。

五、报告江西省政府来电及本会复函。

六、报告北平恒盛石厂代表张书升订立承揽本会纪念塔刻碑工程。

七、报告征求书家之情形（旋经鉴定，书家倪幼耕、郭仰韩、郭伯恭三人为本会书写祭堂题名碑）。

八、报告馥记营造厂请求退还广东银行保单十万另三千七百五十元。查该厂承造各项工程大致均已完成，所剩者仅纪念塔暨祭堂二处，故准其领回广东银行保单，而以锦记沙船号保单五万元抵换，担保纪念塔未完工程。

九、报告催促建筑师茂菲赶办图件情形。

讨论事项

一、本会于四月五日与北平恒盛石厂张书升订立承揽镌刻及磨光纪念塔上石碑，请为追认案。

决议：追认。

二、本会以馥记营造厂请求退还广东银行十万另三千七百五十元准予发还，另以锦记沙船号保单五万元抵换，担保纪念塔未完工程，请为追认案。

决议：追认。

三、蒋先生书联额采用及分配地位案。

决议：选择句联，拟分配如图，送候审定。（附件二、三）

四、纪念塔工程案。

决议：

甲、塔上碑文函请吴、于、戴、钮诸先生速写，送会刻碑。

乙、扶梯栏杆照原决议案，仍用铁制（圆扶手方柱），由茂菲尽本月底务须绘就图样，送会核定。

丙、阶石图样催茂菲赶办，同时委托刘福泰代为计划，尽本月内绘就。

丁、塔之下层横额刻字如图（附件二、三）（字句决定后，请周伯年先生并托其他书家写）。

五、纪念馆工程案。

决议：

甲、函请叶先生速拟征求陈列物品启事。

---

①《建筑阵亡将士公墓筹委会第十六次常务会议记录》，南京市档案馆藏，档号:10050010254(00)0023。

乙、外廊宫灯改为贴顶圆灯。

丙、内部用小宫灯与贴顶圆灯相间。

丁、中间用大宫灯一盏。

六、祭堂工程案。

决议：

甲、题名碑石准由全品记承办。

乙、刻字由松月轩、尹铁菴及杨文卿试刻。

丙、法圈三个，中间用“国民革命军阵亡将士之神位”，左用誓师词，请蒋先生写，右准刻祭文。

丁、整理墙壁，请刘工程师与刘福泰商酌后，报告委员审定。

戊、檐前匾额拟用直匾，堂名下次会议决定。

己、祭堂直达大门之甬道，假定中间用新石铺砌，两旁用旧石铺砌，请刘工程师计划呈核。

七、牌楼上横额、对联应用何项字句案。

决议：选择联句拟分配如图，送候审定。（附件三）

八、左列各项工程亟待开工，庶于七月以前完工，均请核准以便兴筑案。

决议：

甲、纪念塔周围人行路（宽一丈）。

乙、纪念塔至志公塔人行路（宽一丈九尺三寸）。

丙、志公塔至纪念馆石板路（宽一丈三尺）。

丁、纪念馆前石级至石级中间石板路（宽二丈二尺）。

戊、纪念馆前绕第一公墓西边石片路（宽一丈八尺）。

己、停车场前西半部铺石条及石片路（宽[1]七丈三尺）。

以上各项照刘工程师预算招标送核。

九、大门、围墙颜色，建筑师请择定深红或淡红色案。

决议：择定深红色。

十、军事委员会为据顾祝同请求将阵亡团长潘国聪附葬公墓以慰忠魂等情，奉委员长谕转请核办，应如何办理案。

决议：照原议决案办理。

十一、阵亡将士代表葬抽定代表，查册、造表将竣，应如何派员分赴各地调查，以便迁葬本会公墓，请为决定案。

决议：俟调查表造竣，由张秘书拟具派员调查办法送核。

完

（十七）第十七次常务会议

建筑阵亡将士公墓筹备委员会第十七次常务会议记录[2]

地　点：灵谷寺本会办公厅

时　间：二十二年四月二十五日下午二时

出席者：陈果夫　夏光宇　傅焕光

---

① 编者按：原文缺“宽”，依上文补。

② 建筑阵亡将士公墓筹委会第十七次常务会议记录，南京市档案馆藏，档号:10050010254(00)0024。

列席者：张熙麟　许　政　刘梦锡　梁鼎铭　沈博文

主　席：傅焕光　　　　　纪　录：沈博文

主席恭读　总理遗嘱

报告事项

一、宣读上次会议记录。

二、报告建筑师茂菲四月十九日来会，决定各项工程。

三、报告祭堂题名碑石七十八块，依照第十六次常务会议决议，准由全品记承办，业经订立承揽，于五个月内磨光交货。

讨论事项

一、纪念塔横额题字、祭堂匾额题名及牌楼横额、柱联字句，请审定案。

决议：纪念塔横额字面修正通过，牌楼联额字面暂为假定，祭堂定名（正气堂）[①]。

二、决议：正气堂改用横额。

三、梁艺术专员草拟战画计划大纲，请核准案。

决议：派梁专员先行第二步调查。

四、阵亡将士代表葬抽定代表查册、造表完竣，依据第十六次常务会议决议，由张秘书拟具派员调查办法，请审核案。

决议：由本会派员会同地方机关所派人员实地调查。所派人员应行调查地点及旅费等项，由张秘书计划后再行核议。

五、全品记石作承办祭堂题名碑石七十八块，请求预借料价洋五百元，请核准案。

决议：照准。

六、四月份预算请为核准案。（附件一）

决议：修正通过。

完

（十八）第十八次常务会议

建筑阵亡将士公墓筹备委员会第十八次常务会议记录[②]

地　点：灵谷寺本会办公厅

时　间：二十二年五月二十三日下午二时

出席者：陈果夫　夏光宇　傅焕光

列席者：张熙麟　许　政　刘梦锡　沈博文

主　席：夏光宇　　　　　纪录：沈博文

主席恭读　总理遗嘱

报告事项

一、宣读上次会议记录。

二、报告茂菲建筑师五月一日及十一日两次来会，勘视各项工程。

讨论事项

一、据刘工程师函称，工程助理员缪宝康另有他就，已由甘维迈代理。甘君维迈经验较缪君丰

---

①编者按：原件中有纪念塔下横额题字，石牌坊前、后横额、对联等详细位置图及选用文字，略去。

②《建筑阵亡将士公墓筹委会第十八次常务会议记录》，南京市档案馆藏，档号:10050010254(00)0025。

富，故仍支缪君原薪七十元，即希查照等语，转请核准案。

决议：照准。

二、祭堂题名碑七十八块，前经十六次会议决议，准由全品记石作承办，旋经订立承揽，于五个月内交货。嗣据该石作复称，因石塘采石需时较久，故须延长至十二个月交齐。当经责问：前据书面报称四个月交齐，何得变更时期？旋据复称，实因采办需时，最短时间须九个月交齐等语，可否照准，请核夺案。

决议：照准。

三、墓地调查专员人数现已派定，附具经费预算草案及计划调查办法，请审定案。

决议：

（一）调查经费预算在一万元内，撙节开支，实报实销。

（二）服务规划及调查须知修正通过。

（三）呈请中央党部函行政院：通令各该省、市政府，饬属派员协助调查，并将本会指定之代表忠榇妥运来京。同时由本会同样陉[①]函各省、市政府。

四、陶馥记[②]函请验收纪念馆工程，请推举验收人员案。

决议：暂缓接收。惟第五期造价待建筑师茂菲正式来函证明完工时，准予照付。

五、陶馥记来函，请求于添加各项工程账内暂借三、四万元，请核议案。

决议：

（一）添加工程账单交茂菲建筑师，会同刘工程师、张秘书审查，再行核办。

（二）大门工程造价准予暂借洋一万元。

（三）纪念塔造价准予暂借洋一万元。

六、孝陵卫教导一师阵亡将士公墓由委员项志庄请本会接收管理，转请核议可否照办案。

决议：先行调查，再行核办。

七、河南古物保存所函请本会，将字迹明晰、完整之明砖拣选数百块，请核准案。

决议：准拣选字体明晰、砖体完整者每种一块，函复来取。

八、五月份预算请为核准案。（附件一）

决议：修正通过。

完

（十九）第十九次常务会议

建筑阵亡将士公墓筹备委员会第十九次常务会议记录[③]

地　点：灵谷寺本会办公厅

时　间：二十二年六月十六日下午二时

出席者：陈果夫　傅焕光

列席者：张熙麟　许　政　刘梦锡　梁鼎铭　沈博文

主　席：傅焕光　　　　　纪　录：沈博文

主席恭读　总理遗嘱

---

① 编者按：同“径”。

② 编者按：此处“陶馥记”应与前文“馥记”意同，均指民国时期的陶馥记营造厂。

③ 建筑阵亡将士公墓筹委会第十九次常务会议记录，南京市档案馆藏，档号 :10050010254(00)0026。

报告事项

一、宣读上次会议记录。

二、报告四月份收支总结。（附件一）

三、报告第一公墓扩穴工竣及六月二日安葬淞沪抗日阵亡将士忠榇一百二十八具之经过情形。

四、报告墓地调查专员三十二人均于六月二日分赴各省、市之经过情形。

五、报告建筑师于六月七日来会，勘视工程。

六、梁艺术专员报告关于战画之第二步调查经过情形。

讨论事项

一、纪念馆宫灯、电灯及陈列架柜计划图样请审定案。

决议：灯式——纪念馆走廊采用兴泰计划 B 字二四五号，内部中间采用第十二号，内部二小间及扶梯旁采用四角灯，内部四周采用宫灯式。柜架——纪念馆楼上采用兴泰图样，楼下再行计划。

二、祭堂内法圈三个应嵌何种石料，及前定右边法圈内所用祭文应请何人撰拟，均请决定案。

决议：

石料致函上海姚华孙石商来会接洽后候核。

祭文函请叶楚伧先生撰拟。

三、牌楼横额及柱联应嵌何种石料请决定案。

决议：函上海姚华孙石商来会接洽后候核。

四、孝陵卫教导一师阵亡将士公墓情形业经查明，本会可否接收，请决定案。

决议：缓议。

五、长城抗日阵亡将士如何调查，请决定案。

决议：函北平军分会通饬参战各师部调查抗日阵亡将士，于两个月内呈报完竣。

六、蒋委员长自南昌寄来训令，饬将第九军三师少将潘故团长国聪遗骸附葬公墓，究应如何办理，请决定案。

决议：查案照复。

七、建筑第一公墓内小路应如何进行，请核定案。

决议：先筑干路及已葬区域内小路，照李新记所开单价，以每方洋五元八角包做。

八、茂菲建筑师函请核付到期公费六百零二元，经查无讹，业已照付，请为追认案。

决议：追认。

九、六月份预算请为核准案。（附件二）

决议：修正通过。

完

（二十）第二十次常务会议

建筑阵亡将士公墓筹备委员会第二十次常务会议记录[①]

地　点：灵谷寺本会办公处

时　间：二十二年六月三十日下午二时

出席者：陈果夫　夏光宇　傅焕光

列席者：张熙麟　许　政　刘梦锡　梁鼎铭

主　席：夏光宇　　　　纪　录：许　政

---

①《建筑阵亡将士公墓筹委会第二十次常务会议记录》，南京市档案馆藏，档号:10050010254(00)0027。

主席恭读　总理遗嘱

报告事项

一、宣读上次会议记录。

二、报告一个月内墓地调查专员成绩及调查之经过情形。

三、报告调查长城抗日阵亡将士姓名及战役地点之往还公函。

四、报告蒋委员长寄来快邮代电，关于潘故少将团长国聪忠榇附葬公墓一案，嘱本会查核办理。

五、报告祭堂内法圈及牌楼横额、柱联嵌石，业经青岛中国石公司经理姚华孙来会接洽情形。

讨论事项

一、祭堂内法圈及牌楼上横额、柱联嵌石请择定石样案。

决议：

（一）法圈先定图样。函请图案专家刘福泰、陈之佛设计碑位图案。

（二）牌楼先用苏石，试做横额样子两方，字刻阴文。

二、纪念馆陈列架柜计划图样及所需电灯、宫灯盏数，请为决定案。

决议：

（一）楼下架柜照梁专员所拟图样计划通过。

（二）灯之盏数照建筑师茂菲计划装置。

三、阶石图案请为审定案。

决议：函请图案专家刘福泰、陈之佛设计候夺。

四、墓地调查期间拟延长一个月，请增加预算案。

决议：准在一个月内视各地工作情形酌予增加。

五、刘工程师因大门前石基平台、踏步加宽，请追加预算洋二千九百六十八元；又填筑西面车道，自无量殿起至万工池西边之桥止，请追加预算洋八百四十元，合计洋三千八百零八元，请为核准案。

决议：照准。

六、纪念塔石碑现已磨光，兹将张书升、杨文卿试刻字样送请审定案。

决议：张书升因刻字不合，着将合同解除，酌予路费二百元。所有碑文准由杨文卿同周梅谷与唐仲芳分刻。

完

（二十一）第二十一次常务会议

建筑阵亡将士公墓筹备委员会第二十一次常务会议记录①

地　点：灵谷寺本会办公处

时　间：二十二年七月二十八日下午二时

出席者：陈果夫　夏光宇　傅焕光

列席者：张熙麟　许　政　刘梦锡　梁鼎铭

主　席：夏光宇　　　　纪　录：许　政

主席恭读　总理遗嘱

报告事项

一、宣读上次会议记录。

二、报告五月份收支总结。（附件一）

①《建筑阵亡将士公墓筹委会第二十一次常务会议记录》，南京市档案馆藏，档号:10050010254(00)0028。

三、报告本月内墓地调查员成绩及调查经过情形。

四、报告军委会委员长南昌行营来函，以潘故少将团长忠榇附葬公墓一案奉批照准，请本会查照见复。

五、报告纪念塔刻碑进行情形。

讨论事项

一、蒋委员长自南昌行营寄来快邮代电，以据前国民革命军总司令部警卫团故团长金佛庄之妻严瑞珍呈称，故夫因公殒命，恳请准将忠榇运京附葬公墓等情。经查，该故员因公殒命，附葬公墓事尚可行，除批示外抄发原呈，希即查照等因，请为核准案。

决议：将来如中央定有附葬办法，再行核议。

二、据前浙江省保安队第三团故中尉排长郁学海之妻郁林氏呈称，先夫因二十一年四月奉令赴开化孔埠“剿匪”捐躯，其忠榇浮厝本京，无力运回原籍，请准附葬公墓等情形，请核议案。

决议：缓议。

三、“剿匪”阵亡将士如何调查，请决定案。

决议：电蒋委员征求意见，再行核办。

四、函请图画专家李毅士加入设计阶石图案，请为追认案。

决议：追认。

五、纪念塔前石级中间之阶石图案，业经图案专家刘福泰、陈之佛、李毅士画成草图三幅，请审核案。

决议：再请刘、陈、李三专家修正图案。

六、纪念馆楼上下架柜正式计划图样并估价单，业经兴泰绘送到会，请核准案。

决议：架柜图样通过。嘱兴泰先做一部分模型，价格（约洋一万三千一百七十二元一角）再行商减。

七、纪念馆装灯估价请为核定案。

决议：照兴泰修正估价再行商减。

八、祭堂内法圈嵌石图样业经图案专家刘福泰、陈之佛、李毅士设计、绘送图样到会，附石商姚华孙计划法圈嵌石图样暨估价，均请核定案。

决议：照刘、陈、李设计图案。中用整块（或两块），两旁用两块（或四块），函青岛中国石公司姚华孙重行估价，再候核议。

九、第一公墓内已葬抗日阵亡将士一百二十八个，墓上及纪念馆前斜坡拟铺草皮，免为雨水冲塌，并拟暂雇石工一名，凿刻编号之墓碑一百二十八块，请核准案。

决议：墓上及斜坡草皮以二百元为限，石匠一名照雇。

十、墓地调查在六、七两个月内，查着忠榇约占全数四分之一强，应否再予延长时期并追加预算，请核定案。

决议：按照各省情形，酌量分别办理。

十一、本会建筑公墓纪念刊内容拟分“事务”“工程”“艺术”三大部分，附具编辑体例草案，请鉴定案。

决议：照另单缮录。（见附件二）

十二、修正第二十次常会第五决议案：刘工程师因大门前石级平台加宽，请追加预算（石级一百元，平台七百四十元），合计洋八百四十元；又填筑西面车道，自无量殿起至万工池西边之桥止，请追加预算（石条一四〇〇元，石片一〇九二元，土方四七六元），合计洋两千九百六十八元；

又翻造本会门前马路及铺修停车场，请追加预算洋两百五十元。以上总共洋四千零五十八元，请为核准案。

决议：照修正通过。

十三、馥记请求于加价项下预借两万元案。

决议：不准。

十四、七月份预算请为核准案。（附件三）

决议：修正通过。

完

（二十二）第二十二次常务会议

建筑阵亡将士公墓筹备委员会第二十二次常务会议记录[①]

地　点：灵谷寺本会办公处

时　间：二十二年九月十二日下午二时

出席者：陈果夫　夏光宇　傅焕光

列席者：张熙麟　许　政　刘梦锡（汪原沛代）　梁鼎铭　沈博文

主　席：傅焕光　　　　纪　录：沈博文

主席恭读　总理遗嘱

报告事项

一、宣读上次会议记录。

二、报告六月份收支总结。（附件一）

三、报告八月份墓地调查员成绩及调查经过情形。

四、报告蒋委员自南昌行营电覆本会，对于二十一年起至二十二年止所有"剿匪"阵亡将士之调查之马电。

五、报告第十八军驻京办事处派员来会，及军政部来函，以五十二师故师长李明于本年二月间"剿匪"捐躯，奉蒋委员长电准安葬公墓，免予抽签等语，业经根据蒋委员马电意旨函覆。

六、报告审查陶馥记工程加减账之一部分。

讨论事项

一、本会征得蒋委员对于"剿匪"阵亡将士调查办法之意见后，业于本月五日检附调查表各三十份，分函军事委员会、军委会、委员长南昌行营及北平军分会，请通饬所属转饬"剿匪"各部队，将"剿匪"阵亡将士先行填报转送过会，请为追认案。

决议：追认。

二、纪念塔碑石二十八块内，八块有裂纹、沙筋，不能适用，业经函嘱陶馥记，迳向山东原售处购配，请为追认案。

决议：追认。

三、纪念塔刻碑人唐仲芳、杨文卿、周梅谷函请展期，请为核准案。

决议：唐仲芳不准展限，杨文卿、周梅谷姑准延长二十天。

四、纪念塔拓碑工料价请核定案。

决议：暂定五十份，每份拓价与拓工讲定再行呈核。

五、纪念塔顶究应贴金、喷金或漆黄色，请核定案。

①《建筑阵亡将士公墓筹委会第二十二次常务会议记录》，南京市档案馆藏，档号:10050010254(00)0029。

决议：准用喷漆金，限价四百元。

六、请核定纪念馆、无量殿工程加账审查报告案。

决议：纪念馆工程准加洋五千七百元正，无量殿工程准加洋一万两千五百五十六元正。

七、纪念馆装灯经兴泰第二次减价，又茂菲以本会选定第十二号及 B 二四五号两种灯样不甚合式，主张更换，请决定案。

决议：第十二号灯之地位改用第七号灯。第七号灯请建筑师茂菲绘草图，交兴泰绘就正式图样、估价，送会候核。B 二四五号灯式不再更改。

八、第一公墓内淞沪抗日阵亡将士墓碑一百二十八块，原定雇工自做，现拟改为包做以省时间，请核准案。

决议：准予包做。

九、无量殿三个法圈内嵌青岛石，业经中国石公司函复，因为锯工所限，不能以两块或四块拼合，请审核案。

决议：函中国石公司来京面议，并再请专家刘福泰、陈之佛、李毅士计划。

十、牌楼横额中间所嵌党徽，业经梁专员依照规定格式绘图，交陶馥记定制十六枚，请为追认案。

决议：追认。

十一、牌楼上匾额嵌字式样及柱联要用否，请决定案。

决议：用中间四块嵌字，两边做花，不用柱联。

十二、墓地调查自六月至今，查着忠榇约占全数之半，但间有已葬公墓及由家族迁运原籍不愿运京者，可否将补充代表一并运京安葬，以示普及，请核定案。

决议：准将补充代表一并运京，安葬第一公墓。

十三、第二、三公墓如何整理，请决定案。

决议：着工程股先行测定，再行计划。

十四、战画征求办法拟具草案，请核定案。

决议：调查完竣再行核议。

十五、本届全国运动大会筹委会函请本会酌借房屋，以供裁判员住宿之用，请核定案。

决议：暂准借用。

十六、工程股助理罗顺全、甘维迈呈请辞职，又刘工程师请将赵煜升充监工，月支薪洋四十元，请核准案。

决议：照准。

十七、本会公墓全部应如何计划布置案。

决议：计划布置请傅先生主持。

十八、八、九月份预算请为核准案。（附件二、三）

决议：修正通过。

完

（二十三）第二十三次常务会议

建筑阵亡将士公墓筹备委员会第二十三次常务会议记录[①]

地　点：灵谷寺本会办公处

时　间：二十二年十月二十七日下午三时

---

①《建筑阵亡将士公墓筹委会第二十三次常务会议记录》，南京市档案馆藏，档号 :10050010254(00)0031。

出席者：夏光宇　叶楚伧　傅焕光

列席者：张熙麟　许　政　刘梦锡　沈博文

主　席：傅焕光　　　　　纪　录：沈博文

主席恭读　总理遗嘱

报告事项

一、宣读上次会议记录。

二、报告七月份收支总结。（附件一）

三、报告墓地调查员成绩及最近调查情形。

四、报告全品记石作所运题名碑二十八块中途沉没十八块一案，经派员查覆属实，现已运到十块，现正催运。

五、报告审查馥记加减账。

六、报告纪念塔碑石刻拓情形。

讨论事项

一、查得各省北伐阵亡将士忠榇运京办法，请决定案。

决议：先函各省府填复附表，即由本会派监运专员，往各铁路或轮埠接运来京；一面由各省府令饬各县，将保管各柩起运至最近车站或轮埠，交由监运员接运来京。

二、墓地调查员刘立人收支报告及刘霞灿请核给被劫洋十九元，请为核准案。

决议：刘立人无单据，函徐恩曾先生来函证明；刘霞灿被劫洋十九元准予津贴。

三、整理第二公墓坡度业经工程股测绘完竣，请审核案。

决议：下次决定。

四、纪念馆陈列架柜模型业经兴泰制送到会，请鉴定案。

决议：下次决定。

五、祭堂内法圈嵌石业经中国石公司计划，请核议案。

决议：问福建石商蒋源成能否承办。

六、祭堂内题名碑刻字经尹铁菴开送单价，请核定案。

决议：由尹铁菴、杨文卿分刻，每字暂定洋三分五厘。

七、刘工程师请酌加工程股助理汪原沛薪水，请核准案。

决议：准予先加薪洋三十元，自十月份起。

八、傅委员焕光提议布景工程请暂定洋一千元，工程工资暂定洋两百三十元，助理一员月薪七十元，请核准案。

决议：照准。

九、十、十一月份预算请核准案。（附件二、三）

决议：修正通过。

完

（二十四）第二十四次常务会议

建筑阵亡将士公墓筹备委员会第二十四次常务会议记录[①]

地点：灵谷寺本会办公处

时间：二十二年十二月十三日下午二时

---

①《建筑阵亡将士公墓筹委会第二十四次常务会议记录》，南京市档案馆藏，档号:10050010254(00)0032。

出席者：叶楚伧　夏光宇　傅焕光

列席者：张熙麟　刘梦锡　沈博文

主　席：叶楚伧　　　　　纪　录：沈博文

主席恭读　总理遗嘱

报告事项

一、宣读上次会议记录。

二、报告八月份收支总结。（附件一）

三、报告墓地调查完竣及现在结束情形。

四、报告筹备起运各省查得阵亡将士忠榇情形。

五、报告许主任现在南昌办理得胜门外第一军公墓迁京情形。

六、报告北平军分会续寄长城抗日阵亡将士调查表计五千六百六十八份到会。

七、报告前第九军第三师师党部执行委员会秘书赖联辉函请将该师阵亡将士遗骸自徐州迁葬本公墓。

讨论事项

一、南昌行营办公厅先后来函，以第一师胡师长宗南请将前第二十二师六十五团故团长程式、又第五团故团长陈炎及故营长刘柄等忠榇迁葬公墓，经奉蒋委员长手令，批准归葬本公墓等由，请为核议案。

决议：照准。将姓氏补列题名碑。

二、查得各省北伐阵亡将士忠榇由本会派监运专员五人分赴各省车站、轮埠接运来京安葬，惟间有家族不愿迁运者，可否准其免迁，请核议案。

决议：复以除确系不愿迁葬者外，请饬属开导，一律运京。

三、祭堂法圈内嵌石业经派员赴苏，查悉西山石塘有大料可采，拟由周梅谷、唐仲芳承揽整块太湖青石三块，请核议案。

决议：试由周梅谷、唐仲芳承办。

四、祭堂内题名碑石七十八块承办人全品记前因载石覆舟，只交到十六块，今第二期交货逾期仍未续交。业经派员赴苏查悉，因该承办人尚欠第一次石价尾数，石塘不肯交第二批石料，且已停采第三批石料等情。如保人不能负责，拟即解约，另由他人承办，请核议案。

决议：派员监办，款由本会直接垫付。

五、祭堂内题名碑刻字由尹铁菴、杨文卿、周梅谷、唐仲芳分刻，每字暂定工洋三分五厘。尹铁菴现已开工，先刻三万字，两个月内完工，请核准案。

决议：照准。

六、第一公墓内添做墓碑一千块，每块工料连刻字计洋两元正，请核准案。

决议：照准。

七、第一公墓内待筑之墓穴排列办法及每墓周围拟镶砌边缘，均请核定案。

决议：

排列：第二圈照原图，每方做四排；第三圈用以安葬南昌运来之忠榇。

全墓路边每方加做水泥路缘。

八、第二公墓整理坡度业经工程股测绘完竣，请审核案。

决议：准照所拟进行。

九、纪念馆内宫灯图样及陈列架柜模型业经兴泰制送到会，请鉴定案。

决议：下次再议。

十、纪念塔内碑石购配八块业已运到，拟由唐仲芳、周梅谷承揽，做平、磨光，每块工洋九十六元，于七十天内完工，请核准案。

决议：照准。

十一、纪念塔八层墙身颜色用黄或红，请决定案。

决议：准用黄色。

十二、纪念塔阶石图案，茂菲建筑师拟请略加修改，请鉴定案。

决议：准予修改。

十三、祭堂铁门、铁窗因喷铜机器未能运京，馥记函请改用喷漆，请核准案。

决议：征求建筑师意见，再行核议。

十四、刘工程师前提议，修筑万工池东边通体育场之石片马路（工程洋一千五百元），又桥梁一座（工程洋一千二百元）。其预算业经第二十三次常会通过，此案补请追认。

决议：追认。

十五、十二月份预算请核准案。（附件二）

决议：修正通过。

完

（二十五）第二十五次常务会议

建筑阵亡将士公墓筹备委员会第二十五次常务会议记录[①]

地　点：灵谷寺本会办公处

时　间：二十三年一月二十七日下午三时

出席者：陈果夫　叶楚伧　夏光宇

列席者：张熙麟　许　政　刘梦锡　沈博文

主　席：叶楚伧　　　　纪　录：沈博文

主席恭读　总理遗嘱

报告事项

一、宣读上次会议记录。

二、报告九、十月份收支总结。（附件一、二）

三、报告起运各省查得阵亡将士代表忠榇之进行情形。

四、报告许主任自南昌运到第一军阵亡将士忠榇五百十七具。

五、报告北平军分会先后寄到长城抗日阵亡将士调查表九千四百三十四份及现在编册情形。

六、报告军政部送到“剿匪”阵亡将士调查表四百五十五份又册一本。

七、报告祭堂内题名碑七十八块经承办人全品记交到五十三块，并经保人具保，准期交齐。

八、报告蒋源成查覆祭堂内大石碑采办及运输情形。

九、刘工程师报告工程情形。

十、报告布景工程。

讨论事项

一、各省查得阵亡将士代表忠榇其已葬妥及墓茔完美者，免予迁运；又起运各忠榇到京时日参

①《建筑阵亡将士公墓筹委会第二十五次常务会议记录》，南京市档案馆藏，档号:10050010254(00)0033。

差，势难按照部队分葬，拟随到随葬，请核准案。

决议：

（甲）各省忠榇如已葬妥及墓茔完美者，准免迁运。

（乙）各省陆续运来忠榇，准予随时安葬。

二、第一公墓第三圈内先做小墓圹八百个，以葬各处运来之短小忠榇及磁缸，每圹价洋十一元，由李新记得标承办，请追认案。

决议：追认。

三、第一公墓西首拟就原地形势略加布置，请核议案。

决议：请傅委员会同刘工程师拟具计划，再行核议。

四、祭堂法圈内太湖青石大石碑三整块，业经周梅谷、唐仲芳订立承揽，价洋一万两千元，九个月交货，请追认案。

决议：追认。

五、纪念馆宫灯图样及陈列架柜模型业经兴泰制送到会，请鉴定案。

决议：

（甲）宫灯用二十五号，龙形花纹改梅花式花纹或其他花纹。

（乙）七号宫灯仍旧。

（丙）第十七号架柜（Y）减低一尺。

（丁）架柜陈列应距离五尺。

六、党魂碑用何式样及设置地位，请决定案。

决议：请刘工程师拟具计划，再行核议。

七、请加邵、罗二助理薪水案。

决议：二十三年一月份起，邵助理月加二十元，罗助理月加十元。

八、本年一月份预算请核准案。（附件三）

决议：修正通过。

完

（二十六）第二十六次常务会议

建筑阵亡将士公墓筹备委员会第二十六次常务会议记录[①]

地　点：灵谷寺本会办公处

时　间：二十三年二月二十日下午三时

出席者：陈果夫　夏光宇　傅焕光

列席者：张熙麟　许　政　刘梦锡　梁鼎铭　沈博文

主　席：夏光宇　　　　纪录：沈博文

主席恭读　总理遗嘱

报告事项

一、宣读上次会议记录。

二、报告起运各省查得阵亡将士代表忠榇进行情形。

三、报告汇编华北抗日阵亡将士调查表情形。

四、报告装订革命军阵亡将士调查表及名册九十余本情形。

---

①《建筑阵亡将士公墓筹委会第二十六次常务会议记录》，南京市档案馆藏，档号:10050010254(00)0034。

五、报告军政部续送“剿匪”阵亡将士调查表。

六、报告祭堂题名碑石据承办人全品记续交十块。

讨论事项

一、华北抗日阵亡将士调查业经本会函请军委会及军分会饬属，尽于二月二十日以前呈报齐全，请追认案。

决议：追认。

二、梁专员画室陈列惠州战画应予布置，请核准案。

决议：请刘工程师会同梁专员商定计划办理。

三、纪念塔内遗阡表拟请叶委员书写，请决定案。

决议：通过。

四、祭堂内牌位拟请谭泽闿先生书写，请核议案。

决议：请张静江先生书写。

五、第一公墓西首布置案。

决议：照刘工程师计划办理，经费以五千元为限。

六、拟建祭堂西首通至二道沟小路，请核准案。

决议：准先修至桂林石屋大路为止，计路长一千六百英尺，路宽定为五英尺。

七、拟将上海银行捐赠旧亭材料于万工池西南十字路口改建新亭，请核准案。

决议：

（一）照准，加新料费五百元。

（二）向陵园管理委员会索回前拨建亭经费一千元。

八、刘工程师提议拟在纪念馆四周添建四英尺宽人行水泥路，请为核准案。

决议：照准。

九、党魂碑计划案。

决议：碑高十二英尺、宽六英尺、厚四英尺，底座高四英尺，用金山石，请刘工程师计划候核。

完

（二十七）第二十七次常务会议

建筑阵亡将士公墓筹备委员会第二十七次常务会议记[①]

地　点：灵谷寺本会办公处

时　间：二十三年三月二十七日下午三时

出席者：叶楚伧　夏光宇　傅焕光

列席者：张熙麟　许　政　刘梦锡　梁鼎铭　沈博文

主　席：叶楚伧　　　　纪　录：沈博文

主席恭读　总理遗嘱

报告事项

一、宣读上次会议记录。

二、报告十一、十二月份收支总结。（附件一、二）

三、报告起运及安葬各省阵亡将士代表忠椁之进行情形。

四、报告汇编华北抗日阵亡将士调查表完竣及编造名册情形。

①《建筑阵亡将士公墓筹委会第二十七次常务会议记录》，南京市档案馆藏，档号:10050010254(00)0035。

五、报告祭堂内题名碑石七十八块业已交齐及镌刻情形。

六、报告陵园管理委员会拨还建亭费情形。

七、报告工程及布景各情形。

讨论事项

一、华北抗日阵亡将士名册雇员赶缮，每千字润资洋六角；同时书写题名碑，每千字润资洋七元，均请追认案。

决议：追认。

二、华北抗日阵亡将士代表名额应否仍先抽签而后调查营葬，请为核议案。

决议：先行调查，再行核办。

三、第一公墓第二圈添筑大圹穴若干，请核准案。

决议：准予添筑，每区做三排圹穴。

四、公墓上面应如何计划，请核定案。

决议：照原定计划办理。

五、改用第一公墓每区周围钢骨水泥路边缘案。

决议：照办。每丈五元，共计洋三千七百三十六元。

六、党魂碑式样请审定案。

决议：用横式。照刘工程师计划，加高二尺。

七、纪念馆宫灯及陈列架柜图样均经核定并修改，请订购案。

决议：照最低价，由兴泰觅取，妥保承造。

八、战画陈列室修改工程由李新记承揽，计洋二千五百五十元，请追认案。

决议：追认。

九、祭堂题名碑一部分刻字由周梅谷、唐仲芳承揽，每字钩刻工价仍系三分五厘，请追认案。

决议：追认。

十、刘工程师请添临时监工一名，请核准案。

决议：照准。以三个月为限，月支薪金四十元。

十一、南昌运来第一师阵亡将士忠榇，内有团长文志文一榇，其家族函请加做木椁，请核准案。

决议：照准。

十二、刘工程师请将灵谷寺桥南路西六角亭酌加建筑费，由李新记承建案。

决议：限价一千二百元，由李新记承建，油漆另报。

十三、第一公墓西边通至桂林石屋小路计长一千六百英尺，并建小桥二座，共计五百十元，请追认案。

决议：追认。

十四、二十三年二、三月份预算请核准案。（附件三、四）

决议：修正通过。

完

（二十八）第二十八次常务会议

建筑阵亡将士公墓筹备委员会第二十八次常务会议记录[①]

地　点：灵谷寺本会办公处

---

①《建筑阵亡将士公墓筹委会第二十八次常务会议记录》，南京市档案馆藏，档号:10050010254(00)0036。

时　间：二十三年五月一日下午四时

出席者：叶楚伧　夏光宇　傅焕光

列席者：张熙麟　刘梦锡　梁鼎铭　沈博文

主　席：傅焕光　　　　　　纪　录：沈博文

主席恭读　总理遗嘱

报告事项

一、宣读上次会议记录。

二、报告一、二月份收支总结。（附件一、二）

三、报告起运及安葬各省阵亡将士代表忠榇之进行情形。

四、报告编造华北抗日阵亡将士名册完竣及缮写题名碑进行情形。

五、报告工程及布景各进行情形。

讨论事项

一、本会营葬及附葬条例请审核案。

决议：营葬条例原则通过，文字修正再核；附葬条例缓议。

二、华北抗日阵亡将士代表葬人数请核定案

决议：照营葬条例办理

三、纪念塔内续刻碑文三千字，仍照前价每字二角，由周梅谷、唐仲芳承揽，请追认案。

决议：追认。

四、纪念塔内拓碑每面五十份，每份工料洋五角，由周梅谷、唐仲芳承揽，请追认案。

决议：追认。

五、纪念馆宫灯、电灯及陈列架柜照最低价由兴泰觅保承揽，两个半月内交货，请追认案。

决议：追认。

六、纪念馆滴水应如何改良，请核议案。

决议：函请茂菲建筑师于一星期内研究改良办法。

七、纪念馆平台下东、西两边拟筑马路以达纪念塔，请核议案。

决议：请傅委员会同刘工程师研究候核。

八、祭堂题名碑承办人全品记迟交三十七天，如何议罚案。

决议：迟交每天罚洋五元。

九、牌楼后面中间匾额刻字请选定案。

决议：选用“救国救民”四字，仍请张静江先生写。

十、画室内装灯应否改造大梁，请核议案。

决议：准予改造。

十一、四月份预算请核准案。

决议：修正通过。

完

（二十九）第二十九次常务会议

建筑阵亡将士公墓筹备委员会第二十九次常务会议记录[1]

地　点：灵谷寺本会办公处

①《建筑阵亡将士公墓筹委会第二十九次常务会议记录》，南京市档案馆藏，档号:10050010254(00)0037。

时　间：二十三年六月二十二日下午三时

出席者：陈果夫　夏光宇　傅焕光

列席者：张熙麟　许　政　刘梦锡　梁鼎铭　沈博文

主　席：傅焕光　　　　　纪　录：沈博文

主席恭读　总理遗嘱

报告事项

一、宣读上次会议记录。

二、报告三月份收支总结。（附件一）

三、报告调查华北抗日阵亡将士忠榇进行情形。

四、报告工程及布景各进行情形。

讨论事项

一、本会营葬条例修正稿请审定案。

决议：修正通过。

二、华北抗日阵亡将士代表葬抽签手续请决定案。

决议：请军委会、军政部派员，会同本会抽定之。

三、本会付馥记纪念塔第五期造价洋五万元，请追认案。

决议：追认。

四、馥记开送纪念塔公墓及牌楼大门各加减账，业经审查完竣，计应找付本会造价洋九千三百九十九元五角四分，请核准案

决议：照准。

五、志公塔原屋拟拆去，请核准案。

决议：准予连平台一并拆去。

六、茂菲建筑师研究纪念馆滴水，函覆意见，请核议案。

决议：缓议。

七、傅委员与刘工程师勘察纪念馆西边可筑一马路，至志公塔原址后并在该处建一停车场，请核定案。

决议：照准。

八、第一公墓内墓碑需添购，请核准案。

决议：照准。

九、第一公墓续做特大墓圹三十六个（内三个，每个价洋五十六元；三十三个，每个价洋五十四元），拟仍由李新记承办，请追认案。

决议：追认。

十、党魂碑式样经刘工程师设计完竣，请审定案。

决议：式样照准。

十一、布景工程需用假山石一百吨，每吨价洋八元，由湖州石商费筠青承办，请追认案。

决议：追认。

十二、祭堂内需添购题名碑十二块，拟由周梅谷承办，仍照前价，请核准案。

决议：照准。

十三、祭堂题名碑内有四十二块两端修准尺寸，由全品记承办，计工洋一百六十八元，请追认案。

决议：追认。

十四、拟自纪念塔东边以达谭墓桥墩筑人行石片小路，长约五十九丈，请核准案。

决议：照准。

十五、唐仲芳、周梅谷承刻纪念塔碑均延时期，如何办理，请核定案。

决议：依照合同办理。

十六、纪念塔碑拓本可否赠送各界，请决定案。

决议：暂不赠送。

十七、本会纪念刊物尺寸、纸质请决定案。

决议：用 75 磅十六开中国道林纸。

十八、续画战画三幅请决定案。

决议：续画庙行、济南、南昌三幅，限期一年完成。

十九、第二、三公墓详细整理计划案。

决议：尽三个月内计划完成。

二十、“剿匪”阵亡将士调查表拟请催报案。

决议：电最高军事机关，饬属尽于七月底，将本年六月以前“剿匪”阵亡将士依式填报到会。

二十一、工程股汪助理薪水拟请酌加案。

决议：准自七月份起加薪洋二十元整。

二十二、本会五、六月份预算请核准案。（附件二、三）

决议：修正通过。

完

（三十）第三十次常务会议

建筑阵亡将士公墓筹备委员会第三十次常务会议记录[①]

地　点：灵谷寺本会办公处

时　间：二十三年八月八日下午四时

出席者：陈果夫　叶楚伧　夏光宇　傅焕光

列席者：张熙麟　许　政　沈博文　汪原沛　李　造

主　席：夏光宇　　　　纪　录：沈博文

主席恭读　总理遗嘱

报告事项

一、宣读上次会议记录。

二、报告四、五月份收支总结。（附件一、二）

三、报告调查华北抗日阵亡将士忠様进行情形。

四、报告工程及布景各进行情形。

五、报告纪念馆楼上井栏圈、南北横梁石条及地砖均有裂缝，楼下平台北首石板亦有塌缝。

六、报告刘工程师于七月一日就导淮委员会新职。

讨论事项

一、“剿匪”阵亡将士调查表因有填报不全，须退还重造者，拟展限一个月，请核准案。

①《建筑阵亡将士公墓筹委会第三十次常务会议记录》，南京市档案馆藏，档号:10050010254(00)0038。

决议：准予展限一个月。

二、刘工程师拟于拆卸志公塔时将屋顶整个保留，以备另建新亭（卸装费一千四百元），请核议案。

决议：无庸保留。

三、本会建筑物旁开掘水源请决定案。

决议：先向陵园内各机关接洽，要求市府将自来水放至陵园区内，再行布置。

四、第一公墓内已做墓圹四个放大尺寸，每个加工料洋二十九元，请追认案。

决议：追认。

五、第一公墓内墓圹及小路应否筑齐，请核议案。

决议：小路先行筑齐，墓圹暂缓。

六、祭堂题名碑约六万字，改由唐仲芳、周梅谷分刻，限七十天、三个月完工，价仍照旧，请追认案。

决议：追认。

七、祭堂内题名碑承办人全品记因凿砌工程浩大，请求补贴工资，拟贴洋一千元，请核准案。

决议：照准。

八、祭堂木匾无大料，拟稍改小，请核准案。

决议：木匾尽最大木料购办。

九、牌坊上党徽已由宜兴胡兴隆承办十六枚，每枚价洋十五元，两个月交货，请追认案。

决议：追认。

十、本会结束时间请予决定案。

决议：本会一切工作（战画布景除外）均限于本年底结束，以资撙节。

十一、刘工程师于七月份就导淮委员会新职，所有本会未了工程拟仍留请指导，请酌定伕马费案。

决议：自七月份起，按月送伕马费洋一百元，其住所及汽油仍由本会供给，至本年十二月底为止。

十二、画室改换大梁及建筑看台一座由李新记承造，价洋一千五百元，请追认案。

决议：追认。

十三、决议：党魂碑暂行缓办。

十四、本会七、八月份预算请核准案。（附件三、四）

决议：修正通过。

完

（三十一）第三十一次常务会议

建筑阵亡将士公墓筹备委员会第三十一次常务会议记录[①]

地　点：灵谷寺本会办公处

时　间：二十三年十一月十七日下午二时

出席者：叶楚伧　夏光宇　傅焕光

列席者：张熙麟　许　政　刘梦锡　梁鼎铭　沈博文

主　席：叶楚伧　　　　纪　录：沈博文

①《建筑阵亡将士公墓筹委会第三十一次常务会议记录》，南京市档案馆藏，档号:10050010254(00)0039。

主席恭读　总理遗嘱

报告事项

一、宣读上次会议记录。

二、报告六、七月份收支总结。（附件一、二）

三、报告华北抗日阵亡将士代表葬抽签经过情形。

四、报告调查华北抗日阵亡将士代表忠榇进行情形。

五、报告拆卸原有志公塔发现志公棺椁及石碑匣情形。

六、报告纪念馆灯柜装置完竣情形。

七、报告祭堂内题名碑七十八块完成情形。

八、报告祭堂内大石碑采出候运情形。

九、报告编辑纪念刊物进行情形。

十、报告工程及布景各进行情形。

讨论事项

一、纪念塔内遗阡表由周梅谷承刻，每字钩刻工洋八角，请追认案。

决议：追认。

二、自纪念塔起至东西马路止，前后左右各水沟约共长四百五十丈，拟用旧砖及乱石分别砌筑，由王雨亭承揽，计砖砌者每丈工料洋四元，乱石砌者每丈工料洋五元五角，请核准案。

决议：照准。

三、拆卸志公塔及平台工程由李新记承揽，计拆志公塔工洋九十元，拆平台每一土方工洋八角，请追认案。

决议：追认。

四、志公塔址中间拟用原石条铺设走道，以达纪念塔走道南端坡下，接做护墙石级，由骆同和承揽，共计工料洋九百元，请追认案。

决议：追认。

五、第一公墓墓面拟改为平形，换铺细草，请核准案。

决议：照办。

六、祭堂木匾大料已托馥记订购银杏树，匾料直径三尺十寸，长十五尺，又对料两方，共价洋三百五十元，请追认案。

决议：追认。

七、祭堂西首高阜上拟建一砖亭，由薛森林承揽，计工料洋六百元，请核准案。

决议：照准。

八、志公殿前石坝二道并修整玉带桥，又万工池东北做石坝一道，均由王雨亭承揽，计工料洋六百三十元，请追认案。

决议：追认。

九、志公棺椁及石匣应葬何地，请决定案。

决议：缓议。

十、党魂碑应如何计划，请决定案。

决议：缓办。

十一、种植花木所需苗圃请指定地点案。

决议：请傅委员主持办理。

十二、本会布景地段散漫，拟添雇工人二十名，请核准案。

决议：照准。

十三、牌坊上瓷面党徽因胡兴隆不能制造，改由同泰丰自赣定制十六枚，每枚价洋二十元，请追认案。

决议：追认。

十四、围墙内草地左右两旧井开深，由顾老四承揽，计每井工洋四丈深二百另五元，五丈深二百五十五元，六丈深三百二十元，请追认案。

决议：追认。

十五、万工桥南十字路口之木亭漆工由袁德兴承揽，计工料洋七百元，请核准案。

决议：照准。

十六、前第四军来函，请将十五年阵亡将士公葬镌名，应如何办理，请决议案。

决议：公葬照例抽签，姓名先行镌碑。

十七、吴禄贞遗墨拟摹刻石碑，由周梅谷承揽，计碑价洋三十五元，请核准案。

决议：照准。

十八、本会九、十月份预算请核准案。（附件三、四）

决议：照准。

十九、纪念塔下层石底横额拟勒图案画，请鉴定案。

决议：决用乙种图案。

二十、祭堂前左右两边用旧石条铺人行路各一，计工食洋一百十六元六角；又添石级新料六丈，每丈九元，计洋五十四元。拟由骆同和承揽，请核准案。

决议：照准。

二十一、祭堂后门至第一公墓路边拟铺人行路，计长一百三十二尺、宽十二尺，请核准案。

决议：照准。

二十二、第三公墓整理坡度拟由王雨亭承揽，挑垫土方每方工洋七角，又拆运石条，总计工洋三十元，请核准案。

决议：照准。

二十三、制办阵亡将士姓氏速检片柜二具，请鉴定图案，以便定制案。

决议：采用柚木。

二十四、前教导第一师阵亡将士公墓筹建委员项致庄函请本会接收该公墓，请核议案。

决议：函复：俟本会公墓建筑完竣，决定管理问题后再议。

完

（三十二）第三十二次常务会议

建筑阵亡将士公墓筹备委员会第三十二次常务会议记录[①]

地　点：灵谷寺本会办公处

时　间：二十四年一月二十三日下午三时

出席者：叶楚伧　夏光宇　傅焕光

列席者：张熙麟　许　政　刘梦锡　沈博文　梁鼎铭

---

①《建筑阵亡将士公墓筹委会第三十二次常务会议记录》，南京市档案馆藏，档号:10050010254(00)0040。

主　席：叶楚伧　　　　　纪　录：沈博文

主席恭读　总理遗嘱

报告事项

一、宣读上次会议记录。

二、报告八、九、十月份收支总结。（附件一、二、三）

三、报告华北抗日阵亡将士代表忠榇运京安葬情形。

四、报告“剿匪”阵亡将士及第四军北伐阵亡将士抽签经过情形。

五、报告祭堂内大石碑三块下山运埠情形。

六、报告祭堂前匾额木料交到情形。

七、报告工程及布景各情形。

讨论事项

一、总理陵园管理委员会函请本会自十一月份起，酌加请原警分队长月饷六元，请核准案。

决议：追认。

二、总理陵园管理委员会倡议冬赈区内贫寒农民，请本会酌赈，业已捐赈洋一百元，请追认案。

决议：追认。

三、撰拟纪念馆参观规则稿，请审定案。

决议：修正通过。

四、纪念塔前甬道两边改铺旧石板，超出预算洋一百四十四元，请追认案。

决议：追认。

五、第一公墓内党魂碑经基泰工程司设计绘图，请鉴定案。

决议：采用直立碑形，由基泰工程师会商茂菲决定地点。

六、第一公墓内添做中号墓圹及碑葬圹穴各一百十二个（中圹每个价洋十三元，小圹每个价洋二元），由李新记承揽，请追认案。

决议：追认。

七、第一公墓内以碑代葬，用旧石刻碑九十三个，每块工洋一元，由骆同和承办，请追认案。

决议：追认。

八、第一公墓接至祭堂后门以旧石墩及旧石条铺人行道一百三十二尺，宽十二尺，计凿整铺设工洋一千二百元，由骆同和承揽，请追认案。

决议：追认。

九、第二、三公墓葬区设计草图请审核案。

决议：照准。

十、祭堂内祭台及堂前草地暨牌楼平台如何布置，请筹议案。

决议：祭台照图，另添三石件，堂前草地布置花草，牌楼平台置古铜马一对。

十一、修砌水沟工程较核准数超过一百十九丈，计工洋六百五十四元五角，请核准案。

决议：照准。

十二、本会工人住房草图请鉴定案。

决议：缓议。

十三、十字路口六角木亭拟设石凳，请核准案。

决议：用石鼓凳，定名“灵响亭”。

十四、商人刘少卿呈称拟在公墓附近开设照相馆，请核议案。

决议：缓办。

十五、壁画庙行、济南战绩初步完竣，请鉴定案。

决议：候请蒋委员长鉴定。

十六、本会范围内拟移换新式电杆，请核议案。

决议：水泥杆路灯由电厂负担，布景铁杆灯由本会计划负担。

十七、本会二十三年十一、十二月份，二十四年一月份预算请核准案。（附件四、五、六）

决议：修正通过。

完

（三十三）第三十三次常务会议

建筑阵亡将士公墓筹备委员会第三十三次常务会议记录①

地点：灵谷寺本会办公处

时间：二十四年三月二十六日下午四时

出席者：叶楚伧　夏光宇　傅焕光

列席者：张熙麟　许　政　梁鼎铭　沈博文　汪原沛

主　席：夏光宇　　　　　纪　录：沈博文

主席恭读　总理遗嘱

报告事项

一、宣读上次会议记录。

二、报告二十三年十一、十二两月份收支总结。（附件一、二）

三、报告第四军一部分北伐阵亡及“剿匪”阵亡将士中签名额，于三月初派员五人分赴各省查运之经过情形。

四、报告祭堂内大碑三块筹划运送来会之经过情形。

五、报告赴军委会秘书处会商蒋委员长电令各地阵亡将士灵柩尽量运送本公墓之经过情形。

六、报告纪念刊物编稿情形。

七、报告工程及布景各进行情形。

讨论事项

一、查运第四军一部分北伐阵亡及二十一年至二十三年六月底“剿匪”阵亡将士忠骸，业经援案调派专员五人分赴各省。赴粤查运者因生活费较大，其膳宿费每天暂定三元五角，请追认案。

决议：追认。

二、中央执行委员会秘书处函请本会核议，将莫愁湖辛亥北伐第四军烈士忠骸迁葬本公墓，请决议案。

决议：函覆中央党部，可迁葬第三公墓。

三、第四军续送十五至十七年阵亡将士名册到会，应如何办理，请核议案。

决议：准予编入名册，补刻题名碑，不另抽签迁葬。

四、祭堂内大碑三块由周梅谷承包，自太平桥北运送到会及竖起，计工洋七千二百元，请追认案。

决议：追认。

五、祭堂内大碑三块因改装火车运京，其在锡站上车所需起重机及抵京过车进城等费约七百元，

①《建筑阵亡将士公墓筹委会第三十三次常务会议记录》，南京市档案馆藏，档号:10050010254(00)0041。

请追认案。

决议：追认。

六、上海茂泰洋行派员来京勘察运送大碑所经马路，由本会贴还旅费、电费洋四十六元四角八分，请追认案。

决议：追认。

七、添购祭堂内题名碑两块，由周梅谷承办，仍照前价每块洋六十二元，请追认案。

决议：追认。

八、祭堂内外供器标样请审定案。

决议：铜鼎照办，余件缓议。

九、祭堂前西坡旧护墙拟加整理，约工价洋三百元，请核准案。

决议：限三百元以内，估价整理之。

十、志公棺椁原有石匣及藏舍利之磁钵拟葬于距志公殿直北三百五十尺高坡上，由王雨亭承揽，约计工料洋五百元，请核准案。

决议：照准。

十一、志公殿墙后拟铺一石片甬道，长三百五十尺、宽一丈，直达志公墓，约需洋三百元，请核准案。

决议：照准。

十二、自玉带桥至高坡四方亭筑弹石小路，前后两条，计长约三百七十尺，约工料洋二百元，请追认案。

决议：追认。

十三、党魂碑详细图样及汉白玉石样请鉴定案。

决议：照基泰图案通过，石质请专家鉴定，再核。

十四、本会纪念刊物拟由仁德印刷所承办，并拟另印纪念小册，请核准案。

决议：照准。

十五、本会二、三、四月份预算请核准案。（附件三、四、五）

决议：修正通过。

完

（三十四）第三十四次常务会议

建筑阵亡将士公墓筹备委员会第三十四次常务会议记录[①]

地　点：灵谷寺本会办公处

时　间：二十四年六月五日下午三时

出席者：陈果夫　叶楚伧　夏光宇　傅焕光

列席者：张熙麟　许　政　沈博文　沙　晶

主　席：傅焕光　　　　纪　录：沈博文

主席恭读　总理遗嘱

报告事项

一、宣读上次会议记录。

二、报告二十四年一月份收支总结。（附件一）

①《建筑阵亡将士公墓筹委会第三十四次常务会议记录》，档号:10050010254(00)0042，南京市档案馆藏。

三、报告查运第四军一部分北伐阵亡将士及二十一年至二十三年六月底“剿匪”阵亡将士忠榇进行情形。

四、报告祭堂内大碑三块运到及刻嵌情形。

五、报告军委会函请本会查照呈准安葬阵亡将士决议办法四项情形。

六、报告准中央执行委员会秘书处函覆本会关于莫愁湖建国粤军烈士坟场迁葬一案，经陈奉中央常会决议，由本会负责办理。

七、报告准中央执行委员会秘书处来函，以廖仲恺先生遗榇运京前迁葬，拟借本会祭堂暂作停灵之所。

八、报告党魂碑石样化验及招标结果情形。

九、报告河北、安徽二省府送到供器情形。

十、报告纪念刊物编印之进行情形。

十一、报告志公棺椁暨石函、磁碗、舍利于五月九日迁葬情形。

十二、报告工程及布景各进行情形。

讨论事项

一、本会营葬条例拟请修改案。

决议：修正候核。

二、馥记函请发还建筑工程保证书三份（计保额二十万元），因工程完竣，业经发还，请追认案。

决议：追认。

三、馥记函请核付纪念塔前阶石工料运费洋二千九百六十五元，又函请于纪念塔、纪念馆等末期造价内支付洋一万元，请核准案。

决议：照开来单价，扣除原定中间石级之石价洋三百七十八元四角八分，阶石部分实付两千五百八十六元五角二分；纪念塔等末期造价准借一万元。

四、六角亭内用旧料做石桌一只、石凳五只，由骆同和承揽，计工洋六十元，请核准案。

决议：照准。

五、祭堂前木匾柳安木料（宽四十寸、长二十尺）由馥记办到，计木价、运费洋三百零三元，请核准案。

决议：照准。

六、祭堂内大碑三块用旧砖水泥做四尺深底脚并嵌砌法圈内，由王雨亭承揽，计底脚每一立方工料洋十四元，嵌砌每一立方工料洋十六元五角，请核准案。

决议：照准。

七、祭堂内应否装灯及三大碑碑文应否饰金，请核议案。

决议：灯缓装，神位碑及誓师词碑、中央祭文碑准予贴金，以壮观瞻。

八、第一公墓第二圈墓穴二百六十四个，拟予做齐墓圹，请核议案。

决议：照准。

九、第三公墓内拟照原定设计布置及先做一部分墓圹，请核议案。

决议：照准。

十、修理第二公墓中段围墙裂缝，据馥记估开工料洋一万四千一百五十五元，请核议案。

决议：限价一万元，责成馥记依式改做。

十一、玉带桥下小溪长约二百五十英尺，宽约二十七英尺，拟用弹石水泥砌底；又，四方亭拟题额“进思亭”，亭下拟添筑石片小路通第三公墓路口，长约一千尺。均请核议案。

决议：照准。

十二、纪念馆陈列柜内自购木板制一尺立方，一二、一三尺长方形木架，计木料约洋一百五十五元，并添雇临时木工一名，月支工洋三十元，均请追认案。

决议：照准。

十三、本会建筑范围以外拟散置园林店屋数幢，附图，请为审定案。

决议：照准。

十四、本会前拟用旧砖、新木料建设工房数幢，请决议案。

决议：计划地点候核。

十五、本会工程股助理员汪原沛改就导准委员会服务，遗缺由陈委员果夫函介沙晶来会接允，请追认并核定薪额案。

决议：沙助理月薪准予暂定一百元整。

十六、本会拟添雇临时监工一名，请核准案。

决议：准试用三个月，月薪三十五元。

十七、本会五、六月份预算请为核准案。

决议：修正通过。

十八、添派“剿匪”阵亡将士忠椓调查员（吴志清）一名，五月二日赴湘工作，请追认案。

决议：照准。

完

（三十五）第三十五次常务会议

建筑阵亡将士公墓筹备委员会第三十五次常务会议记录[1]

地　点：灵谷寺本会办公处

时　间：二十四年十月二十七日下午三时

出席者：陈果夫　叶楚伧　夏光宇

列席者：张熙麟　许　政　沈博文　沙　晶

主　席：叶楚伧　　　　　纪　录：沈博文

主席恭读　总理遗嘱

报告事项

一、宣读上次会议记录。

二、报告二十四年二、三、四、五、六月份收支总结。（附件一至五）

三、报告查运各省“剿匪”阵亡将士代表忠椓情形。

四、报告征求祭堂内外供器之经过情形。

五、报告编印纪念刊物情形。

六、报告第一、三公墓（做齐墓圹）、二公墓（修理围墙）各情形。

七、报告中央研究院派专家来会勘觅水源之经过情形。

八、报告工程及布景情形。

讨论事项

一、本公墓修正营葬条例经呈奉中央执行委员会核准，所有历年请求附葬各案应如何解决，请

①《建筑阵亡将士公墓筹委会第三十五次常务会议记录》，南京市档案馆藏，档号:10050010254(00)0043。

核议案。

决议：历年请求附葬将士列表，函请最高军事长官圈定，并附送营葬条例以备参考，但声叙非阵亡将士者不得附葬。

二、自二十三年七月至二十四年六月底，各省“剿匪”阵亡将士名额（作为第二批）经本会函请军委会、委员长行营及军政部通饬所属部队，限八月底以前造送调查表到会，编册、刻碑及核办选送代表公葬。近据驻防贵州、四川、江西等部队电请略展限期，请核准案。

决议：准展限至本年十月十五日。

三、第一、三公墓做齐大、小墓圹二六四、二二六八个及挖土、填土等工程，经招标，结果应准王雨亭承揽，请追认案。

决议：追认。

四、第三公墓路面每英平方价洋五元及路牙每英丈价洋四元，均由王雨亭承揽，请核准案。

决议：照准。

五、第二公墓布置工程拟照第三公墓办理，请核准案。

决议：除墓圹缓做外，余路线、布置等照第三公墓办理。

六、第三公墓内需设墓碑二二六八块，其石料形式请为决定案。

决议：准仍用青石，先购一部分，剔清石筋，形式照旧。

七、祭堂前大匾磨漆、刻字、贴金，工料洋九元；祭堂内大对联、“灵响亭”及“进思亭”两匾磨漆、刻字、填青绿色，工料洋一百二十元。均由周梅谷承揽，请核准案。

决议：两项均各限价九十元，交周梅谷承办。

八、祭堂内前为镌刻抗日及第一批“剿匪”阵亡将士题名碑添购青石碑六块，又，第二批“剿匪”阵亡将士名额甚多，再需添购石碑十二块，价均照旧，请分别追认及核准案。

决议：照准。

九、祭堂内前进续嵌题名碑十六块，计工料洋一百六十元，由王雨亭承揽，请追认案。

决议：追认。

十、祭堂内方砖因装嵌三大碑，为盘车压碎多块，又，祭台尚未铺砖，已向苏州购运新砖一千一百块，每块连运费价洋九角，请追认案。

决议：追认。

十一、纪念塔下层外面大小各字及图案应否贴金，请决定案。

决议：

（一）塔之下层“精忠报国”四大字准用朱砂红漆，四横额小字贴金。

（二）大门左右两旁洞门上“昭烈扬忠”四字及纪念馆奠基石文字均贴金。

十二、本会纪念刊物小册应印册数请决定案。

决议：

（一）小册印一万册。

（二）题名碑印单行本。

（三）纪念刊物大册印甲册、乙册二种。甲册内印文字、图画等件；乙册为稽考之用，内印工程合同、建筑图案等，均刊入此册。

十三、本会各项工程在编制报告册前可否暂作一结束，请核议案。

决议：十月二十日前须将未竣工程作一结束，各建筑物旁整理出清。

十四、本会七、八、九月份预算请为核准案。

决议：修正通过。

完

（三十六）第三十六次常务会议

建筑阵亡将士公墓筹备委员会第三十六次常务会议记录[①]

地　点：灵谷寺本会办公处

时　间：二十四年十二月二十一日下午三时

出席者：陈果夫　夏光宇　傅焕光

列席者：张熙麟　许　政　梁鼎铭　沈博文　沙　晶

主　席：傅焕光　　　　纪　录：沈博文

主席恭读　总理遗嘱

报告事项

一、宣读上次会议记录。

二、报告本公墓落成公祭典礼经过情形。

三、报告第一批"剿匪"阵亡将士忠榇查运完竣情形。

四、报告第二批"剿匪"阵亡将士调查表录编名册及各部队照例选送代表公葬等进行情形。

五、报告第四次征求先烈遗物情形。

六、报告零星工程及布景工作。

七、报告七、八、九月份收支总结。（附件一、二、三）

八、报告党魂碑石料订办困难情形。

讨论事项

一、本公墓区内开鉴自流井设计就绪，请核定案。

决议：准由新昌鉴井公司承办。

二、本会建设工房计划请核议案。

决议：仍在原定地点建造。

三、祭堂内全部墙壁应否粉白，请决议案。

决议：请梁先生、沙先生会商建筑师刘福泰先生后再定办法。

四、第二、三公墓内用弹石水泥砌大花圈各一个。墙身七点六九英方，每方国币二九元八角，计二二九点一六元；墙顶四点二八平方，每方国币二八元，计一一九点八四元；用旧砖、水泥砌阴沟十二丈七尺，每丈国币四元五角，计五十七元一角五分。合计工料国币四百零六元一角五分，由李新记承揽，请追认案。

决议：追认。

五、第三公墓小墓碑先办五百块，每块工料价国币一元五角，由周梅谷承揽，请追认案。

决议：追认。

六、草拟参观祭堂规则请审定案。

决议：修正通过。

七、纪念塔上碑搨[②]拟再添数百份，请核准案。

① 《建筑阵亡将士公墓筹委会第三十六次常务会议记录》，南京市档案馆藏，档号:10050010254(00)0045。

② 编者按：同"拓"，下同。

决议：与正中等书局接洽包拓，以五百份为限，送本会十分之一。

八、本会调借各机关职员襄办落成典礼筹备事项，对于不受代步费者应如何酬劳，请核议案。

决议：

（一）对于不受代步费者，赠送纪念塔碑搨，每人两种。

（二）典礼筹备处主任、副主任、秘书及各组股正、副主任各赠纪念塔碑搨一种。

九、仁德印刷所承印纪念刊小册一万部（每部两本，一本印报告，工料国币一二六三点一零元，一本印题名碑，工料国币六二八三元），实付国币七千五百四十六元一角，请追认案。

决议：追认。

十、本公墓大门、牌楼、祭堂、公墓、纪念馆、纪念塔建筑物六种，可否以纪念刊内铜版印制风景片以备发售，请核定案。

决议：请梁先生设计呈核。

十一、本会十、十一、十二月份预算请核准案。（附件四、五、六）

决议：修正通过。

完

（三十七）第三十七次常务会议

建筑阵亡将士公墓筹备委员会第三十七次常务会议记录①

地　点：灵谷寺本会办公处

时　间：二十五年五月九日下午三时

出席者：叶楚伧　夏光宇　傅焕光　陈果夫

列席者：张熙麟　许　政　梁鼎铭　沈博文　沙　晶

主　席：陈果夫　　　　　纪　录：沈博文

主席恭读　总理遗嘱

报告事项

一、报告一、二、三、四月份收支总结。（附件四）

二、报告结束第一批各省"剿匪"阵亡将士代表忠榇查运安葬情形。

三、报告第二批各省"剿匪"阵亡将士代表忠榇调查选送情形。

四、报告开井工程进行情形。

五、报告陵园管理委员会付还本会借拨三万元情形。

六、报告中央执行委员会秘书处函覆本会呈，拟请定清明节为阵亡将士祭祀日，核准备案并附颁岁祭仪式单。

七、报告馥记历年预借工程造价所具临时收条，拟予掉换②正式收据情形。

八、报告零星工程情形。

九、报告本会基金收支状况。（详附表）

十、报告本会办理结束情形。

讨论事项

一、莫愁湖建国粤军烈士坟场迁葬本公墓实感困难，早经报告，应如何办理案。

---

①《建筑阵亡将士公墓筹委会第三十七次常务会议记录》，南京市档案馆藏，档号:10050010254(00)0047。

② 编者按：即调换。

决议：将困难呈报中央，并请另行指定机关办理。

二、军委会及西北“剿匪”总司令部先后函请将本年“剿匪”阵亡之上级故员单独送葬本公墓，请核议案。

决议：单独送葬合于营葬条例者准予照办，其未报者函催补报。

三、党魂碑石料准陕西省府邵主席函复采办困难，应否另筹办法，请决议案。

决议：再行开价。

四、唐仲芳、周梅谷前次承刻纪念塔碑石故意延误，应予处罚案，经第二十九次会议决议，依承揽条款办理在案，嗣执行时唐仲芳抗不遵行，应如何办理案。

决议：照承揽办理。

五、阵亡忠榇运会安葬时圹盖封口，向由承筑包工负责办理；未葬各圹，每穴酌扣二元左右，用示责成。现因空穴过多，所扣价款过巨，承筑包工一再恳请核扣工料款若干，委托本会农工办理，而将余款给领，俾资周转，应否核准案。

决议：每穴酌扣三角，余款准予给领。

六、祭堂前面及左右护墙脚及后面土坡整理工程由王雨亭以工料价一千元承揽，请追认案。

决议：追认。

七、战画室天花板整理工程由金彰涛木作以工料价四百九十六元承揽，请追认案。

决议：追认。

八、第三公墓需添办碑葬用之小石碑二百二十块，每碑料价、刻工照旧一元五角，又小墓碑三百块，每块料价、刻工减为一元四角，由周梅谷承办，请核准案。

决议：照准。

九、续刻第二批“剿匪”阵亡将士题名碑三万字，每字刻工仍旧三分五厘，由周梅谷承揽，请追认案。

决议：追认。

十、水塔标价请为核准案。

决议：推傅委员率同沙助理办理。

十一、水管帮浦马达标价请为核准案。

决议：推傅委员率同沙助理办理。

十二、本会事务、艺术两股结束就绪，应如何请示中央派员接收，请为核议案。

决议：

（一）本会全部工程定本月十三日下午二时验收。

（二）呈中央规定将来管理办法，并请于本月十六日派员来会接收。

十三、决议：

（一）碑文原样墨迹送党史史料陈列馆陈列。

（二）拓本另裱，全份陈列本会纪念馆。

十四、决议：函请总理陵园管理委员会拨还本会三万元借款之存息。

十五、决议：

（一）职员薪水发至五月底止。

（二）各职员如不留用者，均为介绍相当工作。

（三）如一时不能得相当工作而服务在三年以上者，准增发一个月薪水。

十六、本会三、四月预算请为核准案。

决议：修正通过。

完

注：二十五年五月九日第三十七次常务会议第十五条决议案第三项应改为："各职员服务在三年以上者，不无微劳，增给酬金，照一个月薪水支给。"

常务委员　陈果夫 叶楚伧 夏光宇

中华民国二十五年五月十四日

三、筹备委员会临时会议记录

建筑阵亡将士公墓筹备委员会临时谈话会[①]

地　点：本京常府街十八号陈宅

时　间：二十五年六月二十七日下午四时

出席者：陈果夫　夏光宇　叶楚伧

列席者、纪录：张熙麟

决议：

一、本会所存经费，以国币十万元为公墓基金，呈请中央执委会备案，并请指定基金保管委员。

二、干事许政及专员梁鼎铭加发一个月薪水，并请中央执委会酌予任用。

第二节　行政管理

一、落成典礼

（一）国民革命军阵亡将士公墓落成典礼筹备处为送公祭典礼警卫组织大纲请会订办法致总理陵园警卫处的函[②]

来文机关：国民革命军阵亡将士公墓落成典礼筹备处

事由：函送阵亡将士公墓落成公祭典礼之警卫组织大纲乙份，祈会订办法，以资联络由。

迳启者：国民革命军阵亡将士公墓落成公祭典礼事宜，业经本处积极筹备，所有关于警卫、交通事项，顷奉中央执行委员会秘书处函知，已请贵处会同宪兵司令部、首都警察厅负责担任在案，当蒙贵处派朱课长来处会商，一切当以此次典礼隆重，中央重要官员均将参加，且公墓地面辽阔，来往路线甚长，警卫、交通两宜周密，以策安全，事先防范尤为重要。经即慎重商定警卫组织大纲三项，兹特检送大纲一份，敬请察照，并祈早日会订详细办法，随时与本处接洽，以资联络，而期周妥。至纫公谊。

此致

总理陵园管理委员会警卫处

附大纲一份。

国民革命军阵亡将士公墓落成典礼筹备处 启

中华民国廿四年十一月十一日

①《建筑阵亡将士公墓筹委会临时谈话会》，南京市档案馆藏，档号:10050010254(00)0048。

②《国民革命军阵亡将士公墓落成典礼筹备处为送公祭警卫组织大纲请会订办法致总理陵园警卫处的函》，南京市档案馆藏，档号：10050010132（00）0035。

附　国民革命军阵亡将士公墓落成公祭典礼警卫组织大纲

一、国民革命军阵亡将士公墓落成公祭典礼所有警卫、交通事宜，完全由警卫组负责办理。

二、宪兵司令部、首都警察厅、总理陵园警卫处会同组织警卫组。

三、拟推谷司令为正指挥，陈厅长、马处长分任副指挥。

国民革命军阵亡将士公墓落成典礼筹备处

（二）阵亡将士公墓落成典礼筹备处为送参加公祭人员符号车证致陵园警备处的函[①]

迳启者：本处所发参加公祭及执事人员符号暨汽车出入证，并将名称、颜色开附清单，并检同各种式样，每种各一份，送请查照，以凭稽查。

此致

陵园警卫处

附清单一纸，符号、车证每种各一份。

国民革命军阵亡将士公墓落成典礼筹备处　启

中华民国廿四年十一月十八日

附　清单

计开

（一）符号

主祭，大红色。

与祭，粉红色。

职员（特别），淡黄色。

职员（普通），湖色。

勤务（特别），白色。

勤务（普通），深绿色。

随员，湖绿色。

（二）汽车出入证

特别，红色。

普通，黄色。

本处，白色。

二、禁止涂鸦

（一）国民政府为据呈接收建筑阵亡将士公墓筹委会情形致总理陵园管委会的指令[②]

国民政府指令　第一九九二号

令总理陵园管理委员会

二十五年九月十日总字第三九六号呈一件，为呈报接收建筑国民革命军阵亡将士公墓筹备委员会情形，仰祈鉴核，准予备案，附呈该会方印一颗，并请核转销毁由。

呈悉。应准照办。

---

①《阵亡将士公墓典礼筹备处为送参加公祭人员符号车证致陵园警备处的函》，南京市档案馆藏，档号：10050010131（00）0029。

②《国民政府为据呈接收建筑阵亡将士公墓筹委会情形致总理陵园管委会的指令》，南京市档案馆藏，档号：10050010033（00）0026。

此令

国民政府主席　林　森

中华民国二十五年九月十九日

（二）国父陵园管委会园林处为派兵监察纪念塔禁止游客涂写致拱卫处笺函[①]

来文机关：园林处

事由：为纪念塔局部油漆工竣，希贵处派兵监察，禁止游客涂写，以重公物由。

查忠烈路阵亡将士纪念塔局部油漆粉刷工程，据报业已工竣。除由本处呈请主任委员核决，可规定该塔只星期日及假期开放、余日停止游览外，在未奉批示以前，希贵处派兵加班监察，禁止游客再行涂写，以重公物为荷。

此致

拱卫处

园林处　启

中华民国卅七年六月十二日

抄送机关：第一中队

事由：为令仰转饬灵谷寺分驻所派兵监察纪念塔禁止游客涂写由

（全卫）训令　卫字第　号

令拱卫大队第一中队长　潘〇〇

案准园林处林工（卅七）字第二三四号函开："查忠烈路阵亡将士纪念塔局部油漆粉刷工程，据报业已工竣。除由本处呈请主任委员核决，可规定该塔只星期日及假期开放、余日停止游览外，在未奉批示以前，希贵处派兵加班监察，禁止游客再行涂写，以重公物为要。"等由；准此，合行令仰该中队呈照，迅即转饬灵谷寺分驻所，切实遵照为要。

此令

处长　马

中华民国卅七年六月十四日

三、其他

（一）国民政府文官处为国民革命军阵亡将士公墓管理处主任一案致总理陵园管委会公函[②]

来文机关：国民政府文官处

事由：准军事委员会函，请转陈该委郑谷诒为国民革命军阵亡将士公墓管理处主任一案，奉谕交总理陵园管理委员会核复，除函复外，函达查照办理见复由。

国民政府指令　第一九九二号

迳启者：案准军事委员会第四三一零号公函开："案据总理陵园管理委员会园林组主任傅焕光函呈，为阵亡将士公墓各项工程大部告成，现正准备结束，所有名称及隶属机关并管理人选，呈请分别核示祇遵各等情前来。当经本会核定机关名称为国民革命军阵亡将士公墓管理处，隶属总理陵园管理委员会，并以郑縠诒为该管理处主任在案。查总理陵园管理委员会系隶属国民政府，相应检

①《国父陵园管委会园林处为派兵监察纪念塔禁止游客涂写致拱卫处笺函》，南京市档案馆藏，档号：10050030860（00）0018。

②《国民政府文官处为国民革命军阵亡将士公墓管理处主任一案致总理陵园管委会公函》，南京市档案馆藏，档号：10050010057（00）0007。

同该郑毅诒履历并抄附傅焕光原函，送请查照，转陈核委。”等由；查总理陵园管理委员会组织条例，原无设置国民革命军阵亡将士公墓管理处之规定，现应如何补充修正，及主任叙何阶级、是否用令派方式，由府或由会发表，均待考虑，经转陈，奉主席谕“先交总理陵园管理委员会核复”等因。除函复外，相应函达，查照办理，见复为荷。

此致

总理陵园管理委员会

文官长　魏　怀

监　印　陈光远

校　对　张家柱

中华民国二十五年四月十八日

（二）陆军第八师为请寄发阵亡将士公墓总报告书致阵亡将士公墓办事处公函[①]

来文机关：陆军第八师

事由：为函请寄发阵亡将士公墓总报告书由。

陆军第八师司令部公函　医字第二八号

迳启者：案奉军政部本年七月七日总信、文字第二七四六号训令内开：“案准中国国民党中央执行委员会秘书处本年六月卅日［孝］字第八八九八号公函开：‘查前中央建筑阵亡将士公墓筹备委员会所编总报告书业经出版，除分送中央各机关及各省市外，所有国民革命军，凡经选送阵亡将士名册至该公墓筹备委员会者，每师或每独立部队应赠送一本，俾资纪念。自民国十四年以来，各该军、师部队之原有番号屡经改编且其现在驻扎地亦多无从探悉者，应请贵部通电国民革命军各军、师部队，凡经选送阵亡将士名册至该公墓筹备委员会者，迅各开具前送该名册时之原驻番号、战役及现在通信地址，函请南京中山门外灵谷寺总理陵园管理委员会阵亡将士公墓办事处，寄发上项总报告书一部。事关宣扬忠烈，特此函达，即希查照办理。’等因；准此，自应照办。除分令外，合行令仰知照。此令。”等因；奉此，查本师系由前四十军改编，所有四十军及本师阵亡将士名册均于京、赣两地先后造送贵处，查照编辑在案。现本师驻防陕西凤翔，相应函请查照，准予将上项总报告书一部发交本师驻京办事处张主任翼鸿，收转前方，藉资纪念为荷。

此致

阵亡将士公墓办事处

师　长　陶峙岳

监　印　周国勋

校　对　周国勋

中华民国二十六年七月二十一日

兹领到贵处发给建筑阵亡将士公墓总报告书一部。

此据

陆军第八师驻京通讯处主任张翼鸿　具

中华民国二十六年七月廿八日

---

①《陆军第八师为请寄发阵亡将士公墓总报告书致阵亡将士公墓办事处公函》，南京市档案馆藏，档号：10050010187（00）0036。

（三）致总理陵园管委会公函

国民政府文官处据刘光斗呈报接收中央阵亡将士公墓

经过情形主管机关派员接收等致总理陵园管委会公函[①]

来文机关：国民政府文官处

事由：准中央执行委员会秘书处刘光斗呈报，接收中央阵亡将士公墓经过情形，请转饬主管机关派员接收等语。奉常务委员谕，函国民政府指定接收机关函达查照，转陈办理见复，经转陈奉谕，交陵园管理委员会接收，函达查照办理由。

国民政府文官处公函　字第四二〇一号

迳启者：准中央执行委员会秘书处二十五年七月二十三日，［忠］字第一零零九零号函，为据刘光斗同志呈报略称“奉谕派赴中央阵亡将士公墓筹备委员会担任接收，并暂予临时保管事宜等因，遵即前往，分别接收清楚，谨将接收经过情形具文呈请鉴核，转饬主管机关迅予派员接收”等语，陈奉常务委员会谕，“函国民政府指定机关”，函达查照，转陈办理见复等由；经即转陈奉主席谕，“交陵园管理委员会接收”等因，除函复外，相应抄同原件函达，查照办理，见复为荷。

此致

总理陵园管理委员会

计抄送原函一件。

文官长　魏 怀

监 印　陈光远

校 对　张家柱

中华民国廿五年七月二十五日

附　原函

案查建筑阵亡将士公墓筹备委员会前以筹备工事告竣，呈由中央于本年五月间派刘光斗同志临时接收管理在案。而据刘同志呈报略称：“奉谕派赴中央阵亡将士公墓筹备委员会担任接收，并暂予临时保管事宜等因，遵即前往，所有该会办事处内各项家具、应用物品以及林园树木均一一点收清楚，有册可稽。关于经济方面，有国华银行支票簿一本，计国币三千一百五十五元七角五分；预付金单据，计二千四百三十一元整；现金计国币一百一十元零八角九分。至于该会用款，自接收日起至七月二十日止，系由许政先生经手支付。除职会同造册拟销外，谨将经过情形具文，呈请鉴核，仰祈饬转主管机关迅予派员接收。”等语，当经陈奉。常务委员谕“函国民政府指定接收机关”等语，相应函达，即希查照转陈办理，为见复为荷。

此致

国民政府文官处

中华民国二十五年七月二日

（四）总理陵管会接办阵亡将士公墓致各机关函[②]

案查建筑国民革命军阵亡将士公墓筹备委员会，前以筹备事竣，当由国民政府文官处于本年七月二十五日函知本会派员接收在案。嗣后本会即将接收情形专文呈报国民政府，恳请鉴核备案，并附呈该会方印一颗，并请核转销毁。经奉国民政府二十五年九月十九日第一九九二号指令，内开：

①《国民政府文官处据刘光斗呈报接收中央阵亡将士公墓经过情形主管机关派员接收等致总理陵园管委会公函》，南京市档案馆藏，档号：10050010057（00）0008。

②南京市档案馆、中山陵园管理处编：《中山陵档案史料选编》，南京：江苏古籍出版社，1986年，第731页。

"呈悉，应准照办。此令。"等因；奉此，以后该会经办事宜自应由本会继续办理。贵处如有关于阵亡将士公墓事件，请径与本会接洽，除分函外，相应函达，即希查照为荷。

此致

各机关

总理陵园管理委员会

中华民国二十五年九月二十八日

第三章　建设

第一节　国民革命军阵亡将士公墓

一、筹建

（一）筹建

国民革命军阵亡将士公墓之筹建[①]

（一九三一年十月）

绪言

我党秉承总理遗训，底定两粤，肃清三江，率师北伐，底定中原，建都南京。经十五、十六、十七三年之久，而统一告成。政府眷念前劳，凯旋者皆予登庸，惨逝者追加抚恤。惟兹阵亡将士，杀身成仁，尸骨遍野，忠魂无依，乃拟搜集阵亡将士骸骨，建筑公墓，安慰忠魂。于是，中国国民党中央执行委员会于民国十七年十一月，建议设立建筑阵亡将士公墓筹备委员会，派蒋中正、陈果夫、刘纪文、何应钦、林焕廷、熊斌、刘朴忱、李宗仁、邱伯衡着手筹办公墓建设事宜。嗣又加派傅焕光、黄为材、伍翔、夏光宇为委员。二十年四月，复因迁调关系，经中央执行委员会决议，改派陈果夫、刘纪文、林焕廷、黄为材、赵棣华、蒋中正、何应钦、王伯龄、熊斌、傅焕光、夏光宇为委员，指定陈果夫、刘纪文、林焕廷、傅焕光、黄光宇为常务委员，并以黄为材为秘书，同年六月又加派刘梦锡为本会委员。

组织

本会筹备处所，初设在中央党部内。自经过第一、二、三、四四次会议，始于十八年九月第五次会议决定，以灵谷寺为本会办公地点，请茂菲为建筑师，并进用干事、书记各一人。十八年十月一日，干事邵叔嘉开始办公，担任筹备义务。十九年一月本会第六次会议，对于筹备各办法大致决定，乃加请刘梦锡为监工工程师。十九年四月又加请梁鼎铭为艺术专员。职员纷进，工作日繁，乃定则例，以资遵守。凡遇重大事件，开会解决，计先后开会十七次，始获开工。

地点

公墓地点经委员蒋中正等一再履堪，乃于第五次开会议决灵谷寺旧址为公墓地址。查灵谷寺在紫金山南麓，创自明初。庙宇崇宏，浮屠矗立，周围数里，房舍千余间。固南京之丛林，亦地方之名胜。自经洪杨兵燹，焚毁殆尽，而地点适在总理墓之左，地势宽坦，但使相度经营兴工建筑，将来可与明孝陵东西对峙，鼎立而三，同为民众所崇拜，岂非陵园界内之一巨观哉。

建筑设计

灵谷寺为首都丛林，原有殿宇除无量殿尚存肤廓外，其余均为洪杨劫后之新小房屋。今公墓即以旧址建筑，按茂菲计划，公墓有三，其一在无量殿后之五方殿旧址，第二、第三公墓则在无量殿东西各约一千尺之山凹中，三墓地点成一极钝之三角形。墓外建筑即以万工池内之原有大门为墓门，不过二旁另辟偏门，以通车马。金刚殿原址峙雄伟之石牌坊，无量殿恢复原来式样，改为祭堂。其前之大雄宝殿卸去其中佛像，移入东屋之龙王殿中。志公塔前建纪念堂，其后数百步造纪念塔，为公墓建筑之极点。兹将各部建筑分述如次：

祭堂　古代建筑式之无量殿，虽略有坍塌，经五六百载之久，尚岿然如鲁灵光殿之独存。殿凡

① 南京市档案馆、中山陵园管理处编:《中山陵档案史料选编》，南京：江苏古籍出版社，1986年，第727—729页。

五楹，广十四丈，高六丈六尺，以砖砌成，故俗名无梁殿。结构独特，自宜保存。今已估修，作为将士公墓之祭堂，四壁嵌石碑，镌刻各师、各战役先烈数万人之姓名，并简叙军役始末，以备浏览。

纪念馆　志公塔前建纪念馆九楹，采用走马楼式，上下并不间隔，良以地方宽阔，庶足以陈列先烈之遗物、本身相片、随身佩刀，罔不搜罗，统为陈设，俾后之人追谈战绩，睹物思人。且本馆采光极佳，楼上下均有走廊，兼可高瞻远瞩。

纪念塔　志公塔后建筑纪念塔一座，高一百七十五尺，分九层，每层均置碑石，刻历次重要战役，兼绘革命战图。每层亦有走廊环绕外面，以便游客兼观风景。又塔顶装置电炬，可终夜常明。走廊上更设反光电灯四盏，每夜悬一小时，可使塔见数里以外。塔之中心有钢骨水泥悬梯，可以拾级而上，为我国造塔之新式者。

画馆　至于最有关系之战役，当有精确战史翔实记载，尤恐人人未必注意，则由艺术专家调查详细，择尤壁画加以说明。更为蜡人或为铜人或泥塑或石刻，务将当日两军搏击危险状态穷形尽相披露当前，俾观者寓目惊心，恍如亲历其境。但如何布置，或独建一画馆，或陈列纪念馆中，尚在计划中。

布景　公墓后倚崇山，前临广池。环寺丛林蓊翳，翠竹蒙密。公墓新辟驰道，环回林间，静穆幽深，令人意远。寺左右溪流萦带，泉甘不涸。曾国藩常祈雨于斯。纪念建筑竣工之后，疏泉蓄水，沿稀作山径，置石座，游人可游息焉。新建筑及公墓四周布置新式庭园，庶天然风景与人工点缀交相辉映，以慰国殇。

一、图样

（一）阵亡将士公墓工程图①

【图档】

总理陵园管委会

中华民国二十四年六月一日

各项工程承揽②

一、公墓工程

承揽者	工程名称
李新记	第一公墓大墓圹三百个
李新记	小墓圹八百个
李新记	特大墓圹三个
李新记	特大墓圹三十三个
李新记	小墓圹二百十二个
李新记	最小墓圹一百十二个
王雨亭	第一、三公墓内五种墓圹二百六十四个、二千二百二十八个
骆同和	华北抗日代葬小石碑
骆同和	小碑石一千块
李新记	第一公墓大墓圹四个加账
李新记	第一公墓内小路钢骨水泥路缘

① 编者按：图档暂无资料，故略，详见《阵亡将士公墓工程图》，南京市档案馆藏，档号：10050031321(00)0002。

②《各项工程承揽》，南京市档案馆藏，档号：10050031321。

王雨亭	第三公墓整理土方
复 华	无量殿前整理及挖第二、三公墓土方
李新记	第二、三公墓前车道及水沟
周梅谷	青石小碑五百块
李新记	砌第二、三公墓阴沟及花园

二、碑石工程

承揽者	**工程名称**
济南元吉工厂	纪念塔碑石二十八块
周梅谷、唐仲芳	纪念塔碑石八块
周梅谷	搨纪念塔碑
唐仲芳	搨纪念塔碑
周梅谷	刻纪念塔遗阡表
周梅谷、唐仲芳	祭堂内三大碑石
周梅谷	输运及竖立三大碑石
王雨亭	做祭堂三大碑石底座及镶砌
全品记	题名碑石七十八块
周梅谷	题名碑石八块
周梅谷	题名碑石十二块
唐仲芳、周梅谷	刻题名碑字六万个
尹铁菴	刻题名碑字三万个
尹铁菴	续刻题名碑字二万个
唐仲芳	续刻题名碑字二万五千个
周梅谷	续刻题名碑字三万个
全品记	竖立及镶砌题名碑七十八块
王雨亭	镶砌题名碑十六块

三、马路工程

承揽者	**工程名称**
王雨亭	第一公墓起至桂林石屋止人行道
王雨亭	由纪念塔至谭墓桥头人行道
王雨亭	志公殿后石片路及踏步水沟等
骆同和	祭堂后及左右新石路
	祭堂北首人行道左右铺石条
	志公塔原址中间铺石路
	祭堂后用旧大石墩做整段平铺人行道
	纪念馆至第一公墓接第三公墓大路两边铺青石
王雨亭	第一公墓后面至纪念馆前石片马路及停车场
王雨亭	志公殿前四角方亭弹石人行道

	志公殿前山上弹石路
骆同和	纪念馆及无量殿前面青石踏步

四、水沟桥墩工程

承揽者	**工程名称**
王雨亭	志公殿前西边木桥砌墩子
	砌乱石水沟
	环塔路及塔前路又西停车场砌水沟
复　华	志公殿小溪水沟
王雨亭	灵运路北第三公墓桥北及玉带桥南水坝三道

五、志公殿工程

承揽者	**工程名称**
李新记	建造志公殿
	拆志公塔
王雨亭	做志公墓

六、亭子工程

承揽者	**工程名称**
李新记	本会大路口六角亭
薛森林	志公殿前山上四方亭
骆同和	进思亭内石凳桌
	六角亭内石凳桌
袁德兴	漆大门前六角亭

七、画室工程

承揽者	**工程名称**
李新记	画室改造
	改换画室“人”字大梁及建造看台
金章桃	画室气楼天花板工程

八、砖墙工程

承揽者	**工程名称**
复　华	整理祭堂西高阜及砌砖墙
骆同和	纪念塔直路前护墙及踏步

九、挖井工程

承揽者	**工程名称**
顾记营造厂	拆砌及开深牌楼前草坪东西井

新昌公司　　　　　　纪念馆东北高坡上开自流井

十、其他工程

承揽者　　　　　　　　**工程名称**

益新花石公司　　　假山石料一百二十吨及堆砌

上海兴泰水电行　　纪念馆铁柜

振森祥木行　　　　白果树匾料一株

南京同泰丰瓷号　　党徽十六个

中鑫泰木器号　　　速检片柜二个

（二）总理陵园管委会为请补送正式房屋图样及说明书复阵亡将士公墓筹委会笺函[①]

送达机关：建筑阵亡将士公墓筹备委员会

事由：复为在陵园建筑房屋，应请补送正式房屋图样及说明书三份，附上建筑请求书及建筑章程各一份，请即查照备送以览核办由。

总理陵园管理委员会笺函　字第2151号

案准贵会本年十二月十二日大函，以拟在志公殿西北空地建筑砖墙瓦房七间，为工人永久住所，请察核备案，并祈见复等由。准此；查在陵园界内建筑房屋，必须备具正式请求书，连同正式房屋设计图样及说明各三份，送会备核。兹附上空白建筑请求书及建筑章程各一份，即请察收，照式填写请求书，并补送房屋图样说明书等过会，以凭核发建筑执照。相应函达，即希查照办理为荷。

此致

建筑阵亡将士公墓筹备委员会

附陵园建筑请求书及建筑章程各一份。

总理陵园管理委员会

拟稿员　施　纶

中华民国二十四年十二月十六日

三、石作

（一）函送马新记石作承揽革命纪念馆大基石重行安装承揽单请会计室核发工款（附承揽单）[②]

查马新记石作厂、公司承办本会革命纪念馆基石重装工程，第〇期工款计四百八十万元整，业已到期，经审查无讹。希贵准予领取为荷。

此致

会计室

园林处　处长

工程科科长　顾授书

领款人　马新记石作

中华民国三十七年五月廿日

①《总理陵园管委会为请补送正式房屋图样及说明书复阵亡将士公墓筹委会笺函》，南京市档案馆藏，档号：10050010325（00）0001。

②《函送马新记石作承揽革命纪念馆大基石重行安装承揽单请会计室核发工款（附承揽单）》，南京市档案馆藏，档号：10050030914(00)0011。

林工（卅七）字第一九〇号第一页

查革命纪念馆大基石两块，前被人撬落地下，奉主席面谕，重行安装。遵即招马新记石作承揽办理，克日工作，于五月十四日装妥，计工八工，每工六十万元，合计四百八十万元。兹检送该作承揽单一份，希查照核发工款。

此致

会计室

附承揽单一份。

园林处　启

中华民国三十七年五月二十日

国父陵园管理委员会工程承揽单（林工承字　号）

具承揽人马新记石作，今愿遵照国父陵园管理委员会之指示及下列规定各条款，切实办理：

（甲）承揽范围：革命纪念堂奠基大石两块，由地下抬至原处，用水泥、黄砂重行装妥，计工八工。

（乙）承揽价值：工资每工六十万元，合共四百八十万元。

（丙）协定事项：

一、开工日期：五月十四日；

二、完工日期：即日；

三、逾期罚款：△

四、保固保漏期限：△

五、其他事项：材料由业主供给。

（丁）领款程序：

第一期：承揽签订并经装置无讹后领清。

（戊）附件：

一、图样△张；二、说明书△份；三、工程法规△份；四、估价单△份。

（己）附记

承揽人　马新记石作

中华民国三十七年五月十三日　具

（二）为革命纪念馆大基石两块奉主席谕重装已抬马新记石作承揽希查照付款的函（附承揽单）[①]

送达机关：秘书室、会计室

事由：为革命纪念馆大基石两块，奉主席谕重装，已抬马新记石作装妥。兹检附承揽一二份，希查照付款由。

林工（卅七）字第一九〇号第一页

查革命纪念馆大基石两块，前被人撬落地下。奉主席面谕，重行安装。遵即招马新记石作承揽办理，克日工作，于五月十四日装妥。计工八工，每工六十万元，合计四百八十万元。兹检送该作承揽单一二份，希查照核发工款为荷。

此致

秘书室、会计室

①《为革命纪念馆大基石两块奉主席谕重装已抬马新记石作承揽希查照付款的函（附承揽单）》，南京市档案馆藏，档号：10050030932(00)0003。

附……[1]

园林处　启

中华民国卅七年五月二十日

查马新记石作承办本会革命纪念馆基石重装工程，第〇[2]期工款计四百八十万元整，业已到期，经审查无讹，希贵室准予领取为荷。

此致

会计室

园林处处长　沈鹏飞

工程科科长　顾授书

领款人　马新记石作

中华民国三十七年五月廿日

（三）为送马新记石作重行安装纪念馆基石承揽希查照（附承揽）[3]

来文机关：园林处

事由：函送马新记石作重行安装纪念馆基石承揽乙份，希查照由。

林工（廿七）字第一九〇号第一页

查革命纪念馆大基石两块，前被人撬落地下，奉主席面谕，重新安装。遵即招马新记石作承揽办理，克日工作，于五月十四日装妥。计工八工，每工六十万元，合计四百八十万元。兹检送该作承揽单一份，希查照为荷。

此致

秘书室

附承揽单一份。[4]

园林处　启

中华民国三十七年五月二十日

四、油漆作

（一）请告知前修理纪念塔承包石作沈保记作场地址以便补注单据致国民政府印铸局笺函[5]

送达机关：国民政府印铸局局长　陈宗虞

事由：为函请告知前修理纪念塔承包石作沈保记作场地址，以便补注单据由。

宗虞吾兄局长勋鉴：违教多日，时劳梦毂，辰维勋猷日隆，动定增胜为颂！兹者本会前次修理国民革命烈士纪念塔时，曾有承包该项石作工程之沈保记，彼时所出收据漏注该场地址，以致未合经费报销之原则，拟请吾兄惠予详细地址，以便补注该项单据送请报销，以资结束。诸费精神，统容后谢！

此致

① 编者按：原文如此，此附录的承揽单与上文全同，故略。

② 编者按：原文如此。依据上文，似应为“一”。

③《为送马新记石作重行安装纪念馆基石承揽希查照（附承揽）》，南京市档案馆藏，档号：10050030982(00)0002。

④ 编者按：此处附录承揽单与上文全同，故略。

⑤《请告知前修理纪念塔承包石作沈保记作场地址以便补注单据致国民政府印铸局笺函》，南京市档案馆藏，档号：10050020072(00)0012。

勋安

弟钱翔孙　谨上

中华民国三十二年十一月十二日

（二）革命纪念馆将士纪念塔油漆工程说明书[①]

国父陵园管理委员会（革命纪念馆、将士纪念塔）油漆工程说明书：

一、革命纪念馆柱子楼上下各六十四根，原系颜色水泥，现改加红油二度，其高度至枋梁底为止。

二、革命纪念馆楼梯粉灰，照原来颜色重粉二度。

三、将士纪念塔九层原有柱子系颜色水泥，现改加红油二度，其高度至枋梁底为止。

四、纪念塔各层内面墙壁淡黄色部分，照原色重粉二度（深黄色部分不粉）。

五、纪念塔铜门四堂共八扇，照原来墨绿色重油二度。

六、纪念塔各层外面塔壁淡茶色部分，照原色加刷一度。

七、纪念塔转梯旁圆梁之黄色部分，改照旧绿色重粉二度；其附近之梁枋有为人污损者，照原色重粉二度。

八、所有油漆粉浆未施工前应先将原来斑点刮净、缺洞补齐，方得施工。铜门之油漆并应铲刮清楚，砂皮磨光，打红丹一度，方得上油。

九、所有油粉材料均应质地纯正细洁，不易改变者为合格，承办人应保证一年之内油漆不起皮脱落。

十、油粉工程之数量，本会于必要时得增加或少做一部分。

国父陵园管委会

中华民国卅七年一月一日

（三）第一中队为转奉主席谕粉刷纪念馆墙壁刷洗地面等情已通知秘书室办理的指令[②]

来文机关：第一中队

事由：为转奉主席谕粉刷纪念馆墙壁、刷洗地面、打扫道路，据情转请核办由。

报告（拱一字八五号　三十七年五月一日）

案据灵谷寺分队长阮芳庭报告称："昨日下午六时十五分，蒋主席乘车来灵谷寺游览，步行至纪念馆，见楼上、下墙壁被游客涂写，当即饬由警卫组陈茂林转知本所，嘱将楼上、下墙壁重行粉刷，地面宜常为刷洗，附近道路多加打扫，并加派卫兵，随时注意，以重观瞻等谕。奉此，理合报请核转办理。"等情；据此，除仍饬该所加派卫兵，随时注意维护清洁外，至粉刷墙壁、刷洗地面、打扫道路各节，理合报请钧处，鉴核办理。

谨呈

副大队长　王　转呈

处长　马

职　潘胜标

中华民国三十七年五月一日

（四）为灵谷寺纪念塔及纪念堂须局部重加油粉如愿参加请来领说明书等件的通知[③]

①《革命纪念馆将士纪念塔油漆工程说明书》，南京市档案馆藏，项目：10050030857(00)0010。

②《第一中队为奉主席谕粉刷纪念馆墙壁刷洗地面等情已通知秘书室办理的指令》，南京市档案馆藏，档号：10050030939(00)0008。

③《为灵谷寺纪念塔及纪念堂须局部重加油粉如愿参加请来领说明书等件的通知》，南京市档案馆藏，档号：10050030932(00)0002。

送达机关：油漆作四家

事由：为本陵园灵谷寺纪念塔及纪念堂须局部重加油粉，如愿参加比价，请希于本月廿二日来领说明书等件由。

林工（卅七）字第一八六号

查本陵园灵谷寺纪念塔及纪念堂一部分墙柱须重加油漆刷粉，招商承包办理，如贵号愿意参加比价，希于本月二十日十至十二时间来本会石家汪园林处工程科，领取说明书等件。定本月二十二日下午二时在本会办公楼会议室开标。特此通知。

此致

葛复兴[①]、赵顺昌、余福兴、夏新记、吕复兴、兴记（顾明山）油漆作

园林处

中华民国卅七年五月十八日

（五）为灵谷寺革命纪念馆及将士纪念塔重加油漆定五月二十二日开标的笺函[②]

来文机关：园林处

事由：为灵谷寺革命纪念馆及将士纪念塔重加油漆，定本月廿二日下午二时半开标出达查照。

林工（卅七）字第一八九号第一页

查灵谷寺革命纪念馆及将士纪念塔，前奉主席谕整理，兹已决定局部重加油漆作。五家估价，定本月二十二日下午二时半开标。相应函达，希查照为何。

此致

秘书室

园林处　启

中华民国三十七年五月二十日

（六）为革命纪念馆及将士纪念塔局部油漆估价定期开标致会计室函[③]

林工（卅七）第一八九号第一页

查灵谷寺革命纪念馆及将士纪念塔，前奉主席谕整理。兹已决定局部重加油漆，（油漆）作五家估价，定本月二十二日下午二时半开标。相应函达，希查照为荷。

此致

会计室

园林处　启

中华民国三十七年五月二十日

（七）为革命纪念馆及将士纪念塔局部重加油漆于五月二十二日开标致秘书会计室函（附开标纪录估价单）[④]

送达机关：秘书室、会计室

事由：为革命纪念馆及将士纪念塔局部重加油漆，已招油漆作五家估价，定本月廿二日下午二

---

① 编者按：“葛复兴”在多处记录中为“万复兴”，今统一为“葛复兴”。

②《为灵谷寺革命纪念馆及将士纪念塔重加油漆定五月二十二日开标的笺函》，南京市档案馆藏，档号：10050030982(00)0001。

③《为革命纪念馆及将士纪念塔局部油漆估价定期开标致会计室函》，南京市档案馆藏，档号：10050030914(00)0010。

④《为革命纪念馆及将士纪念塔局部重加油漆于五月二十二日开标致秘书会计室函（附开标纪录估价单）》，南京市档案馆藏，档号：10050030932(00)0004。

时半开标，希查照由。

林工（卅七）字第一八九号

查灵谷寺革命纪念馆及将士纪念塔，前奉主席谕整理。兹已决定局部重加油漆，招油漆作五家估价，定本月二十二日下午二时半开标。相应函达，希查照为荷。

此致

秘书室、会计室

园林处

中华民国卅七年五月廿日

送达机关：夏新记漆作

事由：为本会油漆工程，请夏新记来本会工程科面洽由。

本会现有油漆工程，请贵作即日来本会园林处工程科面洽，以便该项工程进行为荷。

此致

夏新记石作

工程科科长　顾授书

中华民国卅七年五月廿六日

国父陵园管理委员会招商承包革命纪念馆、将士纪念塔油漆工程开标记录

一、日期：三十七年五月廿二日下午。

二、地点：本会会议室。

三、主席：沈鹏飞　黄维宁　林元坤　顾授书　麦凤雏

四、油漆商号代表人：

夏新记油漆作　　夏良诚

兴记油漆工程　　顾明山

赵顺昌油漆作　　赵顺昌

余福兴油漆作　　余正才

葛复兴油漆工程　　葛耀亮

五、比价记录：

油漆商号名称	总价	完工期限	备注
吕复兴油漆作			
赵顺昌油漆作	333,600,000	25天	⑤
夏新记油漆作	293,396,000	20天	②
葛复兴油漆作	315,400,000	15天	③
顾明山（兴记）油漆作	322,760,000	21天	④
余福兴油漆作	277,800,000	20天	①

六、开标结果：

余福兴油漆作开价二亿七千七百八十万，最低，得标。

国父陵园管理委员会革命纪念馆及阵亡将士纪念塔油漆工程估价单

估价油漆作：赵顺昌油漆作

估计总价：三亿三千三百六十万元　　　完工期限：25 天

项目	工作名称	数量	单位	单价	总价	备注
1	纪念馆					
	下层圆柱红油	64	根	2,200,000.00	140,800,000.00	
	上层圆柱红油	32	根	1,400,000.00	44,800,000.00	
	扶手下部修理粉刷	6	方	400,000.00	2,400,000.00	
2	纪念塔					
	双扇大门绿油	4	堂	9,500,000.00	38,000,000.00	
	九层圆柱红油	72	根	1,000,000.00	72,000,000.00	
	九层淡黄内粉墙	36	方	400,000.00	14,400,000.00	
	梯侧大梁绿油	2.5	方	4,000,000.00	10,000,000.00	
	九层外墙粉刷	28	方	400,000.00	11,200,000.00	
总价：333,600,000.00						

油漆作号章：赵顺昌油漆作[1]　　　经理：赵银桂　　　卅七年五月廿一日

国父陵园管理委员会革命纪念馆及阵亡将士纪念塔油漆工程估价单

估价油漆作：夏新记油漆作

估计总价：二亿九千三百三十九万六千元　　　完工期限：二十工作天

项目	工作名称	数量	单位	单价	总价	备注
1	纪念馆					
	下层圆柱红油	64	根	1,920,000.00	122,880,000.00	
	上层圆柱红油	32	根	1,300,000.00	41,600,000.00	
	扶手下部修理粉刷	5.2	方	380,000.00	1,976,000.00	
2	纪念塔					
	双扇大门绿油	4	堂	9,000,000.00	36,000,000.00	
	九层圆柱红油	72	根	860,000.00	61,920,000.00	
	九层淡黄内粉墙	33	方	380,000.00	12,540,000.00	
	梯侧大梁绿油	2.2	方	3,400,000.00	7,480,000.00	
	九层外墙粉刷	30	方	300,000.00	9,000,000.00	
以上圆柱所做红油均系 28 磅桶红油						

油漆作号章：夏新记油漆作　　　经理：夏良诚　　　卅七年五月廿二日

国父陵园管理委员会革命纪念馆及阵亡将士纪念塔油漆工程估价单

估价油漆作：葛复兴油漆工程

估计总价：三亿一千五百四十万　　　完工期限：十五天

① 编者按：此处原档有章，录入时转为文字，下同。

项目	工作名称	数量	单位	单价	总价	备注
1	纪念馆					
	下层圆柱红油	64	根	2,000,000.00	128,000,000.00	
	上层圆柱红油	32	根	1,500,000.00	48,000,000.00	32
	扶手下部修理粉刷	6	方	360,000.00	2,160,000.00	
2	纪念塔					
	双扇大门绿油	4	堂	9,200,000.00	36,800,000.00	
	九层圆柱红油	72	根	1,000,000.00	72,000,000.00	
	九层淡黄内粉墙	37	方	360,000.00	13,320,000.00	
	梯侧大梁绿油	2	方	3,400,000.00	6,800,000.00	2英方
	九层外墙粉刷	26	方	320,000.00	8,320,000.00	
总价：315,400,000.00						

油漆作号章：葛复兴油漆工程　　经理：葛耀亮　　卅七年五月廿一日

国父陵园管理委员会革命纪念馆及阵亡将士纪念塔油漆工程估价单

估价油漆作：兴记油漆工程号

估计总价：三亿二千二百七十六万元　　完工期限：三星期

项目	工作名称	数量	单位	单价	总价	备注
1	纪念馆					
	下层圆柱红油	64	根	2，100，000.00	134，400，000.00	以本月份工饭资每日五十七万八千元估计
	上层圆柱红油	32	根	1，300，000.00	41，600，000.00	
	扶手下部修理粉刷	7.6	方	450，000.00	3，420，000.00	
2	纪念塔					
	双扇大门绿油	4	堂	6，000，000.00	24，000，000.00	
	九层圆柱红油	72	根	1，100，000.00	79，200，000.00	
	九层淡黄内粉墙	38	方	450，000.00	17，100，000.00	
	梯侧大梁绿油	2.4	方	3，600，000.00	8，640，000.00	
	九层外墙粉刷	32	方	450，000.00	14，400，000.00	
总价：315,400,000.00						

油漆作号章：葛复兴油漆工程　　经理：葛耀亮　　卅七年五月廿一日

住址：新街口糖坊桥24号

国父陵园管理委员会革命纪念馆及阵亡将士纪念塔油漆工程估价单

估价油漆作：余福兴油漆作

估计总价：二亿七千七百八十万元　　完工期限：二十天

项目	工作名称	数量	单位	单价	总价	备注
1	纪念馆					
	下层圆柱红油	64	根	1,800,000.00	115,200,000.00	
	上层圆柱红油	32	根	1,200,000.00	38,400,000.00	
	扶手下部修理粉刷	7	方	350,000.00	2,450,000.00	起底子
2	纪念塔					
	双扇大门绿油	4	堂	8,500,000.00	34,000,000.00	起底子，抄红丹油一度，做原有色油二度
	九层圆柱红油	72	根	800,000.00	57,600,000.00	
	九层淡黄内粉墙	39	方	350,000.00	13,650,000.00	起底子
	梯侧大梁绿油	2	方	3,600,000.00	7,200,000.00	
	九层外墙粉刷	31	方	300,000.00	9,300,000.00	
总价：277,800,000.00						
附注：柱子泥木工修理，不在账内；纪念馆平顶横枋修理不在账内。						

油漆作号章：余福兴油漆作　　　　经理：余正才　　　　卅七年五月廿二日

（八）为灵谷寺纪念塔纪念馆油漆工程余福兴油漆作得标因所提保人不合不能订约请来人面述理由否则取消标权的通知[①]

送达机关：余福兴油漆作

事由：为灵谷寺纪念塔、纪念馆局部油漆工程由贵作得标，因所提保人不合，不能订约，希于本月二十七日来本会工程科面述理由，否则即取消得标权由。

林工（卅七）字第二〇〇号

查本会灵谷寺纪念塔及纪念馆局部油漆工程由贵作得标，兹因所提保证人不合，不能订约，希于本月廿七日来本会园林处工程科面述理由，否则即取消得标权，本会即另招他人办理。特此通知，希查照注意为要。

此致

余福兴油漆作

园林处

中华民国三十七年五月二十七日

查余福兴油漆作（厂、公司）承办本会将士纪念塔油漆工程，第一期工款计八千五百五十万元整，业已到期。经审查无讹，希贵室准予领取为荷。

此致

会计室

园林处处长　沈鹏飞

工程科科长　顾授书

领款人　余福兴油漆作　余正才

①《为灵谷寺纪念塔纪念馆油漆工程余福兴油漆作得标因所提保人不合不能订约请来人面述理由否则取消标权的通知》，南京市档案馆藏，档号：10050030932(00)0005。

中华民国卅七年五月廿六日

（九）为送余福兴承包阵亡将士纪念塔油漆工程希查照的笺函（附合同）[1]

来文机关：会计室

事由：函送余福兴承包阵亡将士纪念塔油漆工程合同一份，希查照由。

计园字第一一〇号第 全 页

查阵亡将士纪念塔油漆工程，业与余福兴油漆作订约。除已于五月廿九日拨付第一期工款八千五百五十万元外，相应检送合同一份，即希查照为荷。

此致

秘书室

附合同一份。

会计室 启

中华民国卅七年五月廿九日

合 同

立工程合同 国父陵园管理委员会、余福兴油漆作（以下简称甲、乙方）。兹因甲方油漆革命纪念塔部分房屋工程由乙方承包办理，双方订定合同，条款如次：

（一）工程范围：本工程革命纪念馆一座、将士纪念塔一座，地点在灵谷寺忠烈路，其油漆及规定俱照甲方说明书办理，乙方应绝对遵守，不得任意更改。但在工程进行中，甲方有认为修正原设计之必要而并不加料、增工时，乙方应即照办，不得异议。

（二）工程总价：本工程乙方工料总价国币一亿二千二百十四万元。在工程进行期内，所有工料价格不论如何起涨，乙方不得借口请求加价。所有工资概照目前南京市、上海工人定价估计，除非得有行政院正式通令，乙方不得请求增加工资。

（三）工程期限：本工程完成期限自签约并领到第一期之工款之后三日起算，准二十天完成。其他特殊原因不能工作之日，经乙方报告、甲方承认者，得扣除之。倘届期不能竣工，每逾限一日，乙方愿赔偿甲方总造价之百分之一之罚款，由甲方于应付之工款内扣除之，其不足之数由乙方或其保证人补缴。

（四）付款期限：本工程付款办法规定如次：

第一期：签订合同经甲方对保认可时，付总造价百分之七十，八千五百五十万元；

第二期：全部工程完成百分之五十，经甲方验勘无讹，付总造价百分之二十；

第三期：全部工程完成经甲方派员验收相符，并由乙方及其保证人出具保固书后，付总造价尾数百分之十。

（五）材料样品：订约后，乙方应即将本工程所需之材料样品送甲方审查，合格方可采用。倘以后所运到之材料与样品不符，甲方得通知乙方，由乙方立时另行采购，并将不合格之材料即日运离工场。未送审查之材料，乙方不得应用。

（六）遵守图说：乙方绝对依照本工程之一切文件，包括投标章则、施工说明书及本合同等在内，切实办理，并遵守工程上之习惯、成法。虽说明书未注明而为事实所必要者，应予照做，不得为私自曲解及偷工减料情事。甲方如发现所做工程不合规定，通知乙方，乙方应即依遵甲方指示，迅速拆除重做或照加，所有损失由乙方自行担负。

---

①《为送余福兴承包阵亡将士纪念塔油漆工程希查照的笺函（附合同）》，南京市档案馆藏，档号：10050030982(00)0003。

（七）不得转包：乙方非得甲方书面许可，不得以工程一部或全部转包他人。倘有上项情事，经甲方查明属实，乙方领罚款国币三千万元。

（八）监工人员：乙方应派富有经验之监工人员常驻工场，监督工程进行。此项监工人员应听从甲方之指挥，倘乙方之监工人员不能称职，一经甲方通知，乙方应于二月内撤换之。乙方如不派常驻负责之监工人，应赔偿甲方总造价百分之五。

（九）迟延开工：本工程自合同签订并领到第一期工料款之日起，经过七日，乙方尚未将建筑材料运达工场，或达十日而未开工，甲方得将本工程另包其他油漆作办理。所包工料总价及一切损失均由乙方负责，并按市价计算，偿付已领工款之每日折息。

（十）中途停工：本工程进行期间，乙方如无故停工或不能履行本工程合同，甲方得通知乙方，限三日内继续工作。倘有逾期，乙方不能遵照办理，甲方得通知担保人，由甲方另行雇人工作。所有工场之材料归甲方使用，甲方因雇工、购料所付款项及一切费用，均归乙方负担，甲方于工程总价内扣除之，其不足之数由乙方或保证人赔偿。

（十一）保漏保固：本工程验收后，乙方应出保证油漆不起皮脱落一年保结一纸，交由甲方收执。在保固期间，除因特殊天灾及非人力所能抗拒而损毁者外，乙方应负修理全责，不能推诿或索值。

（十二）负责担保：本工程合同担保人（法定代理人或继承人）愿负责督促乙方，履行本会合同所定各款及附件所列各图则之责任。倘乙方不能遵守履行时，并负责代完其责任，且自愿抛弃民法规定之一切抗辩权。

（十三）附件：本合同附件开列如次：

一、估单一份；

二、说明书一份。

（十四）合同效力：本合同一式五份。一份由乙方存执，四份由甲方存转备查。本合同自签订之日起发生效力。

订合同人：

甲方：国父陵园管理委员会

代表人

乙方（厂号）：余福兴油漆作

经理　余正才

地址 林森路廊后街八号

担保人：（一）南京镇华玻璃五金号　地址　林森路六六号　陈大庆

（二）南京永和祥玻璃号　林森路西首十八号　陈永泉

（三）南京天丰祥漆庄　中山路八一号　陈

对保人：郑先震　五月廿四日

中华民国卅六年五月廿四日

国父陵园管理委员会革命纪念馆及阵亡将士纪念塔油漆工程估价单

估价油漆作：余福兴油漆作

估计总价：二亿七千七百八十万元　　完工期限：二十天

项目	工作名称	数量	单位	单价	总价	备注
1	纪念馆					
	下层圆柱红油	64	根	1 ,800 ,000.00	115 ,200 ,000.00	缓办
	上层圆柱红油	32	根	1 ,200 ,000.00	38 ,400 ,000.00	缓办
	扶手下部修理粉刷	7	方	350 ,000.00	2 ,450 ,000.00	去底子 缓办
2	纪念塔					
	双扇大门绿油	4	堂	8 ,500 ,000.00	34 ,000 ,000.00	去底子，抄红丹一度，做原有色油二度
	九层圆柱红油	72	根	800 ,000.00	57 ,600 ,000.00	
	九层淡黄内粉墙	39	方	360 ,000.00	14 ,040 ,000.00	去底子
	梯侧大梁绿油	2	方	3 ,600 ,000.00	7 ,200 ,000.00	
	九层外墙粉刷	31	方	300 ,000.00	9 ,300 ,000.00	
总价：333,600,000.00						

油漆作号章：余福兴油漆作　　经理：余正才　　中华民国卅七年五月廿二日

国父陵园管理委员会（革命纪念馆、将士纪念塔）油漆工程说明书[①]

（十一）为余福兴承包阵亡将士纪念塔油漆工程首期工款已付希查照的函（附合同）[②]

来文机关：会计室

事由：为余福兴承包阵亡将士纪念塔油漆工程首期工款已付，希查照由。

林程（卅七）字第一二五号

查阵亡将士纪念塔油漆工程，业与余福兴油漆作订约，除已于五月廿九日拨付第一期工款八千五百五十万元外，相应检送合同一份。即希查照为荷。

此致

园林处

附合同一份。[③]

会计室

中华民国卅七年五月廿九日

（十二）为纪念塔在油漆施工期间张贴布告禁止游览并希拱卫处派兵管理的笺函[④]

来文机关：园林处

事由：纪念塔在油漆施工期间张贴布告禁止游览并希告知拱卫处派兵管理由。

① 编者按：原文略。参见《革命纪念馆将士纪念塔油漆工程说明书》，南京市档案馆藏，项目：10050030857(00)0010。

②《为余福兴承包阵亡将士纪念塔油漆工程首期工款已付希查照的函（附合同）》，南京市档案馆藏，档号：10050030932(00)0006。

③ 编者按：此处所附合同与“（十）为送余福兴承包阵亡将士纪念塔油漆工程希查照的笺函（附合同）”全文相同，略。

④《为纪念塔在油漆施工期间张贴布告禁止游览并希拱卫处派兵管理的笺函》，南京市档案馆藏，档号：10050030982(00)0004。

林工（卅七）字第二〇八号第一页

查忠烈路阵亡将士纪念塔局部油粉工程承办人余福兴油漆作已定本日开工，为避免再有去年之随油随被游人污损计，拟请贵室张贴会衔布告，在油漆施工期内，该塔暂停游览，并希转知拱卫处派兵管理。特此函达，查照为荷。

此致

秘书室

园林处　启

中华民国三十七年六月一日

（十三）为阵亡将士纪念塔局部油漆工程已开工为避免游人污损请张贴布告在施工期禁止游览并希派兵管理的函[①]

送达机关：秘书室

事由：为阵亡将士纪念塔局部油漆工程已定本日开工，为避免游人污损计，请贵室张贴会衔布告，在油漆施工期内，暂禁游览，并希转知拱卫处派兵管理由。

林工（卅七）字第二〇八号第一页

查忠烈路阵亡将士纪念塔局部油粉工程承办人余福兴油漆作已定本日开工，为避免再有去年之随油随被游人污损计，拟请贵室张贴会衔布告，在油漆施工期内，该塔暂停游览，并希转知拱卫处派兵管理。特此函达，查照为荷。

此致

秘书室

园林处

中华民国卅七年六月一日

（十四）为送上余福兴续办革命纪念馆油漆工程合约请酌办的笺函（附合约）[②]

来文机关：园林处

事由：兹送上余福兴续办革命纪念馆油漆工程合约五份请致备由。

林工（卅七）第二二二号第一页

查本会忠烈路革命纪念馆局部油漆工程交余福兴油漆作续办，曾以林工（卅七）字第二一九号函请查照在案，兹送上该作合约五份，保证仍为原铺二家，须否重对，希酌定办理，并乞将合约代转会计室二份、退回本处二份为荷。

此致

秘书室

附送合约五份。

园林处　启

中华民国三十七年六月七日

立工程合同　国父陵园管理委员会、余福兴油漆作（以下简称甲、乙方）。兹因甲方油粉革命

---

①《为阵亡将士纪念塔局部油漆工程已开工为避免游人污损请张贴布告在施工期禁止游览并希派兵管理的函》，南京市档案馆藏，档号：10050030932(00)0009。

②《为送上余福兴续办革命纪念馆油漆工程合约请酌办的笺函（附合约）》，南京市档案馆藏，档号：10050030982(00)0005。

纪念馆局部房屋工程由乙方承包办理，双方订定合同，条款如次：

（一）工程范围：本工程革命纪念馆一座，地点在忠烈路。其油漆规定俱照甲方说明书办理，乙方应绝对遵守，不得任意更改。但在工程进行中，甲方有认为修正原设计之必要，而并不加料、增工时，乙方应即照办，不得异议。

（二）工程总价：本工程乙方工料总价国币一亿七千一百七十二万整。在工程进行期内，所有工料价格不论如何起涨，乙方不得借口请求加价。

（三）工程期限：本工程完成期限自签约并领到第一期之工款之后三日起算，准二十天完成，雨天（阴天无雨作晴天算）或其他特殊原因不能工作之日，经乙方报告、甲方承认者，得扣除之。倘届期不能竣工，每逾限一日，乙方愿赔偿甲方总造价之百分之一之罚款，由甲方于应付之工款内扣除之，其不足之数由乙方或其保证人补缴。

（四）付款期限：本工程付款办法规定如次：

第一期：签订合同经甲方对保认可时，付总造价百分之七十；

第二期：全部工程完成百分之五十，经甲方验勘无讹，付总造价百分之二十；

第三期：全部工程完成经甲方派员验收相符，并由乙方及其保证人出具保固书后，付总造价尾数百分之十。

（五）材料样品：订约后，乙方应即将本工程所需之材料样品送甲方审查，合格方可采用。倘以后所运到之材料与样品不符，甲方得通知乙方，由乙方立时另行采购，并将不合格之材料即日运离工场。未送审查之材料，乙方不得应用。

（六）遵守图说：乙方绝对依照本工程之一切文件，包括投标章则、图样、施工说明书及本合同等在内，切实办理，并遵守工程上之习惯、成法。虽说明书未注明而为事实所必要者，应予照做，不得为私自曲解及偷工减料情事。甲方如发现所做工程不合规定，通知乙方，乙方应即依遵甲方指示，迅速拆除重做或照加，所有损失由乙方自行担负。

（七）不得转包：乙方非得甲方书面许可，不得以工程一部或全部转包他人。倘有上项情事，经甲方查明属实，乙方领罚款国币四千万元。

（八）监工人员：乙方应派富有经验之监工人员常驻工场，监督工程进行，此项监工人员应听从甲方之指挥。倘乙方之监工人员不能称职，一经甲方通知，乙方应于二日内撤换之。乙方如不派常驻负责之监工人，应赔偿甲方总造价百分之五。

（九）迟延开工：本工程自合同签订并领到第一期工料款之日起，经过七日，乙方尚未将建筑材料运达工场，或达十日而未开工，甲方得将本工程另包其他油漆作办理。所包工料总价及一切损失均由乙方负责，并按市价计算偿付已领工款之每日折息。

（十）中途停工：本工程进行期间，乙方如无故停工或不能履行本工程合同，甲方得通知乙方，限三日内继续工作。倘有逾期，乙方不能遵照办理，甲方得通知担保人，由甲方另行雇人工作。所有工场之材料归甲方使用，甲方因雇工、购料所付款项及一切费用均归乙方负担，甲方于工程总价内扣除之，其不足之数由乙方或保证人赔偿。

（十一）保漏保固：本工程验收后，乙方应出保证一年内不起皮脱落保结一纸，交由甲方收执。在保固期间，除因特殊天灾及非人力所能抗拒而损毁者外，乙方应负修理全责，不能推诿或索值。

（十二）负责担保：本工程合同担保人（法定代理人或继承人）愿负责，督促乙方履行本会合同所定各款及附件所列各图则之责任。倘乙方不能遵守、履行时，并负责代完其责任，且自愿抛弃民法规定之一切抗辩权。

（十三）附件：本合同附件，开列如次：

一、估单一份；

二、说明书一份[①]。

（十四）合同效力：本合同一式二份，一份由乙方存执，一份由甲方存转备查。本合同自签订之日起发生效力。

订合同人：

甲　方：国父陵园管理委员会

代表人：沈鹏飞

乙　方（厂号）：余福兴油漆作

经　理：余正才

地　址：廊后街八号

担保人：（一）南京永和祥玻璃号 林森路西首十八号 陈永泉

（二）南京镇华玻璃五金号 地址 林森路六六号 陈大庆

（三）南京天丰祥漆庄 中山路八一号 陈

对保人：段广峰

中华民国三十六年六月七日

附件：

余福兴油漆作

YU FOO HSING PAINTER

NANKING

估价单

ESTIMATE

南京林森路廊后街八号

No.8 Lang Chieh Lin Sun Road Nanking

致	估价号数
To. 国父陵园管理委员会	Job No. 2 2 2
工程种类	共 5 页
Kind 油漆工程	Total No.　　Page No.
工程地址	日期
Location 忠烈路纪念馆工程	Date 37. 6. 7.

① 编者按：原档中未收录。

项次 No.	名称 Description	单位 Unit	数量 Quantities		单价 Unit Price		金额 Amount		备注 Remark
1	纪念馆								
	楼下圆柱子做红油二度	根	64	00	1,980,000	00	126,720,000	00	
2	楼上圆柱子做红油二度	根	32	00	1,320,000	00	42,240,000	00	
	扶梯廊下平顶刷黄粉二度	美粉	7	00	395,000	00	2,765,000	00	
							171,725,000	00	
工程总价：一亿七千一百七十二万五千元整 Total amount									

（十五）为革命纪念馆油漆工程经比价由余福兴承办请查照的笺函[①]

来文机关：园林处

事由：革命纪念馆油漆工程经比价，以余福兴为低，拟交其承办，函达查照由。

林工（卅七）字第二一九号

查本会忠烈路革命纪念馆局部油漆工程，前因缓办，原承包人余福兴油漆作不愿照原标价工作。经重招油漆作葛复兴、夏新记及余福兴三家估价，计葛复兴油漆工程开二亿七千零七十二万元、夏新记油漆作开一亿八千一百九十七万六千元、余福兴油漆作开一亿七千一百七十二万五千元，仍以余福兴之标价为最低，当决定交该作继续承办。除饬克日前来外，相应先行函达，希查照为荷。

此致

秘书室

园林处

中华民国三十七年六月七日

（十六）为余福兴承包革命纪念馆局部油漆工程一期款已拨付致园林处函[②]

传达机关：园林处

事由：为余福兴承包革命纪念馆局部油漆工程第一期工款已拨付由

计（三七）字第一一六号

准秘书室移来余福兴承包革命纪念馆局部油漆工程合同两份，业经于本月九日依约拨付第一期工款。检应函达，查照为荷。

此致

园林处

国父陵园管理委员会

中华民国三十七年六月十日

---

①《为革命纪念馆油漆工程经比价由余福兴承办请查照的笺函》，南京市档案馆藏，档号：10050030982(00)0006。另外，“革命纪念馆局部油漆工程重新招标仍以余福兴继续承办致会计室函”，仅致函单位不同，其余内容一致。见《革命纪念馆局部油漆工程重新招标仍以余福兴继续承办致会计室函》，南京市档案馆藏，档号：10050030914(00)0006。

②《为福兴承包革命纪念馆局部油漆工程一期款已拨付致园林处函》，南京市档案馆藏，档号：10050030914(00)0005。

（十七）为革命纪念馆局部油漆工程经招标以余福兴标价最低当决交该作继续承办致秘书会计室函[①]

送达机关：秘书室、会计室

事由：查革命纪念馆局部油漆工程经招油漆作夏新记、葛复兴及余福兴三家重估价，仍以余福兴之标价一亿七千一百七十二万元为最低，当决交该作继续承办由。

林工（卅七）字第二一九号

查本会忠烈路革命纪念馆局部油漆工程，前因缓办，原承包人余福兴油漆作不愿照原标价工作。经重招油漆作葛复兴、夏新记及余福兴三家估价，计葛复兴油漆工程开二亿七千零七十二万元、夏新记油漆作开一亿八千一百九十七万六千元、余福兴油漆作开一亿七千一百七十二万五千元，仍以余福兴之标价为最低，当决定交该作继续承办。除饬克日前来外，相应先行函达，希查照为荷。

此致

秘书室、会计室

园林处　戳

中华民国卅七年六月七日

革命纪念馆油漆工程重新估价表

油漆商号	新总价	原来总价	备注
余福兴	171 ,725 ,000	156 ,050 ,000	
夏新记	181 ,976 ,000	166 ,456 ,000	
葛复兴	270 ,720 ,000	178 ,160 ,000	

（十八）为革命纪念馆油漆工程交余福兴续办送上合约原保证二家须否重对希酌定办理的函（附合约）[②]

送达机关：秘书室

事由：为革命纪念馆油漆工程交余福兴油漆作续办，曾以林工（卅七）字第二一九号函请查照在案，兹送上合约五份，原保证二家，须否重对，希酌定办理由。

林工（卅七）字第二二二号

查本会忠烈路革命纪念馆局部油漆工程交余福兴油漆续办，曾以林工（卅七）字第219号函请查照在案，兹送上该作合约五份，保证仍为原铺二家，须否重对，希酌定办理，并乞将合约代转会计室二份、退回本处二份为荷。

此致

秘书室

附：……

园林处

中华民国卅七年六月七日

查余福兴承办革命纪念馆油漆工程合同，本室抽存两份，业经以一份交商赴会领款，其余三份

①《为革命纪念馆局部油漆工程经招标以余福兴标价最低当决交该作继续承办致秘书会计室函》，档号：10050030932(00)0011。

②《为革命纪念馆油漆工程交余福兴续办送上合约原保证二家须否重对希酌定办理的函（附合约）》，南京市档案馆藏，档号：10050030932(00)0012。

已移请秘书室分别存、转贵处两份。请再检送本室一份，以便存查为荷。

此致

工程科

会计室

中华民国卅七年六月十日

准 秘书室移来余福兴承包革命纪念馆局部油漆工程合同二份，业经于本月九日依约拨付第一期工款，相应函达，查照为荷。

此致

园林处

会计室

中华民国卅七年六月十日

合约（略）[①]

（十九）为将士塔局部油漆已竣工请准予星期日及特约日开放其余时间停止游览是否可行请鉴核的签呈[②]

送达机关：主任委员　孙

事由：为阵亡将士纪念塔局部油粉工程业已工竣，拟请准予仅限星期日、纪念日及特约日开放，余日停止游览，是否可行，签请鉴核示遵等由。

林工（卅七）字第二二五号

查阵亡将士纪念塔局部油漆粉饰工程业已完竣，该塔有九层之多，游客人品不济，值勤卫士甚难查人监视，此后随意涂污势必仍难避免。兹为供应游人参观并兼顾保持清洁起见，拟请准照抗战前办法，该塔仅限星期日、纪念日及特约日开放，由拱卫处加派互勤官兵，随时监护；余日暂行停止游览，以备清洁而保公物。是否可行，理合签请鉴核示遵。

敬呈

主任委员　孙

园林处处长　沈 ××

中华民国卅七年六月十二日

（二十）为呈革命纪念馆及将士纪念塔局部油粉工程开标纪录及估价单等件祈鉴核的签呈[③]

送达机关：主任委员　孙

事由：为赍呈革命纪念馆及将士纪念塔局部油粉工程开标纪录及估单等件，祈请鉴核由。

林工（卅七）字第二四〇号

查革命纪念馆及阵亡将士纪念塔，前奉总统面谕，须局部加以油漆粉饰。遵由本处着工程科筹

---

①编者按：此件合约及附表与“（十四）为送上余福兴续办革命纪念馆油漆工程合约请酌办的笺函（附合约）”相同，故略。

②《为将士塔局部油漆已竣工请准予星期日及特约日开放其余时间停止游览是否可行请鉴核的签呈》，南京市档案馆藏，档号：10050030932(00)0014。

③《为呈革命纪念馆及将士纪念塔局部油粉工程开标纪录及估价单等件祈鉴核的签呈》，南京市档案馆藏，档号：10050030932(00)0015。

备说明书及标单等件，招油漆作吕复兴、赵顺昌、夏新记、葛复兴、顾明山及余福兴六家估价，定五月二十二日开标。届期除吕复兴未到外，其他五家俱参加开标，结果以余福兴所开纪念馆总价一亿五千六百零五万元、纪念塔总价一亿二千二百十四万元，合共二亿七千七百八十万元为最低，得标订约。正拟开工，时适国防部派员来会面洽，拟借纪念馆应用，由该部自行修缮等语。为避免业务重复起见，当将余福兴所加纪念馆部分暂行停止。惟时隔一星期之后，国防部又取消前议，而余福兴因漆价日涨，不愿继续承办，并要求加价。因饬重具估单，并招以前之次低标夏新记及葛复兴，亦开价重比。结果余福兴所开一亿七千一百七十二万五千元虽较原价多一千五百六十七万五千元，但仍比其他二家低廉，当交该作订约，继续办理。敬赍呈原开标记录一份、估单五份及重新估价表一份，祈请鉴核。

敬呈

主任委员　孙

附件……

科长　顾授书印

中华民国卅七年六月十四日

（二十一）函送革命纪念馆及将士纪念塔局部油粉工程及纪念馆重新估价表致会计室（附纪录表）[①]

林工（卅七）字第二三八号

兹送上革命纪念馆及将士纪念塔局部油粉工程开标纪录，及革命纪念馆重新估价表各一份，希查照为荷。

此致

会计室

附开标纪录及重新估价表各一份。[②]

园林处

中华民国三十七年六月十四日

（二十二）为将士纪念塔油漆工程于六月十六日验收请派员监验[③]

来文机关：园林处

事由：将士纪念塔油漆工程于本月十六日十五时验收，请派员监验由。

林工（卅七）第二四二号

查本会忠烈路将士纪念塔油粉工程交余福兴漆作承办，业已工竣。兹定六月十六日十五时验收，请贵室派员监验为荷。

此致

秘书室

园林处　启

中华民国三十七年六月十五日

①《函送革命纪念馆及将士纪念塔局部油粉工程及纪念馆重新估价表致会计室（附纪录表）》，南京市档案馆藏，档号：10050030914(00)0003。

② 编者按：此处所附开标纪录及重新估价表各一份与“（二十九）为呈革命纪念馆及将士纪念塔局部油粉工程开标纪录及估单等件请鉴核的签呈（附开标纪录估单等）”全同，均略去。

③《为将士纪念塔油漆工程于六月十六日验收请派员监验》，南京市档案馆藏，档号：10050030982(00)0008。

（二十三）为承包管委会纪念塔油漆工程已全部完竣请于六月十六日验收的函[①]

来文机关：余福兴油漆作

事由：为承包贵会纪念塔油漆工程已全部完竣，请于本月十六日上午十时验收由

陵收字第六四三号

兹有敝作承包贵处陵园管理委员会之油漆工程，忠烈路革命纪念塔之油漆工程，现已油漆全部完工，今特奉告。希贵处派员前往工程地办理验收。请于本月十六日上午十时到达是幸，为荷恳请！

此致

陵园管理委员会

余福兴油漆作　启

中华民国卅七年六月十四日

（二十四）余福兴承办革命纪念塔油粉工程工竣定期验收函请会计室派员勘验及验收证结算表[②]

营缮工程验收证明书

主办机关：国父陵园管理委员会

承办厂商：余福兴油漆作

工程名称：阵亡将士纪念塔部分油漆工程

工程地点：灵谷寺

承办时附件：合同说明书

工程概况：将士纪念塔九层柱子油红油二度；塔内墙壁淡黄色部分加原色二度；塔门四堂油墨绿色二度；各层外面塔壁加刷淡茶色一度等。

工程总价：合同总价：一亿二千二百十四万元

结算总价：一亿二千二百十四万元正

验收日期：中华民国三十七年六月十六日

验收意见：经会同勘验，与合同说明书相符，准予验收。

中华民国三十七年六月十六日

园林处公函 林工（卅七）第二四二号

查本会忠烈路将士纪念塔油粉工程交余福兴漆作承办，业已工竣，兹定六月十六日十五时验收，请贵室派员勘验为荷。

此致

会计室

园林处

中华民国三十七年六月十五日

（二十五）为将士纪念塔油漆竣工送上验收证结算表请加盖印鉴后存转的笺函（附证明书等）[③]

来文机关：园林处

①《为承包管委会纪念塔油漆工程已全部完竣请于六月十六日验收的函》，南京市档案馆藏，档号：10050030982(00)0009。

②《余福兴承办革命纪念塔油粉工程工竣定期验收函请会计室派员勘验及验收证结算表》，南京市档案馆藏，档号：10050030914(00)0008。

③《为将士纪念塔油漆竣工送上验收证结算表请加盖印鉴后存转的笺函（附证明书等）》，南京市档案馆藏，档号：10050030982(00)0010。

事由：将士纪念塔油漆竣工，送上验收证五份、结算表四份，请加盖印钤后存转由。

林工（卅七）字第二四六号

查本会在忠烈路将士纪念塔油漆工程，余福兴漆作承办，业已工竣验收。兹送上验收证五份、结算表四份，请加盖会章暨主任委员小官章后，由贵室各抽取一份，代转会计室各两份，余验收证两份及结算表一份退还本处存转为荷。

此致

秘书室

附送验收证五份、结算表四份。

园林处　启

中华民国卅七年六月十七日

国父陵园管理委员会工程结算表

<table>
<tr><td>主办机关</td><td colspan="2">国父陵园管理委员会</td><td colspan="2">工程概要</td><td>规定文件</td><td colspan="2">合同、说明书</td></tr>
<tr><td>工程名称</td><td colspan="2">阵亡将士纪念塔部分油漆工程</td><td colspan="2" rowspan="4">将士纪念塔九层柱子油红油二度，塔内墙壁淡黄色部分加原色二度，塔门四堂油墨绿色二度，各层外面塔壁加刷淡茶色一度等</td><td>规定日期</td><td colspan="2">20 天</td></tr>
<tr><td>工程地点</td><td colspan="2">灵谷寺</td><td>开工日期</td><td colspan="2">三十七年五月三十日</td></tr>
<tr><td>承造厂商</td><td colspan="2">余福兴漆作</td><td>完工日期</td><td colspan="2">三十七年六月十五日</td></tr>
<tr><td>厂商地址</td><td colspan="2">林森路廊后街 8 号</td><td>逾限日期</td><td colspan="2">无</td></tr>
<tr><td colspan="2">原合同总价</td><td colspan="2">增加工程</td><td colspan="2">减做工程</td><td colspan="2">扣罚</td></tr>
<tr><td>说明</td><td>总价</td><td>说明</td><td>总价</td><td>说明</td><td>总价</td><td>说明</td><td>总价</td></tr>
<tr><td>工料总价</td><td>122,140,000</td><td></td><td></td><td></td><td></td><td></td><td></td></tr>
<tr><td>总计国币</td><td colspan="7">一亿二千二百十四万元整</td></tr>
<tr><td>主管长官</td><td colspan="2"></td><td>主办人</td><td colspan="2">顾授书</td><td>监工人</td><td>高桥</td></tr>
</table>

<table>
<tr><td colspan="11">营缮工程验收证明书</td></tr>
<tr><td rowspan="6">中华民国三十七年六月十六日</td><td rowspan="6">经会同勘验，与合同、说明书相符，准予验收
监验员：邓文齐
验收员：周同斌</td><td rowspan="6">验收意见</td><td colspan="2">工程总价</td><td colspan="3" rowspan="5">将士纪念塔九层柱子油红油二度；塔内墙壁淡黄色部分加原色二度；塔门四堂油墨绿色二度；各层外面塔壁加刷淡茶色一度等</td><td rowspan="5">工程概况</td><td>承办厂商</td><td>主办机关</td></tr>
<tr><td>结算总价</td><td>合同总价</td><td>余福兴油漆作</td><td>国父陵园管理委员会</td></tr>
<tr><td rowspan="2">一亿二千二百十四万元整</td><td rowspan="2">一亿二千二百十四万元</td><td>工程地点</td><td>工程名称</td></tr>
<tr><td>灵谷寺</td><td>阵亡将士纪念塔部分油漆工程</td></tr>
<tr><td>验收日期</td><td>加帐减账</td><td colspan="2">承办时附件</td></tr>
<tr><td>三十七年六月十六日</td><td></td><td>上列各项工程、右列各员切实监督无误</td><td>监督员：高桥</td><td>主办人员：顾授书</td><td>主办机关长官：</td><td colspan="2">合同说明书</td></tr>
</table>

（二十六）为革命纪念馆及阵亡将士纪念塔油漆粉刷招商估价开标拟交余福兴承办的签呈及批示抄文①

抄沈处长签呈　卅七年六月十四日　林工（37）　第740号

革命纪念馆及阵亡将士纪念塔油漆粉刷招商估价，五月廿二日开标，结果以余福兴所开纪念馆总价一亿五千六百零五万元、纪念塔总价一亿二千二百十四万元，共二亿七千七百八十万元为低。适国防部拟借用自行修理，当即暂停一星期后，国防部又取消前议，而余福兴因价涨不愿继续承办，要求加价。复经重新比价，余福兴所开一亿七千一百七十二万五千元虽较原价为高，但较其他二家为低，拟交该作承办。乞示。

奉

主任委员　批准照办。

园林处

中华民国三十七年六月十八日

（二十七）革命纪念塔油漆工程包修一年的保证单②

今承做国父陵园管理委员会革命纪念塔油漆工程，系用纯质材料涂上，保证一年期内不起皮脱落。如在一年期内起皮脱落，请随即通知敝作，随即派工修补，绝不延误。今以此保单为凭。

国父陵园管理委员会

立保证单人：余正才

余福兴油漆作　具

中华民国三十七年六月十九日

（二十八）函送将士纪念塔油漆工程合同致秘书室园林处（附合同）③

送达机关：秘书室、园林处

事由：为送将士纪念塔油漆工程合同由

查阵亡将士纪念塔油漆工程业与余福兴油漆作订约，除已于五月廿九日拨付第一期工款八千五百五十万元外，相应检送合同一份，即希查照为荷。

此致

秘书室、园林处

附合同一份。

园林处

中华民国三十七年六月十八日

合同（略）④

（二十九）为呈革命纪念馆及将士纪念塔局部油粉工程开标纪录及估单等件请鉴核的签呈（附开标纪录估单等）⑤

①《为革命纪念馆及阵亡将士纪念塔油漆粉刷招商估价开标拟交余福兴承办的签呈及批示抄文》，南京市档案馆藏，档号：10050030914(00)0002。

②《革命纪念塔油漆工程包修一年的保证单》，南京市档案馆藏，档号：10050030914(00)0007。

③《函送将士纪念塔油漆工程合同致秘书室园林处（附合同）》，南京市档案馆藏，档号：10050030914(00)0009。

④编者按：此合同与“（十）为送余福兴承包阵亡将士纪念塔油漆工程希查照的笺函（附合同）”全同，略。

⑤《为呈革命纪念馆及将士纪念塔局部油粉工程开标纪录及估单等件请鉴核的签呈（附开标纪录估单等）》，南京市档案馆藏，档号：10050030982(00)0007。

来文机关：园林处

事由：为赍呈革命纪念馆及将士纪念塔局部油粉工程开标记录及估单等件，祈请监核由。

国父陵园管理委员会　签收字第○558号　林工（37）字第二四○号

查革命纪念馆及阵亡将士纪念塔，前奉总统面谕，须局部加以油漆粉饰，遵由本处着工程科筹备说明书及标单等件，招油漆作吕复兴、赵顺昌、夏新记、葛复兴、顾明山及余福兴六家估价，定五月二十二日开标。届期除吕复兴未到外，其他五家俱参加开标。结果以余福兴所开纪念馆总价一亿五千六百零五万元、纪念塔总价一亿二千二百十四万元，合共二亿七千七百八十万元为最低，得标订约。正拟开工，时适国防部派员来会面洽，拟借纪念馆应用，由该部自行修缮等语。为避免业务重复起见，当将余福兴所办纪念馆部分暂行停止。惟时隔一星期之后，国防部又取消前议，而余福兴因漆价日涨，不愿继续承办，并要求加价。因饬重具估单，并招以前之次低标夏新记及葛复兴，亦开价重比。结果余福兴所开一亿七千一百七十二万五千元虽较原价多一千五百六十七万五千元，但仍比其他二家低廉，当交该作订约，继续办理。敬赍呈原开标记录一份、估单五份及重新估价表一份，祈请鉴核。

敬呈

主任委员　孙

附呈开标记录一份、估单五份、重新估价表一份。

园林处处长　沈鹏飞

中华民国三十七年六月十四日

附国父陵园管理委员会招商承包革命纪念馆、将士纪念塔油漆工程开标记录

一、日期：三十七年五月廿二日下午。

二、地点：本会会议室。

三、主席：沈鹏飞、黄维宁、林元坤、顾楼书、麦凤雏

四、油漆商号代表人：

夏新记油漆作　　夏良诚

兴记油漆工程　　顾明山

赵顺昌油漆作　　赵顺昌

余福兴油漆作　　余正才

葛复兴油漆工程　葛耀亮

五、比价记录：

油漆商号名称	总价	完工期限	备注
吕复兴油漆作			
赵顺昌油漆作	333,600,000	25天	⑤
夏新记油漆作	293,396,000	20天	②
葛复兴油漆作	315,400,000	15天	③
顾明山（兴记）油漆作	322,760,000	21天	④
余福兴油漆作	277,800,000	20天	①

六、开标结果：

余福兴油漆作开价二亿七千七百八十万，最低，得标。

国父陵园管理委员会革命纪念馆及阵亡将士纪念塔油漆工程估价单

估价油漆作：夏新记油漆作

估计总价：二亿九千三百三十九万元六千元　　　完工期限：二十工作天

项目	工作名称	数量	单位	单价	总价		备注
1	纪念馆						
	下层圆柱红油	64	根	1,920,000.00	122,880,000.00		
	上层圆柱红油	32	根	1,300,000.00	41,600,000.00		
	扶手下部修理粉刷	5.2	方	380,000.00	1,976,000.00		
2	纪念塔						
	双扇大门绿油	4	堂	9,000,000.00	36,000,000.00		
	九层圆柱红油	72	根	860,000.00	61,920,000.00		
	九层淡黄内粉墙	33	方	380,000.00	12,540,000.00		
	梯侧大梁绿油	2.2	方	3,400,000.00	7,480,000.00		
	九层外墙粉刷	30	方	300,000.00	9,000,000.00		
以上圆柱所做红油均系28磅桶红油							

油漆作号章：夏新记油漆作[①]　　　经理：夏良诚　　　卅七年五月廿一日

国父陵园管理委员会革命纪念馆及阵亡将士纪念塔油漆工程估价单

估价油漆作：余福兴油漆作

估计总价：二亿七千七百八十万元　　　完工期限：二十天

项目	工作名称	数量	单位	单价	总价	备注
1	纪念馆					
	下层圆柱红油	64	根	1,800,000.00	115,200,000.00	
	上层圆柱红油	32	根	1,200,000.00	38,400,000.00	
	扶手下部修理粉刷	7	方	350,000.00	2,450,000.00	起底子
2	纪念塔					
	双扇大门绿油	4	堂	8,500,000.00	34,000,000.00	起底子，抄红丹油一度，做原有色油二度
	九层圆柱红油	72	根	800,000.00	57,600,000.00	
	九层淡黄内粉墙	39	方	350,000.00	13,650,000.00	起底子
	梯侧大梁绿油	2	方	3,600,000.00	7,200,000.00	
	九层外墙粉刷	31	方	300,000.00	9,300,000.00	
总价：277，800，000.00						
附注：柱子泥木工修理不在账内；纪念馆平顶横枋修理不在账内。						

油漆作号章：余福兴油漆作　　　经理：余正才　　　卅七年五月廿二日

① 编者按：原档为章。下同。

国父陵园管理委员会革命纪念馆及阵亡将士纪念塔油漆工程估价单

估价油漆作：兴记油漆工程号

估计总价：三亿二千二百七十六万元　　　完工期限：三星期

项目	工作名称	数量	单位	单价	总价	备注
1	纪念馆					
	下层圆柱红油	64	根	2 ,100 ,000.00	134 ,400 ,000.00	以本月份饭资每五十七万八千元估计
	上层圆柱红油	32	根	1 ,300 ,000.00	41 ,600 ,000.00	
	扶手下部修理粉刷	7.6	方	450 ,000.00	3 ,420 ,000.00	
2	纪念塔					
	双扇大门绿油	4	堂	6 ,000 ,000.00	24 ,000 ,000.00	
	九层圆柱红油	72	根	1 ,100 ,000.00	79 ,200 ,000.00	
	九层淡黄内粉墙	38	方	450 ,000.00	17 ,100 ,000.00	
	梯侧大梁绿油	2.4	方	3 ,600 ,000.00	8 ,640 ,000.00	
	九层外墙粉刷	32	方	450 ,000.00	14 ,400 ,000.00	
总价：322,760,000.00						

油漆作号章：兴记油漆工程　　　经理：顾明山　　　卅七年五月廿一日

住址：新街口糖坊桥 24 号

国父陵园管理委员会革命纪念馆及阵亡将士纪念塔油漆工程估价单

估价油漆作：葛复兴油漆工程

估计总价：三亿一千五百四十万　　　完工期限：十五天

项目	工作名称	数量	单位	单价	总价	备注
1	纪念馆					
	下层圆柱红油	64	根	2 ,000 ,000.00	128 ,000 ,000.00	
	上层圆柱红油	32	根	1 ,500 ,000.00	48 ,000 ,000.00	32
	扶手下部修理粉刷	6	方	360 ,000.00	2 ,160 ,000.00	
2	纪念塔					
	双扇大门绿油	4	堂	9 ,200 ,000.00	36 ,800 ,000.00	
	九层圆柱红油	72	根	1 ,000 ,000.00	72 ,000 ,000.00	
	九层淡黄内粉墙	37	方	360 ,000.00	13 ,320 ,000.00	
	梯侧大梁绿油	2	方	3 ,400 ,000.00	6 ,800 ,000.00	2 英方
	九层外墙粉刷	26	方	320 ,000.00	8 ,320 ,000.00	
总价：315,400,000.00						

油漆作号章：葛复兴油漆工程　　　经理：葛耀亮　　　卅七年五月廿一日

国父陵园管理委员会革命纪念馆及阵亡将士纪念塔油漆工程估价单

估价油漆作：赵顺昌油漆作

估计总价：三亿三千三百六十万元　　完工期限：25 天

寓本京中山东路上乘庵六号　油漆作号章　经理：赵银桂　37 年 5 月 21 日

项目	工作名称	数量	单位	单价	总价	备注
1	纪念馆					
	下层圆柱红油	64	根	2 ,200 ,000.00	140 ,800 ,000.00	
	上层圆柱红油	32	根	1 ,400 ,000.00	44 ,800 ,000.00	
	扶手下部修理粉刷	6	方	400 ,000.00	2 ,400 ,000.00	
2	纪念塔					
	双扇大门绿油	4	堂	9 ,500 ,000.00	38 ,000 ,000.00	
	九层圆柱红油	72	根	1 ,000 ,000.00	72 ,000 ,000.00	
	九层淡黄内粉墙	36	方	400 ,000.00	14 ,400 ,000.00	
	梯侧大梁绿油	2.5	方	4 ,000 ,000.00	10 ,000 ,000.00	
	九层外墙粉刷	28	方	400 ,000.00	11 ,200 ,000.00	
总价：333 ,600 ,000.00						

寓本京中山东路上乘庵六号　油漆作号章　经理：赵银桂　卅七年五月廿一日

革命纪念馆油漆工程重新估价表

油漆商号	新总价	原来总价	备注
余福兴	171 ,725 ,000	156 ,050 ,000	
夏新记	181 ,976 ,000	166 ,456 ,000	
葛复兴	270 ,720 ,000	178 ,160 ,000	

（三十）为余福兴漆作承办革命馆油漆竣工定期验收函请会计室派员勘验及验收证明结算表[①]

公函　林工（卅七）第二五八号

查本会忠烈路革命纪念馆油漆工程交余福兴漆作承办，业已工竣，兹定六月廿六日十五时验收，请贵室派员勘验为荷。

此致

会计室

园林处

中华民国三七年六月廿二日

营缮工程验收证明书

主办机关：国父陵园管理委员会

承办厂商：余福兴油漆作

工程名称：油漆粉浆

①《为余福兴漆作承办革命馆油漆竣工定期验收函请会计室派员勘验及验收证明结算表》，南京市档案馆藏，档号：10050030914(00)0001。

工程地点：忠烈路革命纪念馆

承办时附件：合同说明书

工程概况：楼下柱子六十四根，楼上柱子三十二根，加油紫红油；楼梯下粉刷。

工程总价：合同总价：一亿七千一百七十二万元

结算总价：一亿七千一百七十二万元

验收日期：中华民国三十七年六月廿六日

验收意见：查与合同尚符，准予验收

中华民国三十七年六月廿六日

国父陵园管理委员会工程结算表

<table>
<tr><td>主办机关</td><td colspan="2">国父陵园管理委员会</td><td colspan="2">工程概要</td><td>规定文件</td><td colspan="2">合同、说明书</td></tr>
<tr><td>工程名称</td><td colspan="2">油漆工程</td><td colspan="2" rowspan="4">楼上柱子32根、楼下柱子64根，加紫红油；楼梯下粉刷</td><td>规定日期</td><td colspan="2">二十天</td></tr>
<tr><td>工程地点</td><td colspan="2">忠烈路革命纪念馆</td><td>开工日期</td><td colspan="2">六月八日</td></tr>
<tr><td>承造厂商</td><td colspan="2">余福兴漆作</td><td>完工日期</td><td colspan="2">六月二十四日</td></tr>
<tr><td>厂商地址</td><td colspan="2">廊后街八号</td><td>逾限日期</td><td colspan="2">无</td></tr>
<tr><td colspan="2">原合同总价</td><td colspan="2">增加工程</td><td colspan="2">减做工程</td><td colspan="2">扣罚</td></tr>
<tr><td>说明</td><td>总价</td><td>说明</td><td>总价</td><td>说明</td><td>总价</td><td>说明</td><td>总价</td></tr>
<tr><td>工料总价</td><td>171,720,000</td><td></td><td></td><td></td><td></td><td></td><td></td></tr>
<tr><td>总计国币</td><td colspan="7">一亿七千一百七十二万元正</td></tr>
<tr><td>主管长官</td><td colspan="2"></td><td>主办人</td><td colspan="2">沈鹏飞、顾授书</td><td>监工人</td><td></td></tr>
</table>

（三十一）为革命纪念馆油漆工竣检送验收及结算表请加盖印章后存转的笺函（附证明书等）①

来文机关：园林处

来文字号：林工（卅七）字第二七二号　　来文日期：卅七年六月廿八日

收文字号：秘收字第七一一号　　收文日期：卅七年六月廿八日

事由：革命纪念馆油漆工竣，检送验收证及结算表，请加盖印章后存转由。

承办处所：文牍科。　　六月廿八日

拟办：照办。林元坤　　六月廿九日

加盖防官章，分别存转。　　六月廿九日

公函　林工（卅七）字第272号

查本会在忠烈路革命纪念馆油漆工程，交余福兴漆作承办，业已工竣验收，兹送上验收证五份、结算表四份，请加盖会章暨主任委员小官章后，由贵室各抽存一份，代转会计室各二份，余验收证二份及结算表一份退还本处存转为荷。

此致

秘书室

①《为革命纪念馆油漆工竣检送验收及结算表请加盖印章后存转的笺函（附证明书等）》，南京市档案馆藏，档号：10050030982(00)0013。

附送验收证五份、结算表四份。

园林处

中华民国三十七年六月二十八日

营缮工程验收证明书（略）

国父陵园管理委员会工程结算表（略）①

第二节　条例与公函

一、条例

阵亡将士营葬条例②

国民革命军阵亡将士公墓营葬条例，经军事委员会转呈中央修正，昨特颁发各省、各军事机关一体遵照办理，兹觅志该条例如下：

国民革命军阵亡将士公墓修正条例：

第一条，本公墓营葬阵亡将士，以国民革命为限，采用代表葬办法；

第二条，代表葬代表，规定抽签法于每战役、每部队、每阶级抽定一人；

第三条，本公葬举行抽签时，得于正代表外，另抽补充代表一人，以备正代表忠榇无法迁葬时补充之；

第四条，正代表及补充代表之忠榇均无法迁葬时，得用正代表姓名刻碑代葬，但各代表之忠榇，或经公葬、或经家族安葬祖茔，不愿迁葬本公墓者，将其姓氏刻入题名碑；

第五条，凡国民革命军部队，应将每次战役阵亡将士，依照本公墓规定之调查表格式详细填注，呈中央最高军事机关核夺，转送本公墓，作为抽签根据；

第六条，凡师部队之将校士兵，如有特殊勋绩，经中央最高军事长官特许，阵亡例送葬本公墓者，得照本公墓之规定区域妥为安葬；

第七条，自民国二十三年七月一日起，每一战役终了时，各师部队除依照本公墓表式造送阵亡将士名册外，得于每阶级迁葬代表忠榇一具至本公墓安葬，不再抽签，但每一战役之阵亡将士姓名已经呈报并经本公墓抽定代表者，不得再行选送；

第八条，准葬本公墓之将士家属或关系人，拟在墓上建立特别碑石者，须绘具图样及说明书等，送由本公墓核准，方得施工；

第九条，凡各地已经建筑之阵亡将士公墓，应责成当地政府妥为保管，建立墓碑，但墓碑须遵照本公墓规定式样；

第十条，本条例如有未尽事宜，得临时呈准中央执行委员会修正之；

第十一条，本条例呈奉中央执行委员会核准施行。

二、公函

（一）童子军第二次全国大检阅及大露营筹委会为借用革命纪念馆为全国童子军作品展览会场致总

---

① 编者按：此两项与“（三十）为余福兴漆作承办革命馆油漆竣工定期验收函请会计室派员勘验及验收证明结算表”全同，略。

②《中央日报》1935年8月10日第二张第三版。

理陵园管委会函[①]

来函机关：中国童子军第二次全国大检阅及大露营筹备委员会办事处

事由：为拟借革命纪念馆全部为全国童子军作品展览会场，请惠允赐借见复由。

中国童子军第二次全国大检阅及大露营筹备委员会办事处公函　检字第 47 号

迳启者：查本会定于十月一日举行全国童子军作品展览会，拟借用总理陵园之革命纪念馆全部为会场。惟闻该馆向由阵亡将士公墓委员会管理，现悉该会业已移交贵处接收用，特函请查照。事关童军事业，谅荷惠允赐借，以便即日开始筹备，并希见复，至纫公谊。

此致

总理陵园管理委员会

主任委员　王兴杰

中华民国二十五年八月十八日

（二）总理陵园管委会为借用革命纪念馆为展览会场可以照办致童子军第二次全国大检阅及大露营筹委会复函[②]

送达机关：中国童子军第二次全国大检阅及大露营筹备委员会

事由：函复借用革命纪念馆为童子军作品展览会场，可以照办由

案准贵会检字第四十七号公函内开："本会定于十月一日举行全国童子军作品展览会……数函……并希见复。"等由；准此，查阵亡将士革命纪念馆现由本会管理，借作童军作品展览当可照办，惟将来倘有损毁，应请贵会负责赔偿或修复。查照见复为荷。

此致

中国童子军第二次全国大检阅及大露营筹备委员会

总理陵园管理委员会

缮写　彤

中华民国二十五年八月廿四日

（三）童子军第二次全国大检阅及大露营筹委会为革命纪念馆装设临时电灯事宜致总理陵园管委会函[③]

来函机关：童子军第二次全国大检阅及大露营筹委会

事由：为本会拟于革命纪念馆装设临时电灯，因路径曲折不便，另装电杆，拟利用树木安置皮线，函请查照允许由。

中国童子军第二次全国大检阅及大露营筹备委员会办事处公函　检字第 221 号

迳启者：查童子军第二次全国大检阅及大露营定于本年双十节在京总理陵园新村一带举行，现本会拟在革命纪念馆装置临时电灯，自灵谷寺至该馆，路线异常曲折，不便另设电杆，拟利用路旁树木安置皮线。在装置时，本会当派员监视并保护树枝不使损伤毫末。拟请贵会允许办理，相应函达，即烦查照见复，至纫公感。

---

①《童子军第二次全国大检阅及大露营筹委会为借用革命纪念馆为全国童子军作品展览会场致总理陵园管委会函》，南京市档案馆藏，档号：10050010252（00）0029。

②《总理陵园管委会为借用革命纪念馆为展览会场可以照办致童子军第二次全国大检阅及大露营筹委会复函》，南京市档案馆藏，档号：10050010253（00）0002。

③《童子军第二次全国大检阅及大露营筹委会为革命纪念馆装设临时电灯事宜致总理陵园管委会函》，南京市档案馆藏，档号：10050010252（00）0012。

此致

总理陵园管理委员会

中国童子军第二次全国大检阅及大露营筹备委员会办事处

中华民国二十五年九月十九日

（四）总理陵园管委会为革命纪念馆装设临时电灯事宜致童子军第二次全国大检阅及大露营筹委会复函[①]

送达机关：中国童子军第二次全国大检阅及大露营筹备委员会

事由：函复装置阵亡将士公墓纪念馆临时电灯拟利用树木安置皮线一节，如能获得电厂同意，本会当可允予照办。

总理陵园管理委员会公函　去文第 414 号

案准贵会检字第二二一号公函内开："查童子军第二次全国大检阅及大露营定于本年双十节在京举行。兹拟在革命纪念馆装置临时电灯。惟该处路线异常曲折，不便设杆，意欲利用路旁树木安置皮线，在装置时，本会当派员监视并保护树枝不使损伤毫末。相应函达，即请查照，惠允见复。"等由；准此，查安置灯线事属电务管理，如能取得首都电厂同意，本会当可允予照办。准函前由，相应函复，即希查照为荷。

此致

中国童子军第二次全国大检阅及大露营筹备委员会

总理陵园管理委员会

缮写　王世椿

中华民国二十五年九月廿二日

（五）许政为李新记墓圹尾款扣存封口数外余应给领致总理陵园管委会公函[②]

来函：李新记营造厂

事由：函为李新记承办将士墓圹结尾款数除应按穴扣存封口数外，余应给领，至前承办之一百二十八穴早经报销，与现在将士墓穴无涉并声明由。

许政先生　公函

敬启者：李新记承办本会墓圹，现在来结尾数，除应按穴扣存封口数外（详细数目请查卷），余应给领。至前承办之一百二十八穴系淞沪抗日烈士墓穴，早经二十二年结清，由淞沪抗日营葬委员会报销，与现在阵亡将士墓穴无涉。合并声明。

此致

总理陵园管理委员会

许政　谨启

中华民国廿六年一月十二日

（六）李新记请发将士第一公墓圹工余款公函及相关办理文书[③]

来函：李新记营造厂

---

①《总理陵园管委会为革命纪念馆装设临时电灯事宜致童子军第二次全国大检阅及大露营筹委会复函》，南京市档案馆藏，档号：10050010253（00）0003。

②《许政为李新记墓圹尾款扣存封口数外余应给领致总理陵园管委会公函》，南京市档案馆藏，档号：10050010257（00）0038。

③《李新记请发将士第一公墓圹工余款公函及相关办理文书》，南京市档案馆藏，档号：10050010257（00）0037。

事由：函请发给将士第一公墓圹工余款三百元事由

（一）李新记为请发将士第一公墓圹工余款致阵亡将士公墓委员会公函

迳启者：所敝厂二十二、三年承包贵会建筑阵亡将士第一公墓内大小墓圹工程，此工程业已完工二年有余，均有余款三百元整，拟请贵会发结。

此致

阵亡将士公墓委员会　台核

南京李新记营造厂　呈

中华民国二十六年一月六日

（二）刘光黎、黄灼南谨注文书

谨查李新记承包第一公墓墓圹，承揽共有七份，除附表所载第一份包价未经全付外，其余包价均已付清。该份承揽系于廿二年九月订立，规定六十天完工，并分六期领款。前五期共计一万一千三百元，应于完工后领清。兹查该款已于廿二年十二月付清，核与承揽所载极相符合。第六期规定，验收工程三个月后如查无损坏，领清余款。以时间计算，该期款应于二十三年三月付清。兹查二十三年十二月付八百元，二十四年十二月付六百元，先后共付一万二千七百元，核对承揽总价一万二千九百元之数，尚余两百元未付。此中原因，依据工程惯例推测，当不出下列数种：

一、墓圹数目或有减少。

二、或因承包人偷工减料，扣罚二百元。

三、或因工程发现损坏之处，不遵工程师意旨妥为修复。故剩余工款延至九个月后始付一部分，再延一年又付一部分，另扣余款二百元，以示儆罚。

无论属于何种原因，本会无法查考。余款二百元，似未便准予补付。

光黎、灼南　谨注

中华民国廿六年一月九日

总理陵园管理委员会工程组计算纸	李新记承包第一公墓墓圹付款表				编目—— 共　页 第　页
承揽号数	摘要	包价	已付	未付	备注
1	第一公墓大墓圹 300 个，43.00	12 ,900.00	12 ,700.00	200.00	
2	第一公墓小墓圹 800 个，11.00	8 ,800.00	8 ,800.00		
3	第一公墓第二圈特大墓圹 3 个，55.00	165.00	165.00		
4	第一公墓第二圈特大墓圹 33 个，53.00	1749.00	1749.00		
5	第一公墓小墓圹 112 个，13.00	1 ,456.00	1 ,456.00		
6	第一公墓最小墓圹 112 个，2.00	224.00	224.00		
7	第一公墓大墓圹 4 个加账	284.00	284.00		
		25 ,578.00	25 ,378.00	200.00	
中华民国　　年　月　日	设计者　　寄核者				

黄灼南

中华民国廿六年一月九日

（三）李新记致总理陵园管委会公函

迳启者：敝厂于民国二十二年承包贵会阵亡将士公墓第一公墓大墓圹三百个，尚有第六期余款二百元未曾领取。惟内中有七十二个尚未埋葬封口，兹愿遵照贵会规定，每个扣洋三角，共计二十一元六角。请由贵会自行办理所有余款一百七十八元四角，请准予具领为荷。

此致

总理陵园管理委员会

南京李新记营造厂 具

中华民国二十六年元月十五日

（四）致林处长呈

呈为呈复事：窃职等奉派点验第一公墓全部墓圹数目及包工人姓名，兹遵于本月十三日前往点验，第一公墓全部墓圹共计一千七百五十二个，内除王雨亭承包二百六十四个、淞沪抗日将士墓一百二十八个外，其余均系李新记所承包，计一千三百六十个，核与李新记各承揽所载之数目亦复相同。现李新记所筑墓圹已葬者一千二百八十八个，余七十二个尚未埋葬封口。惟查二十五年五月建筑国民革命军阵亡将士公墓筹备委员会第三十七次常务会议议决案第五项：“‘阵亡忠榇运会安葬时，圹盖封口，向由承筑包工自责办理。未筑各圹，每穴酌扣二元左右，用示责成。现因空穴过多，所扣价款过巨，承筑包工一再恳请，核扣工料款若干，委托本会里工办理，而将余款给领，俾资周转，应否核准案。’决议：每穴酌扣三角，余款准予给领。”在案，所有点验第一公墓墓圹数目及经过情形，理合呈复，敬乞钧核。

谨呈

林处长

陈希平　刘光黎　黄灼南　郑谷诒

中华民国二十六年一月十四日

（七）总理陵园管委会为陈主任等承送阵亡将士墓周鼎已运到陈列特函道谢并寄收据致豫鄂陕边区主任公署秘书处公函[①]

送达机关：豫鄂陕边区主任公署秘书处

事由：复为陈主任等函送阵亡将士公墓周鼎一座已由转运公司运到陈列祭堂，特函道谢并寄收据，请察收由。

总理陵园管理委员会公函 理字第111号

案准贵处公函略以陈主任继承等七人在苏定铸周鼎一座，备送革命军阵亡将士公墓，以留纪念。该鼎制成，即托承铸人周梅谷君运京，掣取收条寄署等由。查该项周鼎已由转运公司运来，经照收妥为陈列，至深感谢荷。该鼎现由转运公司运来，除周君不另予收条外，特具收据一纸，随函附达，即希察收，并致谢忱。

此致

豫鄂陕边区主任公署秘书处

附收据一纸。[②]

总理陵园管理委员会

中华民国廿六年三月卅一日

---

①《总理陵园管委会为陈主任等承送阵亡将士墓周鼎已运到陈列特函道谢并寄收据致豫鄂陕边区主任公署秘书处公函》，南京市档案馆藏，档号：10050010318（00）0010。

②编者按：收据略。

（八）军委会办公厅第二处为阵亡受伤革命军人特别优恤办法规定首都每年举行公祭公宴致阵亡将士公墓管理处公函 ①

来函：军委会办公厅第二处

事由：函为阵亡、受伤革命军人特别优恤办法规定每年七月九日首都举行公祭公宴，本年即希查照去年六月卅日本处召集联席会议记录办理由。

军委会办公厅第二处公函（收文字第 613 号）

案准本会铨叙厅铨（恤）字第一二七五四号公函内开："案查阵亡、受伤革命军人特别优恤办法，规定每年七月九日首都举行公祭公宴，上年曾经贵处合集有关机关从事筹备，依期举行在案。本年自应遵照规定办法办理，相应函请，查照核办为荷。"等由；准此，除分函外，相应函达，即希查照去年六月三十日本处合集之各有关机关联席会议纪录办理为荷。

此致

阵亡将士公墓管理处

国民政府军事委员会办公厅第二处　启

中华民国二十六年六月十六日

查关于阵亡、残废受伤革命军人特别优恤办法全案，内已定于本年七月九日（即革命誓师纪念日）首都举行公祭公宴。本处奉令筹备。因事属创举，且仪式隆重，时期迫切，为慎重起见，经奉准由本处召集本案有关机关负责人员开会一次，以资商讨，而便分行。兹定于本月三十日（星期二）上午八时在本会会议厅开会讨论。应请贵处派负责人员准时莅临与会，共策进行。除分函外，相应函达，并将与本案有关机关另单随附，即希察照办理见覆为荷。

此致

阵亡将士公墓筹备处

附单一件。

国民政府军事委员会办公厅第二处　启

中华民国二十六年六月廿九日

关于阵亡、残废、受伤革命军人特别优恤办法案内本年七月九日首都举行公祭公宴有关机关列左：

一、公宴办法第七条条文有"首都则由国府主席及军事委员会委员长负责招待"，第六条有"公宴时应奏乐，主宴毕为止，以示隆重"各节，与国府参军处有关。

二、各地建筑阵亡将士公墓办法第八条"每年于七月九日举行公祭，其仪式须极隆重"，又公墓办法第四条"应筑台阶"各节，与阵亡将士公墓筹备处有关。

三、又建筑公墓办法第八条"每年于七月九日举行公祭，该地党、政、军、学、商各界均应参加"，与国府参军处、行政院、南京市政府、南京市党部有关。

四、铨叙厅原签呈所拟办法第二条"居住首都参加典礼之伤员兵即根据南京市府本年所发恤金底册，通知并函军医署转饬第一陆军医院之各伤员兵一律参加"一节，与南京市政府及军医署暨陆军第一医院有关。

五、本案全案原系铨叙厅主办，届时并拟请铨叙厅主办人员列席，以备咨询。

国民政府军事委员会办公厅第二处　启

①《军委会办公厅第二处为阵亡受伤革命军人特别优恤办法规定首都每年举行公祭公宴致阵亡将士公墓管理处公函》，南京市档案馆藏，档号：10050010170（00）0015。

附　历次阵亡、残废、受伤革命军人特别优恤办法案内本年七月九日（北伐誓师纪念日）首都举行公祭公宴有关机关联席会议纪录

地点：军委会会议厅

时间：二十五年六月三十日上午九时

出席：田士捷（国府参军处），邓介松（行政院），段麟郊（市政府），陈守言（市政府），郑燊畲（社会局），孙镜波（市党部），傅焕光（阵亡将士公墓委员会），熊季平（军委会军医署），姚琮（军委会公二处处长），赵世鼎（军委会公二处交际科长），王事斡（军委会公二处总务科长）

列席：周启贤（军委会铨叙厅抚恤科）

主席：姚琮

纪录：吴麒

开会如仪

（甲）主席报告

关于本案公祭公宴，本年系首次举行，因仪式隆重，上峰委极注目，故请各有关机关派员莅临商讨，共策进行，并请商定筹办本案之临时名称，以便办事，当经公决如左：

本案定名为“首都各界公祭公宴历次阵亡残废受伤革命军人大会”，在筹备期间应称为“首都各界公祭公宴历次阵亡残废受伤革命军人大会筹备处”，由军事委员会交际科主办，有关机关派员参与帮办。本案名称奉朱主任谕分别改为“首都各界公祭历次阵亡革命军人大会及首都各界公宴历次残废受伤革命军人大会”，在筹备期内各加“筹备处”三字。

（乙）讨论事项

一、公宴办法第七条条文有“首都则由国府主席及军事委员会委员长负责招待”，第六条“公宴时应奏乐，至宴毕为止，以示隆重”各节，本会与有关机关应行商讨如下：

1. 本节公宴时布置招待及定办宴席、分排位次及届时报告委员长、副委员长，由军委会交际科负责办理。

2. 公宴时应奏乐及仪式暨届时报告国府主席各事，拟请参军处负责办理。

决议：本条一、二节均通过照办，惟第二节届时所用之军乐队，亦由国府军乐队担任。公宴时并请中央委员会、首都地方长官参加陪宴，地方长官以南京市长、市党部常务委员、宪兵司令、首都警察厅长为限。本条公宴时并请中央委员陪宴一节，奉朱主任谕改为“公宴时并请军政机关次长以上及首都地方长官参加陪宴”（下同）。

二、各地建筑阵亡将士公墓办法第八条“每年于七月九日举行公祭，其仪式须极隆重”，又第四条“应筑台阶”各节，本会与有关机关讨论如下：

1. 本节公祭仪式等，拟请公墓管理处主办，本会交际科派员参加。

2. 应否另筑台阶四、五级及有无相当地点，可分别等次、变通办理一项，应由本处总务科与公墓管理处商酌办理。

决议：本条第一节由军委会交际科召集参军处、典礼局、南京市政府及公墓管理处派员会同拟办。第二节公宴地点拟改在遗族学校，不必另筑台阶，由总务科与遗族学校接洽办理。

三、建筑公墓办法第八条“每年于七月九日（北伐誓师纪念日）举行公祭，该地党、政、军、学、商各界均应参加”一节，本会与有关机关讨论如下：

1. 本节参加人数及参加办法，似应由南京市党部或南京市政府主办拟定，由本会参加意见后，再行通知党、政、军、学、商各界。

2. 国府及院部会应由南京市党部并案通知，抑由典礼局或行政院通知参加。

3. 中央党部人员及中央委员应否参加公祭典礼。

决议：各界参加人数，机关方面，文官简任以上，武官上校以上；民众团体及各级党部方面，各派代表三人参加；中央军校及军校教导队、政治学校、遗族学校学生暨首都集中训练学生，全体参加；中央委员亦请参加。以上各处统由筹备处通知。

四、铨叙厅原签呈所拟办法第二条“居住首都参加典礼之伤员兵即根据南京市政府本年所发恤金底册，通知并同军医署转饬第一陆军医院之各伤员兵一律参加”一节，本会与有关机关应行讨论如下：

1. 本节拟请南京市政府将恤金底册暂借本处交际科，以便发公宴通知，如住址最近或有更动，并请更正。

2. 第一陆军医院参加人数须以作战受伤为限，并应视居住首都伤员兵确数多寡再斟酌增减，并请将参加名单先期函送交际科并办。

决议：第一节照办，第二节由军医署及交际科会办。

五、公宴后馈赠之慰劳品由本处总务科视人数多寡拟办呈核。

决议：由总务科按受伤轻重及等级拟办，其代价数目约定一等二元、二等一元五角、三等一元。

六、接送参加公宴伤员兵车辆，除第一陆军医院系整个外，其余居住首都之伤员兵统系散居，各处事实上不能一一分接，似应定期通知集合一适中地点，以便接送。此项接送车辆如与本会接送职员大汽车时间抵触，并由江南公司租用。

决议：以下关小火车站、鼓楼公园、夫子庙门口三处为集合地点，并规定临时乘车证，随同公宴通知并发。

七、公宴及慰劳品等所需经费由本处垫发报销。

决议：照办。

八、公祭公宴时间应请共同规定。

决议：公祭定七月九日上午九时，公宴同日正午十二时。

（九）警卫组为发现革命纪念塔铁门固定洋锁被撬请迅速修理致国父陵园管委会签呈[①]

签呈（三十一年六月八日于灵谷寺警卫队）

事由，窃职现据分队长彭湘泉报告称：“据警士李殿臣报告，昨（七）日上午六时，警士值勤警卫革命纪念塔，发现该塔铁门之固定洋锁被人撬坏，应请转呈，迅赐修理。”等语，经职查验属实，理合报请鉴核等情。据此，查该塔门洋铁锁每易被闲人撬坏，倘不修理以便关闭，每有游人登临之际，随手污损墙壁，有碍观瞻。理合具情签呈，请祈鉴核，迅赐饬工修理，以保公物，实为公便。

谨呈

国父陵园管理委员会主任委员 褚

警卫组组长　张大鹏

中华民国三十一年六月八日

（十）工程组朱主任为准警卫队请派工修理革命纪念塔门锁等经商估价请鉴核致戴总干事签呈[②]

来文机关：工程组朱主任浩元

---

①《警卫组为发现革命纪念塔铁门固定洋锁被撬请迅速修理致国父陵园管委会签呈》，南京市档案馆藏，档号：10050020075（00）0016。

②《工程组朱主任为准警卫队请派工修理革命纪念塔门锁等经商估价请鉴核致戴总干事签呈》，南京市档案馆藏，档号：10050020075（00）0014。

事由：为准国父陵园警卫队函请派工修理革命纪念塔门锁等经商估价理合签请监核由。

摘事单

签呈，为准国父陵园警卫队函请派工修理纪念塔门锁等经商估价理合签请鉴核由。前准国父陵园警卫队函开："查革命纪念塔铜门锁钥尚未经修理，昨据警士所报，误以为修理完竣，致曾函复贵组，兹请将前函撤还，并请从速派工匠前来修理为荷。"等由；当经工程组派员前往查明，该塔四面铜门启闭插销之摇杠及弹子锁等确已损坏，并经招商估价，以宝兴号所估为最廉，计三百九十五元，应否交该号承修之处理？合将宝兴号等估价单二纸一并检附，会章签请，鉴核示遵。

谨呈

总干事　戴　转呈

主任委员　褚

附呈宝兴等估价单二纸。[①]

总务组主任

工程组主任　朱浩元

中华民国三十一年六月廿五日

（十一）为定期谒陵请开启寝门并通知革命烈士祠等处及国父陵园管委会准备接待的内部函[②]

（一）中国青少年团第三次总检阅大会为谒陵致陵园管委会函

来文机关：中国青少年团第三次总检阅大会

事由：为五月三日谒陵请开启陵寝门并烦通知汪故主席陵墓及革命烈士祠等处同时准备以便前往致祭

中国青少年团第三次总检阅大会公函　编号七八七号

迳启者：本年五月五日青年节举行中国青少年团第三次全国总检阅，按照总检阅行事日程规定，于五月三日上午十时谒陵，届时请予准备开启灵门，以便瞻仰国父遗容，并烦请分别通知汪故主席陵墓及革命烈士祠、日本烈士祠管理员同时准备一切，以便前往致祭。兹由青少年总团部刘副处长赍函洽商，至祈查照办理为荷。

此致

陵园管理委员会

中国青少年团第三次总检阅大会　启

中华民国卅四年四月廿七日

总务组致警卫组笺函一件

迳启者：顷准中国青少年团第三次总检阅大会函开："以五月五日青年节举行中国青少年团第三次全国总检阅，按照总检阅行事日程规定，于三日上午十时谒陵，以便瞻仰国父遗容，并致祭革命烈士祠、日本烈士祠，请予准备。"等由；相应通知，希烦查照为荷。

此致

警卫组

总务组　启

中华民国三十四年五月二日

① 编者按：估价单略。

②《为定期谒陵请开启寝门并通知革命烈士祠等处及国父陵园管委会准备接待的内部函》，南京市档案馆藏，档号：10050020021（00）0046。

（十二）为派员验收将士墓区及东区活动房间隔工程致园林处函[1]

送达处所：园林处

事由：准贵处林发字第851号函嘱派员验收将士墓区及东区活动房屋间隔工程由。

上项工程经派员会同验收，大致相符，除已饬承商出具保固结外，末期工款计一〇九七八四〇元，已于五月十四日付讫。覆请查照为荷。

会计室

中华民国三十六年五月十四日

林发字第851号第全页

查仪华营造厂承包本会将士墓区及东区活动房屋加添平顶及板隔间工程，据报业于四月廿二日全部完工，请予验收等情，前来相应函达查照，即希派员前往验收为荷。

此致

会计室

园林处

中华民国卅六年四月廿五日

周斌立会同工程科验收。四月廿五日。[2]

已会同验收，相符。四月廿五日。

立保固切结。仪华营造厂兹承包钧会东区及将士墓区活动房屋内添加木隔间及平顶工程，于一年期内如发现该工程因建筑不固而致之情事，由敝厂负责修竣，不另索值。特立此保固切结存证。

国父陵园管理委员会钧鉴。

立保固切结 仪华营造厂（沈举人巷八号） 胡培仪

保证人 源昌漆庄（南京林森路六十一号） 陈侯坤

对保人 朱广祯

中华民国三十六年四月二十日

①《为派员验收将士墓区及东区活动房间隔工程致园林处函》，南京市档案馆藏，档号：10050031010(00)0001。

② 编者按：此行文字为后补。下行同。

第四章　辅助工程

第一节　临时工程

将士墓区三十七年七至十二月份临时工程项目[①]

一、第一公墓墓道铺沙：长一八〇丈，宽五丈，内有八〇丈须翻修路基。

二、第三公墓墓道翻修铺沙：一丈宽者长一百丈〇五尺，宽者长一五〇丈。

三、装修龙池木闸：厚一尺，长一〇尺，高四尺。

四、淞沪抗日纪念碑刊刻碑文：十九路军与第五军各一座，其碑文在敌伪时凿没。

五、添制第一公墓墓碑二十一块。

六、各处水沟墙垣之零星修理。

七、荷花池东石桥栏杆修理。

八、志公殿西小桥一座：宽五尺，长八尺。

九、志公殿前小山顶凉亭修理（需翻盖）。

十、工房建筑：十一方。

国父陵园管委会

中华民国卅六年六月一日

报告

七月二十三日

事由：查灵谷寺区所装路灯有欠妥适，为将士公墓前围墙、昭烈门内四十余丈及门外二三十丈之距离，均无路灯之装置，入晚黑暗，警备均感不便，实因当时不依路线之进行。兹拟将原立草坪之电杆移至路旁，并将万工池附近之电灯两盏改移昭烈门外。灵谷寺前及南首亦可各减一只，改移昭烈门内，如是则全路光明。在电灯厂，不过将围墙以内之电杆移至左首路旁，原有之灯匀分改装，倘能添装俾光线密切尤妙。拟请钧长函知电厂派员察勘，重行改装，以使交通为祷。

谨呈

总务处长　林

郑谷诒

中华民国廿六年七月廿四日

第二节　路灯

总理陵园管委会为请整饬阵亡将士公墓路灯致首都电厂公函[②]

送达机关：首都电厂

事由：函请整饬阵亡将士公墓路灯由

---

①《将士墓区一九四八年七至十二月份临时工程项目，南京市档案馆藏》，档号：10050030743(00)0008。

②《总理陵园管委会为请整饬阵亡将士公墓路灯致首都电厂公函》，南京市档案馆藏，档号：10050010285（00）0002。

总理陵园管理委员会公函　理字第276号

案查国民革命军阵亡将士公墓业经本会奉令接管在案，兹据该处管理专员报告略称："查阵亡将士公墓区内围墙、昭烈门之内外数十丈距离之道路，均无路灯之装设，入晚黑暗异常，警戒交通颇感不便。拟请函首都电厂，将原定草地内之电杆移至路旁，并将区内路灯重新分配添装，俾便交通。"等情；据此，查该专员所称确系实情，阵亡将士公墓区内电杆、路灯自须重行整饬匀配。相应据情函达，敬希查照办理，并祈见复为荷。

此致

首都电厂

总理陵园管理委员会

中华民国二十六年七月二十四日

报　告

七月二十三日

事由：查灵谷寺区所装路灯有欠妥适，为将士公墓前围墙、昭烈门内四十余丈及门外二三十丈之距离，均无路灯之装置，入晚黑暗，警备均感不便，实因当时不依路线之进行。兹拟将原立草坪之电杆移至路旁，并将万工池附近之电灯两盏改移昭烈门外。灵谷寺前及南首亦可各减一只，改移昭烈门内，如是则全路光明。在电灯厂，不过将围墙以内之电杆移至左首路旁，原有之灯匀分改装，倘能添装俾光线密切尤妙。拟请钧长函知电厂派员察勘，重行改装，以使交通为祷。

谨呈

总务处长　林

郑谷诒

中华民国廿六年七月廿四日

第三节　墓门锁

总理陵园管委会为请将阵亡将士墓门锁转陵园派出所交还陵管会致东郊警察局的笺函[①]

送达机关：东郊警察局

事由：请将阵亡将士墓门锁转饬陵园派出所交还本会管理由。

总理陵园管理委员会鉴函　陵秘字第0174号

查阵亡将士纪念塔钥匙现由贵局所属之陵园派出所保管。该塔及阵亡将士墓本会已指派人员负责管理，用特函达查照，惠予转饬陵园派出所，即将纪念塔门锁移交本会，以便管理，并希见复为荷。

此致

东郊警察局

秘书 林元坤

中华民国卅五年十月十六日

①《总理陵园管委会为请将阵亡将士墓门锁转陵园派出所交还陵管会致东郊警察局的笺函》，南京市档案馆藏，档号：10050030070(00)0018。

第四节　环境整治

一、警卫组奉谕以革命纪念塔内尚欠清洁函请总务处派工协同清理[①]

来文机关：警卫组

事由：奉主任委员谕，以革命纪念塔之每层裹边尚欠清洁等因，请派工协同清理。

警卫组笺函　编号七四五

迳启者：昨经主任委员会褚公至革命纪念塔参观，奉谕：“以塔之每层裹边尚欠清洁，应通知总务组派工人打扫为要。”等因；奉此，相应函请查照，祈派工人前来协同清理为荷。

此致

总务组

国父陵园管理委员会警卫组　启

中华民国卅四年三月十九日

二、总理陵园管委会园林处为切实整理墓园地清洁致将士墓区通知[②]

送达机关：将士墓区

事由：通知切实整理将士墓园地清洁由。

总理陵园管理委员会通知　去文字第 00215 号

案准总务处总字第 62 号函开：“案准国民政府参军处警卫室主任黎铁汉已艳府卫平，第 2005 号代电开：‘奉主席谕……查照办理为荷。’”[③]等由；准此，自应照办。合函通知该区，切实遵照办理，勿稍稽延为要！

本通知

将士墓区

处　启

中华民国卅五年七月二日

总字第 62 号　林收第 185 号

案准国民政府参军处警卫室主任黎铁汉已艳府卫平第 2005 号代电开：“奉主席谕，灵谷寺东侧阵亡将士墓及无梁殿西侧阵亡将士墓各墓园及道路荒草及膝，着饬主管机关速予整理，并经常保持整洁为要等因，特电查照办理，见后为荷。”等由；准此，请饬清洁。夫特别注意打扫外，相应函达，查照办理为荷。

此致

园林处

总理陵园管理委员会总务处　启

中华民国卅五年七月一日

---

①《警卫组奉谕以革命纪念塔内尚欠清洁函请总务处派工协同清理》，南京市档案馆藏，档号：10050020021(00)0041。

②《总理陵园管委会园林处为切实整理墓园地清洁致将士墓区通知》，南京市档案馆藏，档号：10050031087（00）0004。

③此处省略内容可见于上文，档号 10050020021（00）0041。

三、第一中队为转达主席谕将将士祠纪念馆一带的整理事宜请迅予办理致拱卫大队的报告[①]

送达机关：秘书室

事由：为据转达主席谕，将将士祠纪念馆一带之整理事宜请迅予办理由。

总理陵园管理委员会报告 卫字第494号

据本处拱卫大队转呈第一中队报告内称："案据灵谷寺分队长阮芳庭报告称：'昨（十五）日下午七时，蒋主席来到荷花池下车步行，经正气堂到纪念馆……转请，鉴核办理。'"等情；据此，相应函请查照转知园林处办理，实为公便。

此致

秘书室

马（戳）

彤

中华民国卅七年五月十八日

来文机关：第一中队

事由：为据报警卫组转达主席谕，整饬将士祠纪念馆一带之清洁观瞻办理事项三点，转请核办由。

报告 拱一字102号

案据灵谷寺分队长阮芳庭报告称："昨（十五）日下午七时，蒋主席来到荷花池下车步行，经正气堂到纪念馆，临上车时，面谕警卫组转达拱卫处三事：一、红山门内各处之清洁伕不敷应用，请速增加；二、纪念馆设木牌一面，上书'禁止吐痰'；三、纪念馆一周之老柳树及屋上之小树一律伐去，以壮观瞻。以上三项理合报请速办。"等情，据此理合转请鉴核办理。

谨呈

副大队长　王　转呈

处长　马

职　潘胜标

中华民国三十七年五月十七日

四、为阵亡将士纪念塔保持内部清洁除假日纪念及特约日开放外余日停止游览致拱卫处将士墓通知及函（附验收证明等）[②]

送达机关：拱卫处、将士墓区

事由：为阵亡将士纪念塔保持内部清洁，除假日、纪念日及特约日开放外，余日停止游览，函请查（通知遂）照由。

林工（卅七）字第二六五号

查阵亡将士纪念塔局部油粉工程业已竣工，兹为保持清洁，计除星期日、纪念日及特约日开放并由贵拱卫处派警监导外，余日停止游览。呈奉主任委员批示。如拟在案，相应函达（合函通知），遵照查照饬办为荷。

此致

拱卫处（将士墓区）

---

①《第一中队为转达主席谕将将士祠纪念馆一带的整理事宜请迅予办理致拱卫大队的报告》，南京市档案馆藏，档号：10050030939(00)0010。

②《为阵亡将士纪念塔保持内部清洁除假日纪念及特约日开放外余日停止游览致拱卫处将士墓通知及函（附验收证明等）》，南京市档案馆藏，档号：10050030932(00)0018。

园林处　启

中华民国卅七年六月廿四日

营缮工程验收证明书

国父陵园管理委员会工程结算表[①]

函稿 林工（卅七）字第 272 号

查本会在忠烈路革命纪念馆油漆工程交余福兴漆作承办，业已工竣验收，兹送上验收证五份、结算表四份，请加盖会章暨主任委员小官章后，由贵室各抽存一份，代转会计室各二份，余验收证二份及结算表一份退还本处存转为荷。

此致

秘书室

附送验收证五份、结算表四份。

处长　沈鹏飞

科长　顾授书

中华民国三十七年六月二十八日

查余福兴油漆作（厂、公司）承办本会忠烈路纪念馆油漆工程，第末期工款计五千一百七十二万元整，业已到期。经审查无讹，希贵室准予领取为荷。

此致

会计室

园林处处长　沈鹏飞

工程科科长　顾授书

领款人 余福兴油漆作　余正才

中华民国卅七年五月廿九日

---

①编者按：此处说明书、工程结算表与“（三十）为余福兴漆作承办革命馆油漆竣工定期验收函请会计室派员勘验及验收证明结算表”全同，故略。

第五章　入祀

第一节　文件

一、总理陵园管委会公函

（一）总理陵园管委会为选公葬代表姓名阶级不符请改正致陆军第九十八师司令部公函[①]

送达机关：陆军第九十八师司令部

事由：复为选送公葬代表姓名、阶级不符请改正见复，以便填发护照由。

总理陵园管理委员会公函　理字第 97 号

案准贵师恤字第一八二六号代电略开："本师送京公葬代表忠榇计上尉连长程朝赞等九级，已饬排长张得生运抵泰和，请迅填发护照及车船票，寄南昌筷子巷十八军驻赣办事处转给，以便继续运京。"等由；准此，查所列选送公葬代表，其姓名、阶级核与贵师前送调查表略有不符之处；且照阵亡将士营葬条例规定，每一阶级仅可选送代表一人，自难通融增加，因将不符情形另列清单，连同条例一份随函附送。拟请贵师迅予查照改正见复，以便填发运柩护照，启运来京公葬。准电前由，相应函复，即希查照办理为荷。

此致

陆军第九十八师司令部

附条例一份、清单一纸。[②]

国父陵园管理委员会工程结算表

阶级	上尉	中尉	少尉	上士	中士	下士	上等兵	一等兵	二等兵
姓名	程朝赞	吕明	李邦固	高振华	桂仁	林得祥	陈福书	苏明启	杨青龙

依据来电复查贵师前送调查表所得情形

阶级	上尉	中尉	少尉	中士	下士	下士	上等兵	一等兵	一等兵
姓名	程朝赞	吕明	李邦固	高振华	桂仁	林得祥	陈福禄	苏明其	杨青龙

总理陵园管理委员会

中华民国廿六年三月十三日

（二）总理陵园管委会为忠榇已运到仍请依照前送调查表所定阶级姓名指定代表致陆军第九十八师司令部公函[③]

送达机关：陆军第九十八师司令部

事由：复为忠榇业已运到，仍请依照前选调查表所定之阶级姓名指定代表，以便安葬由。

①《总理陵园管委会为选公葬代表姓名阶级不符请改正致陆军第九十八师司令部公函》，南京市档案馆藏，档号：10050010257（00）0002。

② 编者按：条例、清单略

③《总理陵园管委会为忠榇已运到仍请依照前送调查表所定阶级姓名指定代表致陆军第九十八师司令部公函》，南京市档案馆藏，档号：10050010257（00）0003

总理陵园管理委员会公函 理字第 105 号

案准贵师二十六年三月十七日代电略开："本师选送公祭代表阶级、姓名，兹经详细查核，均与本师真代电所开等异，调查表所列乃因匆忙选报，为承写人所误书。烦如前请填改发护照，以便转运。"等由；同时并经贵师排长张得生运来程朝赞等忠榇十具，嘱为安葬。准此，查本会经办阵亡将士营葬事宜，一切悉依各军师旅部所送之调查表为依据，造册、刻碑早已完成，殊难变更。拟请贵师仍照前送调查表所列阶级、姓名指定选葬代表。现由张排长暂将八具忠榇存寄墓地，并回营面陈，准切请示办理。相应先行函达，即请查照，迅予决定、示复，以凭安葬为荷。护照一项，因忠榇八具业已运到，当不填发，并此附闻。

此致

陆军第九十八师司令部

总理陵园管理委员会

中华民国廿六年三月廿二日

（三）总理陵园管委会为请依照所送调查表选送代表忠榇运京公葬致各部队公函[①]

送达机关：各部队

事由：函请依照所造调查表每一阶级选送代表忠亲一具，运系公葬由。

理字第 106 号

案查国民革命军阵亡将士公墓筹备委员会前经本会奉令接管在案，所有营葬事宜自应由本会赓续办理。兹查自二十四年七月起至二十五年十二月止，贵所送阵亡将士调查表共计份[②]，现正由会汇编名册，镌刻碑石，以志纪念。惟照营葬条例之规定，每一阶级应选送代表忠榇一具至公墓安葬，用彰忠烈。贵所送阵亡将士调查表中计有，应即选送代表忠榇具，运京安葬。拟请贵所依照条例查照调查表，迅予选定适合阶级而可以运送之忠榇，先行函知本会，以便填发运柩护照，而利启运。如所有阵亡将士忠榇均已葬妥，因故不便运送，亦祈详叙过会，以资结束。相应函达，即希查照办理，并盼见复为荷。

此致

总理陵园管理委员会

中华民国廿六年三月廿六日

国父陵园管理委员会工程结算表

原来番号	现改番号（军委会查）	住在地
陆军第二十一军第三师司令部	陆军第一百六十一师司令部	四川重庆
陆军第四十一军第三师司令部	陆军第四十一军第一二四师司令部	四川绵阳
陆军第二十九军第一师司令部	陆军第四十一军第一二四师司令部	仝前
陆军第二十九军第五师司令部	陆军第四十一军第一二四师司令部	仝前
陆军第二十一军第四师司令部	陆军第二十一军第一四六师司令部	四川新都

①《总理陵园管委会为请依照所送调查表选送代表忠榇运京公葬致各部队公函》，南京市档案馆藏，档号：10050010257（00）0004。

② 编者按：原文为空白未填。下同。

奉交贵会大函既公文五件、邮票九角、清单一纸，均悉。除将原文番号业改并注明驻地外，相应检同原文五件、邮票九角、清单一纸随函，复请查业为荷。

此致

总理陵园管理委员会

附原文五件、邮票九角、清单一纸。

国民政府军事委员会公　启

中华民国廿六年五月十一日

发文一〇六号　附件

三级	第一师	三份	少将、上校、少校
七级	第三师	九四	上尉、少尉、中士、下士、上一、二等兵
十二级	第二十五师	八五三	上校、少校、上尉、中尉、少尉、准尉、上士、中士、下士、上一、二等兵
十二级	第二十六师	二四一	中校、少校、上尉、中尉、少尉、准尉、上士、中士、下士、上一、二等兵
六级	第八十师	二三	少尉、准尉、下士、上一、二等兵
	第八十八师	一份	已葬本公墓
十一级	第九十五师	二二	上校、少校、上尉、中尉、少尉、准尉、中士、下士、上一、二等兵
十三级	第一〇九师	七一	少将、上校、中校、少校、上尉、中尉、少尉、准尉、中士、下士、上一、二等兵
八级	第一一〇师	三五	中将、少将、上校、少校、上尉、中尉、少尉、准尉
五级	第一一八师	八份	中尉、中士、上一、二等兵
七级	第一二九师	五八	中尉、少尉、中士、下士、上一、二等兵
一级	第一三〇师	一份	一等兵
八级	第一三九师	七五	上尉、少尉、上士、中士、下士、上一、二等兵
二级	第四军教导第一师	三份	少校、中尉
一级	第四军教导第二师	一份	中尉
二级	第四军教导第四师	二份	上尉、少尉
三级	第四军独立旅	五份	少校、上尉、中尉
七级	第四军第十二师	一八	上校、少校、上尉、中尉、少尉、准尉、上士
三级	第四军第二十五师	四份	上尉、中尉、上士
五级	第四军第二十六师	一六	中将、上校、少校、上尉、中尉
	第九军第三师	一份	已葬本公墓
八级	第二十一军第三师	七三	上尉、少尉、准尉、中士、下士、上一、二等兵
十级	第二十一军第四师	二一三三	少校、上尉、中尉、少尉、准尉、中士、下士、上一、二等兵
十二级	第二十九军第一师	七二三	中校、少校、上尉、中尉、少尉、准尉、上士、中士、下士、上一、二等兵
十级	第二十九军第五师	一一八	上尉、中尉、少尉、准尉、上士、中士、下士、上一、二等兵

一级	第三十二军第一四一师	四份	一等兵
五级	第四十一军第三师	一二五	中士、下士、上一、二等兵
七级	第四十一军第一二二师	三六	中尉、少尉、中士、下士、上一、二等兵
十一级	第四十一军第一二三师	一五一	少校、上尉、中尉、少尉、准尉、上士、中士、下士、上一、二等兵
	第五十七军第一〇九师	一份	已葬本公墓
二级	第六十七军	二份	少校、上等兵
十一级	第六十七军第一〇七师	一九九	中校、少校、上尉、中尉、少尉、准尉、中士、下士、上一、二等兵
四级	第六十七军独立兵工团	二〇	上尉、上一、二等兵
七级	骑兵第三师	二四	上尉、少尉、中士、下士、上一、二等兵
五级	骑兵第六师	一三	中士、下士、上一、二等兵

（四）总理陵园管委会为拟寄公函暨请查明各军师现驻扎地点致军政部公函①

送达机关：军政部

事由：为本会拟寄各军师部队函请查明各军师现在驻扎地点照填寄发由

理字第 107 号

迳启者：查阵亡将士公墓筹备委员会，本会奉令接管以来，继续办理阵亡将士营葬事宜，兹因选葬忠榇有与各军师部接洽之处，备具公函三十二封，惟不知各军师部现在驻扎地点，拟请贵部查收照填，寄发相应备函，连同公函三十二封，贴足邮资送达。号烦查照办理，无任纫感。

此致

军政部

附公函卅二封。

总理陵园管理委员会

中华民国二十六年三月廿六日

迳启者：奉本部示下：贵会函一件，并附致各军师公函三十二件，嘱查明代发等因。查内有十一件已填注寄发，尚有九件因现在在调动中，驻址无定，暂缓填寄。其余十二件，因本部所属各部队无此番号，无法填寄。相应检同无法填之公函十二件及已填发之邮单一帘，先行函复，即希查照为荷。

此致

总理陵园管理委员会收发处

附　退回公函十二件、邮单一帘。②

待发函九件、邮票均暂存本室俟办，办竣后再行函知。

军政部收发室　启

中华民国二十六年四月二日

①《总理陵园管委会为拟寄公函暨请查明各军师现驻扎地点致军政部公函》，南京市档案馆藏，档号：10050010257（00）0005。

②编者按：邮单略。下同。

迳启者：奉大会函嘱代为填发各军师旅函三十二件，经前后查明，代为寄发二十七件，下余五件无法查发。相应检同下余函件及邮票三元一角五分并邮单，一并送请查收为荷。

此致

总理陵园管理委员会收发处

附函件五件、邮票三元一角五分。

邮单一帋。

军政部收发室　启

中华民国二十六年四月廿八日

（五）总理陵园管委会为收到阵亡将士调查表致陆军第十六军第五十三师司令部公函[①]

送达机关：陆军第十六军第五十三师司令部

事由：函复收到阵亡将士调查表一册计四百六十六份由。

理字第 137 号

案准贵部廿六年三月廿三日参恤字第七号公函节开："接准来函请将阵亡将士依照规定调查表式填明、汇送等由；准此，兹将本师历次战役阵亡将士欧阳律等四百六十六员名调查表按式查明、填注就绪，函送察收见复。"等由；准此，查贵部所送阵亡将士调查表一册，计四百六十六份，业已如数收到。除汇编外，相应函复，即希查照为荷。

此致

陆军第十六军第五十三师司令部

总理陵园管理委员会

中华民国二十六年四月廿日

（六）总理陵园管委会为阵亡将士公墓已接管筹建情形已编入陵园材料致南京市政府公函[②]

抄送机关：南京市政府

事由：复为阵亡将士公墓早经本会奉令接管在案，所有该墓筹建情形亦经并入本会所编送之陵园部份材料以内，请查照由。

总理陵园管理委员会公函 理字第 170 号

案准贵府二十六年五月十日致国民革命军阵亡将士公墓建筑委员会府统字第四二三六号公函催送年鉴材料等由；准此，查阵亡将士公墓早经本会奉令接管在案，所有该墓筹建情形亦经并入本会所编送之陵园部份材料以内，准函催送，相应函复，即希查照为荷。

此致

南京市政府

总理陵园管理委员会

中华民国廿六年五月十三日

①《总理陵园管委会为收到阵亡将士调查表致陆军第十六军第五十三师司令部公函》，南京市档案馆藏，档号：10050010258（00）0003。

②《总理陵园管委会为阵亡将士公墓已接管筹建情形已编入陵园材料致南京市政府公函》，南京市档案馆藏，档号：10050010258（00）0004。

（七）总理陵园管委会为送运柩护照请察收转寄致陆军第八十师驻京办事处公函[①]

送达机关：陆军第八十师驻京办事处

事由：函送运柩护照一纸，请察收转寄由。

理字第 194 号

案准贵司令部医字第四四号公函略以选送代表忠榇一节："除少尉一级因遗族已领去归葬外，其余五种业经选定，准尉刘金云、下士钱名山、上等兵陈超、一等兵郑月、二等兵练正明等五人为代表忠榇，希照填发运柩护照，迳发本师驻京办事处转寄。"等由；兹填具运柩护照，预忠字一九二号一纸，随函送达，即希察收转寄为荷。

此致

陆军第八十师驻京办事处

附　运柩护照一纸。[②]

总理陵园管理委员会

中华民国二十六年五月廿八日

（八）总理陵园管委会为非阵亡将士不便在公墓安葬致陆军第二十五师驻京通讯处公函[③]

抄送机关：陆军第二十五师驻京通讯处

事由：函复非阵亡将士不便在本公墓安葬，所开故员姓名以前未准填送调查表到会，无从查核检附营葬条例，请烦查照并转报司令部由。

总理陵园管理委员会公函 理字第 239 号

案准贵处二十六年六月廿六日京甲字第六六四号公函略开："本师因公殒命少校军医陈国安、中尉司药黄波等二员灵柩拟即运京公葬。关于该故员等公葬地点及规格、场所未详究竟，相应函请查照见复。"等由；准此，查阵亡将士公墓专为阵亡将士而设，凡非阵亡将士，不便在本公墓安葬，所开故员姓名以前未准贵师司令部填送调查表到会，是以无从查核。准函前由，相应函复，并检附营葬条例二份，即希查照，并烦转报贵师司令部，是所至荷。

此致

陆军第二十五师驻京通讯处

高楼门二十五号 电话 三一七二九

附送条例两份。[④]

总理陵园管理委员会

中华民国廿六年六月卅日

（九）总理陵园管委会为宋江宁李定国两员不能遣送其余均可致第二十六师驻京通讯处公函[⑤]

抄送机关：陆军第二十六师驻京通讯处

---

①《总理陵园管委会为送运柩护照请察收转寄致陆军第八十师驻京办事处公函》，南京市档案馆藏，档号：10050010257（00）0006。

② 编者按：原档中无运柩护照。

③《总理陵园管委会为非阵亡将士不便在公墓安葬致陆军第二十五师驻京通讯处公函》，南京市档案馆藏，档号：10050010258（00）0006。

④ 编者按：条例两份略。

⑤《总理陵园管委会为宋江宁李定国两员不能遣送其余均可致第二十六师驻京通讯处公函》，南京市档案馆藏，档号：10050010258（00）0007。

事由：复为宋江宁李定国两员不能运送其余六员均可送葬填发护照，函请查照察收应用由。

理字第256号

案准贵处二十六年七月六日京例字第一三六号公函内开："本处案奉师部来电，遵奉贵会函知，应选送阵亡将士代表忠榇十二具运京营葬一案……叙至……奉此用特专函奉达，即希贵会查核，准予填发护照，以便派员起运。"等由；准此，查中尉排长宋江宁，以前未经有调查表填送报会，照例不能送葬；二等兵李定国就调查表内所列阶级，则为一等兵，而同级已有刘云波代表送葬，核与营葬条例不符，应亦不能再送；其余六员姓名、阶级均属符合，应请早日将忠榇运送来京安葬。准函前由，相应函复，并填送预忠字第一九三号运柩护照一帋，即希查照察收备用为荷。

此致

第二十六师驻京通讯处

附送预忠字第一九三号运柩护照一纸。[①]

总理陵园管理委员会

中华民国廿六年七月十日

（十）为陵园内除指定的阵亡将士公墓外另辟墓地碍难照办与外交部的来往函[②]

送达机关：外交部

事由：为陵园内除指定之阵亡将士公墓外，不便另辟墓场所，请拨地建墓以为安葬驻马尼剌总领馆殉难人员一节，歉难照办函复查照由。

陵秘字第0169号

按准贵部人字第08626号大函，以贵部前驻马尼剌[③]总领馆殉难人员拟在中山陵附近觅地安葬，嘱拔地一方建立茔墓，以作埋葬之用等由；准此，查陵园内除指定之阵亡将士墓外，不便另开墓场，所请拨地建墓一节，歉难照办。准此，前函相应函复，即希查照为荷。

此致

外交部

总理陵园管理委员会

中华民国卅四年十月十六日

查前七十四军函请拟将杨营长拟安葬公墓一案，经主委批示不准，请检该案原批意旨，参改函复。

文牍科

中华民国卅四年二月廿日

（十一）为公墓并无剩余故吕麟安葬碍难照办与吕德铭的来往函[④]

来文机关：联勤总部抚恤处科长吕德铭等

事由：为子吕麟遗骸最近由渝运京，拟请贵会指定公墓一角，俾便安葬，敬请惠示由。

陵收字第〇五六号

敬陈者：前阅报章，敬悉贵会业已建立将士公墓，兹有前军事委员会军令部边务研究所故上尉

---

① 编者按：预忠字第一九三号运柩护照略。

②《为陵园内除指定的阵亡将士公墓外另辟墓地碍难照办与外交部的来往函》，南京市档案馆藏，档号：10050030552(00)0003。

③ 编者按：现菲律宾首都马尼拉。下同。

④《为公墓并无剩余故吕麟安葬碍难照办与吕德铭的来往函》，南京市档案馆藏，档号：10050030552(00)0004。

吕麟遗骸，最近即可由渝运京。拟请贵会指定公墓一角，俾便安葬如何，敬请惠示为祷。

此呈

国父陵园管理委员会

故员之父　吕德铭

母　吕刘化

联勤总部抚恤处科长

中华民国卅六年二月廿日

拟函复未便照办。林元坤　二月廿日 ①

送达机关：吕德铭

事由：函复公墓并无剩余，请照故上尉吕麟安葬碍难照办。

陵秘字第 0479 号

兹准大函略以故上尉吕麟遗骸最近即可由渝运京，请指定公墓一角，俾便安葬等由；准此，关于故上尉吕麟安葬公墓一节，因限于规定，未便照办。相应函复，请查照为荷。

此致

吕德铭先生

总理陵园管理委员会秘书科

中华民国卅六年二月廿一日

（十二）为准奉国府交下国防部转戴师长的奇家属请拨东郊忠烈祠内墓地安葬戴师长之奇与内政部的来往函 ②

送达机关：内政部

事由：准函以奉国府交下国防部陈总长签转戴师长之奇家属请拨东郊忠烈祠内墓地安葬戴师长之奇一案复请查照由。

国父陵园管理委员会公函 陵秘字第 0545 号

接准贵部本年三月三日礼字节第 0432 号公函以奉国民政府主席代电，抄附国防部陈总长签转戴师长之奇家属，请拨东郊忠烈祠内墓地一方安葬戴之奇一案，交部核议具报，嘱查革命阵亡将士公墓内有无墓地，可否比较革命先烈，准其营葬，希见复等由；准此，关于戴故师长卜葬灵谷寺，本会祭奉国民政府三月七日侍黄字第 40401 号代电，饬知有案，验查革命烈士第二、三公墓，当有空余墓地，可供安葬，希转知该故师长家属，派员来会洽办。准函前由，应复请查照为荷。

此致

内政部

主任委员　孙

来文机关：内政部

事由：奉国府交下国防部陈总长签请拨东郊忠烈祠内墓地安葬戴之奇一案，函请查核赐复由。

① 编者按：本行为原文后加的批示。

②《为准奉国府交下国防部转戴师长的奇家属请拨东郊忠烈祠内墓地安葬戴师长的奇与内政部的来往函》，南京市档案馆藏，档号：10050030552(00)0005。

陵收字第〇六一四号

请养田兄查照，该处有无墓地。查灵谷寺革命军烈士祠之第二、三公墓中，尚有空余穴地，究应为何办理，伏祈鉴核施行。

事务科　林元坤

中华民国卅六年三月十一日

内政部公函 礼字第 0432 号

奉国民政府主席代电，抄附国防部陈总长签转戴师长之奇家属请拨东郊忠烈祠内墓地一方安葬戴之奇一案，交部核议，具报等因。查原签所称“东郊忠烈祠”似系指灵谷寺之忠烈祠与革命阵亡将士公墓而言，该地系属贵会主管，其中有无墓地？可否比照革命先烈准其营葬之处？相应抄同原件，函请查核，迅予赐复，以便核办为荷。

此致

国父陵园管理委员会

附抄送国民政府代电及原签呈各一件。

部　长　张厉生

监　印　夏润之

校　对　朱显彰

中华民国卅六年三月三日

抄　件

国民政府代电，内政部张部长勋鉴：兹抄附国防部陈总长（卅六）宿默第 313 号签呈一件，希核议具报，中正丑条，侍黄抄附签呈一件。

抄陈总长（卅六）宿默第 313 号签呈

倾接遗族戴赵泽云报称：先夫戴师长之奇此次战死，苏北大战凛然。仰承赐予公祭，后颂特恤，存殁均感。先夫原籍贵州，距京遥远，兹征得老母同意，灵榇不必运返，即在京卜地安葬。为表彰先夫忠烈起见，拟恳于东郊忠烈祠内，指拨坟地一方并饬治丧处，就墓地累建碑亭，以资景式等情。致乞核示祗遵。

（十三）立法院为主委张凤九逝世闻陵园内划有公墓区函请指定墓地的函[①]

来文机关：立法院秘书处

事由：为主委张凤九逝世，闻陵园内划有公墓区，函请指定墓地祈见复由。

京处人字第一一八五号（陵收字第〇七六四号）

迳启者：本院张委员凤九早岁追随国父，致力革命，备历艰辛，功勋夙著。本院成立任第一届立法委员，蝉联至今，复多建白。迩以本院赶制宪法法规，张委员连日出席，不辞劳苦，突于三月廿二日下午三时正开会发言间昏倒议饬，当即逝世，为国牺牲，无任怆悼。兹经张故委员治丧委员会讨论，因闻中央曾于国父陵园范围内划有公墓区域，以为具有革命功勋同志逝后安葬之地，议决即将张故委员公葬于上述区域，以彰忠尽。相应函达，即希查照，迅予制定墓地一块，俾便公葬，并请见复为荷。

此致

国父陵园管理委员会

---

①编者按：本条内容与“为准奉国府交下国防部转戴师长的奇家属请拨东郊忠烈祠内墓地安葬戴师长的奇与内政部的来往函”为同一档案所列，南京市档案馆藏，档号：10050030552(00)0005。

立法院秘书处　启

中华民国卅六年四月三日

拟办：请示。林元坤 四月五日

批示：即于第一公墓内指定墓地一块，由园林处负责办理。并复。

二、为移送忠榇致总理陵园管委会（阵亡将士办事处）公函

（一）陆军第五十七师为移送阵亡官兵代表忠榇七具致总理陵园管委会公函[①]

来文机关：陆军第五十七师司令部公函

事由：为准函移送本师阵亡官兵代表段无尘等七员名忠榇七具，希查照收葬见复由。

陆军第五十七师司令部公函　医字第 984 号

查本师阵亡将士忠榇送京公葬，计选代表故员段无尘、邓昭俊等七员名。经准贵会本年十二月二日总字第五二三号公函准予移送安葬在案，兹将该故员等忠榇七具派由特务长孙铭九分别移运前来，希即查照收葬见复，至纫公谊。

此致

总理陵园管理委员会

附清册一份。

附　陆军第五十七师阵亡官兵选定代表公葬忠榇清册

队别	职级	姓名	备注
三四二团 机一连	上尉连长	段无尘	
三四二团 机一连	中尉连附	王永福	
三四二团 七 连	少尉连附	邓昭俊	该故员灵柩已厝在京，同时一并移送
三四零团 五 连	准尉特务长	张玉和	
三四零团 五 连	上等兵	李洪章	
三四零团 六 连	一等兵	于兆友	
三四零团 四 连	二等兵	庄文盛	
以上七员名			

师　长　阮肇昌

副师长　梁鸿恩

中华民国二十五年十二月二十四日

报　告

本月六日，由江西运到第二纵队少尉排长徐鸿谟等忠榇四具，再加上十一日江西又运到五十七师上尉连长段无尘等忠榇七具，并随缴军政部柩护照第一八九号、第一九零号两张，当将各忠榇葬入第一公墓。兹将墓穴号数开列如下，祈察核备案。

谨呈

总务处长　李

职　郑谷诒

中华民国二十六年一月十二日

①《陆军第五十七师为移送阵亡官兵代表忠榇七具致总理陵园管委会公函》，南京市档案馆藏，档号：10050010257（00）0019。

计　开

徐鸿谟　一墓　五七四号　　吕乐祥　一墓　八五一号　　张希申　一墓　八五零号

以上第二纵队

段无尘　一墓　七七号　　王永福　一墓　七八号　　邓昭俊　一墓　七九号

张玉和　一墓　八零号　　李洪章　一墓　八一号　　于兆友　一墓　八二号

庄文盛　一墓　八三号

以上五十七师

（二）陆军新编第五师为派王杰盛前往东坎起运代表忠榇转送南京致将士公墓筹委会公函[①]

来文机关：陆军新编第五师司令部公函

事由：准函即派上尉副官王杰盛，前往东坎起运代表忠榇，转送南京，至希赐予安厝由。

陆军新编第五师司令部公函　副务字第二号

迳启者：案准贵会十二月二日总字第五二五号公函内开："案查阵亡将士公墓筹备委员会业经本会奉令接管办理在案。兹检旧卷，查有贵部廿五年五月十三日参字第一六一号公函，略以本师选送阵亡将士代表忠榇彭世发、张玉科二名，拟自阜宁东坎镇起运至京，请核发护照。至于运柩用项，未知有无规定？亦祈见复，等由；准此，查关于运柩用项，依照向例，本会除供给护照外，并无其他补助。兹检附军政部第一五零号运柩护照五纸，即请检收备用，准函前由，相应函复，至希查照为荷！"等由；附送护照一纸，准此，本部当即指派上尉副官王杰盛前赴江苏阜宁县属之东坎镇起运，除转饬遵照运柩护照之规定妥为照料运京外，至时敬希贵会赠予安厝，以慰忠魂为荷！

此致

将士公墓筹备委员会

师长　杨渠统

中华民国二十六年元月十一日

（三）陆军第九十八师为阵亡将士已选定并派员搬运尅日送京致总理陵园管委会公函[②]

来文机关：陆军第九十八师司令部

事由：为阵亡公葬代表已选定并派员搬运，尅日送京，请留葬穴由。

陆军第九十八师司令部公函　恤字第 1815 号

案准贵会廿五年十一月廿八日总字第五一三号函嘱开选定各级代表姓名，以凭填发护照案。查本师送京公葬代表已选定程朝赞等九级，并派员尅日前往葬地起运矣。兹准前由，相应先行函复，请烦查照，预留九级代表葬穴为荷。

此致

总理陵园管理委员会

师　长　夏楚中

监　印　张　瑾

中华民国二十六年二月二十五日

①《陆军新编第五师为派王杰盛前往东坎起运代表忠榇转送南京致将士公墓筹委会公函》，南京市档案馆藏，档号：10050010257（00）0018。

②《陆军第九十八师为阵亡将士已选定并派员搬运尅日送京致总理陵园管委会公函》，南京市档案馆藏，档号：10050010257（00）0025。

报　告

陆军第九十八师送到阵亡将士忠榇五具，已安葬第三公墓 731 号至 735 号，已由包工人王雨亭封好圹盖。特此呈报。

谨呈

总务处长　林

职　郑谷诒

中华民国二十六年七月二日

（四）陆军第九十八师为请发公葬代表忠榇护照车船票的代电[①]

来文机关：陆军第九十八师司令部

事由：电请发给本师送京公葬代表程朝赞等忠榇九具之护照车船票，以便运柩由。

陆军第九十八师司令部邮代电　恤字第 1826 号

特急！南京总理陵园管理委员会勋鉴：本师送京公葬代表忠榇，计上尉连长程朝赞、中尉排长吕明、少尉排长李邦固、上士高振华、中士桂仁、下士林得祥、上等兵陈福书、一等兵苏明启、二等兵杨青龙等九级，已饬排长张得生运抵泰和。请迅填发运柩护照及车船票，寄南昌筷子巷十八军驻赣办事处转给，以便继续运京为荷。

陆军第九十八师师长　夏楚中　卯真恤印

中华民国二十六年三月十三日

（五）陆军第三师为阵亡将士忠榇均已葬妥不便迁送请将所送阵亡将士调查表缮刻碑石致总理陵园管委会公函[②]

来文机关：陆军第三师司令部

事由：为函复敝师阵亡将士忠榇均经先后葬妥，不便迁送，请将前所送阵亡将士调查表缮刻碑石，以志纪念，而表忠烈，即希查照由。

陆军第三师司令部公函　医字第 443 号

案准贵会理字第一零六号公函开："案查国民革命军阵亡将士公墓筹备委员会前经本会奉令接管在案，所有营葬事宜，自应由本会赓续办理。兹查自二十四年七月起至二十五年十二月止，贵师所送阵亡将士调查表共计九十四份，现正由会汇编名册、缮刻碑石，以志纪念。惟照营葬条例之规定，每一阶级应送代表忠榇一具至公墓安葬，用彰忠烈。贵师所送阵亡将士调查表中，计有上尉、少尉、中士、下士、上等兵、一等兵、二等兵等七种阶级，应即选送代表忠榇七具运京安葬。拟请贵师依照条例查明调查表，迅予选定适合阶级而可运送之忠榇，先行函知本会，以便填发运柩护照而利启运。如所有阵亡将士忠榇均已葬妥，因故不便迁送，亦祈详叙过会，以资结束。相应函达，即希查照办理，并盼见复为荷。"等由；准此，查敝师阵亡将士灵榇业已先后葬妥，不便迁送，前所造送阵亡将士调查表九十四份，请缮刻碑石，以志纪念，而表忠烈。相应函复，即希查照为荷。

此致

总理陵园管理委员会

陆军第三师　司令部

中华民国廿六年四月十日

---

①《陆军第九十八师为请发公葬代表忠榇护照车船票的代电》，南京市档案馆藏，档号：10050010257（00）0026。

②《陆军第三师为阵亡将士忠榇均已葬妥不便迁送请将所送阵亡将士调查表缮刻碑石致总理陵园管委会公函》，南京市档案馆藏，档号：10050010257（00）0009。

（六）陆军第四十一军第一百二十二师为依照调查表选送代表忠榇运京致总理陵园管委会公函[1]

来文机关：陆军第四十一军第一百二十二师司令部

事由：为准函嘱依照所造调查表，每一阶级选送代表忠榇一具运京公葬由。

陆军第四十一军第一百二十二师司令部公函　德医字第三号

敬覆者：四月十七日，案准贵会二十六年三月二十六日理字第一零六号公函，嘱选送代表忠榇七具运京安葬一案，后开："如所有阵亡将士忠榇均已葬妥，因故不便迁送，亦祈详叙过会，以资结束。相应函达，即希查照办理，并盼见复为荷。此致。"等由；准此，查本师阵亡将士纯系川北通、南、巴等县"剿赤"，因当时尸体无法运下，是以就地埋葬，现在驻地窎远，不便迁送，相应函覆贵会，请烦查照为荷。

此致

总理陵园管理委员会 公鉴

师长　王铭章

中华民国二十六年四月十八日

（七）为复第一百一十师与前百十师并不衽接函开为节应迳讯六十七军致总理陵园管委会公函[2]

来文机关：陆军第一百一十师

事由：为函复本师与前一百十师并不衽接函开各节，应迳讯六十七军由。

陆军第一百一十师公函　副字第一九号

案准贵会理字第一零六号公函内开："案查国民革命军阵亡将士公墓筹备委员会前经本会奉令接管在案，所有营葬事宜，自应由本会赓续办理。兹查自二十四年七月起至二十五年十二月止，贵师所送阵亡将士调查表共计三五份，现正由会汇编名册、缮刻碑石，以志纪念。惟照营葬条例之规定，每一阶级应选送代表忠榇一具至公墓安葬，用彰忠烈……并盼见复为荷。此致"等因；准此，查前一百一十师系隶属于六十七军。前因在陕北"剿匪"失利，师长何立中阵亡，该师番号取消。本师系于本年三月一日成立，隶属于五十一军统辖，虽沿用百十师番号，而与前百十师并不衽接。究竟前百十师是否结束，抑仍有人员负责，应请迳讯六十七军查照。相应函复，请烦查照为荷。

此致

总理陵园管理委员会

陆军第一百一十师　司令部

中华民国廿六年四月廿八日

（八）陆军第四军为未便选送代表忠榇运京公葬致总理陵园管委会公函[3]

来文机关：陆军第四军司令部

事由：准函未便选送代表忠榇公葬复烦函照由。

陆军第四军司令部公函　副字第四二七号

案准贵会二十六年三月二十六日理字第一零六号公函七件，为自二十四年七月起至二十五年

---

①《陆军第四十一军第一百二十二师为依照调查表选送代表忠榇运京致总理陵园管委会公函》，南京市档案馆藏，档号：10050010258（00）0013。

②《为复第一百一十师与前百十师并不衽接函开为节应迳讯六十七军致总理陵园管委会公函》，南京市档案馆藏，档号：10050010257（00）0022。

③《陆军第四军为未便选送代表忠榇运京公葬致总理陵园管委会公函》，南京市档案馆藏，档号：10050010258（00）0016。

十二月止，本军各师、旅所送阵亡将士调查表，照营葬条例规定，每一阶级应造送代表忠榇一具，至公墓安葬，用彰忠烈一案。后开：“拟请贵军依照条例，查明调查表，迅予选定适合阶级而可以迁送之忠榇，先行函知本会，以便填发运柩护照，而利启运。如所有阵亡将士忠榇均已葬妥，因故不便迁送，亦祈详叙过会，以资结束。相应函达，即希查照办理，并盼见复为荷。”等由；准此，查敝军前所属各师、旅北伐及“剿匪”各战役，所有阵亡官长忠榇，除少数经由遗族运回原籍墓葬外，其余均已先后分别建筑烈士公墓合葬完毕，未便选送代表忠榇运京公葬。准函前由，相应函复，请烦查照为荷。

此致

总理陵园管理委员会

陆军第四军军长　吴奇伟

中华民国二十六年四月三十日

（九）陆军第一百十八师为复选送代表忠榇均已葬妥不便迁送致总理陵园管委会公函[①]

来文机关：陆军第一百十八师司令部

事由：为函复选送阵亡将士代表忠榇因均已葬妥不便迁送由。

陆军第一百十八师司令部公函　医字第三号

案准贵会理字第一零六号公函略开：“为送阵亡将士忠榇，依照条例查明调查表，每一级选送代表忠榇一具至公墓安葬，用彰忠烈。”等因；准此，查所送阵亡将士各阶级等均已葬妥，因以仿次遥远，不便迁送。相应函覆，即希查照办理为荷。

此致

总理陵园管理委员会

陆军第一百十八师　司令部

中华民国廿六年五月一日

（十）陆军第八十师为请填发代表忠榇运柩护照致总理陵园管委会公函[②]

来文机关：陆军第八十师司令部

事由：为请填发代表忠榇运柩护照由

陆军第八十师司令部公函　医字第 44 号

案准贵会廿六年三月廿六日理字第一零六号公函节开：“为函请依照所造调查表，每一阶级选送代表忠榇一具运京公葬。”等由；准此，兹查该六种阶级，除少尉一级因由其遗族已领去归籍安葬外，其余五种业经于廿五年五月十九日医字第二八八号公函，选定准尉刘金云、下士钱名山、上等兵陈超、一等兵郑月、二等兵陈正明等五人为代表忠榇，函达在案，至希查照，填发运柩护照，迳发本师驻京办事处转寄，以便运送为荷。

此致

总理陵园管理委员会

师　长　陈　琪

副师长　谢辅三

---

①《陆军第一百十八师为复选送代表忠榇均已葬妥不便迁送致总理陵园管委会公函》，南京市档案馆藏，档号：10050010257（00）0020。

②《陆军第八十师为请填发代表忠榇运柩护照致总理陵园管委会公函》，南京市档案馆藏，档号：10050010257（00）0035。

中华民国廿六年五月一日

（十一）陆军第一百零九师为函覆前阵亡将士忠榇均已安葬无法迁送致总理陵园管委会公函①

来文机关：陆军第一百零九师司令部

事由：为函复本师前阵亡将士忠榇均已葬妥，无法迁送由。

陆军第一百零九师司令部公函　医字第一〇〇号

案准贵会本年三月二十六日理字第一零六号公函内开："案查国民革命军阵亡将士公墓筹备委员会前经本会奉令接管在案，所有营葬事宜，自应由本会赓续办理。兹查自二十四年七月起至二十五年十二月止，贵师所送阵亡将士调查表共计七一份，现正由会汇编名册、缮刻碑石，以志纪念。惟照营葬条例之规定，每一阶级应选送代表忠榇一具至公墓安葬，用彰忠烈。贵师所送阵亡将士调查表中，计有少将、上校、中校、少校、上尉、中尉、少尉、准尉、中士、下士、上等兵、一等兵、二等兵十三种阶级，应即选送代表忠榇十三具运京安葬。拟请贵师依照条例查明调查表，迅予选定适合阶级而可以运送之忠榇，先行函知本会，以便填发运柩护照，而利启运。如有阵亡将士忠榇均已葬妥，因故不便迁送，亦祈详叙过会，以资结束。相应函达，即希查照办理，并盼见复为荷。"等因；准此，查本师各该阵亡将士忠榇，当时均已安葬，现实无法迁送，相应函复贵会查照是荷。

此致

总理陵园管理委员会

陆军第一百零九师司令部

监　印　孙锄非

中华民国二十六年五月二日

（十二）陆军第六十七军为赵镜寰等尸体未经觅着免送忠榇致总理陵园管委会公函②

来文机关：陆军第六十七军司令部

事由：为本部"剿匪"阵亡少校参谋赵镜寰等尸体未经觅着，函复免送忠榇由。

陆军第六十七军司令部公函　医字第四七号

案准贵会理字第一零六号函开："案查国民革命军阵亡将士公墓筹备委员会前经本会奉令接管在案，所有营葬事宜，自应由本会赓续办理。兹查自二十四年七月起至二十五年十二月止，贵军所送阵亡将士调查表共计二份，现正由会汇编名册、缮刻碑石，以志纪念。惟照营葬条例之规定，每一阶级应造送代表忠榇一具至公墓安葬，用彰忠烈。贵军所送阵亡将士调查表中，计有少校、上等兵等二种阶级，应即选送代表忠榇二具运京安葬。拟请贵军依照条例查明调查表，迅予选定适合阶级而可以迁送之忠榇，先行函知本会，以便填发运柩护照，而利启运。如所有阵亡将士忠榇均已葬妥，因故不便迁送，亦祈详叙过会，以资结束。相应函达，即希查照办理，并盼见复为荷。"等因；查本部少校参谋赵镜寰，系在陕北劳山之役"剿匪"阵亡，尸体未经觅着；上等兵贾云汉在陕南商县"剿匪"阵亡，业已就地葬理，不便迁送。相应函覆，即希查照为荷。

此致

总理陵园管理委员会

陆军第六十七军司令部

①《陆军第一百零九师为函覆前阵亡将士忠榇均已安葬无法迁送致总理陵园管委会公函》，南京市档案馆藏，档号：10050010257（00）0022。

②《陆军第六十七军为赵镜环等尸体未经觅着免送忠榇致总理陵园管委会公函》，南京市档案馆藏，档号：10050010258（00）0014。

监　印　司连科

校　对　高鸿初

中华民国二十六年五月六日

（十三）陆军独立工兵第二团为阵亡官兵均已葬妥不再运京公葬致总理陵园管委会公函[①]

来文机关：陆军独立工兵第二团团本部

事由：为函复敝团阵亡官兵均已葬妥，不再运京公葬希查照由。

陆军独立工兵第二团团本部公函　医字第五号

案准贵会二十六年三月二十六日理字第一零六号公函略开："兹查自二十四年七月起至二十五年十二月止，贵军所送阵亡将士调查表共计二十份，现正由会汇编名册、缮刻碑石，以志纪念。惟照营葬条例之规定，每一阶级应造代表忠榇一具至公墓安葬，用彰忠烈。如所有阵亡将士忠榇均已葬妥，因故不便迁送，亦祈详叙过会，以资结束。"等因；准此，查敝团前阵亡将士之官兵二十员名，业于战事终了即选择相当地点或运回原籍，已妥为安葬。现已历二年之久，柩榇恐已朽腐，不便迁移。况贵会汇册刻碑，永志纪念，已足慰其亡魂，至其榇柩，无须运京公葬。用特函覆，即希查照为荷。

此致

总理陵园管理委员会

陆军独立工兵第二团　团本部

监　印　张照鸿

中华民国二十六年五月十四日

（十四）陆军骑兵第三师为所有阵亡将士忠榇均已葬妥不便迁送请备案致总理陵园管委会呈[②]

来文机关：陆军骑兵第三师司令部

事由：摘为呈复本师所有阵亡将士忠榇均已葬妥，不便迁运请备案由。

陆军骑兵第三师司令部　呈　医字第一四七号

案奉钧会理字第一零六号公函内开："案查国民革命军阵亡将士公墓筹备委员会前经本会奉令接管在案，所有营葬事宜，自应由本会赓续办理。兹查由二十四年七月起至二十五年十二月止，贵师所送阵亡将士调查表共计二十四份，现正由会汇编名册、缮刻碑石，以志纪念。惟查营葬条例之规定，每一阶级应造送代表忠榇一具至公墓安葬，用彰忠烈。贵师所送阵亡将士调查表中，计有上尉、少尉、中士、下士、上等兵、一等兵、二等兵七种阶级，应即选送代表忠榇七具运京安葬。拟请贵师依照条例查明调查表，迅予选定适合阶级而可以运送之忠榇，先行函知本会，以便填发运柩护照，而利启运。如所有阵亡将士忠榇均已葬妥，因故不便迁送，亦祈详叙过会，以资结束。相应函达，即希查照办理，并盼见复为荷。"等因；奉此，遵查本师自二十四年七月起至二十五年十二月止，所有阵亡将士忠榇均就原阵地葬理，不便迁送。理合备文，呈请鉴核，备案施行。

谨呈

常务委员　林

陆军骑兵第三师师长　郭希鹏

中华民国二十六年五月十九日

①《陆军独立工兵第二团为阵亡官兵均已葬妥不再运京公葬致总理陵园管委会公函》，南京市档案馆藏，档号：10050010258（00）0017。

②《陆军骑兵第三师为所有阵亡将士忠榇均已葬妥不便迁送请备案致总理陵园管委会呈》，南京市档案馆藏，档号：10050010257（00）0036。

（十五）陆军第一百二十九师为复“剿匪”阵亡将士忠榇已妥不便迁送致总理陵园管委会公函[①]

来文机关：陆军第一百二十九师司令部

事由：为函复本师“剿匪”阵亡将士忠榇已妥，不便迁送。

陆军第一百二十九师司令部公函　医字第76号

案准贵会公函理字第一零六号函开：“案查国民革命军阵亡将士公墓筹备委员会前经本会奉令接管在案，所有营葬事宜，自应由本会赓续办理。兹查自二十四年七月起至二十五年十二月止，贵师所送阵亡将士调查表共计五八份，现正由会汇编名册、缮刻碑石，以志纪念。惟查营葬条例之规定，每一阶级应造代表忠榇一具至公墓安葬，用彰忠烈。贵师所送阵亡将士调查表中，计中尉、少尉、中士、下士、上等兵、一等兵、二等兵七种阶级，应即选送代表忠榇七具运京安葬。拟请贵师依照条例查明调查表，迅予选定适合阶级而可以运送之忠榇，先行函知本会，以便填发运柩护照，而利启运。如有阵亡将士忠榇均已葬妥，因故不便迁送，亦祈详叙过会，以资结束。相应函达，即希查照办理，并盼见复为荷。”等因；准此，当即分令各团，详查具报去后，兹据各该团报称，所有“剿匪”阵亡将士忠榇均已安妥，又兼途程遥远，交通阻隔，不便迁送等情，前来，据呈前因，相应函覆贵会查照为荷。

此致

总理陵园管理委员会

陆军第一百二十九师司令部

中华民国廿六年五月廿二日

（十六）陆军第二十五师为送代表忠榇名册致总理陵园管委会公函[②]

来文机关：陆军第二十五师司令部

事由：为送代表忠榇名册由。

国民革命军陆军第二十五师司令部公函　医字第十号

迳启者：案准贵会三月廿六日理字第一零六号公函嘱自阵亡将士中选送各阶级代表忠榇十二具送京公葬，并嘱先将所送代表忠榇造册函复等由；准此，查该阵亡将士等忠榇均已分别运回原籍葬妥，其家属亦不愿再事迁移。兹将所选出之代表各备忠榇，除系备妥另行派员送运前来外，谨先缮造名册一份，函请查照办理为荷。

此致

总理陵园管理委员会

附名册一。

陆军第二十五师师长　关麟徵

中华民国二十六年五月二十四日

①《陆军第一百二十九师为复“剿匪”阵亡将士忠榇已妥不便迁送致总理陵园管委会公函》，南京市档案馆藏，档号：10050010257（00）0034。

②《陆军第二十五师为送代表忠榇名册致总理陵园管委会公函》，南京市档案馆藏，档号：10050010257（00）0033。

附　陆军第二十五师送京公葬代表忠榇名册

队别					职级	姓名
师	旅	团	营	连		
25	75	149			上校团长	王润波
25	73	145			中校团副	邓洪南
25	75	150	3		少校营长	朱　映
25	73	145	3	机 3	上尉连长	朱承培
25 部					中尉译电员	何煜祥
25	73	146	3	9	少尉排长	范　岱
25	75	149	3	7	准尉排长	李凤山
25	75	149	2	4	上士排附	杨　彪
25 部					中士卫士	关文荣
25	73	146	1	2	下士班长	魏学起
25	73	145	1	2	上等列兵	谭大杨
25	75	150	2	6	一等列兵	李英臣
25	75	149	3	机 3	二等列兵	黄管之

（十七）陆军第一百三十九师为复前送阵亡将士调查表中所有忠榇均因故未能迁送致总理陵园管委会公函[①]

来文机关：陆军第一百三十九师司令部

事由：为函复前送阵亡将士调查表七五份中、所有忠榇均因故未能迁送由。

陆军第一百三十九师司令部公函　医字第八号于邯郸发

迳覆者：案准贵会理字第一零六号函略开："兹查自二十四年七月起至二十五年十二月止，贵师所送阵亡将士调查表共计七十五份，计有上尉、少尉、上士、中士、下士、上等兵、一等兵、二等兵等八种阶级，应即选送代表忠榇八具运京安葬。拟请选定适合阶级而可迁送之忠榇，先行函知本会，以便填发运柩护照。如所有阵亡将士忠榇均已葬妥，不便迁送，亦祈详叙过会，以资结束。"等因；准此，查敝师前呈送之阵亡将士调查表七十五份中，除上尉阶级忠榇一具已因葬妥不便迁送外，其他各阶级忠榇均因远在战区无法寻觅，以致未能遵照选送。相应函覆，即请查照为荷。

此致

总理陵园管理委员会

陆军第一百三十九师　司令部

中华民国二十六年六月四日

（十八）陆军第一百六十一师为选送代表忠榇八具致总理陵园管委会公函[②]

来文机关：陆军第一百六十一师司令部

事由：为函复选送代表忠榇八具一案，本师作战阵亡各级官兵已于当时饬属葬妥，未便选送由。

①《陆军第一百三十九师为复前送阵亡将士调查表中所有忠榇均因故未能迁送致总理陵园管委会公函》，南京市档案馆藏，档号：10050010257（00）0032。

②《陆军第一百六十一师为选送代表忠榇八具致总理陵园管委会公函》，南京市档案馆藏，档号：10050010258（00）0020。

陆军第一百六十一师司令部公函　医字第 6 号

案准贵会经字第一零六号公函内开："依照条例查明调查表，迅予选定适合阶级而可以迁送之忠榇，先行函知本会，以便填发运柩护照，而利启运。如所有阵亡将士忠榇均已葬妥，因故不便迁送，亦祈详叙过会，以资结束。"等由；准此，依照条例，自应选送代表忠榇八具运京安葬。惟本师"剿匪"住战结束年余，至于当日阵亡官兵，均经饬属葬妥，未便迁送。兹承垂询，用特奉复，即请查照为荷。

此致

总理陵园管理委员会

陆军第一百六十一师师长　许绍宗

中华民国二十六年六月六日

（十九）陆军骑兵第六师为阵亡将士已在阵地附近掩埋不便迁送致总理陵园管委会公函①

来文机关：陆军骑兵第六师

事由：为本师阵亡士兵均在甘肃庆阳一带阵地附近掩埋，不便迁送代表忠榇运京公葬，函请查照由。

陆军骑兵第六师公函　医字第一四号

迳启者：前准贵会理字第一零六号公函内开："案查国民革命军阵亡将士公墓筹备委员会前经本会奉令接管在案，所有营葬事宜，自应由本会赓续办理。兹查自二十四年七月起至二十五年十二月止，贵师所送阵亡将士调查表共计一三份，现正由会汇编名册、缮刻碑石，以志纪念。惟照营葬条例之规定，每一阶级应造代表忠榇一具至公墓安葬，用彰忠烈。贵师所送阵亡将士调查表中，计有中士、下士、上等兵、一等兵、二等兵等五种阶级，应即选送代表忠榇五具运京安葬。拟请贵师依照条例查明调查表，迅予选定适合阶级而可以迁送之忠榇，先行函知本会，以便填发运柩护照，而利启运。如所有阵亡将士忠榇均已葬妥，因故不便迁送，亦祈详叙过会，以资结束。相应函达，即希查照办理，并盼见复为荷。"等因；准此，当即通令所属各部查询，旋经呈覆，均在各阵地附近掩埋，不特路途遥远，又系山路崎岖难行，值此暑天亦深觉起运与迁送之非易，特此函覆，即希查照为荷。

此致

总理陵园管理委员会

陆军骑兵第六师师长　刘桂五

中华民国二十六年六月七日

（二十）陆军第一二四师为阵亡将士均已葬妥不便迁送致总理陵园管委会公函②

来文机关：陆军第四十一军第一二四师司令部

事由：为函复所有本师阵亡将士均已葬妥，不便迁送一案由。

陆军第四十一军第一二四师司令部公函　医字第 1 号

迳覆者：案准贵会二十六年三月二十六日理字第一零六号公函开："（略）如所有阵亡将士忠榇均已葬妥，因故不便迁送，亦祈详叙过会，以资结束。相应函达，即希查照办理，并盼见复为荷。

---

①《陆军骑兵第六师为阵亡将士已在阵地附近掩埋不便迁送致总理陵园管委会公函》，南京市档案馆藏，档号：10050010258（00）0021。

②《陆军第一二四师为阵亡将士均已葬妥不便迁送致总理陵园管委会公函》，南京市档案馆藏，档号：10050010258（00）0022。

此致。”等由；准此，查敝师各级阵亡将士均已安葬妥适，不便迁送，兹准前由，相应函覆贵会，请烦查照为荷。

此致

总理陵园管理委员会

陆军第一二四师

师 长 孙 震

副师长 税梯青 代

中华民国二十六年六月八日

（二十一）陆军第八十师为派员护送代表忠榇五具运京公葬致总理陵园管委会公函[①]

来文机关：陆军第八十师司令部

事由：为派员护送代表忠榇五具运京公葬请查照由。

陆军第八十师司令部公函 医字第 52 号

前准贵会廿六年三月廿六日理字第一零六号公函节开“为函请依照所造调查表每一阶级选送代表忠榇一具运京公葬”等由；查本师前经选定准尉刘金云、下士钱名山、上等兵陈超、一等兵郑月、二等兵陈正明等五名为代表忠榇，并已函达在案。兹派本部中尉司药邹履文一员，将选送代表忠榇五具运京公葬。相应函达，即希查照为荷。

此致

总理陵园管理委员会

师 长 陈 琪

中华民国廿六年六月九日

三、为公墓总报告书致总理陵园管委会

（一）中央陆军军官学校教导总队为请检发公墓总报告书致总理陵园管委会公墓办事处公函[②]

来文机关：中央陆军军官学校教导总队

事由：为函请检发建筑阵亡将士公墓总报告书以资纪念由。

中央陆军军官学校教导总队公函 副人字第 2695 号

案奉军政部总信（文）字第二七四六号训令，略以前中央建筑阵亡将士筹备委员会所编总报告书业经出版，凡经造送阵亡将士名册至该公墓筹备委员会者，每师或独立部队应各赠送一本，俾资纪念。仰即开具前送该项名册时之原注番号、战役及现在通信地址，函请南京中山门外灵谷寺总理陵园管理委员会阵亡将士公墓办事处寄发上项报告一部，仰即知照。此令。等因；奉此，查本总队及前十九路军第七十八师于“一二八”淞沪抗日之役阵亡官兵曾经造具名册函送在案，现原第七十八师经奉令与本总队合并，驻扎本京，奉令前因，相应函达贵处查照。请将是项总报告书检发本总队及前七十八师各一部，统寄孝陵卫本总队，以资纪念，至纫公谊。

此致

总理陵园管理委员会

①《陆军第八十师为派员护送代表忠榇五具运京公葬致总理陵园管委会公函》，南京市档案馆藏，档号：10050010257（00）0024。

②《中央陆军军官学校教导总队为请检发公墓总报告书致总理陵园管委会公墓办事处公函》，南京市档案馆藏，档号：10050010258（00）0027。

阵亡将士公墓办事处

中央陆军军官学校教导总队

中华民国二十六年七月十四日

（二）陆军第五十二师为请寄发总报告书致总理陵园管委会公墓办事处公函[①]

来文机关：陆军第五十二师司令部

事由：为请寄发总报告书一部，俾资留念由。

陆军第五十二师司令部公函　字第103号

迳启者：案奉军政部总信（文）字第二七四六号训令开："案准中国国民党中央执行委员会秘书处本年六月三十日孝字第八九九八号函开：'查前中央建筑阵亡将士公墓筹备委员会所编总报告书业经出版，除分送中央各机关及各省市外，所有国民革命军，凡经选送阵亡将士名册至该公墓筹备委员会者，每师或每独立部队应赠送一本，俾资纪念。惟自民国十四年以来，各军、师部队之原有番号屡经改编，且其现在驻扎地亦多无从探悉者，应请贵部通电国民革命军各军、师部队，凡经选送阵亡将士名册至该公墓筹备委员会者，迅各开具前送该名册时之原驻番号、战役及现在通信地址，函请南京中山门外灵谷寺总理陵园管理委员会阵亡将士公墓办事处寄发上项总报告书一部，事关宣扬忠烈，特此函达，即希查照办理。'等因，准此自应照办。除分令外，合行令仰知照。此令。"等因；奉此，查本师于民国二十三年七月以后，在福建宁化等处"剿匪"战役阵亡官兵计有王翚等十一员名，曾经造报阵亡将士调查表及阵亡将士名册，函送中央建筑阵亡将士公墓筹备委员会在案。奉令前因，用特函请贵处寄发上项总报告书一部，俾资留念。

此致

总理陵园管理委员会阵亡将士公墓办事处

陆军第五十二师司令部

中华民国廿六年七月十七日

（三）陆军第七十六师为前送阵亡士兵名册寄发总报告书致阵亡将士公墓办事处公函[②]

来文机关：陆军第七十六师司令部

事由：函达本师前送阵亡士兵名册之原驻番号、战役及现在通讯处，希寄发总报告书一部由。

陆军第七十六师司令部公函　字第1695号

案奉军政部总信字第2746号训令内开："案准中国国民党中央执行委员会秘书处本年六月卅日孝字第8898号公函开：'查前中央建筑阵亡将士公墓筹备委员会所编总报告书业经出版，除分送中央各机关及各省市外，所有国民革命军，凡经选送阵亡将士名册至该公墓筹备委员会者，每师或每独立部队应赠送一本，俾资纪念。惟自民国十四年以来，各该军、师部队之原有番号屡经改编，且其现在驻扎地亦多无从探悉者，应请贵部通电国民革命军各军、师部队，凡经选送阵亡将士名册至该公墓筹备委员会者，迅各开具前送该名册时之原驻番号、战役及现在通信地址，函请南京中山门外灵谷寺总理陵园管理委员会阵亡将士公墓办事处寄发上项总报告书一部，事关宣扬忠烈，特此函达，即希查照办理。'等由；准此，自应照办。除分令外，合行令仰知照。此令。"等因；奉此，查本师曾于廿五年四月卅日将驻赣"剿匪"阵亡士兵王明计、苏国璧等二名册送贵会在案。兹奉前

①《陆军第五十二师为请寄发总报告书致总理陵园管委会公墓办事处公函》，南京市档案馆藏，档号：10050010258（00）0031。

②《陆军第七十六师为前送阵亡士兵名册寄发总报告书致阵亡将士公墓办事处公函》，南京市档案馆藏，档号：10050010257（00）0029。

因，极应将前送该项名册时之原驻番号、战役及现在通讯地址另单随函奉达，即希查照为荷。

此致

总理陵园管理委员会阵亡将士公墓办事处

附　原驻番号、战役及通讯地址。计开：

原驻番号 陆军第七十六师；

战役 江西“剿赤”；

现在通讯处 江西省光泽县陆军第七十六师。

陆军第七十六师 司令部

中华民国廿六年七月廿九日

（四）陆军第三十二军为请寄阵亡将士总报告书致总理陵园阵亡将士办事处公函[①]

来文机关：陆军第三十二军司令部

事由：为函请寄阵亡将士总报告书。

陆军第三十二军司令部公函　医字第 21 号

案奉军政部二十六年总信（文）字第二七四六号训令：“饬将前经造送阵亡将士名册者，迅各开具原住番号、战役及现在通讯地址，函请总理陵园管理委员会阵亡将士办事处寄发总报告书。”等由；奉此，遵将敝军已造送阵亡将士名册之部队番号、住址等项列表，随函送达，希即查照，将总报告书迳发敝军，以便转发为荷。

此致

总理陵园管理委员会阵亡将士办事处

陆军第三十二军

监　印　薛华新

校　对　褚绍先

中华民国二十六年七月三十一日

陆军第三十二军已经造送阵亡将士名册部队番号、战役、住址单				
原住番号	战役	现在番号	现在住址	附记
第一三九师	二十二年冷口抗日战役	第一三九师	河北邯郸	
第一四一师	同上	第一四一师	河北永年	
第一四二师	同上	第一四二师	河北邢台	
炮兵营	同上	炮兵团	河北邢台	
第一四一师	二十五年五月山西“戡共”	第一四一师	河北永年	

四、为准陵内将士公墓三处可否改称国殇墓园公函

（一）为准陵内将士公墓三处可否改称国殇墓园与内政部的来往文书[②]

来文机关：内政部

事由：准国防部代电为国父陵园区内所划之将士公墓三处可否改称国殇墓园一案，函请查照见

① 《陆军第三十二军为请寄阵亡将士总报告书致总理陵园阵亡将士办事处公函，南京市档案馆藏》，档号：10050010257（00）0007。

② 《为准陵内将士公墓三处可否改称国殇墓园与内政部的来往文书》，南京市档案馆藏，档号：10050030557(00)0001。

复由。

内政部公函　礼字第〇六三八号

准国防部代电，以国父陵园区内灵谷寺附近原划有第一、第二、第三等公墓，专供安葬阵亡将士之用，可否改称“首都国殇墓园”请核复一案。此项公墓系何时划拨？现由何机关管理？共计地亩若干？曾否建筑将士公墓可供改建国殇墓园之用？相应抄同原件，函请贵会查照见复，俾便核办为荷。

此致

国父陵园管理委员会

附　抄送国防部原电一件。

部　长　张历生

监　印　夏润之

校　对　何崧生

中华民国卅七年三月十九日

抄　国防部原电一件

一、前准卅六年十月廿八日礼字第二四八六号公函关于筹建阵亡将士公墓，嘱定期开会商讨等由，当经交由本部有关单位研究。

二、现查国父陵园区内灵谷寺附近原划有第一、第二、第三等公墓，专供安葬阵亡将士之用。

三、是项墓地可否改称首都国殇墓园？抑须另行依法筹建国殇墓园之处？敬请查照惠复，以恳办理。

送达机关：内政部

事由：准函陵园内将士公墓三处可否改称国殇墓园一案，应俟本会常会决定，复请查照由。

主任委员：孙科。三月廿七日

秘书：林元坤

案准贵部本年三月十九日前函礼字第〇六三八号公函以准国防部代电，以陵园区内第一、二、三公墓专供安葬阵亡将士之用，可否改称“首都国殇墓园”请核复一案，展开此项公墓系何时划拨、现由何机关管理、共计地亩、关于曾否建筑将士公墓可供改建国殇墓园[1]之用，抄同原件，嘱查照见复等由；准此，查灵谷寺阵亡将士公墓原系中国国民党中央执行委员会建筑阵亡将士公墓筹备处建立，葬妥此墓场为阵亡于北伐、抗日、“剿匪”诸役之将士忠骸，于民国廿五年移交本会管理。计第一公墓面积八万三千三百余方尺，第二、三公墓各五万九千八百余方尺。关于可否改称为“首都国殇墓园”一节，应俟提经本会常务委员会讨论再定。准函前由，相应函复，即希查照为荷。

此致

内政部

主任委员　孙

中华民国卅七年三月廿七日

（二）关于陵园区内阵亡将士公墓可否改为国殇墓园提请常务委员决议未便更改的函[2]

送达机关：内政部

---

①编者按：原件上有批示：“‘国殇墓’名称似不甚妥，或称‘忠烈墓’较善。”

②《关于陵园区内阵亡将士公墓可否改为国殇墓园提请常务委员决议未便更改的函》，南京市档案馆藏，档号：10050030557(00)0002。

事由：关于陵园区内阵亡将士公墓可否改称国殇墓园一案，经提请本会第十五次常务委员决议，未便更改，函达查照由。

陵秘（卅七）发第 1815 号

案查前准贵部本年三月十九日礼字第六三八号大函，为准国防部代电，关于陵园区内将士公墓可否改称首都国殇墓园，抄附原电以便查照见复等由；准此，经于本年四月二日以陵秘字第一六一六号函复，应俟提经本会常务委员会讨论在案。兹查本案原经提请第十五次常务委员会议讨论，决议“阵亡将士公墓名称未便更改”记录在卷。本应函复，即请查照为荷。

此致

内政部

主任委员　孙〇[①]

中华民国卅七年六月五日

五、填发运柩护照等

（一）总理陵园管委会为填发高仕进等六员忠榇运输护照与陆军第二十一师来往文书[②]

（一）总理陵园管委会为填发高仕进等忠榇运输护照致陆军第二十一师公函

送达机关：陆军第二十一师司令部

事由：复为填发高仕进等六员忠榇运输护照请检收备用由。

总理陵园管理委员会公函　字第 524 号

案查阵亡将士公墓筹备委员会业经本会奉令接管办理在案，兹检参旧卷，查有贵部二十五年七月六日参（二）字第一零九三号公函，略以“本师应送阵亡将士代表忠榇，除上尉、中尉、少尉、上士等四级均已运回原籍，拟不再迁葬外，余准尉、中士、下士、上等兵、一等兵、二等兵六级忠榇代表均能迁送。兹具名册，函请填发护照，以便起运”等由；准此，相应检附军政部第一六一号护照一帘，即请检收备用为荷。

此致

陆军第二十一师司令部

附送护照一纸。[③]

总理陵园管理委员会

中华民国二十五年十二月二日

（二）陆军第二十一师为请填发阵亡将士运柩护照致阵亡将士公墓筹委会公函

参（二）字第 1093 号

来文机关：陆军第二十一师司令部

事由：为函请填发阵亡将士运柩护照由。

陆军第二十一师司令部公函　参（二）字第 1093 号

查本师选送阵亡将士忠榇一案，业经造具调查表及选送代表名册，先后函送查核在案。嗣准贵会第四九四号复函略开：“查贵师应选送忠榇计二等兵至上尉共十级，希将能运京者查明，以凭填

---

① 编者按：原文如此，推测为“孙科”。

②《总理陵园管委会为填发高仕进等六员忠榇运输护照与陆军第二十一师来往文书》，南京市档案馆藏，档号：10050010259（00）0010。

③ 编者按：档案中无，护照一纸略。

发护照，如无可选送或补充者，应具函详覆，以便核办。”等由；准此，查本师应选送忠榇，除上尉、中尉、少尉、上士四级均已运回原籍，拟不再迁葬外，余准尉、中士、下士、上等兵、一等兵、二等兵六级忠榇代表均能迁送。兹缮具名册一份，相应函达，即请查照分别填发运柩护照，以便起运为荷。

此致

中央执行委员会建筑阵亡将士公墓筹备委员会

附名册一份。

师　长　李仙洲

监　印　李振声

中华民国廿五年七月六日

附　陆军第二十一师选送阵亡将士忠榇姓名清册

队 属	阶 职	姓名	备 考
六一旅一二一团八连	准尉特务长	高仕进	
一二三团步炮连	中　士	曲珍柱	
六三旅一二五团二连	下　士	朱殿庆	
六一旅一二二团四连	上 等 兵	王公新	
一二三团四连	一 等 兵	张德胜	
六连	二 等 兵	阎锡德	
以上计六员名			

（二）总理陵园管委会为填发运柩护照与陆军新编第五师来往文书[①]

①[②] 总理陵园管委会为填发运柩护照请检收致陆军新编第五师公函

送达机关：陆军新编第五师司令部

事由：复为填发护照请检收备用由。

总理陵园管理委员会公函　字第525号

案查阵亡将士公墓筹备委员会业经本会奉令接管办理在案，兹检旧卷，查有贵部二十五年五月十三日参字第一六一号公函，略以“本师选送阵亡将士代表忠榇彭世发、张玉科二名，拟自阜宁东坎镇起运至京，请核发护照。至于运柩用项，未知有无规定，亦祈见复”等由；准此，查关于运柩用项，依照向例，本会除供给护照外，并无其他补助，兹检附军政部第一五零号运柩护照一帘，即请检收备用。准函前由，相应函复，至希查照为荷。

此致

陆军新编第五师司令部

附送护照一纸。[③]

总理陵园管理委员会

中华民国二十五年十二月二日

①《总理陵园管委会为填发运柩护照与陆军新编第五师来往文书》，南京市档案馆藏，档号：10050010259（00）0011。

② 此处原档编号为（一），此处为便于阅读，改为①。下文②、③、④同。

③ 编者按：护照一纸略。

② 陆军新编第五师为遵送阵亡将士代表忠榇希查发运柩护照致总理陵园管委会公函

来文机关：陆军新编第五师司令部

事由：本师遵送阵亡将士代表忠榇二名，希查发运柩护照由。

陆军新编第五师司令部公函　参字第 161 号

案准贵会第四九四号公函附营葬条例一件，嘱将本师阵亡将士选送代表忠榇二名来会公葬，并着先行查复，以凭填发军政部运柩护照等由；准此，查本师选送阵亡代表忠榇彭世发、张玉科二名，原厝江苏阜宁东坎镇大佛寺附近，将来起运，计由东坎搭小轮至盐城，再换轮至邵伯后，循淮河以达镇江，始得改乘火车运往南京。敬祈填发该项运柩护照时，详为注明。为沿途起卸转运，需用浩繁，关于运柩用项，未悉贵会有无规定？相应函复，希即查照示复为荷。

此致

建筑阵亡将士公墓筹备委员会

师　长　杨渠统

中华民国二十五年五月十三日

③ 总理陵园管委会为请代发各师部队运柩护照致军政部公函 [①]

送达机关：军政部

事由：函送公函四件，连同运柩护照，请检收分别查明各师部队驻在地址填明代发由。

总理陵园管理委员会公函　字第 526 号

案查阵亡将士公墓筹备委员会经本会奉令接收继续办理在案，兹查有“剿匪”阵亡将士忠榇急待发照运京公葬。惟以该师等部队现在究驻何处，不能悬揣，运柩护照无从寄发。用特缮具公函四封，连同护照，贴足邮资，一并送达贵部核收。应请分别填明驻所寄发，以凭投递。相应函达，敬烦查照办理，至深纫感。

此致

军政部

总理陵园管理委员会

中华民国二十五年十二月二日

奉部交下大会总字第五二六号函一件并附公函四封，连同护照，贴足邮资，嘱分别填明驻所寄发等因；经已分别遵照办理，相应检同邮局挂号凭单四帘随函送达，即希查收，存查为荷。

此致

总理陵园管理委员会 收发室

附邮单四纸。

军政部收发室　启

中华民国二十五年十二月四日

④ 陆军第五十七师为送阵亡将士代表清单并请填发护照及车船票致总理陵园管委会公函 [②]

来文机关：陆军第五十七师司令部

事由：为请将本师故员邓昭俊忠榇一具提前就近收葬并案内选定段无尘等六员名护照及车船票能否早日填发，统希见复由。

---

①《总理陵园管委会为请代发各师部队运柩护照致军政部公函》，南京市档案馆藏，档号：10050010259（00）0012。

②《陆军第五十七师为送阵亡将士代表清单并请填发护照及车船票致总理陵园管委会公函》，南京市档案馆藏，档号：10050010259（00）0015。

陆军第五十七师司令部公函　医西字第887号

查本师阵亡将士各级代表忠榇送京公葬，业于本年六月二十九日本部医字第五八一号公函附送名单请发护照及车船票在案。惟查案内第三四二团第七连阵亡少尉连附邓昭俊一员忠榇，前已运京，兹据该遗族呈以移居关系，不能照顾，恳请转催提前安葬等情；到师经查属实，为此函请贵会赐将该故员忠榇一具就近收葬，以示体恤，而慰忠魂。至于选定段无尘等六员名，能否早日填发护照及车船票以便起运，统希迅予见复，至纫公谊。

此致

中央执行委员会建筑阵亡将士公墓筹备委员会

师　长　阮肇昌

副师长　梁鸿恩

中华民国二十五年十一月十一日

来文机关：陆军第五十七师司令部

事由：为送函本师阵亡将士各级代表忠榇送京公葬姓名清单，希查照填发护照及车船票，以便起运由。

陆军第五十七师司令部公函　医字第531号

查本师应行选送阵亡将士各级代表十员名忠榇送京公葬一案，前准贵会第五零二号公函略开："所有选送名额须先开具清单送会核准，填发运柩护照及车票，即可起运。"等由；准此，经查案内除少校级三三八团二营营长公诺及中士级三三七团四连刘清安，下士级三三七团机一连周萃元（同级有三三八团四连董得平，九连李云龙、张志京，三三九团六连王玉成，三四一团六连傅怀志等五名忠榇，均已运籍安葬）等三员名忠榇，业由各该家属先后起运回籍安葬，请将以上三级正代表姓氏按照营葬条例第四条之规定刻入题名碑以留纪念外，相应缮具上尉连长段无尘等七员名清单，随函送达，希即查照填发护照及车船票，以资起运，至纫公谊。

此致

中央执行委员会建筑阵亡将士公墓筹备委员会

附选送代表清单一纸。

师　长　阮肇昌

副师长　梁鸿恩

中华民国二十五年六月卅日

附　陆军第五十七师选送阵亡将士各级代表忠榇运京公葬清单

队号	职级	姓名	起运地点	经过地点	备注
三四二团 机一连	上尉连长	段无尘	江西贵溪	南昌九江	
三四二团 机一连	中尉连附	王永福	江西贵溪	南昌九江	
三四二团三营七连	少尉连附	邓昭俊	南京	南昌九江	该故员忠榇由其遗族运厝南京
三四零团二营五连	准尉特务长	张玉和	江西弋阳	南昌九江	
三四零团二营五连	列兵上等兵	李洪章	江西弋阳	南昌九江	
三四零团二营六连	列兵一等兵	于兆友	江西弋阳	南昌九江	
三四零团二营四连	列兵二等兵	庄文盛	江西弋阳	南昌九江	
以上共计七员名					

六、其他

（一）陆军第一百四十一师为送各战役原番号及现在通讯处致总理陵园管委会公墓办事处公函[①]

来文机关：陆军第一百四十一师司令部

事由：函送各战役原番号及现在通讯处。

陆军第一百四十一师司令部公函　医字第五零四号

案奉军政部本年七月七日总信（文）字第二七四六号训令略开："凡经造送阵亡将士名册至该公墓筹备委员会者，每师应各赠送报告书一本，俾资纪念，迅速开具前送该项名册时之原驻番号、战役及现在通讯地址，迳函贵会。"等因；奉此，查敝师经送各战役名册番号迄未更改，相应函覆并造具原驻番号表一份，随函附送，希即查照为荷。

此致

南京总理陵园管理委员会阵亡将士公墓办事处

附送表一份。

陆军第一百四十一师司令部

中华民国二十六年七月十九日

附　陆军第三十二军第一百四十一师原驻番号、战役及现在通讯地址报告表

原驻番号	现在番号	战役	现在通讯处	备改
第一百四十一师	第一百四十一师	二十二年长城冷口抗日战役	河北省永年县一百四十一师	
第一百四十一师	第一百四十一师	二十五年参加山西"剿赤"战役	河北省永年县一百四十一师	
附记				
中华民国 二十六 年 七 月 十九 日				

（二）陆军第七十九师为请寄公墓总报告书致总理陵园管委会公墓办事处公函[②]

来文机关：陆军第七十九师司令部

事由：为请将阵亡将士公墓总报告书一部寄陕西高陵本部由。

陆军第七十九师司令部公函　医字第 65 号

迳启者：案奉军政部总信（文）字第二七四六号训令开："案准中国国民党中央执行委员会秘书处本年六月卅日孝字八九九八号公函开：'查前中央建筑阵亡将士公墓筹备委员会所编总报告书业经出版，除分送中央各机关及各省市外，所有国民革命军，凡经选送阵亡将士名册至该公墓筹备委员会者，每师或每独立部队应各赠送一本，俾资纪念。惟自民国十四年以来，各该军、师部队之原有番号屡经改编，且其现在驻扎地亦多无从探悉者，应请贵部通电国民革命军各军、师部队，凡经选送阵亡将士名册至该公墓筹备委员会者，迅各开具前送该项各册时之原驻番号、战役及现在通讯地址，函请南京中山门外灵谷寺总理陵园管理委员会阵亡将士公墓办事处寄发上项总报告书一部，事关宣扬忠烈，特此函达，即希查照办理。'等因；准此，自应照办。除分令外，合行令仰知照。

① 《陆军第一百四十一师为送各战役原番号及现在通讯处致总理陵园管委会公墓办事处公函》，南京市档案馆藏，档号：10050010258（00）0033。

② 《陆军第七十九师为请寄公墓总报告书致总理陵园管委会公墓办事处公函》，南京市档案馆藏，档号：10050010258（00）0034。

此令。”等因；奉此，查本部曾经造送阵亡将士名册至贵公墓筹备委员会，相应函请照上项总报告书一部，寄至陕西高陵本部为荷。

此致

总理陵园管理委员会阵亡将士公墓办事处

陆军第七十九师司令部

中华民国廿六年七月十五日

（三）总理陵园管委会为呈报接收阵亡将士公墓筹委会情形送该会方印请销毁致国民政府呈文[①]

送达机关：国民政府

事由：呈为呈报接收国民革命军阵亡将士公墓建筑筹备委员会情形，仰祈鉴核，准予备案，附呈该会方印并请核转销毁由。

总理陵园管理委员会公函　字第 369 号

呈为呈报接收建筑国民革命军阵亡将士公墓筹备委员会情形，仰祈鉴核，准予备案，附呈该会方印，并请核转销毁事。案准钧府文官处二十五年七月二十五日第四二零一号函开：“准中央执行委员秘书处二十五年七月二十三日第一零零九零号函……叙至……相应抄同原件函达，查照办理见复。”等由；准此，经即派员前往接收，该会印信、经费及各项物品、器皿、园林树木等均已一一分别点收，列有移交、接收双方经手人员会同签字之清册，可稽所有接收经过情形，理合备文，呈请钧府鉴核，准予备案。仰祈指令示达。再，该会既经本会接收，该会原有中央颁发应用之方印，似应送缴原发机关收回销毁。谨将该会方印一枚连同呈送钧府，并恳府赐核转，实为公便。

谨呈

国民政府

附呈方印一枚。[②]

总理陵园管理委员会

中华民国廿五年九月十日

（四）军政部为接收建筑阵亡将士公墓事宜已通令所属知照致总理陵园管委会公函[③]

来文机关：军政部

事由：为准函知接收建筑阵亡将士公墓事宜，已通令所属知照，请查照由。

军政部公函　总爱字第 2104 号

案准贵会本年九月廿六日总字第四二零号公函略开：“查建筑国民革命军阵亡将士公墓筹备委员会前以筹备竣事，奉令饬由本会派员接收在案。以后该会经办事宜应由本会继续办理，请转饬各军、师、旅一体知照，并祈见复。”等由；准此，自当照办。除分令外，相应函复，即希查照为荷。

此致

总理陵园管理委员会

军政部

校　对　胥伯超

① 《总理陵园管委会为呈报接收阵亡将士公墓筹委会情形送该会方印请销毁致国民政府呈文》，南京市档案馆藏，档号：10050010259（00）0002。

② 编者按：方印一枚略。

③ 《军政部为接收阵亡将士公墓事宜已通令所属知照致总理陵园管委会公函》，南京市档案馆藏，档号：10050010259（00）0014。

监 印 黄 勋

中华民国二十五年十月一日

（五）军政部军需署工程处为派技士周明辉送该营基内坟墓迁费致总理陵园管委会公函[①]

来文机关：军政部军需署工程处

事由：为准函派技士周明辉特送该营基内坟墓迁费一百九十元，前来请转饬速以迁葬由。[②]

军政部军需署工程处公函　总字第5144号

案准贵会理字第一九号公函为三茅宫守备营房建筑地点内树木业已迁伐，坟墓亦可代为饬迁，惟应需迁葬费约一百九十元，请如数检付过会，以凭办理等由；准此，相应备函，并派技士周明辉特送国币一百九十元前来，请查收掣赐收据，并祈转饬从速迁移，以利工程进行为荷。

此致

总理陵园管理委员会

计附国币一百九十元。

处 长 张昌熙

监 印 罗世能

中华民国廿六年一月十八日

（六）为录国府褒扬先烈令的函[③]

来文机关：国民政府文官处。

事由：录国府褒扬先烈令函达查照。

国民政府文官处公　渝文字第七八九二号

奉国民政府十一月十二日明令开："国父睿智天启，爱国如家，学贯中西，识超今古。生当世界争雄竞霸之时，凌暴纵横之世，鉴于清政不纲，民智未启，外侮纷乘，危亡日亟。于是矢志革命，以兴复中华，建立民国，恢复中国固有之道德智能，迎头赶上世界科学文化，奠国基于永固，维世界之和平者，唤起民众。一时仁人志士云集景从，无不愿牺牲其数十年必死之生命，为国家树亿万年不朽之根基。自创建兴中会以来，递嬗而为革命同盟会、国民党、中华革命党、中国国民党，迄今凡五十年。其信行三民主义、振兴中国、建设一世界最富强最快乐之国家，为民所有、为民所治、为民所享之精神，则始终一贯。而此五十年间，志士仁人，忠勇将士，始则为推翻满清帝室之暴政，继则为扫除专制政治暴虐愚顽之余毒，又继则抵制企图蚕食鲸吞，颠覆我国家、奴役我民众之倭寇，在青天白日旗帜之下，精诚团结、英勇奋斗、成仁取义、前仆后继、光昭日月、义薄云天者，盖数百万人。凡此伟大之事功，悉为中国自古圣贤与我国父大智大仁大勇精诚之所感召。我国民须知，今兹八年之抗战，即革命建国成功最后之阶段。一切前敌浴血奋战之勇士，后方挥汗努力于生产之农工，与数十年来革命救国之先烈先贤，时代虽殊，精神则一；任务虽别，目的无二。知国家至上、民族至上，则知吾人之责任，在于启后承先。知军事第一、胜利第一，则知我国父与先烈先贤所未完之事功，全寄于吾人继续之奋斗。知意志集中、力量集中，则知吾人欲克服一切危险艰难，创造万世无疆之富强康乐，惟吾全国国民矢勤矢勇、必信必忠、一心一德，贯彻始终之精神是赖。兹当国父诞辰，举行中华民国最初革命团体之兴中会创立五十周年纪念，特须明令，以告我全国军民。

①《军政部军需署工程处为派技士周明辉送该营基内坟墓迁费致总理陵园管委会公函》，南京市档案馆藏，档号：10050010257（00）0008。

② 编者按：此条原文中有句读。

③《为录国府褒扬先烈令的函》，南京市档案馆藏，档号：10050030050(00)0003。

切望念国父遗教之谆切，知国家创业之艰难，法先烈为国牺牲之忠勇，合全国亿兆之同胞，成一德一心之团结，奋勇迈进，以竟国父与一切先烈先贤忠烈将士未竟之志，而成革命建国之全功。我列祖列宗在天之灵，实式凭之。此令。”等因，除分函外，相应录令函达查照。

此致

总理陵园管理委员会

文官长　魏　怀

监　印　陈光远

校　对　曾伯球

中华民国三十三年十一月廿一日

第二节　忠烈

一、陈觉吾、陆云南

为依期举行追悼大会请派员参加的函（附陈觉吾、陆云南二位烈士生平事略）[①]

来文机关：中国国民党南京特别市执行委员会

事由：为陈觉吾、陆云南二同志殉国五周年纪念日请派员由。[②]

总理陵园管理委员会　收文字第 50 号

迳启者：本月十九日为本党陈觉吾、陆云南二同志殉国五周年纪念日。本会为表彰忠烈、用示哀悼起见，定于是日上午九时起，假市党部大礼堂举行追悼大会，相应函请届时派员参加，并希惠赐诔辞，以光哀典，毋任企祷。

此致

总理陵园管理委员会台鉴

附陈、陆二烈士生平事略一份。

收件处：奇望街市党部（惠赐各件，希于本月十七日以前送到）

陆、陈二烈士追悼大会筹备委员会

中华民国卅四年十一月十五日

请叶达尊先生代表参加，另送花圈。林元坤 十一月十五日[③]

陆、陈两烈士事略

陆烈士云南，原名庆颐，世居南京，民国前三年生。父泳黄先生，字润青，思想纯正，明礼义，知是非，辛亥前即从事革命，历官江浙各地，颇有政声。烈士革命得乃父熏陶者为多。

陈烈士觉吾，原籍江苏南通，民国前十三年生，至十岁始迁寓金陵。少年倜傥，过异常儿。父锦青先生，道德文章，蜚声乡里。而烈士生而显异，少秉大志，盖皆得自庭训。民十四五年间，军

①《为依期举行追悼大会请派员参加的函（附陈觉吾、陆云南二位烈士生平事略）》，南京市档案馆藏，档号：10050030155(00)0006。

② 编者按：本条原文件无，为编者加。

③ 编者按：本条为原档后补的批文。

阀割据，国事日非，而烈士虽在校肄业，而精神倾向革命已非一日，遂先后加入本党，努力于祖训民众运动，学校当局固不知也。

迨北伐军兴，东南底定。时总政治部有政治工作人员养成所之设立，两烈士同时考入受训，每试辄冠其曹。陆颇活动，陈尤有辩才，咸为师友器重，二人订交，由此始焉。既卒业，陈烈士历任政训工作，随军转征各地，后执教鞭于京皖一带。陆任粤汉党务工作，屡著成绩，两年思革命事业，非高深学问不为功，因转至沪滨攻研法政。洎“一二八”寇侵淞沪，感日谋我益切急，乃束装东渡，一面在求深造，一面密探敌情，冀有所得，贡献国家。及卒业于东京帝大，归国后深觉中国新闻事业远落人后，爰创设国际联合电讯社，思有以挽救之，对于社务惨淡经营，不遗余力。无何，该社竟成为掌握对日情报之枢纽。

廿六年，“七七”事变发生，烽火漫天，首都沦陷时，陈烈士因参加国际救济委员会工作，被留在京，目击山河破碎，兽行难容，欲效博浪之椎，谋报国家于万一。然烈士赋性刚直，凡有作为，无不遭敌疑忌。或有以危机环伏，恐遭不测，劝之西上者，烈士以一家流离颠沛之老幼，岂忍弃之远去，其苟且偷安，曷若置身虎口？卒未去。

陆烈士因敌情报导与抗战关系綦重，是以随都西迁，任职中组部，兼理国民外交协会事务，所设电讯社至是无形停顿。廿八年，中枢设立党政高级干部训练班，烈士首先入班受训，适中组部朱前部长骝先规复战区党务，烈士奉派为南京市党部新任委员会书记。是八月随主姜童直内渝潜行至沪，事为陈烈士所闻，以为报国之机，是其所美，乃启程赴沪，共策进行。旋即与陆烈士来京，开始秘密工作。

二十九年，汪逆叛党，媚敌求荣，僭立伪府，祸国殃民，两烈士为之发指。不入虎穴，焉得虎子？乃打入伪政治委员会及伪京市党部进行反间工作，往来京沪，搜集机密情报，揭露敌伪阴谋。敌伪所受陆、陈之打击至大，因而含恨陆、陈亦至深，时思除之而甘心。于是侦骑四出，昼夜无间，不幸竟于八月八日午夜，终捕罹折，被囚于宾海路伪政治警卫总署。同时入狱者，尚有同志邓怡、李瑞芝、刘少华、韩葆华、张至仁、胡培德、刘文彬、王仕刚、崔广仁、朱菊人等十二人。始则严刑考训、逼令详供，继以伪官之温爵、希图饵诱，两烈士威武不屈、富贵不淫。亘三阅月，奸计不售，竟冒天下之大不韪，杀两烈士于南京中华门外雨花山安隐寺侧，时二十九年十一月十九日。呜呼哀哉！当其殉难之顷，一则面总理陵寝、从容就义，一则暗呜叱咤、骂贼不已。当时，云暗风凄，天地为之变色，两烈士忠贞壮烈之精神，当与常山舌、睢阳齿，永垂不朽矣！烈士本诸所恶有甚于死者，杀身所以成仁之训，生命早置度外，冥顽敌伪奈何以死畏之耶？两烈士既被杀，市党部全体地下同志目惠心伤、悲愤莫名，仅能饮泣吞声，密举哀典，并将经过呈报中枢。闻者无不悼惜，各界并曾举行追悼大会于陪都。忆曩年于敌伪重压之下，首都人士欲悼之而无从；今则河山光复，暴敌伏降，得于两烈士殉难五周年纪念之日，补行追悼。烈士有知，当含笑于九泉也。陆烈士殉国时年三十二，未婚，其尊人润青先生时留沪，旋以敌伪逼不得已，间关走渝，任党史编纂事。唯积劳成疾，于三十三年四月中旬逝世。嗟夫，一门忠烈，可谓难得矣。烈士之姐静宇，适沈思约，随侍在渝，哀痛殡殓，草草入棺，今仍停柩待运。叔坨淮先生、婶许佩兰女士，均执教京市，有子庆云。陆氏门庭，祚显齿繁。……陈烈士殉国时年三十二，夫人美氏，亦南京籍，遗子一，在家乡，现方十二岁。……一门节，殊堪悯念，今抗战八年，终获胜利，人民奏凯，敌伪伏诛。惜两烈士不及目睹，伤哉！兹值两烈士殉国五周年祭，爰举其年事略子策，……为国人……忠烈而策来者[1]。

---

① 编者按：未见原件，复印件此处有字迹，未便释读。

二、梅治威

（一）七十四军司令部为阵亡营长梅治威择墓未便照办致陵园管理委员会的公函[①]

来文机关：陆军七十四军司令部

事由：为函请在首都烈士公墓择地安葬本军淞沪阵亡营长梅治威由。

七十四军司令部公函　副字第473号

迳启者：查本军前五七师三三七团第三营少校营长梅治威于廿六年淞沪抗战阵亡，当以战事方殷，忠骸不能后运，暂厝于上海殡仪馆内。今胜利后送接，该故员家属函电，以家境穷苦不能将忠骸运回故里安葬，恳请在首都烈士公墓内择地安葬等情。兹特派本部副官王鑫珊持函前来，请于公墓内制定地点，以便择日启运安葬，以慰忠魂而安遗属，并希见复为荷。

此致

陵园管理委员会

陆军七十四军司令部

中华民国二十五年五月六日

（二）陆军七十四军司令部为阵亡营长梅治威择墓未便照办致陵园管理委员会的公函[②]

送达机关：陆军七十四军司令部

事由：函复阵亡营长梅治威择葬烈士公墓未便照办，请查照由。

陆军七十四军司令部公函　全衔公函第　号[③]

案准贵部副字第四七三号函，以阵亡营长梅治威请在首都烈士公墓内择地安葬等由；准此，关于梅营长择葬烈士公墓一节，未便照办，相应函复，查照为荷。

此致

陆军七十四军司令部

衔名

中华民国二十五年五月十六日

（三）七十四师司令部再为阵亡营长梅治威择墓未便照办致陵园管理委员会的公函[④]

来文机关：七十四师司令部

事由：再为函请准于普通公墓内择地安葬梅故营长由。

陆军七十四师司令部公函

案准贵会陵总字第156号公函，以关于梅故营长择葬烈士公墓一节，未便照办，嘱为查照等由；查该故营长于廿六年淞沪抗战阵亡，死事极为惨烈。现抗战胜利，该遗族以家境困窘无力将其遗榇归葬故里，久任停厝异地，于心甚感不安，一再函电请求在首都烈士公墓内择地安葬，情词极堪悯念。兹准前由，相应再祈函达，拟请准在普通公墓内择一隙地暂予安葬，以慰忠魂而安遗族，并希见后为荷。

---

①《七十四军司令部为阵亡营长梅治威择墓未便照办致陵园管理委员会的公函》，南京市档案馆藏，档号：10050030552(00)0001。

②《陆军七十四军司令部为阵亡营长梅治威择墓未便照办致陵园管理委员会的公函》，南京市档案馆藏，档号：10050030552(00)0001。

③编者按：依据下文，应为“陵总字第156号公函”。

④《七十四师司令部再为阵亡营长梅治威择墓未便照办致陵园管理委员会的公函》，南京市档案馆藏，档号：10050030552(00)0001。

此致

陵园管理委员会

师　长　张灵甫

中华民国二十五年六月廿九日

[①] 请示。林元坤 七月一日

该军前函请将梅营长安葬阵亡将士公墓，奉批示函复未便照办在卷，兹又函请准葬普通公墓，前来查本会在中山门附近设有普通公墓一处，可否照准之处，敬祈核示。

职　林元坤　谨签

可。科　七月十二日

（四）关于梅故营长在普通公墓内择地安葬可照办与陆军七十四师司令部的来往函[②]

送达机关：陆军七十四师司令部

事由：函复关于梅故营长在普通公墓内择地安葬一案可予照办，请查照由。

陵总字第 264 号

案准贵部议字第 544 号公函，以梅故营长拟请准在普通公墓择地安葬，以慰忠魂等由；准此，可在第二公墓（地点牛王庙）安葬。除饬本会警卫处知照外，相应函复，即希查照为荷。

此致

陆军第七十四军司令部

总理陵园管理委员会

中华民国卅四年七月十六日

本会前准陆军七十四军司令部函请，准在普通公墓内择地安葬梅故营长案，经签奉常务委员孙批示“可”等因，除之由会函复，可在第二公墓牛王庙安葬外，相应函达，查照为荷。

此致

警卫处

总务处

七月十六日

缮发。林元坤 七月十六日[③]。

三、驻马尼剌总领馆殉难人员

关于梅故营长在普通公墓内择地安葬可照办与陆军七十四师司令部的来往函[④]

来文机关：外交部

事由：本部驻马尼剌总领馆殉难人员遗族拟在中山陵附近觅地安葬，函请惠拨土地一方以作安葬之用由。

---

①编者按：以下文字均为原档后加。

②《关于梅故营长在普通公墓内择地安葬可照办与陆军七十四师司令部的来往函》，南京市档案馆藏，档号：10050030552(00)0002。

③编者按：本行为原档后加文字。

④编者按：此件原文与“关于梅故营长在普通公墓内择地安葬可照办与陆军七十四师司令部的来往函”混编，仍然采用原档号。

外交部公函　人35字第○八六二六号

查本部前驻马尼剌总领馆杨故总领事光泩、莫故领事介恩、朱故领事少屏、萧故随习领事东明、杨故随习领事庆寿、姚故随习领事竹修、卢故主事秉枢、王故甲种学习员恭玮，于卅一年马尼剌沦陷后被日寇逮捕，因诱降不从致被杀害。又，本部前驻山打根领事卓还来亦于山打根沦陷后被敌人囚禁三载，去岁胜利前夕亦被敌人枪决。所有殉难各员，均经国府明令褒扬有案。现据驻马尼剌总领事馆呈，遗族拟将遗骸运回国内，在陵园附近合葬一处，树立碑亭，以作永久纪念，请予核示。前来查杨故总领事等临难不苟，为国捐躯，大义凛然，实堪矜式。遗族所请在陵园附近建立茔墓一节，似可照准，以慰忠贞，并昭激劝。相应函请查照，尚希惠拨土地一方，作以埋葬之用，并希见覆，至纫公谊。

此致

陵园管理委员会

外交部

中华民国卅五年九月廿八日

请示。林元坤 九月卅日 [1]

陵园内除指定之阵亡将士公墓外，不便另辟墓场，所请似难照办，应请另行觅地。科九月卅日

① 编者按：本行为原档后加。

第六章　预算

第一节　事务费

一、总理陵园管委会为请借拨款项以应收地之用致中央政治学校、贵族学校和公墓筹委会公函[①]

送达机关：中央政治学校、遗族学校、阵亡将士公墓筹备委员会

事由：函请借拨二万五千元、二万五千元、三万元以应本会收购山北土地之用由。

总理陵园管理委员会　去文字第 793 号

迳启者：总理陵园范界早经划定，所有界内土地均由本会出资收购在案，惟尚有紫金山北土地五千亩及山南邵家山一带土地五百亩迄未收购完妥。本拟及早办理以谋陵园地亩管理之一统，嗣以国库支绌，陵园缮资竭蹶，以致无法进行。但长此稽延，对于各种设施均受无形窒碍，且陵园日臻发达，地价定必随之增高，将来收购更觉力有不逮。现定将山北之地先行收购，需款约八万元。拟请：（一）贵校借拨二万五千元，遗族学校借拨二万五千元，阵亡将士公墓筹备委员会借拨三万元，以应购地之需用，将来由本会设法归还。（二）拟请贵校借拨二万五千元，中央政治学校借拨二万五千元，阵亡将士公墓筹备委员会借拨三万元。（三）拟请贵会借拨三万元，中央政治学校借拨二万五千元，遗族学校借拨二万五千元。贵校（校、会）与陵园均有深切关系，谅必乐于协助。除分函外，相应函达，务希惠允见复，无任纫感。

此致

中央政治学校

遗族学校

阵亡将士公墓筹备委员会

总理陵园管理委员会

缮　写　彤叔

中华民国二十二年一月三十[②]日

二、总理陵园管委会为借三万元购地与将士公墓往来文书[③]

（一）阵亡将士公墓筹委会致总理陵园管委会公函

发文机关：中国国民党中央执行委员会建筑阵亡将士公墓筹备委员会

事由：为借三万元购地由。

中国国民党中央执行委员会建筑阵亡将士公墓筹备委员会公函 第 54 号

迳覆者：准贵会函请借拨三万元整以应本会收购山北土地等由；业经敝会第十五次常务会议决议，准先借拨三万元整。此款即作本会存储陵园基金，本会工程终了后，按月拨给本会息金三百元整，为维持日常之用在案。兹特录案奉达，即希查照见复为荷。

此致

陵园管理委员会

---

①《总理陵园管委会为请借拨款项以应收地之用致中央政治学校、贵族学校和公墓筹委会公函》，档号：10050010342（00）0002，南京市档案馆藏。

②编者按：此处原文为“〇”。

③《总理陵园管委会为借三万元购地与将士公墓往来文书》，南京市档案馆藏，档号：10050010342（00）0004。

常务委员　夏光宇　林焕廷　陈果夫　刘纪文　傅焕光

中华民国二十二年三月二日

（二）总理陵园管委会致阵亡将士公墓筹委会复函

送达机关：将士公墓

事由：函复贵会所借拨款办理，本会深表赞同，请将久借款项三万元早日见付由。

总理陵园管理委员会　去文字第 825 号

迳复者：按准贵会第五十四号公函内开："准贵会函请借拨三万元以应收购山北土地等由；业经本会第十五次常务会议决议，准先借拨三万元整。此款即作本会存储陵园基金，本会工程终了后，按月拨给本会息金三百元整，为维持日常之用在案。兹特录案奉达，即希查照见复。"等由；准此，贵会允借本会国币三万元为购地之用，本会深为感荷。所拟借款办法至为妥善，自应照办。拟请贵会即将允借款项如数早日见付，以应急需。准函前由，相应函复，即希查照办理，无任纫感。

此复

建筑阵亡将士公墓筹备委员会

总理陵园管理委员会

缮　写　彤叔

中华民国二十二年三月二日

第二节　建筑费

一、公墓各种墓圹承揽合同[①]

名称：第一、三公墓各种墓圹承揽

数量：第一公墓内甲种墓圹二百廿八个、第三公墓内甲种墓圹二百零四个

正　文[②]

立承揽人王雨亭，今揽到贵会建筑墓圹工程，其做品及施工一切均按图样及说明书做好。其价目开列于后。

计　开

一、第一公墓内特种墓圹三十六个（每个洋四十元），合洋一千四百四十元。

二、第一公墓内甲种墓圹四百三十二个（每个洋二十九元），合洋一万二千五百二十八元。

三、第三公墓内乙种墓圹七百零八个（每个洋十四元八角），合洋一万零四百七十八元四角。

四、第三公墓内丙种墓圹八百八十八个（每个洋九元），合洋七千九百九十二元。

五、第三公墓内丁种墓圹四百六十八个（每个洋二元二角），合洋一千零二十九元六角。

以上共合大洋三万三千四百六十八元。

六、土方按样去土，每英立方洋五角，请工程师收方结算。

计开　领款办法

第一期：第一公墓特、甲二种及第三公墓乙种挖土完竣，石灰、山沙、碎砖运到约百分之六，领洋三千元。

①《公墓各种墓圹承揽合同》，南京市档案馆藏，档号：10050031321(00)0003。

② 编者按："正文"二字为编者加。

第二期：砖、水泥、黄砂、石子、钢条运到百分之二，及第一公墓甲特二种、第三公墓乙种三合土底做好，领洋三千元。

第三期：砖、黄砂、洋灰、石子、钢条运到累计百分之四，及第一公墓甲特二种、第三公墓乙种圹墙砌百分之四，领洋三千五百元。

第四期：机器、砖、黄砂、石子、钢条、水泥运到累计百分之六，及第一公墓甲、特二种砌墙累计百分之七，第三公墓乙种顶盖扎钢条百分之五，领洋四千五百元。

第五期：石灰、山沙运齐，机器、砖、水泥、黄砂、石子、钢条运到百分之八，及第一公墓甲特二种、第三公墓乙种砌圹及顶盖扎钢条完竣，顶盖全部浇成，及第三公墓甲、丙、丁三种挖土完竣，领洋五千四百零八元。

第六期：第一公墓甲、特二种及第三公墓乙种全部工程完竣，各项材料运齐，第三公墓甲、丙、丁三种三合土底做好，领洋三千元。

第七期：第三公墓甲、丙、丁三种圹砌百分之五，顶盖扎钢条百分之五，领洋三千元。

第八期：第三公墓甲、丙、丁三种圹墙砌完，顶盖扎钢条完竣，及浇成百分之五，领洋三千元。

第九期：全部工程告竣，领洋三千零六十元。

第十期：验收工程，三月后查无损坏，领洋二千元。

谨呈

建筑阵亡将士公墓委员会 钧鉴

承揽人　王雨亭

铺保　瑞农米号

中华民国二十四年七月一日

照准。二十四年七月一日 ①

施工细则（照附纸排印）

一、按图样挖土至规定尺寸，将泥土之大部挑至东、西两围墙之外，经由工程师或监工员指定之地点妥为堆置，但不过三百尺外。

二、碎砖用石灰、山砂拌成三合土，平铺于已夯实之圹底至规定松厚，再行夯实，经工程师或监工员验明尺寸后，始得砌圹墙。

三、砌圹墙前须置砖于水内，使吸适量之水，所以保砂灰之结实，当置砖时，水泥砂应涂压结实，使砖间不得稍有细缝，但水泥砂层不得过二分厚。

四、墓圹顶盖按照图样规定扎铁，经工程师查验后方得浇捣混凝土。凡搅拌混凝土时，在平坦而不漏浆之拌板上须先以定量之水泥及黄沙干拌至少两次，至颜色均匀，再加入碎石，复干拌，混合之；然后加以相当水量，混拌至少两次，而须至全部匀纯、石子外面全盖灰沙为止。又，混凝土一经拌合均匀以后，即应速行填注于不漏浆之模板内，如有已经凝结之混凝土（大约在加水拌合后二十五分钟即行凝结），绝对不准使用。混凝土顶盖浇成后，须覆以草荐或麻袋于其上，每日并须浇水四五次；如遇天气严寒，应即停止浇制工作，以防冰冻。

五、各项工程进行，须绝对服从工程师及监工员之指挥。如有不听指导贻误工程者，工程师得立即停止其工作，呈报委员会处罚之。

六、墓圹全数工竣后，倘忠榇尚未运齐，不能全数安葬时，应于忠榇运到安葬之日，即派工人到墓，补做砌盖工作。

---

① 编者按：原档后加。

七、本期工程即特（36）、甲（432）、乙（738）、丙（888）、丁种墓（468）个。自订定承揽之日起，限于一百天内完工，逾期一天罚洋20元，自逾限之日起算，至完工之日止。惟冰冻雨雪不能工作时，经工程师核准其日期，得予照除之。

建筑阵亡将士公墓委员会工程股订

1935年6月9日

二、总理陵园管委会为接收阵亡将士公墓所编一九三六年度岁出经常概算业经酌减核定在案致审计部财政部公函[①]

送达机关：审计部、财政部

事由：函为本会接收阵亡将士公墓所编二十五年度岁出经常概算业经酌减核定在案送上预算支付表一份即请察收存查由。

总理陵园管理委员会公函　去文字第437号

案查建筑国民革命军阵亡将士公墓筹备委员会，前以工竣结束，当由本会奉命接收，并按照事实需要，编具追加二十五年度本会岁出经常概算，呈请国民政府鉴核，示遵在案，兹奉训令，以值此国家财政困难之时，原列数额似嫌过巨，应酌减为二六〇〇〇元，并指定在本年度国务费第一预备费内动支等因；奉此，除遵即依照酌减核定数目，编具年度支付预算书，备文呈送国民政府鉴核存帐外，相应填送预算支记表一份，即请察收存查为荷。

此致

审计部

财政部

总理陵园管理委员会

中华民国廿五年十月二日

三、提名碑承揽合同[②]

提名碑承揽为证

立承揽人骆同和，今承到总理陵园管理委员会灵谷寺阵亡将士正气堂竖立提名碑，长七尺，六块，竖立，每块碑大洋十六元。又长一丈另七寸碑八块，竖立，每块碑大洋二十二元，该碑后面用一二四水泥衬成，厚六寸，连铁把在内。双方言明共计大洋二百七十二元整，无得异说，恐后无凭，立此承揽为证。

立承揽人　骆同和

经理人　骆锦春

中华民国二十五年十一月二十八日

四、竖立提名碑清单（核实价目）[③]

竖立提名碑清单（核实价目）

谨将竖立提名碑，长七尺，计六块；又一丈另七寸长，八块。共计十四块，竖立。灵谷寺正气

①《总理陵园管委会为接收阵亡将士公墓所编一九三六年度岁出经常概算业经酌减核定在案致审计部财政部公函》，南京市档案馆藏，档号：10050010059（00）0013。

②《提名碑承揽合同》，南京市档案馆藏，档号：10050031321(00)0005。

③《竖立提名碑清单（核实价目）》，南京市档案馆藏，档号：10050031321(00)0006。

堂墙内分派五座，挖洞深十四五寸，该碑厚度八寸，背后用一二四水泥衬成，厚六寸。每块碑侧面用铁把子两个，工料价目开列于后。

计开

一、竖立七尺石碑六块，连同水泥、铁把工料，每块十八元，计大洋一百零八元。

二、竖立一丈另七寸名碑八块，连同水泥、铁把工料，每块大洋二十四元，计大洋一百九十二元。

以上共计大洋三百元整。

敬呈

总理陵园管理委员会 钧鉴

阵亡将士公墓

南京骆同和石号

中华民国二十五年十一月十六日

五、领到陵园封公墓圹费的领据①

兹据包工王雨亭来称，自上月起至本月初止，陆续埋葬第一、三公墓"剿匪"墓圹，共葬五十一穴，计应领洋十五元三角，恳向陵园总务处证明，以便具领等由；查敝会前由李新记王雨亭承包墓圹，订明包盖墓盖，嗣因余穴尚多，结束在即，故经第三十七次决议，每穴扣存大洋三角，如由该包工负责埋葬，则仍按穴给领，盖恐移交后，该包工不负责任也。今据开称，各节均属实情，用特将当时经过情形申请鉴核，并祈准予给领，以维中央机关之信誉，至纫公感。

此致

总理陵园总务处

附呈包工王雨亭呈报清单一份。

许 政 谨启

中华民国二十五年十月十二日

附 包工王雨亭呈报清单

今领到：

封第一公墓圹 547、548、574 共三个，每个洋三角，计洋九角；

封第三公墓碑葬，自 1841 至 2020 共一百八十个，每个洋三角，计洋五十四元；

封第三公墓圹盖，自 948 至 956 共九个，每个洋三角，计洋二元七角。

以上共计国币洋五十七元六角。

谨呈

总理陵园管理委员会会计课 台鉴

领款人 王雨亭

中华民国二十六年五月十七日

六、为将士墓圹工程封盖费用的呈文②

呈为呈报事：兹因二十四年度承筑阵亡将士公墓墓圹工程，所有未经葬埋封盖，每个扣存大洋三角。其建筑总数及未经封盖数目列下：

①《领到陵园封公墓圹费的领据》，南京市档案馆藏，档号：10050031321(00)0007。

②《为将士墓圹工程封盖费用的呈文》，南京市档案馆藏，档号：10050031321(00)0008。

第一公墓计筑二百六十四个，尚有未封盖二百三十二个；

第三公墓计筑二千二百六十八个，尚有未封盖者二千一百二十六个。

计算未经封盖墓圹二千三百五十八个（每个扣存洋三角），合共扣存国币七百零七元四角。

谨呈

主任　许

转呈

总理陵园管理委员会　钧核

包商　王雨亭　呈

中华民国二十五年十月九日

七、为报第一公墓全部圹穴情况的呈文①

查第一公墓全部圹穴一千七百五十二个。已葬妥圹穴计一千四百四十八个；未葬好圹穴计三百另四个，内王雨亭所筑二百卅二个，李新记所筑七十二个。

第三公墓全部圹穴二千二百六十八个。已葬妥圹穴计一百四十二个，未葬圹穴计二千一百廿六个，均呈王雨亭承筑。净计未葬者王雨亭名下二千三百五十八圹穴，李新记名下七十二圹穴。以上经查，与承筑包商王雨亭呈报属实。

谨呈

总务处长 林

职　郑毅诒　谨启

中华民国二十五年十月十五日

八、为建筑墓圹与李新记营造厂签订的承揽合同②

承揽建筑墓圹工程

南京李新记营造厂

第一公墓墓圹承揽

立承揽南京李新记营造厂，今揽到南京国民革命军阵亡将士第一公墓墓圹三百个，订定做品、材料及应守条款，订列于后。

一、墓圹做品：上项墓圹三百个。每一墓圹先做本山沙、碎砖、石灰三合土一层，打实净厚八英寸。

二、墓圹材料：上项墓圹三百个。每一圹净宽三英尺，高三英尺，长七英尺，用一三水泥浆及普通二五十红色机器砖砌就。上盖用一二四钢骨水泥板，长八英尺，宽四英尺，厚四英寸，内用四分钢条直置八根、横置九根，上面粉光。

三、棺柩尺寸：如有较订定墓穴尺寸稍大者，均愿照做，不另加价，小不减价。

四、上项工程均听贵会工程师指挥承造，所需厂棚归贵会自办。

五、完工时期：上项墓圹三百个工程自订定承揽之日起，准予六十日内完竣。逾期一天认罚工料洋二十元，自逾期之日起算，至完工日止，惟风雨不能工作，经工程师核准，其日期得予照除。

六、自订立承揽之日起，尽先做就整个墓圹三十个，其余二百七十个分工遵限做齐。

七、墓圹三百个做竣后，倘忠榇尚未运齐，不能全数安葬者，愿于忠榇运到安葬时，即派工人

①《为报第一公墓全部圹穴情况的呈文》，南京市档案馆藏，档号：10050031321(00)0009。

②《为建筑墓圹与李新记营造厂签订的承揽合同》，南京市档案馆藏，档号：10050031321(00)0010。

到墓，补做砌盖手续。

八、工料价目：墓圹三百个，每一个定工料洋四十三元整，如有个数增减之处，须按每个单价核给之。计三百个，总价洋一万二千九百元整。

九、分期付款办法

第一期，石子、三合土、山砂到齐，付大洋二千五百元；

第二期，三合土地脚做成，各材料到十分之二，付大洋二千五百元；

第三期，柩墙做成十分之二，各材料全数到十分之六，付大洋二千五百元；

第四期，柩墙做成十分之六，各材料全数到工，付大洋二千元；

第五期，全部工程完竣，付大洋一千八百元；

第六期，验收工程三个月后，如查无损坏，领清余价。

欲后有凭，立此承揽存照。

此上

南京建筑阵亡将士公墓筹备委员会 钧核

承揽人　南京李新记营造厂

住址　青石街二十六号

保人　王奎兴

住址　估衣廊

中华民国二十二年九月二十五日

九、为承制细瓷党徽与景德镇江西瓷业公司签订的合同[①]

立承揽景德镇江西瓷业公司：今揽到南京建筑阵亡将士公墓筹备委员会定制细瓷青天白日党徽十四个，其颜色、尺寸、价格及交货日期与地点订明于后。欲后有凭，立此承揽存照。

计　开

一、承制续定青天白日党徽十四个，其尺寸、角度等当依照寄来第二号纸图仿制；蓝色依照敝公司所出第二号样片仿制；用细瓷制造。如尺寸、颜色与图样不符，或有沙点及翘裂等事，均愿退回重制，不另计价。惟寄回费用，归贵会担任。

二、每个党徽定价除运费外，言明国币九元，计十四个，共一百二十六元。立承揽时，得先领定洋八十元，余款当于交货时经贵会验收无误，再行悉数领清。领清后，并缴还图案。

三、收到定款之日起算，准一个半月内代付景德镇邮局作包裹寄行；或挑至九江招商局为止，托该局运至南京下关后，由贵会提货。如交货逾期，每天愿罚国币二元。又，须预领运费八元，多退少补，以单据为凭。

四、如货到之后，其尺寸、角度、蓝色与原样不符，或有沙点、翘裂等弊，愿即退回。限一个月内重制齐全，再行送邮；或挑至浔，由招商局运京。倘逾限不交，有误贵建筑，除退还八十元外，并愿罚国币一百元，由担保人负责缴付。

立承揽　江西瓷业公司（经理　康国镇　住址　景德镇公司街）

担保人　康仁昌炭号（经理　康振东　住址　景德镇后山亭）

景德镇润富街泰和源　印

中华民国二十五年二月十四日

①《为承制细瓷党徽与景德镇江西瓷业公司签订的合同》，南京市档案馆藏，档号：10050031321(00)0012。

十、南京仁德印刷所印刷纪念刊小册估价单承揽合同[①]

南京市仁德印刷所估价单

委估纪念刊小册二千本。

纸张：用五十五磅天章道林纸

大小：卅二开

式样：五号字每面十三行，每行卅九字；六号字每面十五行，每行五十二字。双面印，平装订。

价格：五号字正文，每页洋二元四角五分；六号字正文，每页洋三元三角整；表格每页另加排工费洋四角整。

此请

建筑阵亡将士公墓筹备委员会 台核

经手人　周　炎

仁德印刷所营业部

地址 首都常府街八十号　电话　二二三一〇

中华民国二十四年九月三日

南京市仁德印刷所估价单

委估纪念刊小册二千本。

纸张：四十五磅新闻纸

大小：卅二开

式样：五号字每面十三行，每行卅九字；六号字每面十五行，每行五十二字。双面印，平装订。

价格：五号字正文，每页洋二元一角五分；六号字正文，每页洋三元整；表格每页另加洋四角整。

此请

建筑阵亡将士公墓筹备委员会 台核

经手人　周　炎

仁德印刷所营业部

地址 首都常府街八十号　电话　二二三一〇

中华民国二十四年九月七日

南京市仁德印刷所估价单

委估纪念刊小册一万本。

纸张：正文用四十五磅新闻纸

大小：三十二开

式样：五号字每面十三行，每行卅九字；六号字每面十五行，每行五十二字。双面印，平装。

价格：五号字正文，每页洋六元四角整；六号字正文，每页洋七元三角整；表格每页另加排工洋四角整。

此请

建筑阵亡将士公墓筹备委员会 台核

经手人　周　炎

①《南京仁德印刷所印刷纪念刊小册估价单承揽合同》，南京市档案馆藏，档号：10050031321(00)0013。

仁德印刷所营业部

地址　首都常府街八十号　电话 二二三一〇

中华民国廿四年十月二日

覆照锌铜版，每方寸一角八分；封底面（2千本）用100分书面纸，计洋廿元；插页以折数计算。

委估纪念刊物：用七十五磅天章道林，大小十六开。四号字正文，每面十六行，每行四十二字；五号字每面十八行，每行五十五字；间有排六号字及表格等。双面印，平装。

一千本：四号字正文，每页洋三元；五号字正文，每页洋三元四角；六号字正文，每页洋五元正；表格按正文价格，每页另加洋五角。

碑图用100分铜板印，每页计洋八元五角整。

二千本：四号字正文，每页洋五元二角；五号字正文，每页洋五元六角；六号字正文，每页洋七元一角；表格按正文价格，每页另加洋五角。

三千本：四号字正文，每页洋七元二角；五号字正文，每页洋七元七角；六号字正文，每页洋七元一角；表格按正文价格，每页加洋五角。

此请

建筑阵亡将士公墓筹备委员会　台核

经手人　龙杨科

仁德印刷所营业部

地址　首都常府街八十号　电话　二二三一〇

中华民国二十四年十一月十五日

立承揽仁德印刷所，今揽到建筑阵亡将士公墓筹委会纪念刊物印刷及装订工程，所有交货日期及工料价目开具于后，并附估价单一纸，以资遵守。欲后有凭，立此存照。

计开各项如下：

一、送样不论正文、表格或插图，均于领到原稿时订定日期，准期送样校对（每天以收样十页为限）。送校样如逾期一天，愿罚洋二十元（例假在外）。

二、交货：整部交货于全稿送样张后一个月，装订完竣送会点收。如有误期，每天愿罚洋五十元。

三、工料：用七十五磅天章道林纸，新字头十六开排印。其工料实价当以本年一月十五日敝所盖章、范兆林签字之估价单为凭，按九二五折核实照领。

承　揽　仁德印刷所

保　人　华东印务局

中华民国廿四年三月廿八日立

承　揽①

（廿五年二月八日大会追认）

立承揽南京新昌凿井公司，今揽到建筑阵亡将士公墓筹委会委托包开自流井一座，以供给饮料及灌溉全部花木之用。其井位水量、包价、限期等项开据于后，以资信守。欲后有凭，立此承揽存照。

①编者按：此件原文后内容是关于凿井、党徽、室内天花板等，在原标题并未体现。仍然依据原件录入。

计　开

一、工程概要

甲，开井地位：中山门外灵谷寺国民革命军阵亡将士公墓后革命纪念馆东北，双方勘定之高坡上。

乙，井之内径：五英寸。

丙，标准深度：二百英尺至三百英尺。

丁，规定水量：每廿四小时出水至少二万英加仑。

戊，水管设备：井内总水管取水部分用五寸口径白铁管，直抵石面为止。所有装置洗刷、试水、验水一切手续统归承揽人担任，其余汽管、水管及汲水用之机器等，均由贵会自办。

己，竣工期限：自签订承揽之日起，于七日内开工，五个月内竣工。如遇雨雪及人力不可抵抗之事故发生时，得延长竣工期限。

二、如开井深度至三百英尺时，仍不能达到第一条丁项所规定水量，当继续开下或就近另觅地点重开，至能达到规定水量为止，不再增加包价。

三、承包开凿自流井一全座，计包价国币三千四百元。订立承揽时，应领十分之二包价，计六百八十元；凿至二百英尺深时，续领十分之四包价，计一千三百六十元；凿至深度能照规定数量出水后，一切工程完竣时，再领十分之四包价，尾找一千三百六十元整。

四、工程完竣后，在二十四小时内抽出水量如不足二万加仑而承揽人无法使之增至规定水量，或水质经卫生署试验认为不合饮料时，承揽人应将已收包价全部退还贵会。

五、全部工程如不能依照第一条己项期内完竣，承揽人愿赔偿贵会损失，每天十元，以逾期日数计算。

六、工程完竣时，应由贵会邀同专家会同验收。

七、全部工程自验收后，在十年内如有出水不畅或水管阻塞等情形，应由承揽人修复原状，不另取费用。

八、承揽人之工友宿舍及一切管理均由承揽人负责。

九、承揽人须觅殷实铺保一家，其资本须在本工程总价两倍以上。若承揽人不能履行本承揽内载各项时，贵会所受一切损失均由铺保负责，于十天内赔偿之。

订立承揽人　新昌机器凿井公司　沈起荣
南京城内太平路杨公井
电话　二二五六一号
保人　夏宝昌　完全负责
一枝园　东浮桥
电话　二二一四四
刘正丛　完全负责
汇文里十三号
中华民国二十四年十二月二十八日订立

照准函。二四年十二月廿八日[1]

[1] 编者按：本行为原件上的批示。

承凿自流泉井估单

南京城内太平路杨公井

承凿自流泉井一座，地点在灵谷寺旁。查该地浮土数丈即见硬石，须用机力开凿。计凿五寸井眼一口，应用五寸黑铁管直抵石面为止，是为保险。管深度约二百英尺至三百英尺，每昼夜包出水二万加仑。倘在未达到规定深度时，而每昼夜能出所包之水量即为合格，不得扣除包银。如凿至三百英尺尚未见水，由敝公司负责往下开凿或另迁地点重凿，至达到每昼夜所包之水量为止，不得另行要求增加包银，包凿完全、实用。

共计工料洋三千六百元整。①

阵亡将士委员会　台核

新昌机器凿井公司　抄

工程组查看情形

“该井深度仅 166.9 英尺，与承揽所载最低深度 200 相较，尚差三十余尺。唯因无法再引凿深，故已令承包人停止工作，试验出水量。经试三天，出水量每十时尚有一千加仑，核与承揽所包水量相符。

所差深度三十余尺，应扣除五百余元。惟保险管加深一百余尺，依照承揽可照加价。故原有包价三千四百元，应改为三千元。除前已付第一期款九百八十元外，计尚应付款二千零二十元。”

中华民国二十四年十二月十六日

立承揽同泰丰北号，今揽到南京建筑阵亡将士公墓筹备委员会牌坊上用瓷面陶底青天白日党徽一十六个，其形式、面积及价格、交货日期、地点订明于后，以资遵守。欲后有凭，立此承揽存照。

计　开

一、瓷面陶底均须细洁无沙眼、裂纹，平整不翘为合格，否则掉换。

二、青天白日颜色均照交来图样制配，青底白心白角。

三、形式及面积、厚度均照图样制造。

四、上项党徽十六个，自订承揽之日起，准于两个半月内全数交到南京灵谷寺贵会工场，如逾期一天，愿认罚大洋二元，按日计罚。

五、立承揽后得先领定洋一百六十元，其余货洋交货时全数领讫。

六、每个党徽工料计洋二十元；一切关卡运费在内，不得格外要求。

经手人　黄伟君

承揽人　南京同泰丰瓷庄

中华路府东街

担保人　黄伟君　愿负全责　南京义和祥商店

二百五十七号

中华民国二十三年九月二十九日　立

立承揽人金章桃，今承到建筑阵亡将士公墓委员会画室汽楼天花板、单板墙等工程，共计工料价国币四百九十六元整。其材料及做法与领款，均依照附图及以下条项办理。恐后无凭，立此承揽

① 编者按：前文为“三千四百元整”，前后不一。

存照。

计开应遵守条项列后

（一）依照图样及尺寸并开来账单，用精良之工作做好，并切实服从工程师之指导，以期工程之安全及完善。

（二）所有铁料均为熟铁，预先将样子送来，俟核准后方可使用。又，所用木料，除注明外，均为头等洋松。

（三）油漆颜色须符漆好样子送来，核准照做，方为合格。

（四）本工程限于五月一日以前完工，过期一天罚洋二元。

（五）本工程包括拆除原有设置并建设新工程。

（六）分期付款办法：

第一期：材料全部到工场，付洋一百元；

第二期：工程做好一半，付洋一百五十元；

第三期：工程全部完工，付洋一百九十六元；

第四期：工程完工后三个月，如无损坏，付洋五十元。

承揽人　金章桃

保　人　新鑫锠白铁号

中华民国廿五年四月六日

照准（由张秘书呈准陆委员许可）。四月十三日[1]

十一、为修理革命纪念塔等工程检送追加概算请核转致主计处公函[2]

送达机关：主计处

事由：为奉谕修理革命纪念塔等工程，检送追加概算函请查照核转由。

陵秘（卅七）发文字第 1732 号

近奉主席先后谕饬国民革命军阵亡将士纪念塔、纪念馆及流徽榭暨紫霞洞一带道路应速即修理等因，经饬据估计，约需款六十七亿元。又，本会职员宿舍在战时全部破坏，曾于三十五、六两年度编送概算，内均列有恢复职员宿舍费用一项，未经核定。兹以京市房荒日益严重，各职员在城内自租房屋，或因加租无力负担，发生诉讼纠纷，或被房东强迫迁搬，无屋居住，纷纷来会，请求救济。本会僻处郊外，附近一带更无法觅租房屋，势就先行恢复一部分职员宿舍，不足以资安定职员生活。经饬估计，上项建筑费约需款三百五十亿元。又，关于修理陵墓工程费用业于函送追加概算，时晓明开标结果，由馥记营造公司得标，先行签约在案。嗣以该公司催付第一期工款，而此项概算仍未核定拨付。经向中国农民银行先行贷款垫付该款，约期一月，应付利息一并补编列入。相应检送追加概算书三份，函请查照核转为荷。

此致

主计处

附本会三十七年度追加临时费概算书三份。

主任委员　孙〇

中华民国卅七年五月十一日

---

①编者按：本行为原件上后补。

②《为修理革命纪念塔等工程检送追加概算请核转致主计处公函》，南京市档案馆藏，档号：10050030713(00)0024。

签　呈

（三十七年五月九日）

谨呈者：职先后接主席官邸周侍卫官福成电话，通知以奉主席谕"阵亡将士纪念塔、纪念馆及紫霞洞之道路、水沟、涵洞暨流徽榭、闸桥等处，应即修理"等因，经饬工程科查勘，估计约需六十七亿左右，本会并无此项预算，拟再专案追加。又，南京市房荒日益严重，本会职员自行赁租之房屋，近因物价暴涨、房东加租，无力负担致发生诉讼者有之，而房东狡猾，假卖房屋强迫迁搬者有之。各职员因住之问题未能安定，对于工作不无影响。拟在行宪前将一部分职员宿舍工程费三百五十亿并列此次追加案内，是否可行，理合签请鉴核示遵。

谨呈

主任委员　孙

附概算书乙份。

职　林元坤　呈

中华民国三十七年五月九日

如拟追加并报告常会。科　五月九日[①]

国父陵园管理委员会三十七年度临时费追加概算书					
科目			摘要	全额	说明
款	项	目			
1			国父陵园管理委员会临时费支出	四三〇〇三六〇〇〇〇〇〇〇元[②]	
	1		工程事业费	四一七〇〇〇〇〇〇〇〇	
		1	阵亡将士纪念塔及革命纪念馆工程修理费	二八〇〇〇〇〇〇〇〇	奉主席谕：从速修理纪念塔，全部粉刷及整理内部（计九层），约需十五亿元，纪念馆全部油漆及粉刷约需十亿元，整理拱走廊约需三亿元，合如上数。
		2	流徽榭全部修理工程费	三〇〇〇〇〇〇〇〇〇	奉主席谕：流徽榭损坏尤甚，应从速修复。计更换屋面琉璃瓦约需十五亿元，四围钢筋水泥栏杆约需九亿元，全部油漆及整理地面磁[③]砖约需六亿元，合如上数。
		3	紫霞洞道路水沟涵洞工程费	九〇〇〇〇〇〇〇〇	奉主席谕：从速修复紫霞洞上方道路。长约一公里，铺石板路面约需六亿元，整理两旁水沟涵洞约需三亿元，合如上数。
		4	职员宿舍工程费	三五〇〇〇〇〇〇〇〇〇	查本会原有职员宿舍被敌伪破坏无存，复员以后因限于经费无法恢复，三十五、六两年度均编列该项概算，均未奉核定。在此房荒严重之际，租赁颇感困难。拟先行恢复一部分宿舍，计七十间，面积一百四十方，每方约二亿元，共计二百八十亿元；内部水电设备约需七十亿元。合如上数。
	2		利息支出	一三三六〇〇〇〇〇〇	
		1	利息支出	一三三六〇〇〇〇〇〇	查修理陵墓追加工程费计一百三十三亿六千万元，尚未奉核定。因该项工程亟须即时修理，迫不容缓，业与馥记营造公司订立合同，于四月十八日开工。该项工程款已先向中国农民银行贷款付给，以一月计，需利息如上数。

① 编者按：本行为原件后补。

② 编者按：表格中仅此处有单位"元"。

③ 编者按：原文中有些地方原为"瓷砖"，现全部改为"磁砖"。

第七章　纪事

第一节　春祭典礼

一、为准举行春祭阵亡将士典礼嘱借盆景的笺函及原函[①]

来文机关：国民政府参军处总务局

事由：举行春祭阵亡将士典礼需用盆景布置，函请惠允借用。

国民政府参军处公函　总庶京字第三〇〇二号

查本年春祭阵亡将士典礼例定于革命先烈纪念日（三月二十九日）在灵谷寺忠烈祠举行，所有祭台上需用盆景，拟向贵处就近借用，以便布置。相应备函派员趋洽，即烦惠允洽办为荷。

此致

国父陵园管理委员会园林处

局　长　陈希曾

中华民国卅七年三月廿一日

来文机关：国府参军处总务局

事由：准函举行春祭阵亡将士典礼嘱借用盆景函复查照由。

总理陵园管理委员会笺函　林发字第 1656 号

案准贵局三月二十日总庶京字第三〇〇二号大函略以举行春祭阵亡将士典礼需用盆景布置，嘱予就近借用等由；准此，自当照办，除饬属准备外，相应复请查照为荷。

此致

国府参军处总务局

处戳[②]　启

拟　稿　萧为珠

中华民国卅七年三月廿四日

来文机关：参军处总务局

事由：举行春祭阵亡将士典礼拟请借用盆景由。

国父陵园管理委员会函 陵收字第 1213 号

拟借给应用。三月廿四日

已通知陈技佐继光，就近协助办理。三月廿四日

如拟。三月廿四日[③]

---

①《为准举行春祭阵亡将士典礼嘱借盆景的笺函及原函》，南京市档案馆藏，档号：10050030570(00)0020。

②编者按：依据全文，应为“园林处”。

③编者按：原文如此，仅一页，名为“国父陵园管理委员会摘由单”。

二、为三月二十九日春祭阵亡将士典礼奉核定星期日上午举行检附样证贰枚请办理的笺函（附样证）[①]

来文机关：国府参军处典礼局

事由：三月廿九日春祭阵亡将士典礼奉核定是日上午十时举检，附样证二枚，函请查照办理由。

（卅七）京典二字第八七号

查三月二十九日春祭阵亡将士典礼，经呈奉核定，于是日上午十时，合并在灵谷寺国民革命烈士祠正气堂举行等因；除公函外，关于中山门外至灵谷寺一带警卫事宜，相应检附样证二枚，函请查照办理为荷。

此致

国父陵园管理委员会

附样证二枚、出入证四枚。

附注：中央委员凭中委证章、国民大会代表凭国大证章参加。

国民政府参军处典礼局　启

中华民国卅七年三月二十六日

来文机关：国府参军处典礼局

事由：三月廿九日春祭阵亡将士典礼奉核定是日上午十时举检，附样证二枚，函请查照办理由。

陵收字第二四六五号

样本交门卫负责检查，用毕撤销。马湘 三月廿七日

出入证由收发抽送沈处长、黄主任及本人各一枚以外，其余一枚连同本文送拱卫处。林元坤 三月廿七日[②]

三、为致阵亡将士检同出入证样张一份函请准予通行的公函（附出入证样张一份）[③]

来文机关：南京市社会局

事由：为致祭阵亡将士，检同出入证样张一份，函请查照转知准予通行由。

南京市社会局公函 （卅七）京社二字第一五九三号

查本局为筹办首都各界庆祝第一届国民大会第一次会议暨革命先烈纪念、青年节纪念大会，业于本月二十四日邀集各有关机关团体举行第二次筹备会议，当经决议，定于三月二十九日上午十时半前往灵谷寺正气堂举行春季致祭阵亡将士典礼，记录在卷。相应检同致祭人员出入证样张一份，函请查照，赐予转知所属警卫。凡备有大会致祭人员出入证者准予通行，以维秩序。至纫公谊。

此致

国父陵园管理委员会

附出入证式样一份[④]。

局　长　谢徵孚

---

①《为三月二十九日春祭阵亡将士典礼奉核定星期日上午举行检附样证贰枚请办理的笺函（附样证）》，南京市档案馆藏，档号：10050030560(00)0007。

② 编者按：正文下六行均为原件上后加批示。

③《为致阵亡将士检同出入证样张一份请准予通行的公函（附出入证样张一份）》，南京市档案馆藏，档号：10050030560(00)0009。

④ 编者按：此处出入证略。可以参见“历史照片—史料—档案”收录出入证。

中华民国三十七年三月廿五日

拱卫处。林元坤 三月廿七

查与国大代表参祭时间相同，已派员迳洽。马湘 三月廿七日 ①

第二节　秋祭典礼

一、为秋祭阵亡将士派员歁划盆景、瓶花的函及复函 ②

来文机关：参军处总务局

事由：为秋祭阵亡将士，派员洽借盆景、瓶花由。

国民政府参军处总务局　总庶京字第 2289 号

查本年秋祭阵亡将士典礼例定于“九三”胜利纪念日仍在灵谷寺忠烈祠举行。是日祭台上需用盆景、瓶花等，拟向贵组就近借用，以便布置。兹特派员携函趋洽，希烦查照惠允为荷。

此致

国父陵园管理委员会园林组

国民政府参军处总务局 启

中华民国三十六年八月廿六日

拟请函复向将士墓区管理员继先接洽。八月廿九日

园艺科

中华民国三十六年八月廿九日

二、国府参军处典礼局为送秋祭阵亡将士典礼特列出入证四枚凭证出席致国父陵园管理委员会的笺函 ③

来文机关：国府参军处典礼局

事由：函送秋祭阵亡将士典礼特别出入证四枚，希凭证出席由。

国民政府参军处典礼局公函　京典二字第八三三号

查九月三日胜利纪念暨秋祭阵亡将士典礼经呈奉主席谕“国府不必举行庆祝会，惟秋祭照办”等因；奉此，自应遵办。查是日秋祭阵亡将士典礼，系定于上午十时半在国民革命烈士祠正气堂（灵谷寺）举行，除分函外，相应检附秋祭典礼特别出入证四枚。函请查照转知，查首、次长暨高级官员届时一律凭证参加为荷。

此致

国父陵园管理委员会

附秋祭阵亡将士典礼特别出入证四枚。

国民政府参军处典礼局

中华民国卅六年八月廿九日

附注：此次秋祭典礼特别出入证于用毕后，请与前次孔子诞辰纪念特别出入证一并汇缴本局，以昭慎重。

---

①编者按：本行为原件上的批文。

②《为秋祭阵亡将士派员歁划盆景、瓶花的函及复函》，南京市档案馆藏，档号：10050030570(00)0005。

③《国府参军处典礼局为送秋祭阵亡将士典礼特列出入证四枚凭证出席致国父陵园管理委员会的笺函》，南京市档案馆藏，档号：10050030560(00)0003。

陵收字第一四一三号

（一）特别出入证分送沈、马两处长及黄主任；

（二）公祭日期、时间分函查照，并请将原证用毕交还。林元坤　八月卅日 [1]

三、为准典礼局送九月三日举行秋祭阵亡将士典礼特别出入证四枚的笺函 [2]

送达机关：本会各处、各室

事由：为准典礼局函送九月三日上午十时半举行秋祭阵亡将士典礼特别出入证四枚，分函查照，希于用后掷还由。

总理陵园管理委员会笺函　秘字第265号

奉交下国民政府参军处典礼局本年八月二十九日京典字第八三三号函一件“为本年秋祭阵亡将士典礼定于九月三日上午十时半在国民革命烈士祠正气堂（灵谷寺）举行，检送参加典礼特别出入证四枚，请查照转知贵会高级长官，届时凭证参加，用毕缴还，以昭慎重”由，兹将上项参加典礼特别出入证一枚随函送上，即请查收应用，并希于用后掷还，以便汇还典礼局为荷。

此致

园林处

拱卫处

会计室

秘书室　启

中华民国三十六年九月一日

四、为九月三日秋祭阵亡将士典礼沿途警卫事宜检附样证贰枚请办理的笺函 [3]

来文机关：国府参军处典礼局

事由：为九月三日秋祭阵亡将士典礼沿途警卫事宜检附样证二枚，请查照办理由。

国民政府参军处典礼局公函　京典二字第八三四号

查九月三日秋祭阵亡将士典礼，经呈奉核定，于是日上午十时半在灵谷寺国民革命烈士祠正气堂举行等因，除公函外，关于中山门外至灵谷寺沿途一带警卫事宜，相应检附样证二枚，函请查照办理为荷。

此致

国父陵园管理委员会

附样证二枚。

国民政府参军处典礼局

中华民国卅六年八月廿九日

拱卫处。林元坤 八月卅日

---

①编者按：此行为原件上的批文。

②《为准典礼局送九月三日举行秋祭阵亡将士典礼特别出入证四枚的笺函》，南京市档案馆藏，档号：10050030560(00)0004。

③《为九月三日秋祭阵亡将士典礼沿途警卫事宜检附样证贰枚请办理的笺函》，南京市档案馆藏，档号：10050030560(00)0005。

已通令各中队遵照。马湘　八月卅日[①]

五、为九月三日秋祭阵亡将士典礼在烈士祠举办函附特别出入证式样及出入证请办理的笺函（附样式）[②]

来文机关：总统府第四局

事由：为九月三日秋祭阵亡将士典礼在烈士祠举行，函附特别出入证证样及出入证各二枚，函请查照办理由。

总统府第四局笺函　统四（典二）字第五七号

查九月三日秋祭阵亡将士典礼，经呈奉总统核定，于是日上午十时在国民革命烈士祠（灵谷寺）举行等因；奉此，除分函外，关于中山门外至灵谷寺沿途一带警卫事宜，相应检附秋祭阵亡将士典礼特别出入证证样二枚，函请查照办理为荷。

此致

国父陵园管理委员会

附秋祭阵亡将士典礼特别出入证证样二枚。

又附出入证二枚。

总统府第四局　启

中华民国卅七年八月卅一日

特别出入证一张送沈处长，一张连同本文送拱卫处。林元坤　九月一日

业经分饬所属各中队遵照指示要点，限是（三）日上午九时前严密布置完毕。马湘　九月一日[③]

六、准函送秋祭阵亡将士典礼特别出入证二枚不敷应用请补发两枚的函[④]

送达机关：总统府第四局

事由：准函送秋祭阵亡将士典礼特别出入证二枚不敷应用，请补发二枚由。

国父陵园管理委员会函　陵秘（卅七）发文字第 2060 号

按准贵局本年八月四日统四（典二）字第五七号大函，略以“秋祭阵亡将士典礼业经核定于九月三日上午十时在国民革命烈士祠举行，检附特别出入证及样张各二枚，中山门外至灵谷寺一带警卫事宜由本会拱卫维持，嘱查照办理”。准此，自应照办。查本会内设四单位，附来出入证二枚，不敷应用。准饬拱卫处送照外，特此函请，查照补发出入证二枚，以便分发，饬用为荷。

此致

总统府第四局

会卫组

中华民国卅七年九月一日

---

①编者按：以上两行为原件批文。

②《为九月三日秋祭阵亡将士典礼在烈士祠举办函附特别出入证证式样及出入证请办理的笺函（附样式）》，南京市档案馆藏，档号：10050030560(00)0010。

③编者按：以上两行为原件批文。

④《准函送秋祭阵亡将士典礼特别出入证二枚不敷应用请补发两枚的函》，南京市档案馆藏，档号：10050030560(00)0011。

七、为拟请采（採）赠松枝以便祭阵亡将士典礼布置的函[①]

来文机关：总统府第六局

事由：拟请采赠松枝，以便秋祭阵亡将士典礼布置由。

总统府第六局函　总庶京字第 466 号

查“九三”胜利纪念日举行秋祭阵亡将士典礼，须在国民革命烈士祠正气堂门前布置松柏。惟因采购不易，拟请贵处惠予采赠松枝十担（请于九月一日下午采妥，二日候用），以便布置。相应函达，希烦查照办理为荷。

此致

国父陵园管理委员会园林处

总统府第六局　启

中华民国卅七年九月一日

已通知将士墓区办理。周强生 九月一日

发文机关：国父陵园管理委员会

事由：奉谕夏令办公时间至八月卅一日业经届满，自九月一日起恢复原规定办公时间，上午八至十二时、下午一时半至五时半，着传谕知照等因。

秘文字第一八一号

请查照转知为荷。

此致

园林处

秘书处　林元坤　启

中华民国卅七年八月卅一日

通传。马湘　八月卅一日[②]

八、为秋祭阵亡将士典礼定于九月三日上午在国民革命烈士祠正气堂举行的函[③]

国父陵园管理委员会函　秘字第 265 号第一页

奉交下国民政府参军处典礼局本年八月廿九日京典字第 833 号函一件“为本年秋祭阵亡将士典礼定于九月三日上午十时半在国民革命烈士祠正气堂（灵谷寺）举行，检送参加典礼特别出入证四枚，请查照转知贵会高级长官，届时凭证参加，用毕缴还，以昭慎重”由，兹将上项参加典礼特别出入证一枚随函送上，即请查收应用，并希于用后掷还，以便归还典礼局为荷。

此致

会计室

秘书室　启

中华民国卅六年九月一日

①《为拟请采（採）赠松枝以便祭阵亡将士典礼布置的函》，南京市档案馆藏，档号：10050030570(00)0022。

②编者按：本行为原件批文

③《为秋祭阵亡将士典礼定于九月三日上午在国民革命烈士祠正气堂举行的函》，南京市档案馆藏，档号：10050030572(00)0009。

第三节　警卫

一、阵亡将士公墓筹委会为前月第一公墓失窃国旗黄绸各物一案致总理陵园管委会警卫处函[①]

来文机关：建筑阵亡将士公墓筹备委员会

事由：函复前月二十一日第一公墓失窃国旗、黄绸各物一案，请驱除该窃犯顾彦才、张小坠等，举家迁出，并附领条一纸，请监核由。

中国国民党中央执行委员会建筑阵亡将士公墓筹备委员会笺

迳启者：接准函开"以本会第一公墓失窃旗帜、黄绸等物一案，业已人赃并获，嘱将失物具领"等由；准此，除具条请领外，查窃犯顾彦才、张小坠等二名，惩戒开释似不足以蔽辜，应请贵处勒令举家迁出，永远不准逗留本公墓区域之内，以警儆尤。兹准前由，相应函请查照，凡饬办理，并希见复为荷。

此致

总理陵园管理委员会警卫处

附领条一纸。

建筑阵亡将士公墓筹备委员会 启

中华民国二十四年十二月四日

附　领条

兹向贵处领到本会第一公墓失物案内大小国旗四面、旗绳两条、黄素绸两疋，赔洋十元。

此致

总理陵园管理委员会警卫处

建筑阵亡将士公墓筹备委员会　具

中华民国廿四年十二月四日

二、公墓落成典礼筹备处为聘请处长马为典礼警卫副指挥致总理陵园警卫处函[②]

来文机关：阵亡将士公墓落成典礼筹备处

事由：函为聘请贵处长为将士公墓落成典礼之警卫副指挥请察照由。

中国国民党中央执行委员会国民革命军阵亡将士公墓落成典礼筹备处笺

迳启者：查本月二十日举行国民革命军阵亡将士公墓落成公祭典礼，所有警卫交通事宜，已请贵处与宪兵司令部、首都警察厅会同办理。除请谷司令担任总指挥外，拟请贵处长及陈警察厅长担任副指挥。专此函聘，敬希察照为荷。

此致

陵园警卫处长　马

国民革命军阵亡将士公墓落成典礼筹备处　启

中华民国二十四年十一月十八日

---

①《阵亡将士公墓筹委会为前月第一公墓失窃国旗黄绸各物一案致总理陵园管委会警卫处函》，南京市档案馆藏，档号：10050010132（00）0026。

②《公墓落成典礼筹备处为聘请处长马为典礼警卫副指挥致总理陵园警卫处函》，南京市档案馆藏，档号：10050010132（00）0037。

宪兵司令部笺函 ①

吉堂主任勋鉴，迳启者：陵园灵谷寺阵亡将士公墓落成典礼举行在即，关于警卫事宜，除订十八日下午在浙江会馆另行讨论具体办法外，敬请尊处预先就近密派人员看守地面，以免疏虞。是为盼。专此奉布，并颂勋绥。

宪兵司令部　启

中华民国二十四年十一月十六日

三、警卫组函请总务组派工打扫纪念烈士塔 ②

来文机关：警卫组

事由：函请派工打扫纪念堂烈士塔希查照办理由。

警卫组　编号五九八

迳启者：顷据友邦和尚来组说知，请派员开启革命烈士纪念塔门锁，以便参观。法事布置设神座一节，并述及明（三）日上午十时，诸部长及日方官长同来宝塔奠礼云云。为此，查塔上每层均有鸟鸽、蝙蝠之遗弃秽屑之物于地面，又及革命纪念馆正气堂等处亟应打扫清洁，以壮观瞻。相应转知贵组，请烦查照，在本日派工人数名，携带箕帚等项，来该塔、馆堂各处打扫清洁为幸。

此致

总务组

国父陵园管理委员会警卫组　启

中华民国三十三年十月二日

四、总务组函请警卫组于国庆纪念日派干警照料烈士祠及纪念塔附同香烛届时请点燃 ③

送达机关：本会警卫组

事由：函请于国庆纪念日饬派干警照料烈士祠及纪念塔附同香烛各一份，希查照办理由。

国父陵园管理委员会　陵字第六〇一号

迳启者：查明日为国庆纪念节，国民革命烈士祠（即无梁殿 ④）暨纪念塔循例开放一天。是日，拟请贵组加派干警，饬于上列二处严密照料，以策安全。亦附蜡烛一对、香一炷（烈士祠内用），届时请饬燃点外，相应函请查照办理为荷。

此致

警卫组

国父陵园管委会

中华民国三十三年十月九日

---

① 编者按：原档无标题，为编者加。

②《警卫组函请总务组派工打扫纪念烈士塔，南京市档案馆藏》，档号：10050020021(00)0029。

③《总务组函请警卫组于国庆纪念日派干警照料烈士祠及纪念塔附同香烛届时请点燃》，南京市档案馆藏，档号：10050020021(00)0032。

④ 编者按：即前文之无量殿。

五、警卫组函请总务组派工扫除无量殿革命纪念塔及谭墓一带道路[①]

来文机关：警卫组

事由：为国父逝世纪念期迫，无量殿革命纪念塔及谭墓一带道路有瓦砾树叶等物，是日游人众多，请派工先期扫除，免碍观瞻。

警卫组函　编号七二九

查三月十二日为国父逝世纪念，是日游人众多，无量殿革命纪念塔及谭公墓一带道路当遗有碎屑、瓦砾、树叶之物，有碍观瞻。请祈派工人于明（十一）日前来打扫是荷。

此致

总务组

国父陵园管理委员会警卫组　启

中华民国卅四年三月十日

交事务课派工速往扫除。十日

派工目 解翰森率工人二名。三月十一日[②]

六、转发主席关于祭孔、烈士祠、国父陵寝时应注意事项[③]

来文机关：参军处

事由：为奉主席手令嗣后祭孔及先哲祠、国父陵寝时应注意事项，录令函请查照转饬遵守由。

国民政府参军处　典字第 1115 号

迳启者：奉主席本月十二日手令，内开："本日在国民革命烈士礼堂行礼后绕行灵座时，语音嘈杂，秩序紊乱，殊失肃穆、严敬之仪。以后如遇祭孔庙、先哲祠、国父陵寝、先烈祠时，应注意事项如左：

（一）凡致祭陵寝及祠庙，自入礼堂之后至出礼堂之前，均须静穆，不宜随意喧哗。

（二）凡致祭陵寝及祠庙，必须于秩序单中列入默念一项，以一分钟为限，由司仪者注视时表，届时报告。如过时或不及时，司仪者应付惩戒，以为玩忽者儆。

（三）在国父陵寝礼堂行礼后绕行灵榇一周时，必须注意以下数点：

1. 一人一列，先后相随，不可二人并列，尤不可由后躐进及由旁闯入；

2. 行步时步履宜轻，步武宜迟，速维均；

3. 至寝门口，一鞠躬，由门右入，绕行一周，立即退出，不可停步，出至寝门口，一鞠躬，由门左出，立于礼堂原处，

（四）在国民革命烈士祠礼堂行礼后，因堂壁四周均嵌有烈士姓名，为瞻仰计，绕壁而行礼亦宜之，礼堂较宽，不必限于一人一列，惟为保持整肃秩序计，宜随主席之后徐行，并防止有喧哗、零乱等现象。

右令分发各机关，饬知各员遵守。"等因；奉此，除分函外，相应录令函达，即希查照转饬各员，以后参与典礼时严行遵守为荷。

此致

---

①《警卫组函请总务组派工扫除无量殿革命纪念塔及谭墓一带道路》，南京市档案馆藏，档号：10050020021(00)0040。

②编者按：以上两行为原件批文。

③《转发主席关于祭孔、烈士祠、国父陵寝时应注意事项》，南京市档案馆藏，档号：10050020023(00)0009。

孔庙管理委员会

国民政府参军处　启

中华民国三十二年三月十五日

拟通知各员遵守，并在祭孔秩序单上增列默念一项，函知文官处。胡家修代 三月十六日

如检。三月十六日 [①]

七、关于将明孝陵及灵谷寺革命纪念塔移交中国管理请派员前往接收致中山陵园办事处训令 [②]

来文机关：南京市园林管理处

事由：为将明孝陵及灵谷寺革命纪念塔移交请派员接收由。[③]

南京市园林管理处训令 字第 190 号

令中山陵园办事处：案奉市府训令秘字第三三一零号内开：“案准外交部三月十日函，以案准日本大使馆照会，以南京警备司令部定三月二十日将明孝陵及灵谷寺内之革命纪念塔移交中国管理，请转达有关机关迅予准备接收等由；相应函请贵市政府查照，届时派员前往接收，并将派定人员迅即函知本部，以便照复日本大使馆接洽等由；准请令派本府公务局长谢学瀛前往接收，并函请首都警察厅派警保管，各在案。兹复据外交部建总字第一一五号函开：查此次日军军部交还革命纪念塔暨明孝陵之管理权一案，关于今后之管理责任，既属于地方政府，则自应将该项建造引渡证送交贵市府存查，除另抄副本一份留部备案外，相应检同原引渡证一纸随函附送，即希查收见复等由；附送建造引渡证一纸，准此除复外交部外，令行会仰该处长遵照转饬陵园管理员随时照料，并会同陵园警卫队妥为保护，以重史迹为要。此令。”等因，奉此令行会仰该事处迅予遵照，府令办理，勿延为要。

此令。

南京市园林管理处

中华民国三十年四月廿三日

八、纪念塔、无梁殿装修工程已竣请派干警看守致警卫组的训令 [④]

送达机关：警卫组

事由：为革命纪念塔、无梁殿装修工程已竣，着派干警看守，仟即遵照以相理由。

国父陵园管理委员会训令　陵字第二八一号

令警卫组：查革命纪念塔及无梁殿装修工程业已全部竣事，兹为防止宵小损坏起见，着该组选派干警，切实负责看守，以资保护。仰即遵照，以办理为要。

此令。

主任委员　×××

中华民国三十二年九月廿五日

---

① 编者按：以上两行为原件批文。

② 《关于将明孝陵及灵谷寺革命纪念塔移交中国管理请派员前往接收致中山陵园办事处训令》，南京市档案馆藏，档号：10050020055(00)0085。

③ 编者按：原件无，为编者加。

④ 《为革命纪念塔无梁殿装修工程已竣请派干警看守致警卫组的训令》，南京市档案馆藏，档号：10050020072(00)0006。

九、为拟定保护纪念塔无梁殿办法祈鉴核致戴总干事签呈①

送达机关：戴总干事

事由：为拟定保护纪念塔无梁殿办法祈鉴核示遵由。

国父陵园管理委员会签呈　陵字第二一六号

谨签呈者：窃职前请装修纪念塔、无梁殿等处门锁一事，经奉钧座批示“先拟定保护办法，后再配锁”等由；奉此，遵即驰赴警卫组与张组长大鹏会商保护办法，兹经决定，纪念塔今后常日派定二干警驻扎保护，无梁殿则昼夜指派巡逻警士多名轮流巡查，并由该组长负责亲加督促考核，以资防范。合将会商保护办法签请鉴核示遵！

谨呈

总干事　戴核能

主任委员　褚

职　钱翔孙

中华民国三十二年八月廿八日

十、请饬警卫组派警切实保护纪念塔及无梁殿致戴总干事签呈②

送达机关：戴总干事

事由：为签请令饬警卫组派警切实保护纪念塔及无梁殿由。

国父陵园管理委员会签呈 陵字第二五五号

谨签呈者：查革命纪念塔及无梁殿装修工程业已全部竣事，并经派员验收。兹为防范起见，拟请令饬警卫组选派干警切实负责看管，以资保护。是否有当，理合签请鉴核。

谨呈

总干事　戴

主任委员　褚

职　钱翔孙　谨呈

中华民国三十二年九月十三日

送达机关：戴总干事③

事由：为签请令饬警卫组派警切实保护纪念塔及无梁殿由。

谨签呈者：查纪念塔及无梁殿装修工程业已全部竣事，并经派员验收。兹为防范起见，拟请令饬警卫组选派干警切实负责看管，并责成该两处经常锁闭，不得任意开放，以资保护。是否有当，理合签请鉴核。

谨呈

总干事　戴

主任委员　褚

职　钱翔孙　谨呈

①《为拟定保护纪念塔无梁殿办法祈鉴核致戴总干事签呈》，南京市档案馆藏，档号：10050020072(00)0007。

②《请饬警卫组派警切实保护纪念塔及无梁殿致戴总干事签呈》，南京市档案馆藏，档号：10050020072(00)0009。

③编者按：此段“签呈”与上文文字有出入，然文意一致，共存于原件之中。

中山门外革命纪念塔九月十六日起开放

查革命纪念塔前以整理内部塔身锁多时，并经国父陵园管理委员会修整竣事。兹定于九月十六日起启，终日任人游览，俾便敬仰。开放时间为每日上午九时起至下午六时止，届期本土人士又多一消遣胜地。

修缮事件

1. 修葺明孝陵警士驻扎所；
2. 堵塞墓西水池边至旧图书馆小路；
3. 朝天宫孔庙；
4. 日月寺。

十一、为将士墓区无梁殿花瓶遗失各处往来文书[①]

（一）国父陵园管委会为将士墓区花瓶遗失饬属协查致灵谷寺警察所公函

送达机关：灵谷寺警卫组

事由：据报无梁殿所陈花瓶遗失，望饬属协查由。

国父陵园管理委员会　林护字第 962 号

据报，将士墓区无梁殿祭台上陈列之花瓶一对，经派工人窦维仁每日午后七时前往收存。昨（九）日因风雨关系，该工未前往取，致被窃去，请予鉴核等情，前来检查属实，相应函达查照，即希饬属协查为荷。

此致

灵谷寺警察所

处　启

中华民国卅六年六月十一日

（二）管理员陈继先关于花瓶被窃的签呈

窃职区无梁殿祭台上所陈列之花瓶一对，每日派园工窦维仁于午后七时搬往拱卫队灵谷寺分驻所存放。昨日因风雨关系，该工疏忽职守，未能按时搬存，因而被窃。旋函请灵谷寺拱卫队严密侦查，并责令该工窦维仁设法赔偿外，理合将该花瓶被窃经过情形据实报请钧长鉴核。

谨呈

科长　唐　核转

处长　沈

函灵谷寺警察所协查。

职　陈继先　谨签

中华民国卅六年六月十日

（三）陵园警所为复协查花瓶被窃致国父陵园管委会公函

来文机关：陵园警署

事由：准函发所失花瓶已饬属协查由。

国父陵园管理委员会函　字第　号[②]

按准贵处本年六月十一日大函称“无梁殿祭台上之花瓶一对，因天风雨，至晚未前往取，致被

① 《为将士墓区无梁殿花瓶遗失各处往来文书，南京市档案馆藏》，档号：10050030525（00）0011。

② 编者按：原文标注“未列”，文中有“林收字第 679 号”。

窃去，嘱饬协查”等由；准此，本所已饬属员警查缉。相应函复，查照为荷。

此致

国父陵园管理委员会园林处

首都警察厅东郊警察局陵园警卫所　启

中华民国卅六年六月十五日

十二、职员沈鹏飞为将士墓区无梁殿陈列花瓶被窃请警卫机关侦查的签呈[①]

事由：据报将士墓区无梁殿陈列之花瓶被窃，暨函请警卫机关侦查经过，签请鉴饬核备由。

国父陵园管理委员会签呈　林发字第 1029 号

本年六月十日，按据阵亡将士墓区管理员陈继先签呈称以无梁殿祭台上所陈列之花瓶一对，每日派园工窦维仁于午后七时搬往拱卫队灵谷寺分驻所存放。昨（九）日因风雨关系，该工疏忽职守，未能按时搬存，因而被窃。经函请灵谷寺拱卫队严密侦查，并请鉴核等情前来，经于六月十一日以林发字第九六二号函请首都警察厅东郊警察局陵园警卫所饬属协查去后，同月十五日接准该所未列字号函复，略以已饬属协查等由，并经处派技士吴敬立会同该区管理员陈继先偕赴陵园警所查询，据复查无着落等情，各在案。兹以事关公物被窃，理合将侦查经过恭呈，签请鉴赐备案。

谨呈

主任委员　孙

职　沈鹏飞　谨呈

中华民国三十六年七月十一日

事由：据报将士墓区无量殿陈列之花瓶被窃，暨函请警卫机关侦查经过，签请鉴饬核备由。

林发字第 1029 号

请查照。

此致

园林处

秘书室　林元坤　启

中华民国三十六年八月一日

签字第 89 号

十三、为请规定纪念塔门启闭时间呈文致孙科[②]

送达机关：主任委员

事由：为签请规定将士纪念塔门启闭时间，以便管理，祈示遵由。

国父陵园管理委员会签呈　拱一字第 74 号

窃查阵亡将士纪念塔下层铁门四副、装配固定铁锁四具，除经修理外，查关于该塔上之清洁整理、门钥之启闭规定至属重要。兹据报，以该塔每日虽有卫士轮值看管，奈未免有一般无知民众，于登塔时辄随手在墙壁上写字乱划，而限勤卫士上下不能兼顾，拟自此次将门钥修理之后，应严定

①《职员沈鹏飞为将士墓区无梁殿陈列花瓶被窃请警卫机关侦查的签呈》，南京市档案馆藏，档号：10050030520（00）0003。

②《为请规定纪念塔门启闭时间呈文致孙科》，南京市档案馆藏，档号：10050030938(00)0019。

启闭时期，俾资遵循，饬属负责管理。如何之处，理合签呈核示。

谨呈

主任委员 孙

职　马 ×

中华民国卅七年四月十五日

十四、园林处为已规定纪念塔启闭日期希灵谷寺分驻所切实执行管理致拱卫处的笺 [①]

来文机关：园林处

事由：为将士纪念塔除星期日、纪念日及特约日开放外，余日停止游览，业经奉准在案，函请查照由。

林工（卅七）字第二六五号第一页

查阵亡将士纪念塔局部油粉工程业已竣工。兹为保持清洁计，除星期日、纪念日及特约日开放并由贵处派警监导外，余日停止游览。呈奉主任委员批示，如拟在案，相应函达查照，饬办为荷。

此致

拱卫处

园林处

中华民国三十七年六月二十四日

特令第一中队饬灵谷寺分驻所切实执行。六月廿五日

可。马湘 六月廿五日 [②]

十五、为将士纪念塔粉刷后严禁游客涂抹的训令 [③]

送达机关：第一中队

事由：为令知饬灵谷寺分驻所注意将士纪念塔粉刷之后严禁游客涂抹墙壁以保清洁由。

（全　衔）训令　御字第四二六号

令拱卫大队第一中队长王全：案准秘书室秘文字第〇四四号通知开："准园林处林发九〇四号函为将士纪念塔业于本月十四日油漆粉饰完竣，嘱转知拱卫处转饬知照，并转饬灵谷寺派出所时加注意劝阻游客，勿再在该塔墙壁涂抹，以保清洁。"等由；准此，自应照办，合行令仰转饬遵照。

此令

处长　马

中华民国卅六年五月十九日

---

①《园林处为已规定纪念塔启闭日期希灵谷寺分驻所切实执行管理致拱卫处的笺》，南京市档案馆藏，档号：10050030860(00)0014。

②编者按：以上两行为原件批文。

③《为将士纪念塔粉刷后严禁游客涂抹的训令》，南京市档案馆藏，档号：10050030878(00)0004。

第四节　诵经

拱卫大队部为东西洼村（郚）追悼阵亡将士举行诵经请鉴核备致国父陵管会报告[①]

来文机关：拱卫大队部

事由：为据东西洼村呈报本月十三四日为追悼阵亡将士举行诵经而资超度冤魂请鉴核备查由

报　告

顷据本队第一中队报称：东、西洼子两村保甲长请以为追悼阵亡将士及庆祝抗战胜利，于本月十三、四两日夜举行诵经演剧。报请核示前来，理合据情呈报，鉴核备查。

谨呈

处长　马

职　马汝扩

拱卫大队

中华民国三十五年八月十二日

拟仍饬灵谷寺派出所查照注意。八月十三日

如拟。马湘 八月十三日[②]

第五节　碑刻史料

一、革命纪念塔碑刻史料（孙中山先生陆军军官学校开学训词）[③]

总理孙中山先生陆军军官学校开学训词[④]

民国十三年六月十六日

来宾、教员、学生诸君：

今天是本学校开学的日期。我们为什么一定要开这个学校呢？诸君要知道，中国的革命有了十三年，现在得到的结果，只有民国之年号，没有民国之事实。向这样看来，中国革命十三年，一直到今天，只得到一个空名。所以中国十三年的革命完全是失败，就是到今天也还是失败。

至于世界上的革命，在我们以后发生的情形是怎么样呢？六年之前，有一个邻国，和中国毗连有一万多里，跨欧、亚两洲来立国，比中国还要大，在欧战之前是世界上头一个强国，当欧战期内便发生革命，他们的革命后过我们六年。这个邻国是谁呢？就是俄国。

俄国革命虽然是在中国的革命六年之后，但是说到结果，他们彻底成功。我们拿两国历史来比较，就对内一方面来说，中国从前革命，是对外来的满洲人。满清皇帝的权威，到我们革命的时候已经是很薄弱，政治也是很腐败。当那个时候，[⑤]满清的国势是世界上最衰微的国家，比较俄国对

①《拱卫大队部为东西洼村（郚）追悼阵亡将士举行诵经请鉴核备致国父陵管会报告》，南京市档案馆藏，档号：10050030531(00)0005。

② 编者按：以上两行为原件批文。

③《革命纪念塔碑刻史料（孙中山先生陆军军官学校开学训词）》，南京市档案馆藏，档号：10050030542(00)0001。

④ 以下为第八层（1），十七行、二十四格，全文共6637字（编者按：纪念塔由第四层以上至第八层内部墙面逐层而上，镌刻《孙中山先生陆军军官学校开学训词》，每层四块碑刻）。

⑤ 以下为第八层（2），十七行、二十四格。

他们皇帝革命时候的情形是怎么样呢？俄皇是本国人，又是俄国的教主，在国内的威权是第一，当没有革命的时候，俄罗斯的国势是世界上最强盛的国家。象这样比较，可说是中国是对权势很薄弱的皇帝来革命，俄国是对权势很强盛的皇帝来革命。所以就对内这一方面讲，中国革命是很容易的，俄国革命是很艰难的。就对外一方面说，俄国革命之后，所遇到的障碍是很大的；中国革命之后，毫没有人干涉。在革命之前，外国人虽然有瓜分中国的言论，我们也怕到革命的时候受列强的干涉，但是发生了革命之后，列强毫没有理会。俄国发生了革命之后，遇到外国人的障碍，不只是言论，并且实受兵力的干涉。各国军队侵进俄国境内的，有英国、法国、美国、日本和意大利以及（其）他各小国的军队，外国人集合全世界的力量来干涉俄国。象这样看来，我们革命，只在内对付一个很衰弱的政府；俄国革命，在内要对付一个威权很大的政府，在外还要对付全世界的列强。

所以①，更就对外那一方面说，中国革命也是很容易的，俄国革命也是很艰难的。为什么俄国遭了那样大的艰难，遇了那样多的敌人，还能够在六年之内，把所有的障碍都一概打消，革命是彻底的成功？我们革命的时期比较俄国要长一半，所遇的障碍又不及俄国的大，弄到至今，革命还是不能成功呢？由中国和俄国革命的结果不同，推求当中原因，便是我们的一个大教训。因谓（为）知道了这个教训，所以有今天这个开学的日期。

这个教训是什么呢？就是俄国发生革命的时候，虽然恃一般革命党员做先锋，去同俄皇奋斗，但是革命一经成功，便马上组织革命军；后来因为有了革命军做革命党的后援，继续去奋斗，所以就是遇到了许多大障碍，还是能够在短期间之内大告成功。中国当革命之时，在广东奋斗的党员最著名的有七十二烈士，在各省舍身奋斗的党员也是不少。因为有了那些先烈的奋斗，所以武昌一经起义，便有各省响应，推倒满清，成立民国，我们的革命便有一部分的成功。

但是后来没有革命军继续革命党的志愿②，所以虽然有一部分的成功，到了今天，一般官僚军阀不敢明目彰胆更改中华民国的正朔。至于说到民国的基础，一点都没有。这个原因，简单的说，就是由于我们的革命，只有革命党的奋斗，没有革命军的奋斗。因为没有革命军的奋斗，所以一般官僚军阀便把持民国，我们的革命便不能完全成功。我们今天要开这个学校，是有什么希望呢？就是要从今天起，把革命的事业重新来创造，要从这个学校内的学生做根本，成立革命军。

诸位同学就是将来革命军的骨干。有了这种好骨干，成了革命军，我们的革命事业便可以成功。如果没有革命军，中国的革命永远还是要失败。所以，今天在这地开这个军官学校，独一无二的希望，就是创造革命军，来挽救中国的危亡。什么东西叫做革命军呢？诸君到这个学校来求学，要怎么样立志才可以做革命军呢？要有什么资格才叫做革命军呢？我们要知道怎么样可以做革命军，便要拿先烈做模范；要拿先烈做模范，就是要学革命党，要学革命③党的奋斗。有和革命党的奋斗相同的军队，才叫做革命军。中国革命虽然有了十三年，但是所用的军队，没有一种是和革命党的奋斗相同的。我敢讲一句话，中国在这十三年之中，没有一种军队是革命军。现在在广东同我们革命党奋斗的军队，本来不少，我都不敢说他们是革命军。他们这些军队，既是来同我们革命党共事，为什么我还不叫他做革命军呢？我之所以不敢以革命军的名号加之于这些军队之上的理由，就是因为他们内部的分子过于复杂，没有经过革命的训练，没有革命的基础。

什么是叫做革命军呢？就是要有革命先烈那一样的行为。有了那一样的行为，才叫做革命的基础。至于现在广东的这些兵士，对先烈的那些行为，还是莫明其妙。而且中国此刻是民穷财尽，一

① 以下为第八层（3），十七行、二十四格。

② 以下为第八层（4），十七行、二十四格。

③ 以下为第七层（1），十七行、二十五格。

般都是谋生无路，那些人在没有得志之先，因为生计困难，受了家室之累，都是要说来革命；到了后来稍为得志，便将所服从的什么革命主义都置之九霄云外，一概不理了。所以在二年之前，竟有号称“革命同志”的陈炯明军，炮攻观音山，拆南方政府的台。从前叫做“革命军”，同在一个革命政府之下的军队，因为利害不同，竟会倒戈[①]相向，做敌人所做不到的行为。因此知道不明白革命主义的军队，究竟不能除却自私自利的观念，如果和他们本身的利害相反，马上便靠不住。所以我们的革命，总是失败。

我今天到此地来和诸君讲话，是要把以往的成败当作一场大梦，一概不要回顾他。要从今天起，重新来创造革命的基础，另外成立一种理想上的革命军。诸君不远千里或者数千里的道路来此校求学，既是已经明白了我们的宗旨，要造成一种革命军，一定是富有这种志愿，来做革命的事业。要做革命事业，是从什么地方做起呢？就是要从自己方寸地做起，要把自己从前不好的思想、习惯和性质，象兽性、罪恶性和一切不仁不义的性质，都一概革除。所以诸君要在政治上革命，便先要从自己的心中革起。自己能够在心理上革命，将来在政治上的革命便有希望可以成功。如果自己不能在心理上革命，就是此刻在这样设备完全的军官学校之内研究军事学，将来还是不能成革命军，做革命军的事业。所以诸君要革命，便先要立革命的志气。此时有了革命的志气，将来便可以当革命军的将领。我们要把革命做成功，便要从今天起立一个志愿[②]，一生一世，都不存升官发财的心理，只知道做救国救民的事业，实行三民主义和五权宪法，一心一意的来革命，才可以达到革命的目的。如果不然，就是诸君将来成立军队，打许多胜仗，得许多土地，各人都能够扩充到几万人，还是不能够叫做革命军的。

中国现在不好的军人，可以分成两派：一派是在革命党内的军人，这派军人口头赞成革命，行动都是反对革命，所谓口是心非；一派是在革命党外的军人，这派军人完全反对革命，只知道升官发财，时时刻刻都想推翻共和，恢复专制。诸君要将来维持共和，消灭这种军人，现在便要立志，要存心将来成功之后，不做自私自利的师长、旅长和一般无道的军阀。诸君有了这种志气，才可以入革命的第二层门径。什么是革命的第二层门径呢？就是要学革命先烈的行为，没有别的长处，就是不要身家性命，一心一意为国家奋斗。从前的奋斗是什么情形呢？大多数都是凭着赤手空拳，有了手枪炸弹的，便以为是很好的武器，每次起义，总用很少的这种武器去和清兵奋斗。当时全国的驻兵有多少呢？从前有旗下绿营、水师[③]和巡防营，后来又有新兵，总共不下一百多万。譬如辛亥年三月二十九日，在广州城的，便有李准所带的水师、张鸣岐所带的陆师和燕塘的许多新兵，及满洲的驻防军，总计不下五六万人。当时革命党的人数不过是几百人。经过那次革命之后，死了的有七十二人，没有死的当然是很多。当时做冲锋的人有武器的不过三百人，所打的敌人，不止三万人。革命党只有三百人便敢打三万多敌人，这就是革命党的见识。革命党的见识，都是敢用一个人去打一百个人的。此刻在这地听话的，都是军事教员同军官学生，试问诸位教员，研究军事学在战术中有没有这个道理呢？有没有一个人打一百个人的成例呢？依我看起来，无论古今中外，都没有这种战术。普通的战术用一个人去打一个人，便以为了不得。古时的兵法都说是倍则攻之，十则围之；近时的兵法用一个打一个，非守即退。象这样的兵法，古今才叫做正当的战术。至于广州十三年前的革命，不但是用一个人去打一（百）个人，并且坐守广州的敌人都有长枪大炮，进攻广州的革命

①以下为第七层（2），十八行、二十五格。

②以下为第七层（3），十八行、二十五格。

③以下为第七层（4），十八行、二十五格。

党只有手枪炸弹。战到结束，革命党[①]死了七十二人，后人以为失败，但是革命党攻进制台衙门，赶走两广总督，我们以战论战，当日广州城内之战可以说是成功。至于后来失败的原因，完全是由于预约援军不至。就是推到那次冲锋队的三百人，武器还是不精良，如果人人都有精良的武器，那次革命或者可以成功，并不是绝对没有成功的希望。我们事后用敌我的情形过细比较，那次革命之不成功，并不是三万敌人能够打败三百个革命党，实在是由于革命党内部的计划不周全；如果起义之先计划很周全，那次革命也不是绝对没有成功的希望。

辛亥年革命，在广州起义之后，又有武昌起义。武昌起义结果是成功。推到当时的情形是怎么样呢？当时在武昌、汉口的革命党总共还不足三百人，真正革命党不过是几十人。所有的枪都没有子弹，临时到处搜索，只得到两盒子弹，一共不过五十颗。革命党分到了五十颗子弹，便在城内（工）程营中发难。城外的炮兵营立时回应，便拉两门炮进城，遥攻总督衙门，赶走瑞澄，占领武昌。至于当时驻在武昌的清兵，有第八镇的新兵，有长江的海军，又有巡防营的旧陆师，总共不下两万多人。革命党只用几十个人去打两万多人，可以说是用一个人打五百个人。在广州起义，用一个人打一百[②]个人，结果是失败；武昌起义，用一个打五百个人，结果是成功。都是以极少数的人打极多的人，在广州是失败，在武昌便成功，所以革命的奋斗不能一概而论。这种奋斗，是古今中外各国兵法中所没有的，只有革命历史中才有这种创例。我们继续来革命，按步就班，便不能说用少数能胜多数。诸位教员有从外国来的，有从保定学的。从前各国在陆军学校所教授的学问，都是寻常的军事学。此刻学成的先生，再教授学生，一定也是从前所学的普通军事学。所以诸位学生在这个学校内所学的学问，大概都是极寻常、极有规矩的普通军事学。诸君专拿这种学问，可不可做革命军呢？做革命军的学问，不是专从学问中求出来的，诸君在求学的时代，当然要听先生的指教，服从长官的命令，先生教了多少，便要明白多少。如果有绝顶聪明的人，或者有青出于蓝而胜于蓝的，就是没有绝顶的聪明，只要把先生所教的学问彻底了解，将来也有大用处。

用诸君现在的情形和从前的革命党比较：从前的革命党都没有受过很多的军事教育，诸君现在这个学校之内，至少还有六个月的训练；从前的革命党只有手枪，诸君现在都有很好的长枪；从前革命党发难，集合在一处地方的[③]最多不过两三百人，现在这个学校已经有了五百人。以诸君这样好的根本，如果是真有革命志气，只用这五百人和五百枝枪，便可以做一件很大的革命事业。军队之能不能够革命，是在乎各位将士之有没有革命志气，不是在乎武器之精良不精良。如果没有革命志气，不研究革命道理，像满清末年所练的新军、陆军，都有很精良的长枪大炮，海军有很坚固的战舰和鱼雷艇，总不能发扬革命事业；到了武昌起义之后，便都归革命党所用。总而言之，革命是非常的事业，非常的事业不可以常理论。从前留学日本和欧美各国的陆海军学生，我们总是设法运动，要他们加入革命党，但是有许多学生总是不肯加入，始终反对革命。他们那些反对革命的有知识军人，是什么心理呢？过细考查，就是他们都有一种成见，自以为是军事专家。在我们革命党，主张用一个人打一百人，用一百人打一万人；在他们受过军事教育的人看起来，以为这是古今中外战术中没有的道理，如何可以成功呢？这个道理，我们不必深辩，只要看后来中国革命推翻满清，是谁做成呢？成功的时候，固然是有许多军事家赞助，但是穷流溯源，说起原动力，还是由于极少数的革命党所发起的。推到当时一般有知识的军人，以为[④]用极少数打败极多数是战术中决不能成功的定案，

① 以下为第六层（1），十九行、二十六格。

② 以下为第六层（2），十九行、二十六格。

③ 以下为第六层（3），十九行、二十六格。

④ 以下为第六层（4），十九行、二十六格。

因为不赞成这个道理，便不赞成革命。所以从前的革命党，真有军事知识之人还是很少。

辛亥年之革命所以大告成功，是由于全国已经发生了革命之后，段祺瑞便结合一般军人联名通电，赞成共和，才能够达到推翻满清的目的；革命党因为降格相从，容纳他们的意见，收买这一般军人，以后才收军事上的顺利。所以辛亥年革命之成功，实在没有真正军事学识的军人。大家总要记得：革命是非常事业，不是寻常事业，非常事业决不可以寻常的道理一概而论。现在求学的时代，能够学得多少便是多少，只要另外加以革命精神，便可以利用；如果没有革命精神，就是一生学到老，死记得满腹的学问，总是没有用处。我们现在才到这地开办这个军（官）学校，北方的官僚军阀老早便办得有保定军官学校和北京陆军大学。用我们这个学校和他们的学校比较，他们学校之成立的时间很久，人数很多，器械又完全；我们这个学校所处的种种地位，都是比他们的差得远。如果专就物质一方面来比较，又照常理论，我们怎么能够改造中国呢？不过，北方的将领和兵士集合在一处，成立军队，不是为升官发财，就是为吃饭穿衣，毫没有救国[①]民的思想和革命的志气。在从前清的时候，是这一种将士；现在遗留到曹锟、吴佩孚的，也是这一种将士。我们没有军事学识的革命党，从前能够消灭满清，将来富有军事学识的革命军，更是能够消灭曹锟、吴佩孚。不过以我们现在所处的地位，要能够消灭曹锟、吴佩孚，根本上还要有革命的精神。若是没有革命的精神，他们的人多械足，我们不但是不能够消灭他们，恐怕反要被他们消灭。

俄国在六年之前，一经发动革命，便同时组织革命军，以后着着进行，所以能够消灭旧党和外来的敌人，大告成功。我们现在开办这个学校，就是仿效俄国。中国革命有了十三年，到今天还要办这种学校，组织革命军，可见大凡建设一个新国家，革命军是万不可少的。诸君到这个学校内来求学，又聆过了我今天这一番的讲话，自然立志要做革命军。立志做革命军，先要有什么根本呢？要有高深学问做根本。有了高深学问，才有大胆量；有了大胆量，才可以做革命军。所以做革命军的根本，还是在高深学问。要造就高深学问，是用什么方法呢？造就高深学问的方法，不但是每日在讲堂之内，要学先生所教的学问，还要举一隅而三隅反，自己去推广。在讲堂之外，更须注重自修的工夫，把关于军事学和革命通（道）理的各种书籍及一切杂志报章，都要参考研究。研究有了心得之后，一旦融会贯通，自然可以发扬革命的[②]精神，继续先烈的遗愿，舍身流血，造成中华民国的基础，使三民主义完全实现。革命大告成功，象俄国一样，我们中国才可以同世界各国并驾齐驱，中国的民族才可以永远的生存于人类。假若革命不能成功，中国便要亡，四万万人便要灭种。国亡种灭，都是诸君自身的利害，这是不能不挽救的。要挽救这种危亡，只有革命军。所以我们一定要开这个学校，要造成革命军。

革命军是救国救民的军人，诸君都是将来革命军的骨干，都担负得有救国救民的责任。既是有了救国救民的责任，便要从今天起，先在学问上加倍去奋斗。将来毕业之后，组织革命军，对于共和的障碍，更是要同他们拼命，要能够用一个人去打一百个人。这种用一个人去打一百个人的本领，是靠什么为主呢？当革命军的资格，是要用什么人做标准呢？简单地说，就是要用先烈做标准。要学先烈的行为，象他们一样舍身成仁，牺牲一切权利，专心去救国。象这个样子，才能够变成一个不怕死的革命军人。革命党的资格，就是要不怕死。要用什么方法才不怕死呢？这个方法，说来说去，还是要学先烈。我今天在这地同诸君讲话，便是一个后死的革命党。从前每次革命的时候，我常常参加，总没有一次贪生畏死，但是每次流血都没有流到我的身上，所以今天还能够同诸君讲话，

① 以下为第五层（1），二十行、二十七格。

② 以下为第五层（2），二十行、二十七格。

把不怕死的道理口传到诸君。我敢说革命党的精神，没有别的秘[1]诀，秘诀就在不怕死。要能够有这种大勇气，在心理中就是视死如归，以人生随时都可以死，要死了之后便能够成仁取义。明白了这种道理，便能够说死是我们所欢迎的；遇到了敌人的枪炮子弹，能够速死更是我们所欢迎的。有了这种大勇气和大决心。我们便能够用一个人去打一百个人。因为敌人的观念，要生才以为是享幸福；我们的观念，要死才以为是享幸福，一死便得其所。生死的观念，在敌我两方面的精神过于悬殊，自然不能对敌，自然是我们有胜无败。这样以死为幸福、要求速死的道理，并不是凭空的理想，完全是事实。象从前日本有一位中国留学生，叫做陈天华，也发扬了革命的精神，还没有到革命的时机，求死不得，便在日本投海而死，以死报中国。英国又有一位留学生，叫做杨笃生，也是因为明白了革命的道理，没有革命的时机，不能做革命的事业，看到中国太腐败，要以速死为享幸福，便在英国投海而死，以死报中国。象陈天华、杨笃生，他们是什么人呢？他们就是革命党，就是热心血性的真革命党。他们都是由于求死所而不得，所以迫到投海，实在是可惜。但是由陈天华、杨笃生两个人投海的道理，便可以证明一般人只要感受了革命的精神，明白了革命的道理，便可以视死如归，以为革命而死是很高尚、很难得和很快乐的事。如果在战场上遇到了自己主义上的敌人[2]，受敌人枪炮的子弹而死，当然更以为是死得其所了。从前的真革命党，因为都有这种乐死的性质，所以敢用一个人去打一百个人，所以敢于屡次发难来革命，所以革命能够成功。这种先例，是古今中外兵书中所没有的，只有革命史中才有这种成例。这种成例，是非常的例子。我们要学这种非常的成例，便要有非常的志气，有了非常的志气，便能够看破生死关头，以死为幸福。如果人人都能够以死为幸福，便能够一百人打一万人，用一万人打一百万人。假若我们现在有一万人的革命军，马上便可以平定中国，因为此刻反对革命的全国军队，总共不过一百万人。

因为此刻我们没有一万人的革命军，所以那般贪暴无道的军阀便敢于横行全国，无恶不作，事事要害国，天天要推翻共和。我因为要维持共和，消灭这般贪暴无道的军阀，所以要诸君不怕死，步革命先烈的后尘，更要用这五百人做基础，造成我理想上的革命军。有了这种理想上的革命军，我们的革命便可以大告成功，中国便可以挽救，四万万人便不至灭亡。所以革命事业就是救国救民。我一生革命，便是担负这种责任。诸君都到这个学校内来求学，我要求诸君，便从今天起，共同担负这种责任。

中华民国二十年[3]

二、革命纪念塔碑刻史料（总理孙中山先生黄埔军校告别词）[4]

诸君：

诸君今天在这地听讲的，有文学生，又有武学生。我今天到黄埔来讲话，是暂时和黄埔的学生辞别。辞别的原因，就是因为我要到北京去。

这回北京事变没有发生以前的五六个月，便有几位同志从北京来许多信，催我先到天津去等候，说不久他们便可在北京发起中央革命。筹画这回事变的人数很少，真是本党同志的不过十个人。他们的见解以为，本党革命二十多年总是不成功，就是辛亥年推翻满清、成立民国，还不算是本党的

---

① 以下为第五层（3），二十行、二十七格。

② 以下为第五层（4），二十行、二十七格。

③ 以下为第四层（1）十六行、二十八格。

④ 接上文，共十二方，全文共5944字。见《革命纪念塔碑刻史料（孙中山先生陆军军官学校开学训词）》，南京市档案馆藏，档号：10050030542(00)0001。

主张完全成功。推究此中原因，就是由于从前革命都是在各省，效力很小，要在首都革命，那效力才大。所以他们在二三年前便在北京宣传主义，布置一切。到五六个月以前，便来了一个很详细的报告，说进行的成绩很好，军人表同情的很多，应该集合各省有力的同志在北京附近进行，只要几个月便可成功。当时各省有力的同志都是在本省奋斗，没有人能够到北京附近去进行；而且当时北京表面很安宁，一讲到首都革命在几个月之后便可成功，真是没有一个人敢信。就是我自己也看得很渺茫，也不敢相信。到江浙战事发生之后，他们又来催促我，欲赶快放弃广东到天[①]津去等，说首都革命很有把握，发动的时期就在目前，这个时期是千载一时的机会，万不可失。如果就广东的计画，由韶关进兵，先得江西，再取武汉，然后才想方法去定北京，那是很迂缓、很艰难的；假若放弃广东，一直到天津去发动一个中央革命，成功是很迅速、很容易的。我在当时以为，要北京有事变发生才可以去，如果放弃广东的军队不用，先到天津去等候，恐怕空费时间，不大合算。所以约定他们，只要北京有事变发生之后，我马上便可以到北方去。并且一面把广东的军队集合到韶关，我也亲自到韶关督率各军前进，收复江西。我们已经有了一部份的军队进到万安、吉安了。

现在大家都知道，北京发生事变了。当这次事变最初发生的时候，很像一个中央革命。我们对于以前的情况不明瞭，现在就发生事变时候的情形而论，可以决定是我们同志的筹画。但是，最近中央的大力量不是在革命党之手，还是在一般官僚、军人之手。拿这次变动的结果看，毫不能算是中央革命，这次变动毫没有中央革命的希望。既是没有中央革命的希望，我何以还要到北京去呢?我因为践成约起见，所以不能不去。他们在北京奋斗，费了许多大力，才有这次的变化。变化之后，对于本党表同情的只有几个师长、旅长，普通兵士都是莫明其妙[②]。以少数的师长、旅长来做极重大的中央革命，一定是很难成功的。就是在事变发生之初，我便进京同他们合作，想造成一个宏大的中央革命，也不容易做到。不过经过这次事变之后，可信北京首都之地的确是有军队来欢迎革命主义的。从今以后，只有人在北京筹画中央革命，一定可以望天天进步。这次虽然不能造成一个中央革命，以后进步，可以望造成一个大规模的中央革命。并且知道北方的军队和人民也有天良与爱国心，有了天良与爱国心，就可以受革命党的感化。我们从前看到北方的空气龌龊，官僚卑下，武人野蛮，人民没有知识，以为那些人用革命主义的力量不能够感化。但是在今天看起来，从前的观察实在是错误，北京也可以做革命的策源地，造成一个革命的基础。现在的事变虽然不是完全的革命举动，不能说将来便不能再起革命。只要此时用功去做，以后或者可得好结果。就是能不能得好结果，此时不能预先知道，但是可以推测彻底的革命一定可以在北京发生的。因为有这种希望，所以我为答北方同志的欢迎起见，决定去北京。

我这次到北京，不但是本党同志欢迎，就是各省反直派也是很欢迎的。我相信一定可以自由行动。将来自由行动的结果究竟是怎么样，虽然不能逆料，但为前途发展起见，此时也不能[③]不去。大家又不可以为我到北京之后，马上就能发起一个中央革命。不过借这个机会，可以做宣传的工夫，联络各同志，成立一个国民党部，从党部内成立革命基础。能不能够达到这个目的，预先固然不能断定，但是只要有革命的方法，便可以进行。

今天到此地来听讲的，有文学生，有武学生，便可以借这个机会，研究革命的方法。我也可以借这个机会，把革命的方法来和诸君谈谈。诸君现在都负得有革命的责任，在外面奋斗，应该用什

---

① 编者按：此处之前有文字“四层（1）十八行 廿八格（告别词一） 用 号格写”。

② 编者按：此处之前有文字“四层（2）十八行 廿八格（告别词二） 用 号格写”。

③ 编者按：此处之前有文字“四层（3）十八行 廿八格（告别词三） 用 号格写”。

么方法才可以成功呢？要革命成功，中外古今，在中央进行的当然是很容易，就是在各地方进行也有成功的，地方革命也算是一种办法。所以研究革命方法，要除去空间问题，另外从旁方面着想。

近二三十年来，革命风潮是从什么地方发生呢？是从什么地方传进中国来呢？中国感受这种风潮是些什么人呢？革命的这种风潮，是欧美近来传进中国来的，中国人感受这种风潮都是爱国志士，有悲天悯人的心理，不忍国亡种灭，所以感受欧美的革命思想，要在中国来革命。但是欧美的革命思想一传到中国来，便把中国的旧思想打破。试看近二三十年来，中国革命党在各地奋斗，成功的机会该有多少？而每次成功之后又再失败，原因是在什么地方呢？我们的革命失败，是被什么东西打破的呢？[1]大家知不知道呢？是不是敌人大武力打破的呢？是不是旧官僚阴谋打破的呢？又是不是中国旧思想打破的呢？这都不是。究竟是什么东西打破的呢？大家做学生的人，大概都不知道。依我看来，就是欧美的新思想打破的。中国的革命思想本来是由欧美的新思想发生的，为什么欧美的新思想发生了中国的革命，又能够打破中国的革命呢？这个理由非常幽微奥妙，不是详细研究，难得明白。

欧美的革命思想是什么呢？这就是大家所知道的自由、平等。自由、平等是欧美近一百多年来最大的两个革命思想。在法国革命的时候，另外加一个口号，叫做博爱。由于自由、平等与博爱的思想，便发生法国革命。中国近来也感受了自由、平等的思想，所以也起了革命。革命成了事实之后，又被这种思想打破，故革命常常失败。我们革命失败，并不是被官僚、武人打破的，完全是被平等、自由这两个思想打破的。革命思想既是由于平等、自由才发生，何以又再被平等、自由来打破呢？这个道理从前毫不明白，由于近十几年来所发生的事实，便可证明。

大家知道革命本是政治变动。说到政治，究竟是做些什么事呢？就“政治”两字讲，“政”者，众人之事也，“治”者，管理众人之事也。管理众人的事，就是“政治”。换言之，管理众人的事，就是管理国家的事。这个道理，许多军人多不明白。譬如，这次北方发生事变，本是少数军人的举动。这种事变本来就是革命。他们发动革命，就是发生政治变动。他们在事前储蓄得有这种[2]大动力，能够发生政治变动，政治变动已经发生了，而他们通电还是说不懂政治。这好比是一架发电机，能够发生大电力的部份就是磨打[3]。如果一个大磨打能发生几万匹马力的电，用这样大的电力去行船，每小时便可走几十英里；用这样大的电力去做工，便可运动很多的机器，制造很多货物；用这样大的电力去发光，便可装成无数的电灯，照很大的城市。像这样磨打，如果能够知道他所发生电力的用处，又用之得当，便可以做种种有利益的事业；若是不知道他所发生电力的用处，或者是用之失当，便要杀人，到处都是很危险。现在北京有政治原动力的军人已经发生了政治变动，尚且说不懂政治，这好比是磨打自己发生了电力之后，不知道用处，当然是有极大的危险。至于有大原动力的军人，日日在政治范围中活动，而没有政治知识，那种对于众人的危险，比较磨打当然是更大，又更利害。大家现在如果还不明白这个道理，可以读我的《民权主义》，便能够了解。

中国革命之所以失败，是误于错解平等、自由。革命本来是政治事业，如果当军人的说不懂政治，又好比是常人说不懂食饭、穿衣、睡觉一样。食饭、穿衣、睡觉都是做人的常事，是人人应该有的事。试问一个人可不可以不知道做人的常事呢？无论那一个人，都是应该要知道做人的常事的。大家都能够知道做人的常事，就是政治。大家能够公共团结起来做人，便是在政治上有本领的人民。

① 编者按：此处之前有文字“四层（4）十八行 廿八格（告别词四） 用 号格写”。

② 编者按：此处之前有文字“三层（1）十九行 三十格（告别词五） 用 号格写”。

③ 编者按：即马达。

有本领的人民组织成强[①]有力的国家，便是列强；没有本领的人民所组织成的国家，便是弱小。弱小都是被列强压迫的。无论那一个国家，不管他是不是强有力，只要号称国家，都是政治团体。有了国家，没有政治，国家便不能运用；有了政治，没有国家，政治便无从实行。政治是运用国家的，国家是实行政治的，可以说国家是体，政治是用。根据这个解释，便知道政治的道理简而易明，并非是很奥妙的东西。大家结合起来，改革公共的事业，便是革命。所以说革命就是政治事业。中国近来何以要革命呢？就是因为从前的政治团体不好，国家处在贫弱的地位，爱国之士总想要改良不好的旧团体，变成富强的地位。这种改良要在短时间或者是一朝一夕之内成功，便是革命。

我们发生了革命，为什么又被平等、自由的思想打破呢？因为做人的事，在普通社会中有平等、自由，在政治团体中便不能有平等、自由。政治团体中的分子有平等、自由，便打破政治的力量，分散了政治团体。所以民国十三年来革命不能成功，就是由于平等、自由的思想冲破了政治团体。就政治团体的范围讲，或者是国家，或者是政党；就平等、自由的界限说，或者是本国与外国相竞争，或者是本党与他党相竞争，都应该有平等、自由。不能说在本国之内，或者是在本党之内，人人都要有平等、自由。我们中国人讲平等、自由恰恰是相反，无论什么人在那一种团体之中，不管团体先有没有平等、自由，总是要自己个人有平等、自由。这种念头[②]最初是由学生冲动、一现成事实之初，不知道拿到别的地方去用，先便拿到自己家内用，去发生家庭革命，反对父兄，脱离家庭；再拿到学校内去用，闹起学潮来。这种事实，在大家当然是见得很多，做得也很多。大家要闹学潮，或者自以为很有理由，所持的理由总不外乎说先生管理不好，侵犯学生的平等、自由，学生要自己的平等、自由不被先生侵犯，要争回来归自己保留。所以才开会演说，通电罢课，驱逐先生。拿这个理由来闹风潮，口口声声都总是说革命，实在不知道革命究竟是一回什么事，不过拿学校做自己的试验场，用先生供自己的试验品罢了。

我们革命党内的情形也是这一样。革命的始意，本来是为人民在政治上争平等、自由。殊不知所争的是团体和外界的平等、自由，不是个人自己的平等、自由。中国现在革命都是争个人的平等、自由，不是争团体的平等、自由，所以每次革命总是失败。中国革命风潮发生最早的地方是在日本东京，当时都是以留学生为基础，留学生最盛的时代有两万多人。那些留学生都是初由中国各县到日本东京，头脑极新鲜，很容易感受革命的思想，一感受了革命思想之后，便集会结社，要争平等、自由。但是他们那种争平等、自由的目的，都不知道为团体去用，只知道为自己个人来用。所以当时结成的团体虽然是风起云涌，有百十之多，但是不久所有的团体便烟消云散。团体存在最久的不过是一两年，短时间的都只有几个月[③]，便无形消灭。那些团体为什么那样容易消灭呢？我以为很奇怪，便过细考查那些团体的内容，始知道那些团体当初结合并没有什么特别主张，只知道争个人的平等、自由；甚至于在团体之中并没有什么详细章程，凡事都是乱杂无章，由各人自己的意气用事，想要怎样做便是怎样做去，所谓人自为战。真是强有力的人，或者能够做成一两件事；大多数都是一事无成，只开一个成立会，大家到会说些争平等、自由的空话，便已了事。因为大家都是为个人争自由、平等，不为团体去争自由、平等，只有个人的行动，没有团体的行动，所以团体便为思想所打破，不久就无形消灭。学生在求学的时代便是这种行动，到了后来为国家做事，一切行动不问可知。

---

① 编者按：此处之前有文字“三层（2）十九行 三十格（告别词六） 用 号格写”。

② 编者按：此处之前有文字“三层（3）十九行 三十格（告别词七） 用 号格写”。

③ 编者按：此处之前有文字“三层（4）十九行 三十格（告别词八） 用 号格写”。

更有许多无路可走的学生，毫不知道政治社会的道理及中国的国情，又想在社会上出风头，便惊奇立异，采欧美没有根据的新学说，主张革命要无政府，自称为无政府党。殊不知道，革命的目的就是要造成一个好政府。他们这种主张，在政治原理上自相矛盾，真是可笑已极。推到无政府的学说之来源，是发生于俄国。俄国学者之所以要主张无政府，就是因为从前俄国的旧政府太专制，为万恶之源，人民痛苦难堪，所以社会上便发生无政府学说的反抗。俄国创造无政府学说的祖宗，就是大家所知道的巴古宁；其后又有一个王子，叫做克鲁泡特金，用科学的道理，把无政府的学说推到极端。这种无政府的学说，在俄国可算是极发达。从前俄国应用这种学说来革命，许久都不能成功。到七年之前，再发生一种革命，一经发动，便大告成功。

我们中国革命以前的不讲，只说最近的到今①日也有十三年了。这十三年的革命还是不成功。推到俄国从前一百多年的革命，不能成功，我们中国近十三年的革命也是不成功。俄国七年前的革命便彻底成功，这个原因是在什么地方呢？简而言之，俄国近来革命之所以成功的道理，就是由于打消无政府的主张，把极端平等、自由的学说完全消灭。因为俄国有这种好主张，所以他们近来革命的效果，比较美国、法国一百多年以前革命之效力还要宏大，成绩还要圆满。他们之所以能够有这种美满成绩的原因，就是由于俄国出了一个革命圣人，这个圣人便是大家所知道的列宁。他组织了一个革命党，主张要革命党有自由，不要革命党员有自由。各位革命党员都赞成他的主张，便把各位个人的自由都贡献到党内，绝对服从革命党的命令。革命党因为集合许多党员的力量，能够全体一致，自由行动，所以发生的效力便极大，俄国革命的成功便极快。俄国的这种革命方法，就是我们的好模范。

中国革命十三年来都是不成功。你们黄埔的武学生，都是从各省不远数百里或者是数千里而来，到这个革命学校来求学，对于革命都是有很大希望、很大抱负的；广大的文学生，今日也是不远数十里到黄埔来听革命的演说，研究革命的方法，对于革命前途也当然是很希望成功的。大家要希望革命成功，便先要牺牲个人的自由、个人的平等，把各人的自由、平等都贡献到革命党内来。凡是党内的纪律，大家都要遵守；党内的命令，大家都要服从。全党运动，一致进行。只全党有自由，个人不能自由，然后我们的革命才可以望成功。如果不然，像这次北京发生事变之后有了好机会②，当初我以为少数同志发动便可以成功。但是他们不知道革命的道理和方法，所以虽得机会，亦恐空白错过了。假若在这次北京事变发生以前，大家早向北方去活动，或者可以做成功，到现在已经成了没有希望。以后要革命成功，还要另外研究方法。从前革命之失败是由于各位同志讲错了平等、自由；从今而后要革命成功，便要各位同志改正从前的错误，结成一个大团体，牺牲个人的平等、自由，才能够达到目的。现在想要造成这种团体，便要有好党员。诸位文学生同武学生都是有知识的阶级，都应该明白这个道理。

中国把社会上的人分作士、农、工、商四大类。商人居于最末级地位，知识极简单，他们独一无二的欲望总是惟利是图，想组织大公司，赚多钱。但是股东一投资之后，不能就说要分红利。商人当初组织公司，参加合股的时候就想要分红利，要达到赚钱的目的，是决计没有的事。无论什么愚蠢的商人，先也知道要拿本钱去附股，附股之后究竟可以赚多少钱，也不能预先决定，不过要希望将来能够赚钱，现在就不能不投资；希望要将来能够赚多钱，现在就不能不多投资。我们革命党都是有知识阶级的，都是聪明过于商人，结成一个团体来革命，是不是应该先就要把本钱拿出来呢？

① 编者按：此处之前有文字“二层（1）二十行 三十二格（告别词九） 用 号格写”。

② 编者按：此处之前有文字“二层（2）二十行 三十二格（告别词十） 用 号格写”。

这个道理不必详细讲，诸君当然可以明白。商人做生意的资本是钱，我们革命的资本[1]是什么东西呢？商人附股是拿出钱来，我们参加革命党要贡献什么东西呢？我们参加革命党，要贡献的东西就是自己的平等、自由。把自己所有的平等、自由[2]都贡献到党内，让党中有全权处理，然后全党革命才有成功的希[3]望。全党革命成功之后，自己便可以享自由、平等的权利。中国发大财的实业，有汉冶萍公司，有开滦公司，有招商局，他们那些公司在组织之初，各股东都是有很大的牺牲，投了很大资本的，好像革命党要先拿出个人的平等、自由一样。假若那些资本家不先拿出许多本钱，现在何以能够多分红利呢？他们因为想到了要现在多分红利，所以从前便多投资本，牺牲一切。革命的道理，不管大家知道不知道，只要能够学商人，便能够成功。商人本是多财善贾，根本上还是要有本钱才成。没有本钱，什么生意都不能做。许多革命党不肯牺牲个人的平等、自由，就是没有本钱。他们以为一参加革命，就是为争自己眼前的平等、自由。商人要分红利，必须有时间问题。以商人的思想简单，尚知道有时间问题，尚知道要等候，难道我们有知识的阶级尚且不如商人吗？党员在党内不能任意平等、自由，好像股东在公司之内不能任意收回本钱一样。大家要来参加革命，头一步的方法就是要学商人拿出大本钱来。我今天到此地讲话，是要离开广东北上，临别赠言。没有别的话，就是要大家拿出本钱来，牺牲自己的平等、自由，更把自己的聪明才力都贡献到党内来革命，来为全党奋斗。大家能够不负我的希望，革命便可以指日成功。

中华民国二十　年　月　日
某　谨书[4]

三、革命纪念塔碑刻史料（中央陆军军官学校第六期同学录序）[5]

旧军阀方炽，新军阀又起。荆楚弄兵，洞庭杨波。至公无私之国民，正审判吾革命军人之真伪与顺逆之所在。中正德不足以感人，识不足以烛奸，战兢惕厉，日惧无所逃罪。西望夏口，忧心如捣，惟翼彼昏不远，迷复之悔，作瞬息顾畏民之想，以共维此千金[6]一发之国命。临风祈祝，声泪俱竭。而第六期同学，以毕业期届，持同学录索序。

余忆十四年四月，曾为第一期同学录作序，开卷见总理遗像，未序先泣；既序更苦，含泪吮毫，详序东江之战，我同学与诸将士戮力杀贼、视死如归之状。而推本于总理主义之感召，因以勇猛精进，打破帝国主义及军阀，实行我总理之三民主义，继承先烈未竟之业，不死不已，不存不止。为同学与同志勖，复欲以同学录，为我校同学生死始终、同心同力之写真，使我同学、同志，籍悉今日本校精神之所在，且从而兴起，继续我校不断革命之事业。同年八月，为第二期同学录作序，适为本校追悼沙基死难同志之日，执笔悲怆，不能自已，念帝国主义与军阀进攻之猛烈，觉革命魔障之日深，仍以团结一致，勇猛精进，不死不已，不成不止之精神相勖勉。复以不为信徒便[7]为叛逆，不为同志便为仇寇之定律相警惕。同年十二月，第三期同学行将毕业，亦索同学录序于余。余于当日追悼阵亡同志之有感，且痛各同志内讧之日深，即反复申戒诫之不可或缺，谓死者之成功与成仁

---

① 编者按：此处原文缺“本”。

② 编者按：此处原文缺“把自己所有的平等、自由”。

③ 编者按：此处之前有文字“二层（3）二十行 三十二格（告别词十一）　用　号格写”。

④ 编者按：此处之前有文字“二层（4）二十行 三十二格（告别词十二）　用　号格写”。

⑤ 《革命纪念塔碑刻史料（孙中山先生陆军军官学校开学训词）》，南京市档案馆藏，档号：10050030542(00)0001。

⑥ 编者按：应为“钧”误。

⑦ 编者按：此处之前有文字“三层（1）十五行 廿九格 六期一 用 号格写”。

成于诚，生者之冲突与分裂无他，实出于不诚而已。未有不诚而能避免冲突与分裂者，亦未有冲突与分裂而其革命能成功者。萧墙之祸，甚于外辱，革命之成，惟视全体同志之相爱相亲。且断之曰“本校之存亡、主义之成败，不在外敌之强与弱，而在内部之分与合”，使第三期同学知革命之学之大，革命之理之精，总不外乎吾亲爱精诚之校训。不亲则离，不爱则妒，不精则杂，而不诚且无以致亲致爱与致精。十五年七月，第四期同学以余将督师北伐，求余预为同学录作一序。余以革命环境同于前，革命现象厉于前，乃仍以团结精神、统一意志、亲爱精诚之校训，实现总理所创造之三民主义，与一切劳苦群众相结合，打倒帝国主义与军阀，平时数数言者，以勖诸同学。复以北伐如成功，愿共同致力于国命革命之工作；如不成功而成仁，尤赖诸同学奋起，以继承余之工作，叮咛告诫。及第五期同学将毕业，则以勿骄勿傲、勿争权勿分派别、勿压下层工作，务须与各期同学、各地同志亲爱团结，共同奋[①]斗，打倒军阀，打倒帝国主义，打倒一切反动势力，实现中国之独立与平等。计自民国十四年以来，余为同学录作序也已五次于兹矣！每次序文之一贯主旨，则在期望造就真正的革命军，使未成功之革命事业，以真正革命军造成之。使既成功之革命事业，以真正的革命军[②]保障之。此一贯的主旨，实承教于总理。十三年六月十六日，总理曾在黄埔陆军军官学校开学训词中谓俄国革命虽外遭列强军队之环攻，内受政府之压抑，然能于六年之内扫除一切障碍，彻底完成革命。中国革命时期倍于俄国革命，障碍少于俄，其所以至今未成者，由于革命之结果不同也。俄国发生革命时，虽由革命党员为先锋，向俄皇奋斗，惟一经成功即组织革命军，因有革命军为革命党后援，继续奋斗，故即遇极大障碍，亦不难于最短期间完成革命；中国则不然，虽赖党员之力推倒满清，成立民国，革命有一部份的成就，惟以无革命军继其后，故至今酿成军阀割据之局面。从今日开学起，将革命事业重新创造，以本校学生为本，建立革命军，作将来革命之骨干，有此种好骨干，革命事业必能成功。中正秉承遗训不敢忘，各期同学录序一贯的主旨，亦即恪遵总理遗训，勉诸同学为革命之骨干，竖起脊梁以负荷，完成[③]革命事业并保障我革命历史之重大责任。

今第六期同学又将毕业矣，苍茫四顾，万感交集。第六期同学录序不知应从何序起，请同学试一张目以视，一闭目以思。今日何日？人间何世？反动势力是否完全消灭？破坏和平统一之新军阀是否敛迹？不平等的条约是否取消？国防军队是否健实帝国主义的进攻？……本党是否减于前？一言以蔽之，今日中国之革命是否已经完成？今日国家之危急、民众之痛苦，是否已较前一、二、三、四、五各期同学毕业之时为佳？而吾革命军之勇敢、廉洁、奋斗、团结，较昔日增量乎？亦或骄傲、懒惰、怯弱、妒嫉、腐败、堕落每况愈下乎？苟所答者皆不幸而为反面，则中正不得不临颖涕泣，告我第六期同学曰：吾同学其将第一、二、三、四、五各期之同学录序，熟读而谛思之，乃知已死诸同学创造之巨与其死难之烈，而吾辈后死者之同等其责任之大与前程之远为何如乎！吾同学其将以前各期同学录中所言者心诚，求之身体而力行之，且为余序。

中华民国十八年三月二十六日，蒋中正序于国民政府。

中华民国二十　年　月　日[④]

① 编者按：此处之前有文字“三层（2）十五行 廿九格 六期二 用 号格写”。

② 编者按：原文此处缺“军”。

③ 编者按：此处之前有文字“三层（3）十五行 廿九格 六期三 用 号格写”。

④ 编者按：此处之前有文字“三层（4）十五行 廿九格 六期四 用 号格写”。

四、革命纪念塔碑刻史料（中央军事政治学校第四期同学录序）[①]

五层　十七行　三十二格

此余为本校第四期同学录预作之序文也。第四期同学以国民革命军已出师北伐，余亦将督师前进，故虽距离其毕业之期尚三月有余，而要求余预为其同学录作一序文，此要求固余所甚乐接受者。第四期同学毕业之时，余将在何处？汉口乎？武昌乎？北京乎？ 抑与敌人相持于某地，余皆不能自知。或余彼时已为革命之牺牲，往见总理、廖党代表及已成仁之同志、同学于地下，亦未始非意中事。余何能不以言留别诸同学乎？顾余之所欲言者众矣！余此时万感交集，几不知应从何处说起。诸同学如能熟识余平时所言，尤能不忘余于最近时期因出发在迩，而反复申儆之言，则余今日虽不再言可也。第四期同学在中央军事政治学校实为第一期毕业，以后甚或在未毕业以前，亦将分往前方杀贼，或担任后方勤务，以效力于国民革命实际之战争。万一余已死于前线，则尤赖此二千数百之同学，人人奋起，以继续余之工作，完成余之志愿。诸同学盖遇千载一时之良机，而又负一发千钧之重任者也。余将何以勖诸同学乎？团结精神，统一意志，守亲爱精诚之校训，实行总理创造三民主义，与一切劳苦民众相结合，打倒帝国主义与军阀，此皆余平时数数为诸同学言之者也。

余行矣。此行能成功，愿与诸同学更相互努力于国民革命之工作；不成功而成仁，尤不得不有厚望于诸同学之继起，诸同学勉乎哉！蒋中正撰。

中华民国二十　年　月　日

十五年七月二十八日，总裁在江西乐昌征途中以本期学生将于九月毕业，戎马倥偬中预为制同学录序，以殆勉诸生[②]。

第六节　纪念

一、国父祭典、国民革命烈士祭典、援华日本友人祭典仪式[③]

国父逝世纪念典礼仪式

一、国父逝世纪念典礼开始（奏乐）

二、主席就位

三、全体肃立

四、唱国歌

五、向国父遗像行最敬礼（三鞠躬）

六、主席恭读国父遗嘱

七、默念

八、主席献花圈（奏乐）

九、主席献词

十、奏国父逝世纪念歌

十一、主席领导中央委员及各院部会长官绕灵榇一周

---

①《革命纪念塔碑刻史料（孙中山先生陆军军官学校开学训词）》，南京市档案馆藏，档号：10050030542(00)0001。

② 编者按：此段文字为原体后加。

③《国父祭典、国民革命烈士祭典、援华日本友人祭典仪式》，南京市档案馆藏，档号：10050020023(00)0011。

十二、礼成（奏乐）

（一）时间：三月十二日上午九时

（二）地点：国父陵墓

致祭国民革命烈士仪式

一、致祭国民革命烈士仪式开始（奏乐）

二、主席就位

三、全体肃立

四、唱国歌

五、主席恭读国父遗嘱

六、向国民革命烈士灵位行礼（一鞠躬）

七、主席献花圈（奏乐）

八、礼成（奏乐）

（一）时间：三月十二日上午十时

（二）地点：无梁殿正气堂

致祭援助中国革命日本同志仪式

一、致祭援助中国革命日本同志仪式开始（奏乐）

二、主席就位

三、全体肃立

四、向援助中国革命日本同志灵位行礼（一鞠躬）

五、主席献花圈（奏乐）

六、礼成（奏乐）

（一）时间：三月十二日上午十时三十分

（二）地点：灵谷寺光明殿

附记：

服装：文官着新国民礼服或蓝袍黑褂，军官着军常服佩刀。

1943年[①]

二、国民政府为举行阵亡将士公墓落成典礼致总理陵园管委会之训令[②]

国民政府训令　第八九八号

令总理陵园管理委员会

为令饬事，据本府文官处签呈称："准中央执行委员会秘书处第一四八五一号函开'案据建筑阵亡将士公墓筹备委员会呈中央，为"该会定于本年十一月二十日上午八时举行阵亡将士公墓落成典礼，恳通饬各省市党部及海外党部，届时一律派遣高级人员代表参加，并请函国府通饬各院部会及所属机关，文职简任以上、武职上校以上，届时一律参加，以崇祀典，至参加人员，均限本月

①编者按：此时属汪伪时期，原文件无详细日期。

②《国民政府为举行阵亡将士公墓落成典礼致总理陵园管委会之训令》，南京市档案馆藏，档号：10050010030（00）0015。

十六日以前到典礼筹备处报到，以便排列席次，发给参加证。再，是日为中央主持公祭先烈日期，似宜通饬全国一体下半旗志哀，祈核示”等情，经奉常务委员批照办。并通知各省市党部及海外党部出席五全大会代表，代表各该党部参加。除通知各代表外，相应函达查照转陈办理’等由；理合签请鉴核。”等情；据此，应即照办。除饬处函复并分行外，合行令仰遵照，并分别转饬所属一体遵照办理。

此令。

主　席　林　森

代理行政院院长　孔祥熙

立法院院长　孙　科

司法院长　居　正

考试院院长　戴传贤

检察院院长　于右任

中华民国二十四年十一月十三日

第七节　其他

一、国父陵园管委会为革命纪念塔钥匙致东郊警局笺函①

送达机关：东郊警卫局

事由：为革命纪念塔钥匙现在灵谷寺警察所保管，请查照转饬该所移交过会，以便保管由。

陵秘（卅七）发字第1626号

接准贵局本年四月一日焕刑字第三七六六号大函敬悉，查革命纪念塔钥匙现在贵属灵谷寺警察所保管，相应函复，即请查照，惠予转饬该所，将上项钥匙移交过会，以便管理为荷。

此致

东郊警察局

会卫　启

中华民国三十七年四月五日

二、请徐苏中等委员按时抵达正气堂陪同视察修理国民革命烈士纪念塔祠工程的通知②

迳启者：奉主席谕，定于本月九日下午三时前往陵园，视察修理国民革命烈士纪念塔及纪念祠等工程。至祈贵委员于是日下午三时以前抵达正气堂（即无梁殿），陪同主席视察为荷。

此致

徐委员苏中

唐委员圭良

陈委员人鹤

周委员昌

邹委员祖高

①《国父陵园管委会为革命纪念塔钥匙致东郊警局笺函》，南京市档案馆藏，档号：10050030540（00）0002。

②《请徐苏中等委员按时抵达正气堂陪同视察修理国民革命烈士纪念塔祠工程的通知》，南京市档案馆藏，档号：10050020012(00)0014。

李副总干事军辉
陈副总干事宗虞

国父陵园管委会
中华民国 1942 年　月　日[①]

三、为准借用纪念馆陈列战利品与国防部的来往函[②]

来文机关：国防部

事由：函请借用国民革命纪念馆陈列战利品由

国防部（卅七）昌资文第六七一六号

查本部五台山陈列之战利品，为我国八年抗战之成果，嗣以该址归还童军总会，市区又无适当馆址。兹查贵管国民革命纪念馆房屋宽敞，若陈列此项战利品，不仅充实该馆内容，且足增加游人观感，提高我民族意识。除已派本部史政局科长刘焦林及工程署派员洪旭东等二员前往勘察，并承贵会马常务委员湘面商借用陈列。所有管理人员及陈列设备、装修等，统由本部负责办理等语，用特函请查照，见复为荷！

参谋总长　陈　诚
中华民国卅七年五月十一日

送达机关：国防部

事由：准函嘱借用革命纪念馆陈列战利品经提常会决议，准予借用，录案函达查照由。

陵秘（卅七）发文第 1814 号

案准贵部本年五月十一日（卅七）昌资字第六七一六号函，以拟借国民革命纪念馆陈列战利品，所有受理人员及陈列设备、装修等，统由部负责办理嘱。准此，经提请本会第十五次常务委员会议讨论，决议：（一）准借陈列战利品，不能作为其他用途；（二）应依照原设计图案装修；（三）纪念馆内不准住宿眷属及烧饭；（四）管理人员应遵守本会一切规章。记录在卷，相应录案函达，即请查照为荷。

此致

国防部

主任委员　孙 ×
中华民国卅七年六月五日

来文机关：国防部

事由：为函请借用革命纪念馆原设计图案俾便装修由。

国防部（卅七）昌资文第四六八号

一、贵会本年六月五日陵秘字（卅七）第（1814）号函复借用革命纪念馆陈列战利品，经提常会决议，准予借用一案敬悉。

二、本部刻以须饬工程署依照决议案第二项原设计图案装修，请将该项图案惠予借用。

三、以上二项即请查照办理为荷。

参谋总长　顾祝国
中华民国卅七年六月十五日

---

① 编者按：此时为汪伪时期，原件中无具体日期，亦无相关函件信息。

②《为准借用纪念馆陈列战利品与国防部的来往函》，南京市档案馆藏，档号：10050031232(00)0001。

四、建筑阵亡将士公墓筹备委员会移交清册[1]

第二项[2]　供器类

一、北平军分会 石狮　一对　大门口

二、陈济棠 铜香炉　一只　祭堂

三、江西省府 荷花瓷缸　一对

四、商震 铜鼎 一座

五、何健 锡鼎　一座

六、刘峙 铜鼎　一座　纪念馆

七、万福麟 石鼎　一对　祭堂

八、吴忠信 铜鼎　一座

九、顾祝同 瓷鼎　一座

十、十七军 石虎 一对　牌坊前

十一、四十一军 铜鼎　一座

十二、蒋鼎文 铜鼎　一座　祭堂

十三、李敬扬 锡香炉　一座

十四、河北省政府 景泰瓷香炉烛千　五件

十五、刘镇华 铁花竹挂屏　四条　纪念馆

十六、又石罄　一只

十七、二十路指挥部 铜鼎　一座

十八、华侨招待所 银鼎　一只

十九、卫立煌 木质香炉　一只

二十、卢兴荣 银盾　一只

二十一、行政院 银花圈　一只

二十二、刘建绪 银鼎　一只

二十三、陈仪 石鼎　一只

第三项　碑刻类

一、吴书开学词碑石 一六

二、于书告别词碑石　一二

三、戴书一期同学录序碑石　四

四、张书二期　三

五、钮书三期　八

六、刘书四期　一

七、周书五期　四

八、杨书六期　四

九、叶书遗阡表碑石　四

十、杨书志公舍利塔碑石　一

---

① 《建筑阵亡将士公墓筹备委员会移交清册》，南京市档案馆藏，第 1005 宗 1 目录 256 卷。

② 编者按：第一项为无关内容，故未录入。

十一、题名碑石　九七

第四项　碑帖类

一、于书告别词碑石　一　七九

二、戴书一期同学录序碑石　一　三四

三、张书二期　一　三〇

四、钮书三期　二　九六、七四

五、刘书四期　一　一二

六、周书五期　一　四五

七、杨书六期　二　四八、四八

八、叶书遗阡表　一　四

九、张书灵位牌　一　一二

十、陈书祭文碑　三

十一、蒋书誓师词碑　一　一二

十二、杨书志公舍利塔碑　一　一

十三、王绘志公像　一

十四、凤绘　一　（无份数，均为张数）

十五、谭书志公赞　二

十六、余书志公十二时歌　一

十七、题名碑　一　九七

第五项　各种匾对字样

一、蒋（中正）书“党魂碑”三字 大门匾字 奠基石字 纪念馆匾字 “横额四种” 精忠报国 四大字 “天地正气” 四大字

二、林（森）书 八言对联

三、于（右任）书 五言对联大小各一副 “以建民国 以进大同” 横额

四、傅（焕光）书 “有志竟成” “成仁” “成功” 横额

五、叶（楚伧）书 灵响亭匾

六、陈（之佛）[1] 书　战画陈列室横额

七、陈（之佛）写　进思亭匾

①编者按：六、七两行，原文为“陈书”，依据前文内容、格式，补。

第八章　维修

第一节　国民革命军阵亡将士公墓

拱卫处第一中队关于纪念塔地下室铁门损坏的报告[①]

来文机关：第一中队

事由：据报阵亡将士纪念塔地下室之铁门于十一日夜间被风刮倒，存请派工修理由。

报告（卅六年十二月十五日于第一中队部）

案据灵谷寺分队长阮芳庭报告，查有阵亡将士纪念塔地下室之铁门因久受风雨驳蚀，于十一日夜间被大风刮倒，现保存本所，报请派工修理，以壮观瞻等情；据此，理合转请鉴核办理。

谨呈

副大队长　王　转呈

处长　马

职　潘胜标

中华民国卅六年十二月十五日

传达机关：第一中队

事由：为阵亡将士纪念塔地下室铁门损坏，已函秘书室催匠修理由。

总理陵园管理委员会　卫字第一三三七号

（全　卫）指令卫字第　号　令拱卫大队第一中队长潘△△[②]，报告已收，为转请阵亡将士纪念塔地下室之铁门被风刮倒存所请派工修理由。报告悉：已函秘书室催铁匠前来修理。仰即知照。

此令！

处长 马△[③]

中华民国卅六年十二月十六日

---

①《拱卫处第一中队关于纪念塔地下室铁门损坏的报告》，南京市档案馆藏，档号：10050030529（00）0016。

② 编者按：原文如此，据上文，应为“潘胜标”。

③ 编者按：原文如此，据上文，应为“马湘”。

第九章　赠赙

第一节　捐赠

一、豫鄂陕边区主任公署处关于赠鼎函①

豫鄂陕边区主任公署秘书处公函②

迳启者：顷奉本署陈主任谕，前与杨主任虎臣等七人，在苏州寿石斋定制周鼎一座，备送南京革命军阵亡将士公墓祭堂陈供，以资纪念。现该鼎亦已制成，望即函托承铸人径运南京公墓查收，并掣取收条寄署为要，等因。兹即函托承铸人周梅谷君，将鼎自苏装箱运京，相应备函奉达，至希察收见复，并请另予周君收条，俾以证明是荷。再，赠鼎人姓名单另纸随附。

此致

革命军阵亡将士公墓管理处

外周鼎一座

附赠鼎人姓名单一纸。

豫鄂陕边区主任公署秘书处

中华民国二十六年十二月

赠鼎人姓名单

豫鄂陕边区主任　陈继承

陕西绥靖主任　杨虎臣

驻赣第五绥靖区司令官　谭道源

陆军第三十师长　李玉堂

陆军第十八师师长　朱耀华

陆军第五十师师长　陈光耀

陆军第七十七师师长　罗　霖

二、陆军第二十九军驻京办事处为送紫铜狮子一对致全国阵亡将士公墓管委会公函③

来文机关：陆军第二十九军驻京办事处

事由：函为宋军长哲元制送将士墓紫铜狮子一对，请收陈列给据由。

陆军第二十九军驻京办事处公函（收文字第 134 号）④

迳启者：兹由敝军长宋哲元制送全国阵亡将士公墓紫铜狮子一对，高度四英尺，派员送上，即请贵会照收陈列，并希赐给收据为荷。

此致

全国阵亡将士公墓管理委员会

---

① 南京市档案馆、中山陵园管理处编《中山陵档案史料选编》，南京：江苏古籍出版社，1986 年，第 731—732 页。

② 编者按：录自《中山陵档案史料选编》，无相关函件信息。

③《陆军第二十九军驻京办事处为送紫铜狮子一对致全国阵亡将士公墓管委会公函》，南京市档案馆藏，档号：10050010258（00）0009。

④ 编者按：原件中无发文机关公函编号，只有阵亡将士公墓管理委员会收文编号。下文同。

另有狮子底石头座两个。

陆军第二十九军驻京办事处　启

中华民国二十六年二月十五日

三、冀察政委会驻京办事处为送紫铜鼎炉一只致全国阵亡将士公墓管委会公函①

来文机关：冀察政委会驻京办事处

事由：函送天津张市长自忠制送将士墓紫铜鼎炉一只，请收陈列给据由。

冀察政委会驻京办事处公函（收文字第 135 号）

迳启者：兹由天津市市长张自忠制送全国阵亡将士公墓紫铜鼎炉一只，高度五英尺，派员送上，即请贵会照收陈列，并希赐给收据为荷。

此致

全国阵亡将士公墓管理委员会

冀察政务委员会驻京办事处　启

中华民国二十六年二月十六日

本京颐和路卅三号

电话　三一〇二六

四、总理陵园管委会为遗族学校拟献将士墓祭堂香炉烛擎及向金陵兵工厂定制事宜与该校董会来往文书②

（一）总理陵园管委会为送香炉烛台图样请察收迳向兵工厂定制致遗族学校校董会笺函

送达机关：遗族学校校董会

事由：函送香炉烛台图案二份请察收，迳向金陵兵工厂定制由。

总理陵园管理委员会笺函　理字第 254 号

迳覆者：案准贵会本年六月十九日大函内开：“遗族学校及遗族女校拟在贵会所辖国民革命军阵亡将士公墓祭堂敬献香炉一只、烛擎一付，请贵会设计，代请军政部所属金陵兵工厂做古制造，其经费全部由两校分担。相应函商，希查照办理。”等由；准此，本会自应照办。兹经将香炉烛擎图样分别绘就，相应检同该项图样两份，送请察阅为荷。替同请迳向金陵兵工厂定制为荷。

此致

遗族学校校董会

附图样两份③。

总理陵园管理委员会

中华民国二十六年七月八日

（二）遗族学校校董会为请设计拟献香炉烛擎并代请兵工厂制造致总理陵园管委会公函

来文机关：遗族学校校董会

事由：函为遗族男女两校拟献贵会所辖将士墓祭堂香炉一只、烛擎一付并请贵会设计代请金陵

---

①《冀察政委会驻京办事处为送紫铜鼎炉一只致全国阵亡将士公墓管委会公函》，南京市档案馆藏，档号：10050010258（00）0010。

②《总理陵园管委会为遗族学校拟献将士墓祭堂香炉烛擎及向金陵兵工厂定制事宜与该校董会来往文书》，档号：10050010318（00）0009，南京市档案馆藏。

③编者按：原件中无图样，略。

兵工厂仿古制造，其经费全部由两校分担，希查照办理由。

遗族学校校董会公函（收文字第631号）

敬启者：遗族学校及遗族女校拟在贵会所辖国民革命军阵亡将士公墓祭堂敬献香炉一只、烛擎一付，请贵会设计，代请军政部所属金陵兵工厂仿古制造，其经费全部由两校分担。相应函商，即希查照办理为荷。

此致

总理陵园管理委员会

国民革命军遗族学校　校董会

中华民国廿六年六月十九日

第二节　接收

一、总理陵园管委会为收到紫铜狮子一对鼎炉一只致陆军第二十九军驻京办事处冀察政务委员会驻京办事处笺函[①]

抄送机关：陆军第二十九军驻京办事处 冀察政务委员会驻京办事处

事由：复为承送阵亡将士公墓紫铜狮子一对鼎炉一只[②]业经收到，妥为陈列，籍留纪念，函复查照并致谢忱由。

总理陵园管理委员会公函　理字第136号

迳复者：接准大函略以“宋哲元军长制送阵亡将士公墓紫铜狮子一对，派员送上，希照收陈列”“张自忠市长制送阵亡将士公墓紫铜鼎炉一双，派员送上，即照收陈列”等由；查该项紫铜狮子、鼎炉业经照收，妥为陈列，藉留纪念，无任感佩。相应函复，并致谢忱！即希查照，并乞转致宋军长、张市长为荷。

此致

陆军第二十九军驻京办事处

冀察政务委员会驻京办事处

总理陵园管理委员会

中华民国廿六年二月廿日

二、总理陵园管委会为陈主任等承送周鼎已运到并寄收据致豫鄂陕边区主任公署秘书处公函[③]

送达机关：豫鄂陕边区主任公署秘书处

事由：复为陈主任等承送阵亡将士墓周鼎一座已由转运公司运到陈列祭堂，特函道谢并寄收据请察收由。

总理陵园管理委员会公函　理字第111号

案准贵处公函略以陈主任继承等七人在苏定铸周鼎一座，备送革命军阵亡将士公墓，以留纪念。

---

①《总理陵园管委会为收到紫铜狮子一对鼎炉一只致陆军第二十九军驻京办事处冀察政委会驻京办事处笺函》，南京市档案馆藏，档号：10050010258（00）0002。

② 编者按：此处为一只，与后文不一。

③《总理陵园管委会为陈主任等承送周鼎已运到并寄收据致豫鄂陕边区主任公署秘书处公函》，南京市档案馆藏，档号：10050010318（00）0010。

该鼎制成即托承铸人周梅谷君运京，掣取收票寄署，等由；查该项周鼎已由转运公司运来，经照收妥为陈列，至深感荷。该鼎既由转运公司运来，除周君不另予收条外，特具收据一纸，随函附达。即希察收，并致谢忱。

此致

豫鄂陕边区主任公署秘书处

附收据一纸①。

总理陵园管理委员会

中华民国廿六年三月卅一日

三、陆军第十八军驻京办事处为送周鼎一对致阵亡将士公墓筹委会公函②

来文机关：陆军第十八军驻京办事处

事由：为函送周鼎一对请陈列由。

陆军第十八军驻京办事处公函　需字第 2954 号

案查二十四年阵亡将士公墓落成纪念，经奉前第三路军总指挥陈谕，由前北路"剿匪"军总司令顾领衔，率同当时直辖各总指挥、各纵队指挥官及各军、师长等，合送周鼎一对，赠送陈列祭堂，经准贵会二十四年十月二十九日艳代电，以业经批准，军政部令饬兵工厂照铸，嘱即迳洽交价定铸，等由；当经定铸各在案。兹查是项周鼎一对业经铸就，相应备函送上，即请查收代为陈列定位，并盼见复为荷。

此致

阵亡将士公墓筹备委员会

附周鼎一对。

陆军第十八军驻京办事处

中华民国二十六年四月十日

四、总理陵园管委会为收到周鼎一对填发收据致陆军第十八军驻京办事处公函③

送达机关：陆军第十八军驻京办事处

事由：函为收到周鼎一对填发收据复请查照由。

总理陵园管理委员会公函　理字第 134 号

案准贵处需字第二九五四号公函略开："查二十四年阵亡将士公墓落成纪念，前北路'剿匪'总司令顾领衔合送周鼎一对，俾供陈列，以志纪念。当经转向兵工厂，交价定铸。兹查该项周鼎业经铸就，相应备函送达，即请查收代为陈列，并盼见复。"等由；准此，查阵亡将士公墓前经本会奉令接管，有案周鼎一对，业已收到无误，除妥为陈列外，相应填发收据一单，函达贵处，即请查照检收为荷。

此致

---

① 编者按：原文收据略。

②《陆军第十八军驻京办事处为送周鼎一对致阵亡将士公墓筹委会公函》，南京市档案馆藏，档号：10050010258（00）0011。

③《总理陵园管委会为收到周鼎一对填发收据致陆军第十八军驻京办事处公函》，档号：10050010258（00）0001，南京市档案馆藏。

陆军第十八军驻京办事处

附送收据一单[1]。

总理陵园管理委员会

中华民国廿六年四月廿日

① 编者按：收据略。

附录

一、国民革命军阵亡将士公墓筹备委员会委员名录

公墓筹备委员会名录列表

时间	筹备委员会委员	常务委员	秘书	备注
1928 年 11 月	蒋介石、陈果夫、刘纪文、何应钦、林焕庭、熊斌、刘朴忱、李宗仁、邱伯衡			后又加派委员傅焕光、黄为材、伍翔、夏光宇
1931 年 4 月	陈果夫、刘纪文、林焕庭、黄为材、赵棣华、蒋介石、何应钦、王柏龄、熊斌、傅焕光、夏光宇	陈果夫、刘纪文、林焕庭、傅焕光、夏光宇	黄为材	6 月，加派刘梦锡为委员
1933 年 10 月 9 日		陈果夫、刘纪文、傅焕光、夏光宇、叶楚伧		林焕庭去世

二、国民革命军阵亡将士公墓工程处职员录

干事：邵叔嘉

监理工程师：刘梦锡

艺术专员：梁鼎铭[1]

①南京市档案馆、中山陵园管理处编：《中山陵档案史料选编》，南京：江苏古籍出版社，1986 年，第 728 页。

中篇

国民革命军阵亡将士公墓规划设计意匠及启示

1912 年 1 月 1 日，孙中山先生在南京原清两江总督署宣誓就任中华民国临时大总统。1928 年 12 月 29 日，中国国民党主导的北伐战争宣告成功，基本上统一全国。

图 2–1 亨利 K. 墨菲

图 2–2 《首都志》中的灵谷寺图（清乾隆时）

图 2–3 《金陵梵刹志》中的灵谷寺图

从民国建立到北伐结束的十六年间，国人为实现和继承孙中山先生的革命理想和遗志，为消除军阀割据、捍卫民主共和政权持续奋斗，众多革命将士为中华民族摆脱帝国主义的侵略而浴血奋战，壮烈殉国。

国民革命军阵亡将士公墓位于江苏省南京市东郊紫金山麓钟山风景区灵谷景区中山陵园内，入葬包括北伐战争、抗日战争等的阵亡将士代表。

1931 年，为褒扬、缅怀阵亡将士，国民政府邀请美国著名建筑师墨菲（图 2–1）[①]，设计建造了国民革命军阵亡将士公墓这组宏大的纪念性建筑群。1935 年，全部工程完竣。

就建筑学科而言，国民革命军阵亡将士公墓是南京国民政府倡导官方建筑追求我国民族建筑形式——“中国固有式”的典型之一，可借以窥视我国民国建筑转型期的部分特征，折射国民政府在政治上的诉求。

为此，从建筑学科视角，笔者对其建筑文化意义作初步探讨和阐释，以求教于方家。

第一节　引言

一、公墓与灵谷寺

灵谷寺位于紫金山（又名蒋山、钟山）东，六朝“梁天监十三年，以定林寺前冈独龙阜葬志公”[②]。第二年，梁武帝在宝公塔前为神僧宝志建造开善寺。南朝不少帝王曾来此行香、赋诗。历代以降，灵谷寺香火鼎盛（图 2–2、图 2–3）。

国民政府在率师北伐、统一告成后，为安葬历次战争中阵亡的将士，“藉以彰革命之功勋而慰先烈之幽灵……建筑公墓，安慰忠魂”。从 1931 年 3 月开始，在原灵谷寺旧址上建设阵亡将士公墓，至 1935 年 11 月竣工，包含墓门、牌坊、祭堂、公墓、纪念馆、纪念塔等，是中国现代规模最大的纪念性公墓建筑群。民国十八年 (1929) 九月，公墓筹备委员会召开第五次会议后决定：“灵谷寺殿址改建阵亡将士墓，原有之佛像迁入龙王堂中，大雄殿基移建于龙王堂之后，无量殿则改建为阵亡将士祭堂。”[③]

中华人民共和国成立后，国民革命军阵亡将士公墓改名“灵谷公园”。第一公墓改为花坛和草坪，第二公墓改为邓演达墓，第三公墓已废。据此，包括原阵亡将士公墓、谭延闿墓、邓演达墓、灵谷寺等，形成一处集寺庙、陵墓、公园为一体的著名风景区（表 2–1）。

表 2–1　灵谷寺历史沿革表

朝代	公元纪年	名称	主要事件	资料出处
六朝	515 年	开善寺	“梁天监十三年，以钱二十万易定林寺前冈独龙阜以葬志公，上有塔五级，永定公主造焉”；第二年，梁武帝在宝公塔前为神僧宝志建造开善寺，即为今灵谷寺的前身	［民国］叶楚伧等编《首都志（上）》卷三，南京：正中书局，1935 年，第 235 页

① 即上篇相关材料中的茂菲。

② ［清］释德铠：《灵谷禅林志》，光绪十二年重刻本；杜洁祥：《中国佛寺史志汇刊（第二辑）》，台北：明文书局，1980 年，第 43 页。

③ 傅焕光编撰：《总理陵园小志·陵园名胜》，转引自王鹏善主编：《中山陵志》，南京：南京出版社，2013 年，第 598 页。

（续表）

朝代	公元纪年	名称	主要事件	资料出处
唐	874—879 年	宝公院	唐乾符年间改名宝公院	《首都志（上）》卷三，第 240 页
南唐	970 年	开善道场	开宝三年，又改名为“开善道场”	同上
北宋	982 年	太平兴国寺	北宋太平兴国七年，宋太宗封宝志为道林真觉，诏改开善道场为太平兴国寺	王鹏善等编《钟山志》，南京：南京出版社，2009 年，第 205 页
	1042 年	十方禅院	北宋庆历二年，建康知府叶清臣奏准改太平兴国寺为十方禅院	同上
	1076 年	太平兴国寺	北宋熙宁九年，王安石罢相归金陵，因政治上失意转而与寺院的佛教徒往来密切，曾多次以私财资助佛寺，把一些小寺并入太平兴国寺，于是太平兴国寺成为金陵的一所大寺	同上
南宋	1131—1162 年	太平兴国寺	建炎三年至四年，金兀术大军南下建康，岳飞驻兵钟山，在牛首山大败金兵，太平兴国寺在这次战火中遭到破坏，于南宋绍兴年间重建；重建后的太平兴国寺比原来的规模大，佛殿之前有毗庐阁，两侧有行道阁，其余的堂庑也都十分壮观	同上
	1189 年	太平兴国寺	多次遇火，又屡次重建	同上
元	1321—1356 年	太平兴国寺	元朝时，太平兴国寺香火旺盛，元泰定二年(1325 年)，太平兴国寺发生火灾，寺宇焚毁，后重建为一座规模更大的太平兴国寺；元泰定四年(1327 年)，在太平兴国寺侧为宝志建了一座崇禧万寿寺；元末，农民起义席卷全国，至正十六年(1356 年)，朱元璋攻打集庆路(南京)，与元兵大战于钟山，太平兴国寺再次毁于战火，仅存三门……	《首都志（上）》卷三，第 251 页；《钟山志》，第 205—206 页
明	明初	蒋山寺	明朝初年，太平兴国寺改称“蒋山寺”	《钟山志》，第 206 页
	1381 年	灵谷寺	明太祖朱元璋下令修建孝陵，决定迁蒋山寺至钟山东南；洪武十四年(1381 年)九月，灵谷寺工程开工，第二年六月完工，朱元璋为新寺起名灵谷寺，明代的灵谷寺规模很大，占地 500 亩，有和尚 1000 人，其范围包括了现在的灵谷公园全部以及南京体育学院等	同上
清	清初	灵谷寺	清朝初年，为平定南方，曾在钟山有几次战火，使灵谷寺遭到严重破坏，除无量殿和宝公塔外，其余殿宇全部被毁，后灵谷寺得到重新修复，又成为金陵名刹，乾隆皇帝六次下江南，都曾到过灵谷寺	《钟山志》，第 207 页

（续表）

朝代	公元纪年	名称	主要事件	资料出处
	清中期	灵谷寺	清朝中叶的灵谷寺又恢复了昔日的盛貌，明代原有殿宇，除金刚殿外都已修复，修复后的法堂改称毗庐殿，律堂改称观音殿；寺内浮屠矗立，殿宇如云，并以“灵谷八景”著称	同上
清	清咸丰年间	灵谷寺	太平天国建都南京，清军与太平军在钟山下进行了长达十年的战争，使灵谷寺遭到空前的破坏；战后，除无梁殿由于是拱券砖石结构，不施寸木，因而得以保存外，其余殿屋全部焚毁，成为一片废墟	《钟山志》，第 208 页
	1867 年	灵谷寺	同治六年，两江总督曾国藩四次到灵谷寺八功德水处焚香祈雨，后降雨，灾情有所缓解；事后在无梁殿东、八功德水侧建一座龙神庙，即为今天的灵谷寺	同上
	1885—1887 年	灵谷寺	清光绪十一年（1885 年），灵谷寺募资重修了金刚殿、天王殿；光绪十三年（1887 年），两江总督曾国荃派人重修宝公塔；到清朝末年，灵谷寺内共有金刚殿、天王殿、无梁殿、宝公塔和新建的龙神庙等建筑	同上
中华民国	1931—1935 年	国民革命军阵亡将士公墓	国民政府为安葬历次战争中阵亡的将士，“藉以彰革命之功勋而慰先烈之幽灵……建筑公墓，安慰忠魂”，从 1931 年 3 月开始，在原灵谷寺旧址上建设阵亡将士公墓	《中山陵档案史料选编》，第 727 页
	1936—1949 年	总理陵管会接办阵亡将士公墓	“案查建筑国民革命阵亡将士公墓筹备委员会，前以筹备竣事，当由国民政府文官处于本年七月二十五日函知本会，派员接收在案。嗣后本会即将接收情形，专文呈报国民政府，恳请鉴核备案，并附呈该会方印一颗，并请核转销毁。”	《中山陵档案史料选编》，第 731 页
中华人民共和国	1949 年至今	灵谷公园	国民革命军阵亡将士公墓改名“灵谷公园”，是一个集寺庙、陵墓、公园为一体的风景区	《钟山志》，第 210 页

二、主体建筑

国民革命军阵亡将士公墓占地约一平方公里，总平面恰成一“十”字形（图 1–2）。

主体建筑沿一公里长的中轴线次第展开：正门、牌坊[①]、祭堂、第一公墓、纪念馆、纪念塔等，轴线两侧对称分布第二公墓（今邓演达烈士墓址）[②]、第三公墓，埋葬着 1029 名在国民革命北伐、淞沪抗战等战斗中牺牲的将士。整个建筑群充分利用原有地形环境，力求与已有建筑风格相一致而又有自身的特色。建筑群整体依山而上，层次分明，蔚为壮观（表 2–2）。

① 实为五间六柱柱不出头的十一楼牌楼，绿色琉璃瓦顶，蓝色琉璃剪边。

② 中国人民政治协商会议南京市栖霞区委员会文史委员会：《栖霞文史》第 1 辑《名胜古迹专辑》，1989 年，第 44 页。

表 2–2　国民革命军阵亡将士公墓主体建筑列表

序号	名称	内容	数据源	备注
1	正门	由原灵谷寺山门改建而来（俗称“红山门”），下部石质须弥式基座，上为红色粉刷墙身，蓝色琉璃瓦歇山顶；门额原为镌“国民革命烈士之祠”匾额，现悬挂“灵谷胜境”(1992 年著名书法家钱松喦书)。下辟三道苏州金山石质火焰门（做出火焰尖），明间有青石甬道与牌楼相连。	刘维才:《灵谷史话》，南京：南京出版社，2003 年，第 4—5 页	
2	牌楼	原址为灵谷寺天王殿，五间六柱，柱不出头，高 10 米、通宽 16.6 米，钢筋混凝土现浇排架结构，基座外镶花岗岩，顶盖绿色琉璃瓦，饰有水泥脊兽，檐下饰三级仿斗拱。牌楼水平向下枋、中枋表面隐刻出简化的彩画骨架纹样，明间下枋、中枋镶嵌“大仁大义”四字，字两侧各有梅花两朵（背面明间党徽下刻“救国救民”四字，正、背面字均为张静江所题）；屋檐下均为琉璃仿木斗拱，双下昂、出两挑及五踩（彩）；正反两面中枋、上枋之间各饰有瓷质国民党党徽五枚；牌楼前左右两侧各有一只石质走虎，由当时陆军第十七军赠送。	刘先觉、张复合、[日]村松伸、[日]寺原让治主编：《中国近代建筑总览·南京篇》，北京：中国建筑工业出版社，1992 年，第 31 页	
3	祭堂	牌楼北为祭堂，由明代无量殿(俗称“无梁殿”)改建而来。1931 年建造国民革命军阵亡将士公墓时，照原样修葺，改为祭堂大殿。祭堂内有祭坛三座，各嵌石碑一方。中碑高 5.3 米、宽 1.59 米，镌刻“国民革命军阵亡将士之灵位”，由张静江题写；西碑高 3.33 米、宽 3.17 米，镌刻着蒋介石所书北伐誓师词；东碑与西碑高、宽相同，镌刻陈果夫所书祭文。1949 年后，原有碑刻均被磨去；1981 年修缮并改刻碑文，中碑改为“国民革命烈士之灵位”，西碑刻《中华民国国歌》，东碑刻《国父遗嘱》[①]。堂内四壁嵌 110 块黑色大理石碑，共镌刻着 33224 名阵亡将士姓名、军阶。其中，第 1 至 61 块石碑刻 1926 年至 1930 年间阵亡的北伐军将士名单；第 61 至 67 块石碑刻 1932 年淞沪会战中阵亡的第十九路军将士名单；第 67 至 110 块石碑刻 1931 至 1933 年华北抗战中阵亡的各部将士名单。 全部碑文共 16.5 万字，由书法家倪幼耕、郭仰韩、郭伯恭三人书写；石工唐仲芳、尹铁苍、杨文卿、周梅谷等人镌刻，是我国历史上规模最大的阵亡名录碑刻。 1933 年 4 月 25 日召开的国民革命军阵亡将士公墓筹备委员会第十七次常务会议决议，将祭堂定名为“正气堂”，改用横额[②]。门外石狮一对，由北平军分会赠送。	卢海鸣、杨新华主编：《南京民国建筑》，南京：南京大学出版社，2001 年，第 486 页	
4	公墓	公墓共三个，第一公墓居中，第二、第三公墓位于无量殿东西各约 300 米远的山坡上。三个公墓总造价 17 万元，由南京李新记营造厂承建。 第一公墓位于无梁殿后原五方殿旧址，面积 9255.56 平方米[③]穴 1752 座，每一座墓穴下用红砖砌为长方形，上盖水泥预制板，南北朝向，每墓前立一块约 30 厘米高的半卧形青石碑，不刻姓名，代以编号。	陈植:《造园学概论》，北京：中国建筑工业出版社，2009 年，第 216 页	

①《南京民国建筑》，第 486 页。

②《建筑阵亡将士公墓筹委会第十七次常务会议记录》，南京市档案馆藏，档号 :10050010254(00)0024。

③ 原记载为“83300 平方尺”，折换为平方米。

（续表）

序号	名称	内容	数据源	备注
4		墓地北侧墓墙东、西两端各立一纪念碑，分别为国民革命军第十九路军、第五军淞沪抗战阵亡将士纪念碑。1933年6月2日，从上海运来一批在淞沪抗战中牺牲的官兵遗体，为表纪念“一·二八”之意，特挑选78名十九路军阵亡将士、50名第五军阵亡将士遗骸，入葬该公墓。抗战时日伪磨去碑文，仅存碑柱。1995年纪念抗日战争胜利50周年之际，中山陵园管理局将碑上文字恢复。第一公墓现改为花坛和草坪。 第二、第三公墓面积均为6644.4平方米[①]。1957年，第二公墓改为邓演达墓。第三公墓原有墓穴2268个；1946年12月28日，南京国民政府在第三阵亡将士公墓前营造戴笠墓，“文革”中被炸毁。		
5	纪念馆	位于第一公墓正北，原址为古灵谷寺律堂。1929年建立，陈列阵亡将士遗物。我国传统建筑造型，面阔九间、副阶周匝，钢筋混凝土结构，上下两层，外观为重檐庑殿，绿色琉璃瓦、蓝色琉璃剪边。 楼下中间为穿堂，楼上下大空间遍设架柜，用以陈列阵亡将士遗物或举办展览。 纪念馆后有仿古二层石质宝鼎，刻“铭鼎垂勋”，是当时的安徽省主席刘镇华所赠。		1933年完工，名“革命纪念馆”，由蒋介石题写馆名，1949年后更名为“松风阁”
6	纪念塔	位于纪念馆后约100米，1949年后更名为“灵谷塔”。塔高62米，塔基直径30.4米，三层台基，为九级八角、楼阁式塔，现为浇钢筋混凝土结构，立面贴花岗石。平坐围以石质单勾栏。正面花岗岩石阶与通道相连，第三层正中嵌一方长5.8米、宽2.8米的“日照山河图”白色花岗石丹陛，图案由刘福泰、陈之佛、李毅士设计，刻工精细。塔内正中有螺旋式楼梯，直通九层，共252级台阶。 除第九层外，塔每层都有碑石四块，内外刻字。第一层正面门额上是蒋介石题写的“精忠报国”，后门是“有志竟成”，及东、西两侧门额上的“成功”“成仁”四个篆字，都是当时的中山陵园园林组组长傅焕光所题。第三层四块石碑刻有蒋介石所撰《遗阡表》，由叶楚伧书写；第二、第三层石碑上分别刻有蒋介石所撰写的黄埔军校第五、第六期同学录序各一篇，分别由周伯年、杨天骥书写；第五、第六层石碑上刻有蒋介石所撰写的黄埔军校第三、第四期同学录序各一篇，分别由钮永健、刘纪文书写；第七、第八层石碑上分别刻有蒋介石所撰写的黄埔军校第一、二、三期同学录序，分别由戴季陶、张静江、钮永健书写。现除“精忠报国”四字外，第二层至八层碑文已被凿去。 塔内壁镶嵌青石碑刻28块。第二至第四层墙壁共12块，为《孙总理北上时在黄埔军官学校告别辞》全文，于右任草书；第五至第八层墙壁共16块，是《总理孙先生在黄埔军官学校开学训词》，吴稚晖书。碑文均为苏州吴县唐仲芳勒石。 1936年秋，由国民政府指定总理陵园管理委员会负责保管，并继续办理调查营葬事务。 抗战期间，公墓建筑群曾遭破坏，尤以纪念馆为重。抗战胜利后，民国政府还都，曾加以简易维修。		由建筑师墨菲、董大酉共同设计，陶馥记营造厂承建，造价35.5万元，始建于1931年，1933年竣工

① 原记载为“59800平方尺”，折换为平方米。

第二节　建造

一、建设缘起

民国初期，北洋军阀把持政局，社会动荡。孙中山先生两次护法运动失败后，积极组织革命武装，拟在统一两广的基础上，出师北伐。

1921 年 10 月 8 日，孙中山先生提请非常国会通过了北伐案[①]。后因陈炯明叛变，暂时搁浅。

1926 年 7 月 1 日，国民政府军事委员会颁布北伐动员令[②]。7 月 4 日，国民党中央在广州召开临时全体会议，通过《国民革命军北伐宣言》，部分内容如下：

“统一政府不成立，则外祸益烈，内乱益甚，中国人民之困苦，亦将如水益深，如火益热，中国人民将无噍类矣。

“本党从来主张用和平方法，建设统一政府。盖一则中华民国之政府，应由中华人民自起而建设；一则以凋敝之民生，不堪再经内乱之祸。故总理北上之时，即谆谆以开国民会议，解决时局，号召全国。孰知段贼于国民会议阳诺而阴拒，而帝国主义者复煽动军阀，益肆凶焰。迄于今日，不特本党召集国民会议以谋和平统一之主张未能实现，而且卖国军阀吴佩孚得英帝国主义者之助，死灰复燃，竟欲效袁贼世凯之故智，大举外债，用以摧残国民独立自由之运动。帝国主义者复饵以关税增收之利益，与以金钱军械之接济，直接帮助吴贼压迫中国国民革命；间接即所以谋永久掌握中国关税之权，而使中国经济生命，陷于万劫不复之地。吴贼又见国民革命之势力日益扩张，卖国借款之狡计，势难得逞，乃一面更倾其全力，攻击国民革命根据地，即使匪徒扰乱广东，又纠集党羽侵入湘。剩本党至此，忍无可忍，乃不能不出于出师之一途矣。

“本党为实现中国人民之唯一的需要，统一政府之建设，为巩固国民革命根据地，不能不出师以剿除卖国军阀之势力。本党为民请命，为国除奸，成败利钝，在所不顾，任何牺牲，在所不惜。本党为求遵守总理所昭示之方略，尽本党应尽之天职，宗旨一定，生死以之。愿全国民众平日同情于本党之主义及政纲者，更移其平日同情之心，进而同情于本党出师，赞助本党之出师，参加本党之作战，则军阀势力之推倒将愈加迅速，统一政府之建设将愈有保障，而国民革命之成功亦愈将不远矣。”[③]

1926 年 7 月 9 日，蒋介石就职国民革命军总司令并誓师北伐，北伐战争正式开始。

1928 年 12 月 29 日，张学良在东北通电易帜，宣布效忠南京中央政府。至此，北伐成功，中国一统[④]。

历时三年的北伐战争，数万将士抛尸疆场。国民政府为“眷念前劳，凯旋者概予登庸，惨逝者追加抚恤。惟兹阵亡将士，杀身成仁，尸骨遍野，忠魂无依，乃拟搜集阵亡将士骸骨，建筑公墓，安慰忠魂”[⑤]。

---

① 梁国藩：《世界传人传：二十世纪世界政坛伟人》（上、下卷），陕西旅游出版社、经济日报出版社，1998 年，第 24 页。

② 江原：《20 世纪的中国 · 军事战争卷》，兰州：甘肃人民出版社，2000 年，第 18 页。

③ 荣孟源：《中国国民党历次代表大会及中央全会资料》（上册），北京：光明日报出版社，1985 年，第 252—254 页。

④ 李可亭：《商丘通史》（上编），郑州：河南大学出版社，2000 年，第 204 页。

⑤《中山陵档案史料选编》，第 727 页。

二、建造过程

（一）成立筹备委员会

1928 年 11 月，中国国民党中央执行委员会建议设立建筑阵亡将士公墓筹备委员会[①]（以下简称筹委会），委派蒋介石、陈果夫、刘纪文、何应钦、林焕庭、熊斌、刘朴忱、李宗仁、邱伯衡等，筹办公墓建设事宜。后又加派傅焕光、黄为材、伍翔、夏光宇为委员。

1931 年 4 月，因迁调关系，经中央执行委员会决议，改派陈果夫、刘纪文、林焕庭、黄为材、赵棣华、蒋介石、何应钦、王柏龄、熊斌、傅焕光、夏光宇等为委员，指定陈果夫、刘纪文、林焕庭、傅焕光、夏光宇任常务委员，黄为材充任秘书；6 月，又加派刘梦锡为筹备委员会委员。林焕庭去世后，1933 年 10 月 9 日，建筑阵亡将士公墓筹委会第二十一次会议决议，推举叶楚伧为常务委员[②]。

筹委会最初设在中央党部内，直属中国国民党中央执行委员会领导。公墓地址经筹备委员会第一、二、三、四次会议研究并实地勘察后，于 1929 年 9 月召开第五次筹备委员会会议时，决定以灵谷寺旧址为墓址。随后，筹委会搬至灵谷寺办公。11 月 1 日，干事邵叔嘉开始工作，从事筹备事务。

1930 年 1 月，筹委会举行第六次会议，对筹备各办法大致决定，加请刘梦锡为监工工程师。同年 4 月，又加请梁鼎铭为艺术专员。当时的筹委会，职员纷进，工作繁重，于是制定规则条例，以资遵守。凡遇重大事件均开会解决。

（二）选择墓址

1929 年 9 月，筹委会第五次会议决议，定灵谷寺旧址为墓址："灵谷寺在紫金山南麓，创自明初。庙宇崇宏，浮屠矗立，周围数里房舍千百间，固南京之丛林，亦地方之名胜。……而地点适在总理墓之左，地势宽坦，但使相度经营兴工建筑，将来可与明孝陵东西对峙，鼎立而三，同为民众所崇拜，岂非陵园界内之一巨观哉！"[③]

（三）确定方案

1929 年 9 月，著名建筑师墨菲被聘为阵亡将士公墓建筑师后，亲自实地勘察，制定出方案。筹委会对他的方案进行了反复研究。

1930 年 1 月，加聘中山陵监工工程师刘梦锡为阵亡将士公墓的监工工程师。筹委会先后开会 17 次，才于 1931 年 3 月定下建筑设计方案。3 月 25 日，蒋介石至灵谷寺听取筹委会汇报公墓方案，审阅茂菲设计的公墓图样，并实地察看。在拟议中的第三公墓墓址，蒋介石认为"第三公墓地势太觉卑洼，主张向西南迁至约距二百尺之高岗上，并因高岗狭窄，主张将东西二穴（即第二、第三公墓）原定直径各四百尺改为各三百尺"[④]。所提意见，确实颇为中肯。

据此，墨菲重新修改方案。公墓随后正式开工。

（四）调查营葬

国民革命军阵亡将士公墓在建造时及建成后，陆续葬入阵亡将士，包括北伐、抗战等，主要是北伐中牺牲的官兵。经各师呈报名册，计 60 个部队，共有阵亡将士 33224 人。因员额太多，不能全部容纳，经筹委会决议，取"代表葬"法，以师为单位，从每一军阶的阵亡将士中抽签一名代表入葬。

---

① 傅焕光：《傅焕光文集》，北京：中国林业出版社，2008 年，第 41 页。

②《建筑阵亡将士公墓筹委会第二十一次会议记录》，南京市档案馆藏，档号 :10050010254(00)0030。

③《中山陵档案史料选编》，第 728 页。

④《建筑阵亡将士公墓筹委会第十八次会议记录》，南京市档案馆藏，档号 :10050010254(00)0005。

1933年3月18日，由军委会军政部诸代表暨筹委会各常务委员分组抽签，抽定代表603人。“诚恐各代表忠榇，间有不能寻着者”，并于各部军阶内抽定副代表522人以备补充。随即编填调查表，由筹委会遣派32名墓地调查专员，分赴抽定各代表墓地所在的17省，面请各省政府指示，并请查访。因原墓点散漫，历经三月，查确忠榇不及全数之半，并拟再酌延调查时间，希望多查实后运京安葬。此外尚有长城抗日诸役之阵亡将士忠榇，现正筹划调查办法，实行调查为期不远矣[①]。

抗战阵亡将士中，包括1932年“一·二八”淞沪抗战及此后华北长城抗战中的阵亡将士，淞沪抗战阵亡将士代表128名于1933年6月2日入葬。

华北长城抗战阵亡将士代表，经抽签确定后，于1934年底入葬。

1935年1月，又举行北伐第四军阵亡将士抽签。

至1936年止，第一公墓内共有大小墓穴1624个，第三公墓2268个。所有墓穴都用砖块及三合土铺底、砌墙，上用钢筋水泥板封盖[②]。

（五）建设工程

自1929年开始筹备以来，国民革命军阵亡将士公墓从1931年3月正式动工，至1935年11月完工，历时六载。所有建筑中，纪念塔耗资最多，造价35.5万元（表2–3）

表2–3　国民革命军阵亡将士公墓各项工程承揽表[③]

序号 / 工程类别	承揽者	工程名称
一、公墓工程	李新记	第一公墓大墓圹三百个
	李新记	小墓圹八百个
	李新记	特大墓圹三个
	李新记	特大墓圹三十三个
	李新记	小墓圹二百十二个
	李新记	最小墓圹一百十二个
	王雨亭	第一、三公墓内五种墓圹二百六十四个、二千二百二十八个
	骆同和	华北抗日代葬小石碑
	骆同和	小碑石一千块
	李新记	第一公墓大墓圹四个加账
	李新记	第一公墓内小路钢骨水泥路缘
	王雨亭	第三公墓整理土方
	复　华	无量殿前整理及挖第二、三公墓土方
	李新记	第二、三公墓前车道及水沟
	周梅谷	青石小碑五百块
	李新记	砌第二、三公墓阴沟及花园

①《首都志》（卷三），第281—282页。

② 孙中山纪念馆编：《中山陵趣闻》，南京：东南大学出版社，1995年，第162页。

③ 参考“各项工程承揽”，南京市档案馆藏，档号：10050031321。

（续表）

序号 / 工程类别	承揽者	工程名称
二、碑石工程	济南元吉工厂	纪念塔碑石二十八块
	周梅谷、唐仲芳	纪念塔碑石八块
	周梅谷	拓纪念塔碑
	唐仲芳	拓纪念塔碑
	周梅谷	刻纪念塔《遗阡表》
	周梅谷、唐仲芳	祭堂内三大碑石
	周梅谷	输运及鉴立三大碑石
	王雨亭	做祭堂三大碑石底座及镶砌
	全品记	题名碑石七十八块
	周梅谷	题名碑石八块
	周梅谷	题名碑石十二块
	唐仲芳、周梅谷	刻题名碑字六万个
	尹铁庵	刻题名碑字三万个
	尹铁庵	续刻题名碑字二万个
	唐仲芳	续刻题名碑字二万五千个
	周梅谷	续刻题名碑字三万个
	全品记	竖立及镶砌题名碑七十八块
	王雨亭	镶砌题名碑十六块
三、马路工程	王雨亭	第一公墓起至桂林石屋止人行道
	王雨亭	由纪念塔至谭墓桥头人行道
	王雨亭	志公殿后石片路及踏步水沟等
	骆同和	祭堂后及左右新石路
	骆同和	祭堂北首人行道左右铺石条
	骆同和	志公塔原址中间铺石路
	骆同和	祭堂后用归大石墩做整段平铺人行道
	骆同和	纪念馆至第一公墓接第三公墓大路两边铺青石
	王雨亭	第一公墓后面至纪念馆前石片马路及停车场
	王雨亭	志公殿前四角方亭弹石人行道
	王雨亭	志公殿前山上弹石路
	骆同和	纪念馆及无量殿前面青石踏步
四、水沟桥墩工程	王雨亭	志公殿前西边木桥砌墩子
	王雨亭	砌乱石水沟
	王雨亭	环塔路及塔前路又西停车场砌水沟
	复 华	志公殿小溪水沟
	王雨亭	灵运路北第三公墓桥北及玉带桥南水坝三道

（续表）

序号 / 工程类别	承揽者	工程名称
五、志公殿工程	李新记	建造志公殿
	李新记	拆志公塔
	王雨亭	做志公墓
六、亭子工程	李新记	本会大路口六角亭
	薛森林	志公殿前山上四方亭
	骆同和	进思亭内石凳桌
	骆同和	六角亭内石凳桌
	袁德兴	漆大门前六角亭
七、画室工程	李新记	画室改造
	李新记	改换画室人字大梁及建造看台
	金章桃	画室气楼天花板工程
八、砖墙工程	复　华	整理祭堂西高阜及砌砖墙
	骆同和	纪念塔直路前护墙及踏步
九、挖井工程	顾记营造厂	拆砌及开深牌楼前草坪东西井
	新昌公司	纪念馆东北高坡上开自流井
十、其他工程	益新花石公司	假山石料一百二十吨及堆砌
	上海兴泰水电行	纪念馆铁柜
	振森祥木行	白果树匾料一株
	南京同泰丰瓷号	党徽十六个
	中鑫泰木器号	速检片柜二个

全部建设工程均面向社会公开招投标。1930 年 12 月 16 日，建筑阵亡将士公墓筹备委员会第十四次会议决议，阵亡将士公墓全部工程归馥记营造厂承建，工程分期付款，预付建筑费二十万元①，包价八十万（后改为九十二万）。

其时，馥记营造厂开列的工程包价表②如下（表 2–4）：

表 2–4　工程包价表

建筑物名	包价（元）	预付（元）	付款期数	完工日期
纪念塔	三五五，〇〇〇.〇〇	八八，七五〇.〇〇	六期	二十一年九月底
纪念馆	二一五，〇〇〇.〇〇	五三，七五〇.〇〇	六期	二十一年六月底
牌楼、围墙、墓门	六〇，〇〇〇.〇〇	一五，〇〇〇.〇〇	五期	二十年十月底
三公墓	一七〇，〇〇〇.〇〇	四二，五〇〇〇.〇〇	五期	二十年十月底
修复无量殿为祭堂	一二〇，〇〇〇.〇〇	无	六期	二十一年一月底
合计	九二〇，〇〇〇.〇〇	二〇〇，〇〇〇.〇〇		

①《建筑阵亡将士公墓筹委会第十四次会议记录》，南京市档案馆藏，档号 :10050010254(00)0001。

②［民国］总理陵园管理委员会编：《总理陵园管理委员会报告》（下），南京：南京出版社，2008 年，第 565 页。

墓门工程。将原有红山门“改为十尺八寸阔，边门改至八尺阔，其他部分斟酌比例放大”①。“公墓大门里面所有马路两旁用一尺半宽石条，一条中铺石片，分段招标兴建”②。1933年2月23日，筹委会第十五次常务会议建议“大门围墙改用红色”，复又“择定深红色”③。

祭堂工程。1931年1月13日，筹委会第十五次会议决议，采取公开登报的方式招标，“登报招标十五日起，登报一星期，一月底截止，一切办法悉照上次招标方法办理，投标保证金定为洋一千元，押图费十元，请建筑师先行估价”。登报公开招标二十天后，有馥记、利源、竞记三家营造厂投标，经2月3日筹委会第十六次会议决议，“由馥记以十二万元承修所有本会已购材料及已做成之木架木壳等概归馥记以抵所减之价三八六四元”，并“请林焕廷委员签订合同”④。为从速推进建设工程，1933年4月17日，筹委会第十六次常务会议决议：“甲、题名碑石准由全品记承办。乙、刻字由松月轩、尹铁庵及杨文卿试刻。丙、法圈三个，中间用国民革命军阵亡将士之神位，左用誓师词请蒋先生写，右准刻祭文。丁、整理墙壁请刘工程师与刘福泰商酌后报告委员审定。戊、檐前匾额拟用直匾。己、祭堂直达大门之甬道假定中间用新石铺就，两旁用旧石铺砌，请刘工程师计划呈核”。6月16日，筹委会第十九次常务会议决议：“祭堂内法圈三个所用石料致函上海姚华孙石商来会接洽后候核。祭文由叶楚伧撰拟。”6月30日，筹委会第二十次常务会议又决议：“祭堂内法圈及牌楼上横额柱联嵌石，先定图样函请图案专家刘福泰、陈之佛设计碑位图案。”⑤

1933年10月9日，筹委会第二十一次会议决议：“第一公墓内北伐阵亡将士筑墓圹三百个，其工程由李新记营造厂承揽。”当时即与李新记营造厂订立了《第一公墓墓圹承揽书》⑥。

在第二、三公墓间原计划建筑桥梁，1932年6月17日建筑阵亡将士公墓筹委会第八次常务会议上，监工工程师刘梦锡提交建筑第二、三公墓桥梁案。经会议讨论决议：“第二公墓桥梁照刘工程师图样招标，第三公墓桥梁改用砖砌，涵洞所需水泥黄沙先准支材料费洋五百元。”⑦

纪念馆工程。除根据建筑师设计方案正常施工外，筹委会对一些细节也给出了具体意见。1933年4月17日，筹委会第十六次常务会议决议：“（纪念馆）外廊宫灯改为贴顶圆灯，内部用小宫灯与贴顶圆灯相间，中间用大宫灯一盏。”⑧除建筑工程外，纪念馆还有一项主要工作就是征集阵亡将士遗物，布置陈列室，分照片、遗物两部分。

1931年6月25日，筹委会第一次常务会议决议“登报征求阵亡将士照片”。

1933年1月14日，筹委会第十四次常务会议又决议：“先征集阵亡将士遗像、遗物、遗著，其登报启事稿请傅（焕光）委员撰文。”⑨但来件甚少。于是经1933年10月9日筹委会第二十一次会议决议：“（1）函总司令部及阵亡将士家族各师参战长官、黄埔同学会军官学校、陆军大学学友社征求陈列物品，并对送纪念馆照片及附说明。（2）征求物品分公私两种，公有者为旗帜、

---

①《建筑阵亡将士公墓筹委会第一次常务会议记录》，南京市档案馆藏，档号:10050010254(00)0007。

②《建筑阵亡将士公墓筹委会第八次常务会议记录》，南京市档案馆藏，档号:10050010254(00)0015。

③《建筑阵亡将士公墓筹委会第十五次常务会议记录》，南京市档案馆藏，档号:10050010254(00)0022。

④《建筑阵亡将士公墓筹委会第十六次会议记录》，南京市档案馆藏，档号:10050010254(00)0003。

⑤《建筑阵亡将士公墓筹委会第二十次常务会议记录》，南京市档案馆藏，档号:10050010254(00)0027。

⑥《建筑阵亡将士公墓筹委会第二十一次会议记录》，南京市档案馆藏，档号:10050010254(00)0030。

⑦《建筑阵亡将士公墓筹委会第八次常务会议记录》，南京市档案馆藏，档号:10050010254(00)0015。

⑧《建筑阵亡将士公墓筹委会第十六次常务会议记录》，南京市档案馆藏，档号:10050010254(00)0023。

⑨《建筑阵亡将士公墓筹委会第十四次常务会议记录》，南京市档案馆藏，档号:10050010254(00)0021。

符号、服装、军械、照片、遗著等件，私有者已登报纸征求。”[①] 自经蒋介石通令各军师旅选送，复经筹备委员会发报征求后，送到者已有数千件，以相片居多，衣帽手迹次之，刀枪子弹及日用品较少，至足珍贵，将来悉附挂于钢架陈列，并附详细说明，俾参观者一览而知。4 月 17 日，筹委会第十六次常务会议决议：“乙、外廊宫灯改为贴顶圆灯。丙、内部用小宫灯与贴顶圆灯相间。丁、中间用大宫灯一盏。”6 月 16 日筹委会第十九次常务会议决议：“灯式——纪念馆，走廊采用兴泰计划 B 字二四五号，内部中间采用第十二号（后改为七号），内部二小间及扶梯旁采用四角灯，内部四周采用宫灯式。”“柜架——楼上采用兴泰图样，楼下再行计划。”[②]

纪念塔工程。1932 年 9 月 8 日，筹委会第十次常务会议决议：“纪念塔回光灯采用西门子回光灯。”1933 年 4 月 17 日，筹委会第十六次常务会议作出决议：“1. 镌刻石碑案。追认 4 月 5 日本会与北平恒盛石厂张书升订立承揽镌刻及磨光纪念塔上石碑。2. 纪念塔工程案。甲、塔上碑文函请吴于戴钮诸先生速写送会刻碑。乙、扶梯栏杆照原决议案仍用铁制（圆扶手方柱）由茂菲尽本月底务须绘就图样送会核定。丙、阶石图样催茂菲赶办同时委托刘福泰代为计划，尽本月底内会就。丁、塔之下层横额刻字”。6 月 30 日，筹委会第二十次常务会议又决议：“阶石图案函请图案专家刘福泰、陈之佛设计后夺。”[③] 后图画专家李毅士加入设计阶石图案。

在主体工程建设的同时，道路工程也在积极推进。1933 年 4 月 17 日，筹委会第十六次常务会议，要求“各项工程亟待开工，庶于七月以前完工均请核准以便与建筑案”，并作出决议：“甲、纪念塔周围人行路宽一丈。乙、纪念塔至志公塔人行路宽一丈九尺三寸。丙、志公塔至纪念馆石板路宽一丈三尺。丁、纪念馆前石级至石级中间石板路宽二丈二尺。戊、纪念馆前绕第一公墓西边石片路宽一丈八尺。己、停车场前西半部铺石条及石片路七丈三尺。”[④]1934 年 2 月 20 日的筹委会第二十六次常务会议又决议，在纪念馆四周建 4 英尺宽人行水泥路。11 月 17 日筹委会第三十一次常务会议决议：“自纪念塔起至东西马路止，前后左右各水沟约共长四百五十丈，拟用旧砖及乱石分别砌筑，由王雨亭承揽。”

所有建设工程由筹委会全权负责，对施工、用料都有极高的要求。由南京市档案馆所藏公墓建设档案《阵亡将士公墓墓圹工程施工细则》即可见一斑[⑤]。

（六）碑刻绘画

祭堂内原有法圈三个，拟各嵌石碑一方，中碑镌刻“国民革命军阵亡将士之灵位”，左碑刻北伐誓师词，右碑则勒祭文，四壁镌刻北伐、抗日等诸役之阵亡将士姓名、阶级，以志纪念而垂永久。志公塔附近原有三绝碑一方，上镌圣僧宝志遗像，吴道子手笔；李太白赞，颜真卿所书；宝公菩萨十二时歌，赵子昂所书；碑名三绝（或称“四绝碑”[⑥]）。“惜年久碑碎，特摹仿原状，重勒石碑嵌于修复后的志公塔后墙内，以存古迹。”

纪念塔碑石，每层四块，每块内外刻字（详见表二）。“惟第九层未嵌石碑，以便高瞻远瞩”[⑦]。

1929 年春，蒋介石为表扬革命先烈牺牲奋斗的事迹，供后人瞻仰，经筹备委员会决议，仿照

①《建筑阵亡将士公墓筹委会第二十一次会议记录》，南京市档案馆藏，档号 :10050010254(00)0030。

②《中央日报》1935 年 10 月 7 日第二张第三版。

③《建筑阵亡将士公墓筹委会第二十次常务会议记录》，南京市档案馆藏，档号 :10050010254(00)0027。

④《建筑阵亡将士公墓筹委会第十六次常务会议记录》，南京市档案馆藏，档号 :10050010254(00)0023。

⑤《公墓各种墓圹承揽合同》，南京市档案馆藏，档号：10050031321(00)0003。

⑥《钟山志》，第 219—220 页。

⑦《首都志》（卷三），第 280—281 页。

欧洲油画院办法，绘制惠州汀泗桥、南昌、济宁、济南、大汶口、归德诸战役壁画数幅。

1930 年 4 月间，由筹委会艺术专员梁鼎铭负责绘制。到“一・二八”淞沪战后，又增加庙行战役一幅，前后共八大幅。1932 年底，惠州战役已完全绘成，此画高二丈、宽七丈，为八幅中最大，其余七幅均高二丈、宽二丈四尺[⑧]。

（七）公祭典礼

1935 年 11 月 20 日，国民革命军阵亡将士公墓举行盛大的落成暨公祭典礼。蒋介石担任主祭，国民党中央和各界人士 1 万多人参加，全国下半旗志哀。

“典礼当日，公墓路口高搭松柏彩坊一座，入内沿途电灯杆上均交叉悬挂党国旗及国花，上书公墓落成典礼字样。进大门后，经牌楼、正气堂、纪念馆、公墓以至纪念塔，沿途均竖有悬挂大的党国旗及旗杆，及密挂小的党国旗，地下遍置盆菊，布置极为庄严整肃。祭坛设在正气堂内，中有阵亡将士灵位，下设主祭及与祭者席次，公墓前亦如是。

“公祭典礼于上午八时举行，蒋介石亲临主祭，全体中委及五全大会出席代表，亦将一律参加，举行一次。下午则为各级党部、民众团体、各学校等公祭时间，举行四次，筹备处以与祭人数众多，今日凡公墓各处均谢绝参观，自明日起即全部开放。其典礼节目如下：一、主祭就位；二、与祭就位；三、全体肃立；四、奏哀乐；五、主祭行覆土礼；六、鸣炮十七发；七、主祭复位；八、行三鞠躬礼；九、司仪导引主祭与祭人员入祭堂行公祭礼；十、主祭就位；十一、与祭就位；十二、全体肃立；十三、奏哀乐；十四、献花；十五、读祭文；十六、行三鞠躬礼；十七、静默三分钟；十八、静默毕；十九、奏哀乐；二十、礼成。”[⑨]

根据蒋介石的指令，1936 年 7 月，阵亡将士公墓移交总理陵园管理。

抗战胜利后，国民党政府每年 3 月 29 日都要在阵亡将士公墓举行隆重的公祭仪式。

1947 年 6 月 21 日，国民政府制订了“春秋二季致祭阵亡将士办法”，定每年春祭日期为 3 月 29 日，即黄花岗起义纪念日；秋祭日期为 9 月 3 日，即抗战胜利纪念日。

直到 1949 年 3 月 29 日，代总统李宗仁还率领一批文武官员，到灵谷寺阵亡将士公墓举行了中国国民党在大陆的最后一次春祭。

第三节　建筑意匠

一、建筑图案

墨非设计的国民革命军阵亡将士公墓方案说明、图样等，由于种种原因，原件暂未找到。

现据总理陵园管理委员会所编《总理陵园管理委员会报告》（下）中由阵亡将士公墓筹备委员会供稿的《国民革命军阵亡将士公墓之筹建》的“建筑设计”部分，可略知公墓方案：

“灵谷寺为首都丛林，原有殿宇除无量殿尚存肤廓外，其余均为洪杨劫后之新小房屋。今公墓即以旧址建筑，按茂非计划，公墓有三，其一在无量殿后之五方殿旧址，第二、第三公墓则在无量殿东西各约一千尺之山凹中，三墓地点成一极钝之三角形。墓外建筑即以万工池内之原有大门为墓门，不过二旁另辟偏门，以通车马。金刚殿原址峙雄伟之石牌坊，无量殿恢复原来式样，改为祭堂。其前之大雄宝殿卸去其中佛像，移入东屋之龙王殿中。志公塔前建纪念堂，其后数百步造纪念塔，

⑧《首都志》（卷三），第 282 页。

⑨《中央日报》1935 年 11 月 20 日第一张第三版。《中山陵档案史料选编》，第 733—734 页。

为公墓建筑之极点。兹将各部建筑分述如次……”①

二、意匠探析

国民革命军阵亡将士公墓总体构思是以我国传统的中轴线空间为主体，运用灵谷寺原有中轴线，逐步安排祭祀空间，步步抬高、层层递进；并且利用第二、第三公墓形成副轴，总平面形如西式的“十”字架；与此同时，加入西方风格的几何形绿地广场，一起构成耐人寻味、“中西合璧”的总平面格局。不仅如此，中轴线上的单体建筑多有可圈可点之处。

正门位于灵谷寺原山门处，虽完全采用传统寺院山门造型，但对功能、结构加以改造以适应纪念所需，两侧设守卫室各一间，采用钢筋混凝土结构。其后的牌楼采用相同构思，造型传统而结构现代，适当简化、弱化彩画及其图案，通体金山石质、绿色琉璃瓦顶，色彩素雅，合于纪念建筑个性。尤其是立于多级台阶之上的五间六柱牌楼的巨大、敦实体量，与空旷的自然环境尺度和谐，纪念氛围浓郁。

公墓图案寓意显明。淞沪抗战阵亡将士纪念碑后有由低到高的墩厚围墙，平面弯曲，象征国民党“青天白日旗”边；围墙环抱的中间圆圈，以花坛象征太阳，圈中植一大桂花树；圆圈周边砖砌十二根齿轮，正中有望柱一对。整体图案寓意“青天白日旗”，覆盖着公墓。其东侧的“第十九路军淞沪抗战阵亡将士纪念碑”②“第五路军淞沪抗战阵亡将士纪念碑”等尺度与之十分切合，高度、大小比例精当，造型融合中西，诚为添彩之作。

祭堂更是巧妙借用原有的砖构无量（梁）殿，充分利用其砖砌体厚重、稳健的形体，纯净、明确的拱券内部空间，形成独特的肃穆、庄重祭祀、纪念氛围，因地制宜、匠心独具。

纪念馆、纪念塔等均采用现代钢筋混凝土结构，设计成我国传统建筑造型。纪念馆外观类似重檐庑殿顶效果，实为二层楼阁；唯现在的红柱、彩画等均真实模拟木构建筑，色彩较鲜艳而失之庄重（是否原设计如此，尚待深究）。

纪念塔九级八角，金山石贴面，石质仿木构斗栱、腰檐、平坐等，形体简洁、凝重，色彩纯净、统一，与牌楼手法协调一致，合于纪念格调，可谓“中体西用”，取得了相当高的艺术成就。

据此，整个国民革命军阵亡将士公墓建筑群，中轴与副轴，第一公墓与第二、第三公墓等，主次分明，新旧建筑结合巧妙，既对比又融合，依山顺势、层层递进，形成了纵深开合有致、变化丰富的纪念性景观。

第四节　建筑师

国民革命军阵亡将士公墓建筑群由美国建筑师墨菲与我国建筑师董大西共同设计，上海陶馥记营造厂承建③。

---

①《总理陵园管理委员会报告》（下），第563—564页。

② 由建筑师刘福泰设计，工程师汪原沛监制，祥记石作陈冬祥承造。

③ 叶皓主编：《南京民国建筑的故事》（下），南京：南京出版社，2010年，第493页。

一、墨菲（或译茂菲、茂飞）[①]

1877年，墨菲出生于美国康涅狄格州（Connecticut）。

1895年至1899年，就读于耶鲁大学。

1900年，墨菲在纽约成立了自己的建筑事务所。此后，他在美国纽约、康涅狄格等地设计过一些住宅、剧院、教会建筑、学校建筑，也为日本东京、韩国等设计大学校园。

1914年，墨菲到中国，规划设计了长沙雅礼大学（现为中南大学一部），这是墨菲对中国教会大学校舍建筑探索的开始。

1918年，墨菲在上海开设了建筑事务所——“茂丹洋行”[②]。此后，他陆续规划设计了福州的福建协和大学，南京的金陵女子大学（现南京师范大学），北京的燕京大学（现北京大学）、协和医科大学，上海的复旦大学、圣约翰学院、浸会学院、中西女塾、苏州医学院，宁波的浸会学院以及广州的岭南大学等。这些校园建筑大多采用“中国古典复兴式”，少数为西式风格。此外，他还设计了美国花旗银行在汉口、北京、天津、上海、广州、沈阳的六间分行（1917—1923），上海Robert Dollar大厦（即大来大厦，1920—1922）等西式商业、办公建筑，均为西方古典主义样式。墨菲在中国取得的杰出成就使其名声大振，随即被热衷于推行“吾国固有之建筑形式”的南京国民政府聘为建筑顾问。

1928年10月，他被聘请为国民政府南京规划总建筑顾问，与“首都建设委员会”一起，主持制定了1929年的南京首都规划，为期约一年[③]。美国建筑师参与中国新首都规划这一新闻被广泛传播，墨菲一时声名大噪，事业进入巅峰[④]。随后，他受聘为国民革命军阵亡将士公墓建筑师，设计了纪念塔和纪念堂。在此期间，他还设计了岭南大学惺亭（1928）、哲生堂（1930）与陆佑堂（1930）等。这些作品采用钢筋混凝土模仿我国传统建筑，在当时可谓创新，就是现在来看也是相当成功的佳作。

1935年春，50多位建筑师同行（其中绝大多数是中国人）出席为墨菲回国荣休而举行的送别宴会。墨菲在会上致辞说，自己实现了在中国的两大任务：成为一名负责任的建筑师和对中国建筑进行研究。同年，他回到故乡美国康涅狄格州布兰德福德。

1954年，墨菲在家中安详逝世，享年87岁。

墨菲的大部分职业生涯在中国度过，是迄今为止西方最杰出的熟悉中国传统建筑的建筑师。20世纪20年代以前的中国，尚无独立开业的本国建筑师，西方列强的经济掠夺又刺激中国建筑业的局部繁荣，给西方建筑师提供了施展才华的舞台。

---

①《建筑月刊》刊茂飞小传云：“国民政府建筑顾问茂飞建筑师（Mr. Herry K.Murphy），美国纽海文籍（New Haven，Connecticut）。1899年毕业于耶鲁大学，得学士位。1900年至纽约，经五年之训练，自1904年起，在业务上即颇活跃。1908年与台那君（Richard Henry Dana，系名诗人Longfellow即朗费罗之孙）合伙组织公司，先后凡十二年。业务范围先仅及于纽约及新英格兰，继及于近东及远东。故在1914年茂氏曾游历东方；今番莅沪，已属第八次矣。1920年，因但氏专攻于纽约附近之业务，故脱离公司，另由马奇与汉伦二氏（Mr. Gill and Hamlin）加入，与茂氏合作。至1923年，马汉二氏退出，乃由茂氏单独经营。茂氏在美，以设计殖民地建筑（Colonial Architecture）著称。……因茂氏在业务上之成功，于1913年由耶鲁大学赠以艺术学士（B.F.A）学位，以示激励。茂氏在国民政府建筑顾问任内，曾将南京作初步之首都设计，安置各院部会，以壮瞻观。并……设计南京紫金山阵亡将士墓。”《茂飞建筑师小传》载《建筑月刊》1934年第二卷第一号，第51页。

② 娄承浩、薛顺生编著：《上海百年建筑师和营造师》，上海：同济大学出版社，2011年，第108页。

③［民国］国都设计技术专员办事处编：《首都计划》，南京：南京出版社，2006年版。

④ 罗玲：《美国建筑大师墨菲与南京》，《南京史志》1998年第1期，第16—17页。

墨菲所处的时代，恰逢中国现代建筑发展的活跃期。正是复杂的历史背景为他提供了施展才能的广阔舞台，加上优秀的职业素养、勤奋刻苦的钻研精神，快速脱颖而出，成为设计“传统复兴式”建筑形式的代表人物①。

特别是，墨菲及时将设计重点从西式殖民地风格转向探索中西方建筑文化的有机融合，通过对中国传统建筑的潜心研究与不断探索，对中国传统建筑文化理解精深，设计了一批建筑技艺高超的中西合璧式建筑，取得了令人惊叹的卓越成就②。

二、董大酉（1899–1973 年）

董大酉是 20 世纪 30 年代上海风云一时的著名建筑师，出生于浙江杭州（图 2–4）③。

1922 年毕业于清华学校后赴美留学；1924 年毕业于美国明尼苏达大学建筑科，获建筑学士学位；1925 年获建筑学硕士学位；1927 年在哥伦比亚大学研究生院美术考古攻读博士课程④。

1928 年，董大酉回国。先在庄俊建筑师事务所任职，后又与美国同学菲利普合办建筑师事务所。1930 年自办建筑师事务所，完成上海市市中心计划并承担当年上海市的三个重大项目设计，即上海市政府新楼、上海市图书馆、上海市博物馆。全部采用中国宫殿式造型，并用现代结构、材料。

他曾任上海市中心区域建设委员会顾问、主任建筑师，广东省政府建筑顾问等⑤。1947 年，担任南京市都市计划委员会委员兼计划处处长。1949 年后，曾在六家设计院担任过总工程师、顾问工程师⑥。

图 2–4　董大酉

图 2–5　陶桂林

① 方雪：《墨菲在近代中国的建筑活动》，清华大学建筑学院 2010 年硕士学位论文，第 90 页。

② 也有研究者认为：“墨菲的设计始终停留在用钢筋混凝土模仿中国传统建筑的阶段，虽然模仿的相似程度逐渐提高，但设计构思始终没有创意。综观墨菲的建筑作品，拘谨而缺少创意，刻板而千篇一律，已经失去了他的前辈西方建筑师的创造力，从来也没有显示出大师级建筑师的想象力……”参见路中康：《民国时期建筑师群体研究》，武汉：华中师范大学 2009 年博士学位论文，第 177 页。笔者认为，此论值得商榷。

③ 李思德主编：《中外艺术辞典》，济南：山东文艺出版社，1991 年，第 920 页。

④ 杨永生：《哲匠录》，北京：中国建筑工业出版社，2005 年，第 247 页。

⑤ 王乃庄、王德树主编：《中华人民共和国人物辞典（1949—1989）》，北京：中国经济出版社，1989 年，第 512 页。

⑥ 赖德霖等：《近代哲匠录：中国近代重要建筑师、建筑事务所名录》，北京：中国水利水电出版社、知识产权出版社，2006 年，第 23—24 页。

灵谷寺纪念塔是为19路军和第五军在淞沪抗战阵亡将士而建，董大西作为墨菲的助手，参与了纪念塔的设计[①]。先生于1973年10月3日，患肺癌病逝杭州[②]。

董大西先生为我国现代杰出建筑师之一。“他的每一个作品都是经典……这些建筑——上海特别市政府大楼、飞机楼、原上海市博物馆、原上海图书馆（笔者注：以及江湾体育场）……每一座都是”[③]。其设计思想对当今社会不无启迪[④]。

第五节　负责的承建者

国民革命军阵亡将士公墓是国民政府主导的工程，一开始就受到当局的高度重视。国民政府主席蒋介石亲自担任建筑阵亡将士公墓筹委会委员，决定公墓墓址，审查建筑师墨菲的设计方案、图样，并提出修改意见。

公墓筹备机关——建筑阵亡将士公墓筹备委员会，先后召开二十多次会议、三十多次常务会议，讨论公墓选址、经费及各项工程事宜，公开登报对工程进行招、投标，对质量严格把关，订定施工细则。

总承造商南京馥记营造厂，严格按照公墓设计方案和期限进行施工。馥记营造厂厂主陶馥（图2–5），字桂林，江苏南通启东县吕四镇人，生于1892年[⑤]。他是一位颇具传奇色彩的企业家。12岁到上海，做木工小学徒[⑥]。由于好学和天资聪慧，技艺进步很快，二十几岁便升迁美孚建筑公司施工主任，后应邀到洪记营造厂担任施工主任。30岁（1922）时，独立创建以己名命名的馥记营造厂。其时，馥记营造厂刚完成中山陵的第三部分工程，就接手承揽阵亡将士公墓，后如期完成全部工程，精湛的技艺、过硬的质量得到了业内的好评与国民政府的肯定。

优秀的建筑文化遗产不仅仅取决于建筑师的奇思妙想，更取决于建设方的慧眼识珠，还有施工方的精耕细作，并贯穿立项、建造、使用、维护的全程。或者说，没有全民族文化水准、审美水平、知识素养的全面提升，难有优秀作品的普遍产生。

因此，要建成流芳后世的伟大建筑文化遗产，脱不开当局的高度重视，离不了天才建筑师的创造，以及负责、守信的监工师和承造商的通力合作，以及后来者的全心呵护。

第六节　结语

我国建筑从传统迈向现代，是外部世界的冲击与国内社会环境剧变联合影响下的结果，建筑的演化历程从属于整体社会的发展规律。

国民革命军阵亡将士公墓修建于1929年至1935年，正是国民政府大力发展的黄金十年期。其

① 娄承浩、薛顺生编著：《上海百年建筑师和营造师》，上海：同济大学出版社，2011年，第55页。

② 陈从周：《梓室余墨：陈从周随笔》，上海：生活·读书·新知三联书店，1999年，第242页。

③ 许云倩主编：《上海，不能抹去的记忆》，上海：上海人民出版社，2015年，第190页。

④ 董大酉：《在一次创作讨论会上的发言》，《建筑学报》1956年第5期，第58—59页；转引自杨永生：《1955—1957建筑百家争鸣史料》，北京：知识产权出版社、中国水利水电出版社，2003年，第37—38页。

⑤ 江苏省政协文史资料委员会编：《江苏文史资料集萃　经济卷》，《江苏文史资料》编辑部，1995年，第181页。

⑥ 薛理勇主编：《上海掌故辞典》，上海：上海辞书出版社，1999年，第217页。

间，我国年均工业增长率保持在9%左右，就在我国逐渐治愈内战、外辱之伤，步入现代化正轨之际，日本帝国主义者不给我国以和平发展之机，而侵占中国又是日军的长久计划，天皇的基本国策[①]，由是，关东军提前行动，1931年9月18日，日寇占我东北，抗战于兹肇始。

1932年1月28日，日寇再起挑衅，上海淞沪战争爆发，中华民族坠入生死存亡的关头。空前的民族危机，使得中华民族迅速团结起来，也使得“民族性”的建筑观念更加深入人心，掀起“中国固有式”建筑的高潮，并一度成为国民政府首都南京及全国各地的建设主流。而墨菲的“适应性建筑”[②]构思与此颇为切合，国民革命军阵亡将士公墓设计遵循此设想，并由于巧妙利用地貌地势、灵谷寺旧址、无量（梁）殿建筑等而更显突出。

目前，国民革命军阵亡将士公墓两处建筑群，均荣列全国重点文物保护单位，体现出对不同历史时期优秀历史文化遗产的传承。而越深入学习、研究国民政府时期的优秀建筑，越使我们在探究我国建筑历史遗产演进的同时，回味现代以来社会历史文化发展之曲折，心中涌起更多感慨的同时，更令人唏嘘不已。

诚愿我们能够真正以民族大业为宗，以史为鉴，免蹈覆辙，早日迎来中华民族的伟大复兴！

---

① 余杰：《铁与犁：百年中日关系深思录》，武汉：长江文艺出版社，2004年，第41页。

② ［美］Henry Killam Murphy，The Adaptation of Chinese Architecture. Journal of Chinese and American Engineers 7，1926（3）：7.

下篇

国民革命军阵亡将士公墓照片与图纸

第一章　各期照片

第一节　历史照片

一、公墓[①]

20 世纪 30 年代国民革命军阵亡将士公墓全景　图片引自卢海鸣、杨新华主编《南京民国建筑》，南京：南京大学出版社，2001 年版，第 489 页

国民革命烈士祠

① 本书中图片，除明确标注来源以外，其余图片未注明者：1. 现状照片均为南京大学东方建筑研究所的师生们拍摄；2. 历史照片来自耶鲁大学图书馆（Yale divinity library）。

建成后的松风阁

修缮前的无梁殿

修缮中的无梁殿

修缮后的无梁殿

建设中的三个环形公墓之一（20 世纪 30 年代）

落成典礼时的公墓

建成后的第一公墓、松风阁

建成后的公墓

建成后的第一公墓、松风阁、灵谷塔

建成后的第一公墓、松风阁、灵谷塔

从灵谷寺塔南望（资料来源：中山陵园管理处）

20 世纪 30 年代，馥记营造厂正在建造灵谷塔基础

20 世纪 30 年代建设中的灵谷塔

建成后的灵谷寺纪念塔

20 世纪 30 年代即将建成的灵谷塔

20 世纪 30 年代落成后的灵谷塔

周恩来总理在建成后的灵谷塔前留影（资料来源：中山陵园管理处）

宝公塔

二、史料[①]

1. 会议纪要

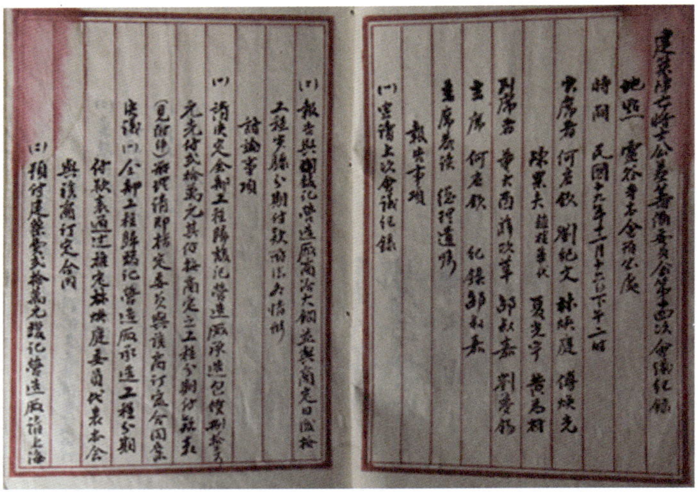

建筑阵亡公墓筹备委员会第十四次会议记录首页

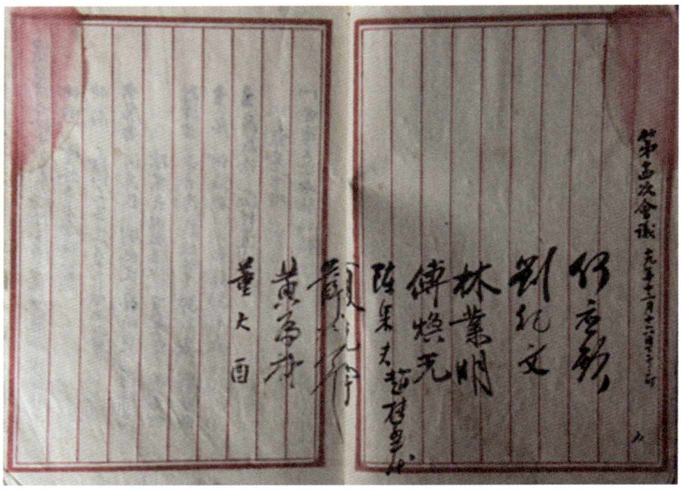

建筑阵亡公墓筹备委员会第十四次会议记录尾页

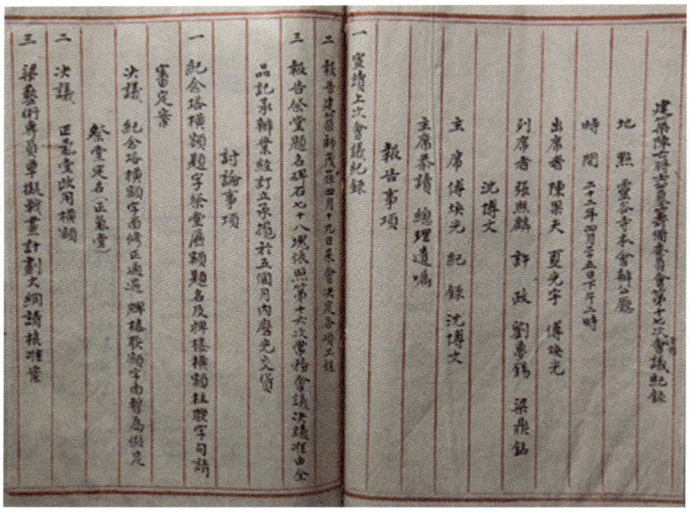

建筑阵亡公墓筹备委员会第十七次常务会议记录首页

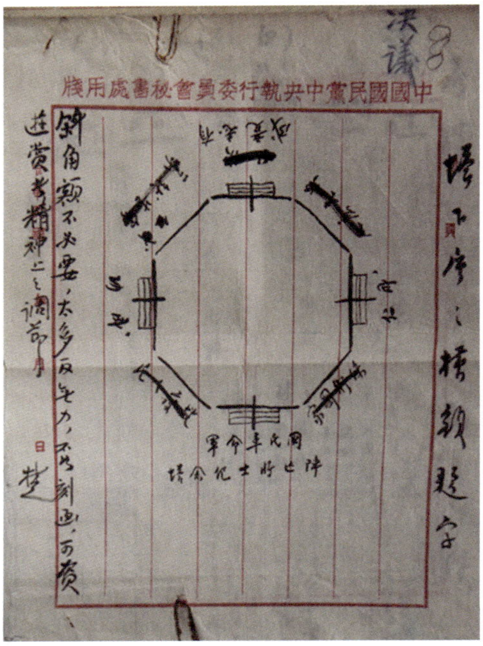

建筑阵亡公墓筹备委员会第十七次常务会议记录纪念塔碑刻布置方案

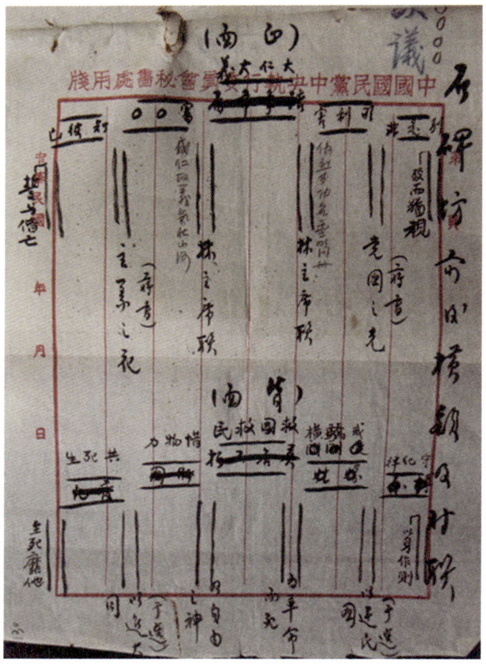

建筑阵亡公墓筹备委员会第十七次常务会议记录石牌坊前后横额及对联布置方案

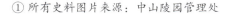

① 所有史料图片来源：中山陵园管理处

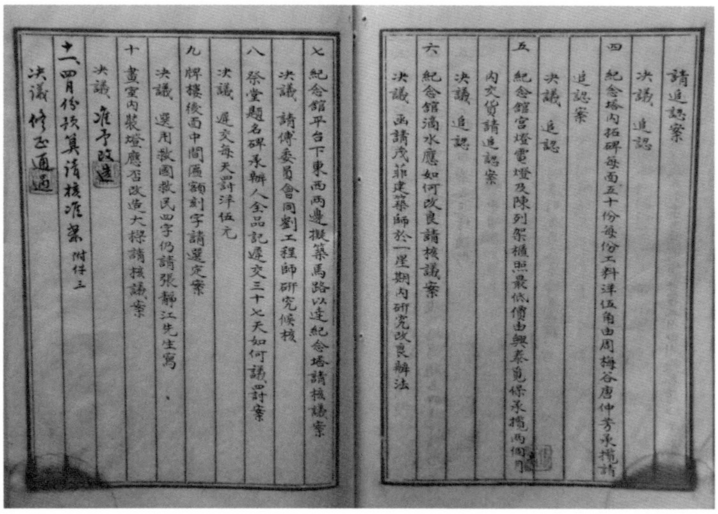

請追認案
決議 追認
四 紀念塔內拓碑每面五十份每份工料洋伍角由周梅谷唐仲芳承攬請
追認案
決議 追認
五 紀念館宮燈電燈及陳列架櫥照最低價由興泰竟係承攬兩個月
內交貨請追認案
決議 追認
六 紀念館滴水應如何改良請核議案
決議 函請茂菲建築師於一星期內研究改良辦法

七 紀念館平台下東西兩邊擬築馬路以達紀念塔請核議案
決議 請傅委員會同劉工程師研究候核
八 祭堂題名碑承辦人全品記遲交三十七天如何議罰案
決議 遲交每天罰洋伍元
九 牌樓後面中間匾額刻字請選定案
決議 選用救國救民四字仍請張靜江先生寫
十 畫室內裝燈應否改造大樑請核議案
決議 准予改造
十一 四月份預算請核准案 附件三
決議 修正通過

建筑阵亡公墓筹备委员会第二十四次常务会议记录内页之一页

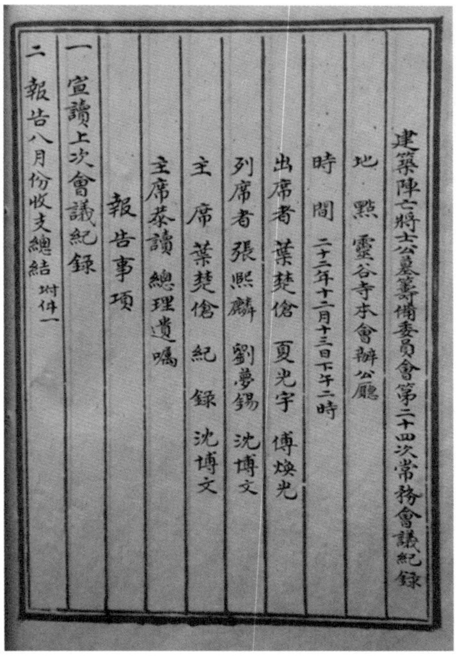

建築陣亡將士公墓籌備委員會第二十四次常務會議紀錄
地點 靈谷寺本會辦公廳
時間 二十二年十二月十三日下午二時
出席者 葉楚傖 夏光宇 傅煥光
列席者 張熙麟 劉夢錫 沈博文
主席 葉楚傖 紀錄 沈博文
主席恭讀總理遺囑
報告事項
一 宣讀上次會議紀錄
二 報告八月份收支總結 附件一

建筑阵亡公墓筹备委员会第二十四次常务会议记录首页

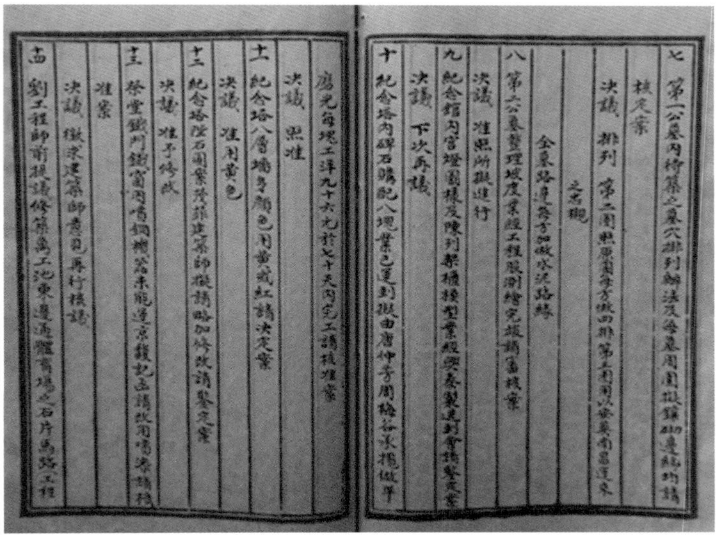

七 第一公墓內修築之墓穴排列辦法及每墓周圍擬鑲砌邊緣均請
核定案
決議 排列 第二周照原案每方做四排第三周則以[illegible]
之意規
全墓路邊各方加做水泥路緣
八 第六公墓整理坡度業經工程股測繪完竣請審核案
決議 准照所擬進行
九 紀念館內宮燈圖樣及陳列架櫥模型業經興泰製送到會請鑒定案
決議 下次再議
十 紀念塔內碑石蹟記八塊業已運到擬由唐仲芳周梅谷承攬做平

磨光每塊工洋九十六元於七十天內完工請核准案
決議 照准
十一 紀念塔八層墻身顏色用黃或紅請決定案
決議 准用黃色
十二 紀念塔陵石圖案茂菲建築師擬請略加修改請鑒定案
決議 准予修改
十三 祭堂鐵門鐵窗用青銅[illegible]請核
准案
決議 徵求建築師意見再行核議
十四 劉工程師前提議修築[illegible]東邊通[illegible]之石片馬路工程

建筑阵亡公墓筹备委员会第二十八次常务会议记录内页之一

下篇：国民革命军阵亡将士公墓照片与图纸

2. 营葬册

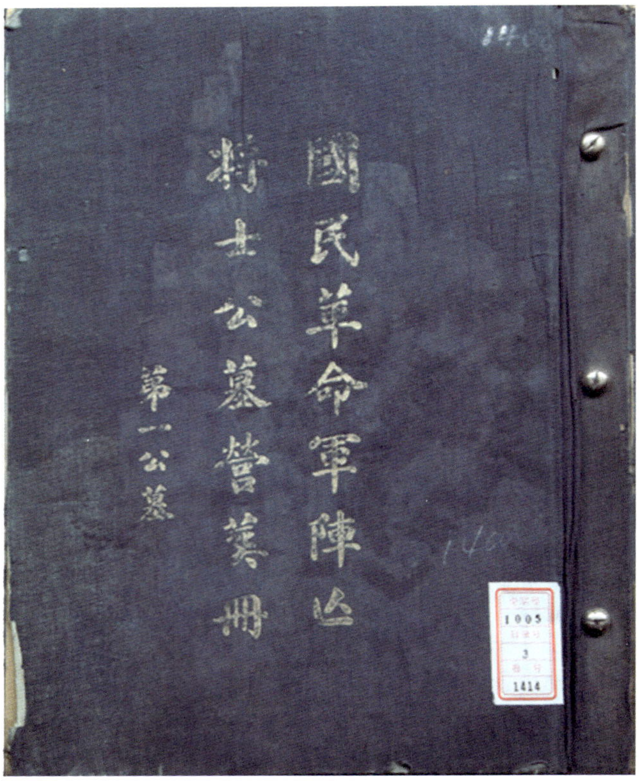

国民革命军阵亡将士公墓营葬册封面

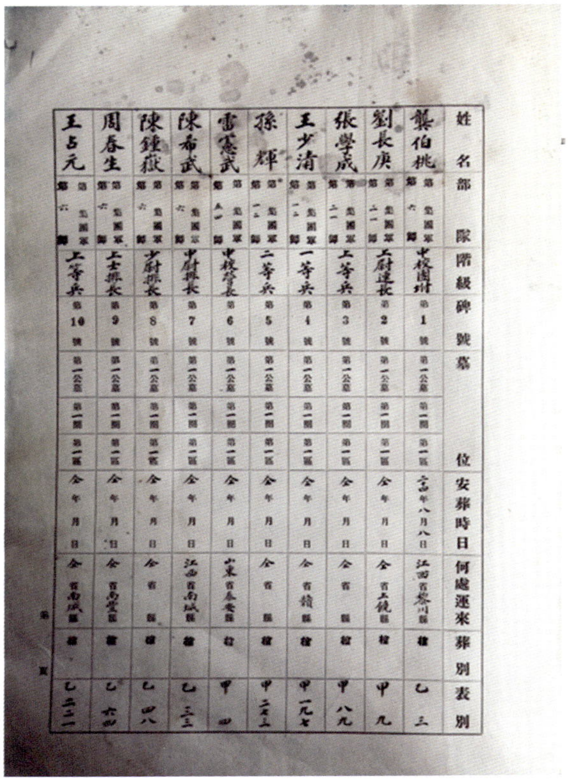

姓名	部隊	階級	碑號	墓位			安葬時日	何處運來	葬別	表別
龔伯桃	[illegible]	中校團附	第1號	第一公墓	第一[illegible]	第一區	[illegible]年八月八日	江西省[illegible]縣	棺	乙三
劉長庚	[illegible]	上尉連長	第2號	第一公墓	第一[illegible]	第一區	仝年月日	仝省上饒縣	棺	甲九
張學成	[illegible]	上等兵	第3號	第一公墓	第一[illegible]	第一區	仝年月日	仝省縣	棺	甲八九
王少清	[illegible]	一等兵	第4號	第一公墓	第一[illegible]	第一區	仝年月日	仝省贛縣	棺	甲一九七
孫輝	[illegible]	二等兵	第5號	第一公墓	第一[illegible]	第一區	仝年月日	仝省縣	棺	甲二〇三
雷憲武	[illegible]	中校營長	第6號	第一公墓	第一[illegible]	第一區	仝年月日	山東省泰安縣	棺	甲四
陳希武	[illegible]	中尉排長	第7號	第一公墓	第一[illegible]	第一區	仝年月日	江西省南城縣	棺	乙三三
陳鍾嶽	[illegible]	少尉排長	第8號	第一公墓	第一[illegible]	第一區	仝年月日	仝省縣	棺	乙四八
周春生	[illegible]	上士排長	第9號	第一公墓	第一[illegible]	第一區	仝年月日	仝省南豐縣	棺	乙六四
王占元	[illegible]	上等兵	第10號	第一公墓	第一[illegible]	第一區	仝年月日	仝省南城縣	棺	乙二二一

国民革命军阵亡将士公墓营葬册内页之一

3. 公函

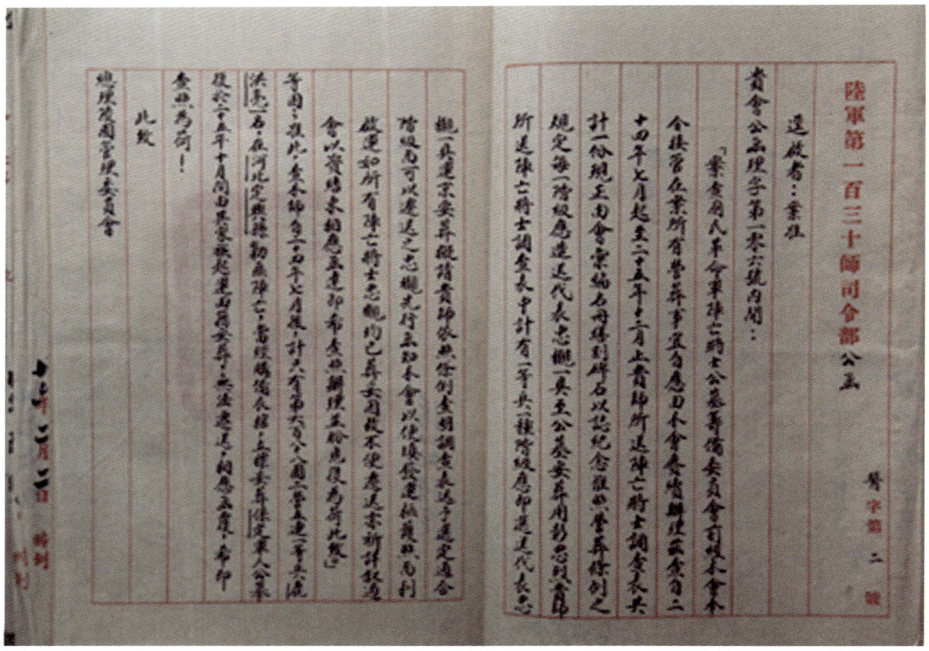

陸軍第一百三十師司令部公函

醫字第二號

逕啟者：案准

此致

總理陵園管理委員會

陆军第一百三十师司令部公函“医”字第二号

4. 档案

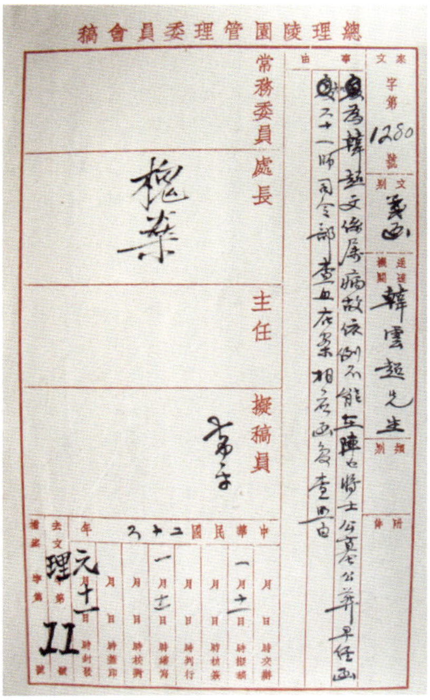

为韩超文孙属病故依例不能在阵亡将士公墓公葬早经函 1

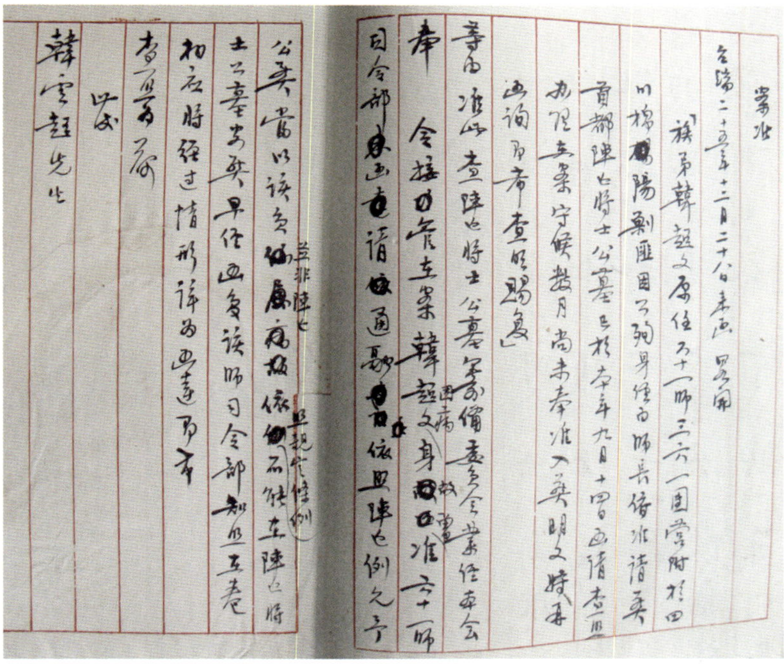

为韩超文孙属病故依例不能在阵亡将士公墓公葬早经函 2

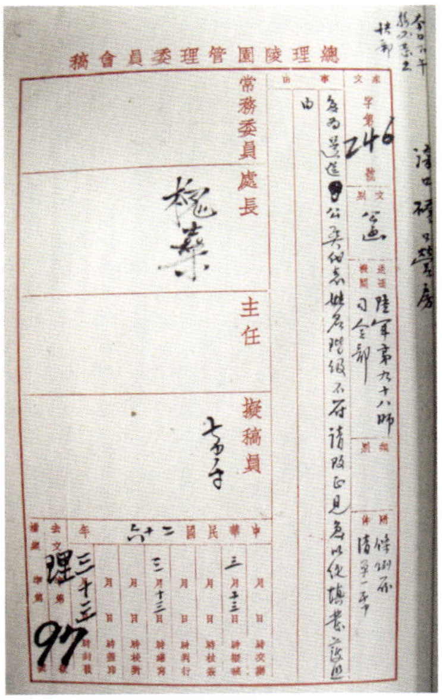

总理陵园管委会为选公葬代表姓名阶级不符请改正致陆军第九十八师司令部公函 1

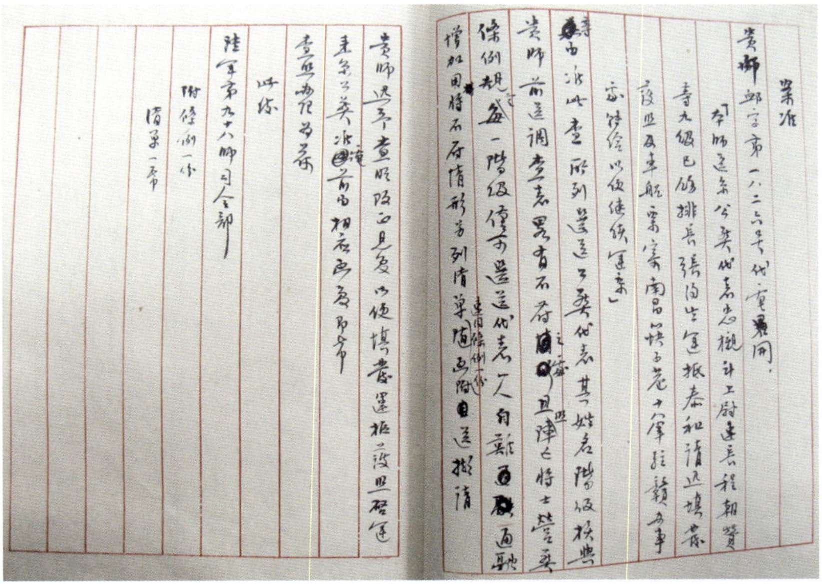

总理陵园管委会为选公葬代表姓名阶级不符请改正致陆军第九十八师司令部公函 2

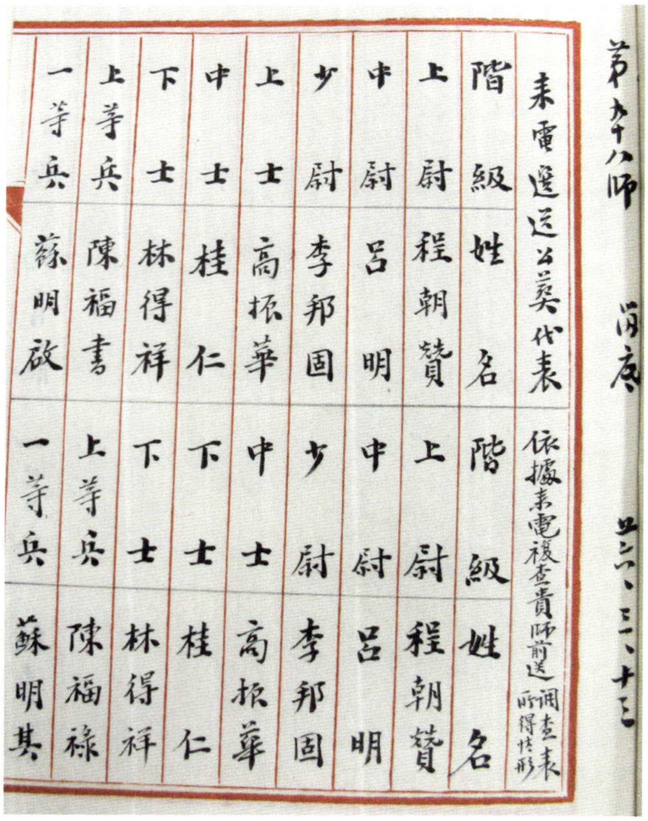
第九十八師 前座 廿六、三、十三

來電選送公葬代表		依據來電複查貴師前送調查表所得情形	
階級	姓名	階級	姓名
上尉	程朝贊	上尉	程朝贊
中尉	呂明	中尉	呂明
少尉	李邦国	少尉	李邦国
上士	高振華	中士	高振華
中士	桂仁	下士	桂仁
下士	林得祥	下士	林得祥
上等兵	陳福書	上等兵	陳福祿
一等兵	蘇明啟	一等兵	蘇明其

总理陵园管委会为选公葬代表姓名阶级不符请改正致陆军第九十八师司令部公函 3

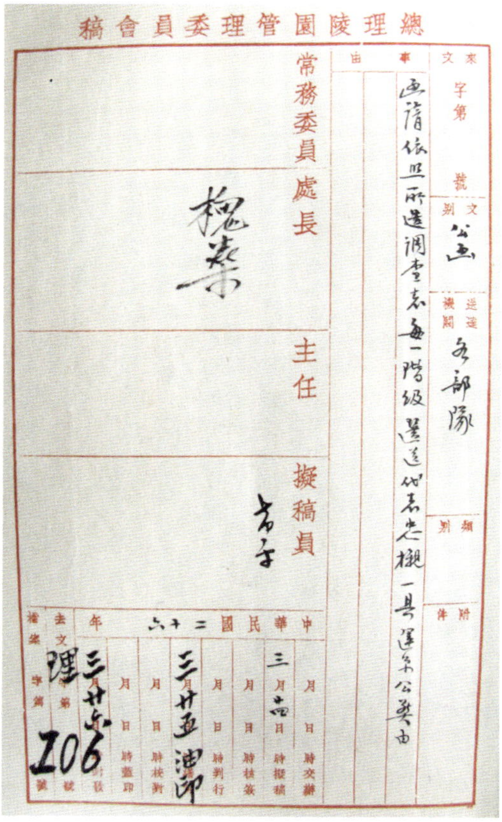
總理陵園管理委員會稿

常務委員
處長
主任
擬稿員

事由：函請依照所造調查表每一階級選送代表忠櫬一具運京公葬由

送達機關：各部隊

中華民國二十六年三月

总理陵园管委会函请依照所造调查表每一阶级选送忠榇一具运京公葬致各部队公函 1

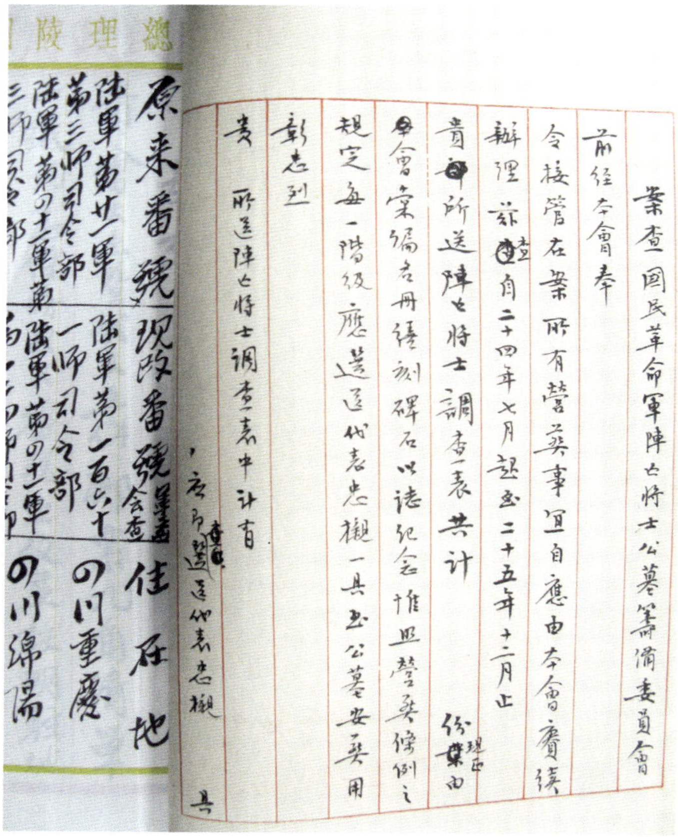
總理陵園

原來番號	現改番號	住在地
陸軍第廿一軍 第三師司令部 陸軍第四十軍第三師司令部	陸軍第一百六十一師司令部 陸軍第四十一軍	四川重慶 四川綿陽

案查國民革命軍陣亡將士公墓籌備委員會前經本會奉令接管在案，所有營葬事宜自應由本會賡續辦理。茲自二十四年七月起至二十五年十二月止，貴部所送陣亡將士調查表共計 份，業經本會彙編名冊鐫刻碑石以誌紀念，惟照營葬條例之規定，每一階級應選送代表忠櫬一具至公墓安葬，用彰忠烈。貴部所送陣亡將士調查表中計有 ，應即選送代表忠櫬 具

总理陵园管委会函请依照所造调查表每一阶级选送忠榇一具运京公葬致各部队公函 2

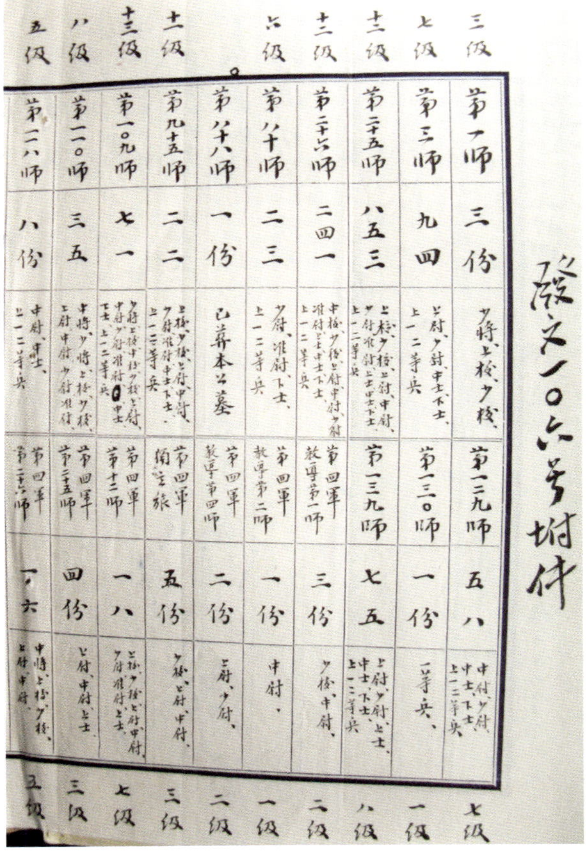

陵文106号附件

级数	部队	份数	阶级
三级	第一师	三份	少将、上校、少校、
七级	第三师	九四	上尉、少尉、中士、下士、上一二等兵
十三级	第二十五师	八五三	上校、少校、上尉、中尉、少尉、准尉、上士、中士、下士、上一二等兵
十二级	第二十六师	二四一	中校、少校、上尉、中尉、少尉、准尉、上士、中士、下士、上一二等兵
六级	第八十师	二三	少尉、准尉、下士、上一二等兵
	第八十八师	一份	已葬本公墓
十一级	第九十五师	二二	上校、少校、上尉、中尉、少尉、准尉、中士、下士、上一二等兵
十三级	第一〇九师	七一	少将、上校、中校、少校、上尉、中尉、少尉、准尉、[illegible]、中士、下士、上一二等兵
八级	第一一〇师	三五	中将、少将、上校、少校、上尉、中尉、少尉、准尉、
五级	第一一八师	八份	中尉、中士、上一二等兵
七级	第一三九师	五八	中尉、少尉、中士、下士、上一二等兵
一级	第一三〇师	一份	一等兵、
八级	第一三九师	七五	上尉、少尉、上士、中士、下士、上一二等兵
二级	第四軍教導第一师	三份	少校、中尉、
一级	第四軍教導第二师	一份	中尉、
二级	第四軍教導第四师	二份	上尉、少尉、
三级	第四軍獨立旅	五份	少校、上尉、中尉、
七级	第四軍第十二师	一八	上校、少校、上尉、中尉、少尉、准尉、上士、
三级	第四軍第二十五师	四份	上尉、中尉、上士
五级	第四軍第二十六师	一六	中将、上校、少校、上尉、中尉、

总理陵园管委会函请依照所造调查表每一阶级选送忠榇一具运京公葬至各部队公函 3

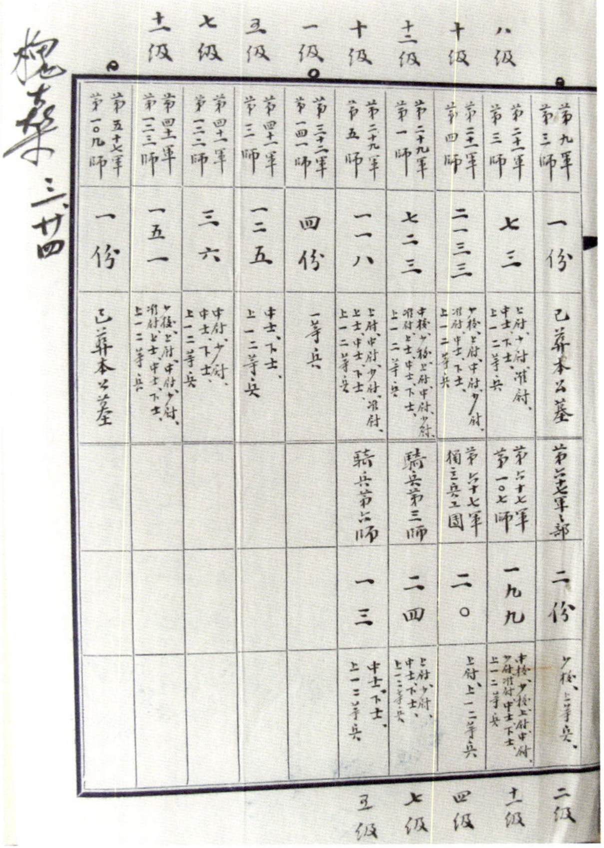

槐 三、廿四

级数	部队	份数	阶级
	第九軍第三师	一份	已葬本公墓
八级	第二十一軍第三师	七三	上尉、少尉、准尉、中士、下士、上一二等兵
十级	第二十一軍第四师	二一三三	少校、上尉、中尉、少尉、准尉、中士、下士、上一二等兵
十二级	第二十九軍第一师	七二三	中校、少校、上尉、中尉、少尉、准尉、上士、中士、下士、上一二等兵
十级	第二十九軍第五师	一一八	上尉、中尉、少尉、准尉、上士、中士、下士、上一二等兵
一级	第三十二軍第一四一师	四份	一等兵
五级	第四十一軍第三师	一二五	中士、下士、上一二等兵
七级	第四十一軍第一二二师	三六	中尉、少尉、中士、下士、上一二等兵
十一级	第四十二軍第一二三师	一五一	少校、上尉、中尉、少尉、准尉、上士、中士、下士、上一二等兵
	第五十七軍第一〇九师	一份	已葬本公墓
二级	第六十七軍軍部	二份	少校、上等兵、
十一级	第六十七軍第一〇七师	一九九	中校、少校、上尉、中尉、少尉、准尉、中士、下士、上一二等兵
四级	第六十七軍獨立兵工團	二〇	上尉、上一二等兵
七级	騎兵第三师	二四	上尉、少尉、中士、下士、上一二等兵
五级	騎兵第六师	一三	中士、下士、上一二等兵

总理陵园管委会函请依照所造调查表每一阶级选送忠榇一具运京公葬至各部队公函 4

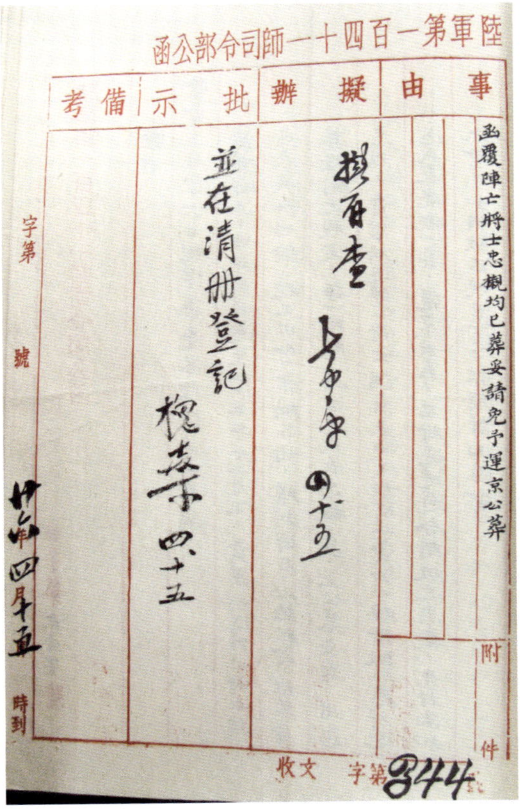

陸軍第一百四十一師司令部公函

事由：函覆陣亡將士忠櫬均已葬妥請免予運京公葬

擬辦：擬存查 [illegible] 四十五

批示：並在清冊登記 槐 四十五

備考

附件

字第 號

廿六年四月十五 時到

收文 字第344號

陆军第一百四十一师司令部公函 1

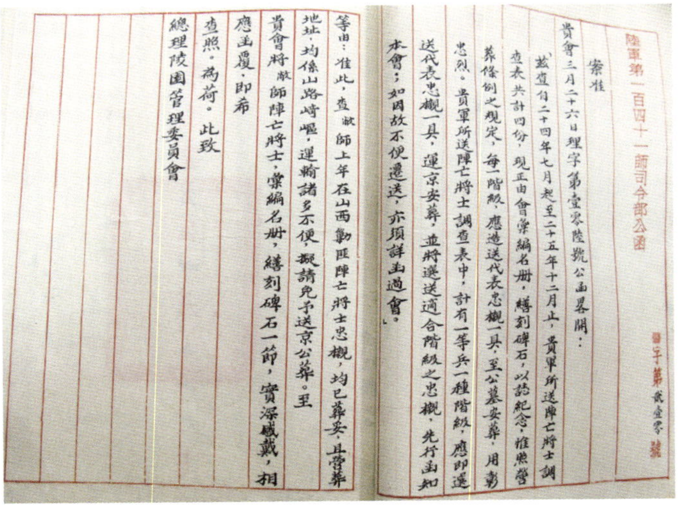

陸軍第一百四十一師司令部公函

字第貳壹零號

案准

貴會三月二十六日理字第壹零陸號公函略開：

「茲查自二十四年七月起至二十五年十二月止，貴軍所送陣亡將士調查表共計四份，現正由會彙編名冊，鐫刻碑石，以誌紀念。惟照營葬條例之規定，每一階級，應選送代表忠櫬一具，至公墓安葬，用彰忠烈。貴軍所送陣亡將士調查表中，計有一等兵一種階級，應即選送代表忠櫬一具，運京安葬，並將選送適合階級之忠櫬，先行函知本會；如因故不便選送，亦須詳函過會。」

等由；准此，查敝師上年在山西剿匪陣亡將士忠櫬，均已葬妥，且當葬地址，均係山路崎嶇，運輸諸多不便，擬請免予送京公葬。至貴會將敝師陣亡將士，彙編名冊，鐫刻碑石一節，實深感戴，相應函覆，即希查照，為荷。此致

總理陵園管理委員會

陆军第一百四十一师司令部公函 2

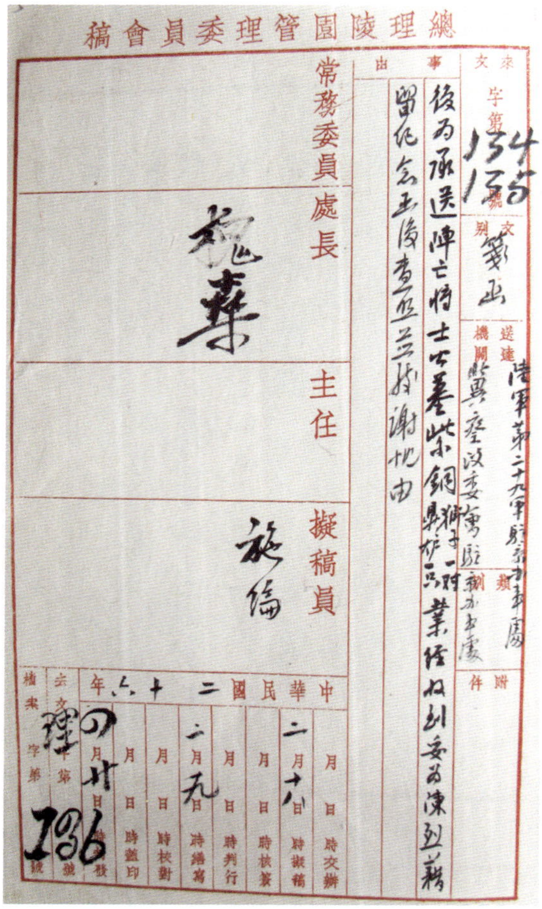

总理陵园管委会为收到紫铜狮子一对鼎炉一只致陆军第二十九军驻京办事处冀察政务委员会驻京办事处笺函 1

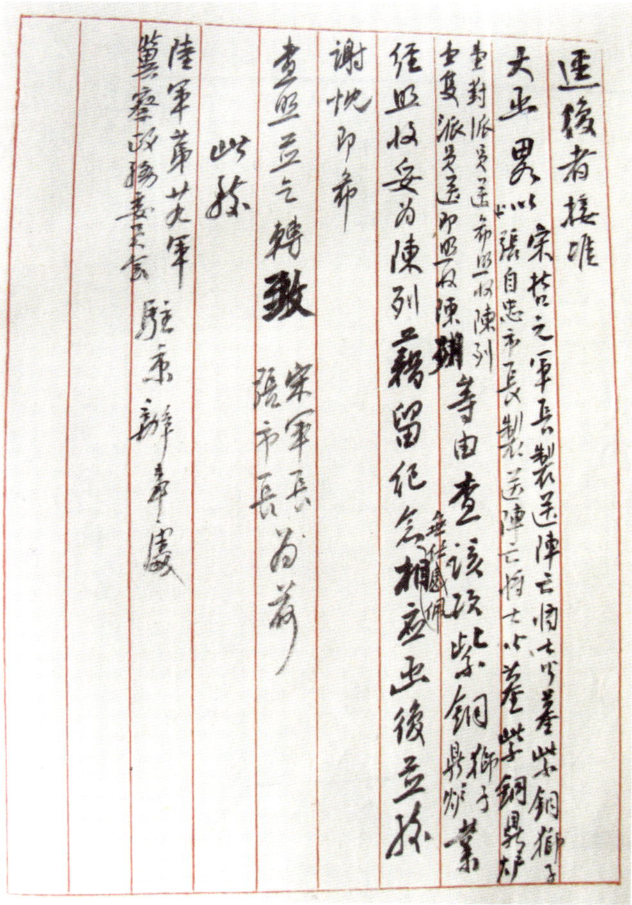

总理陵园管委会为收到紫铜狮子一对鼎炉一只致陆军第二十九军驻京办事处冀察政务委员会驻京办事处笺函 2

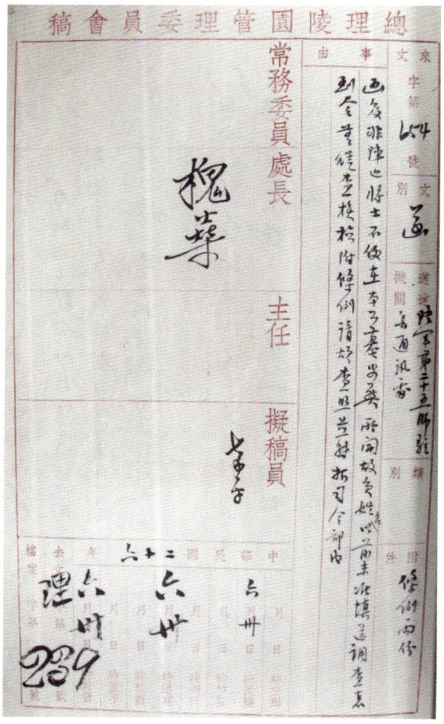

总理陵园管委会为非阵亡将士不便在公墓安葬致陆军第二十五师驻京通讯处公函 1

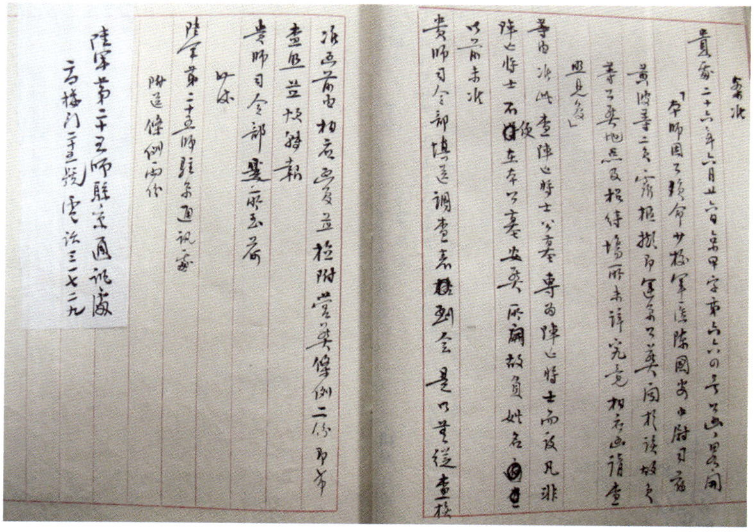

总理陵园管委会为非阵亡将士不便在公墓安葬致陆军第二十五师驻京通讯处公函 1

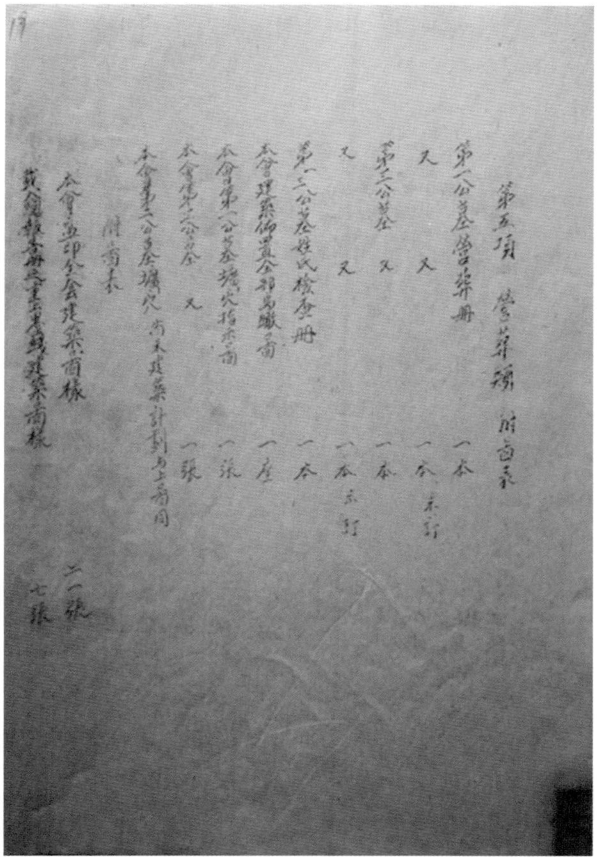

第五項 營葬類 附圖表
第一公墓營葬冊 一本
又 又 一本 未訂
第二公墓 又 一本
又 又 一本 未訂
第一二公墓姓氏檢查冊 一本
本會建築佈置全部鳥瞰圖 一座
本會第一公墓墳穴指示圖 一張
本會第二公墓 又 一張
本會第三公墓墳穴 尚未建築計劃與上兩同
附圖表
本會並印全套建築圖樣 二一張
[illegible]建築圖樣 七張

营葬类附图表 1

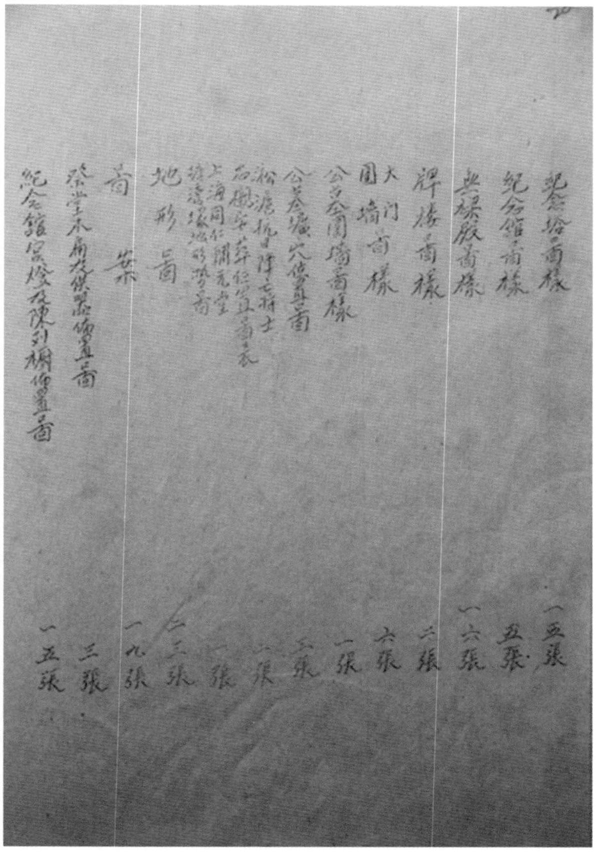

紀念塔圖樣 一五張
紀念館圖樣 五張
無樑殿圖樣 一六張
牌樓圖樣 六張
大門圍牆圖樣 六張
公墓公園墻圖樣 一張
[illegible]
地形圖 一九張
圖 案 三張
紀念館[illegible]圖 一五張

营葬类附图表 2

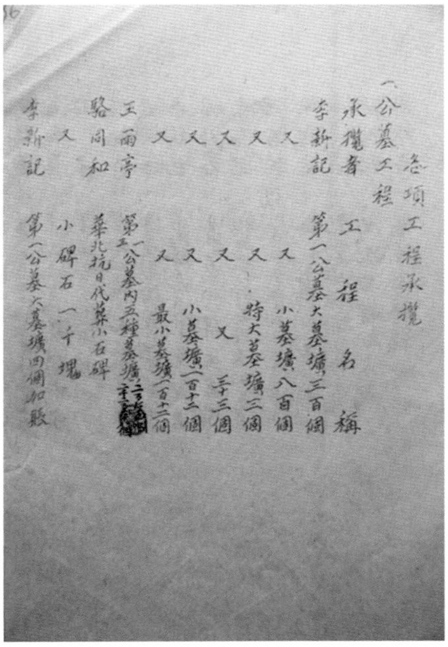

各項工程承攬
一公墓工程
承攬者 工程 名稱
李新記 第一公墓大墓壙三百個
又 小墓壙八百個
又 特大墓壙三個
又 [illegible]三個
又 小墓壙一百十[illegible]個
又 最小墓壙一百十二個
王甫亭 第一公墓內五種墓壙[illegible]
駱同和 華北抗日代墓小石碑
又 小碑石一千塊
李新記 第一公墓穴墓壙四個加嵌

各项工程承揽 1

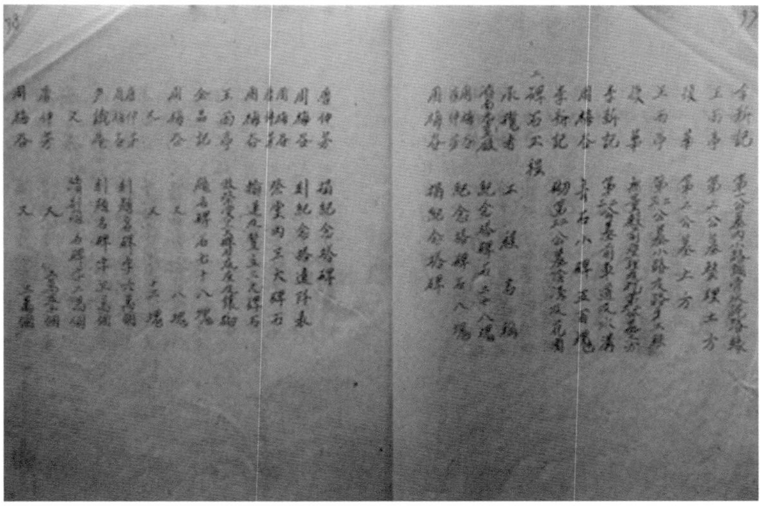

各项工程承揽 2

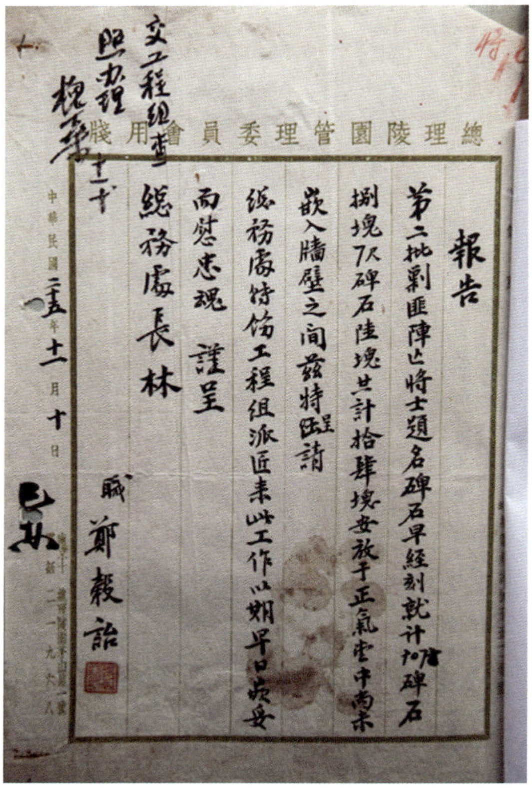
總理陵園管理委員會用牋

報告

第二批剿匪陣亡將士題名碑石早經刻就計70碑石捌塊7尺碑石陸塊共計拾肆塊安放于正氣堂中南朱嵌入牆壁之間茲特呈請

總務處飭工程組派匠来此工作以期早日安妥而慰忠魂 謹呈

總務處長林

職 鄭毅詒

中華民國三五年十一月十日

報告

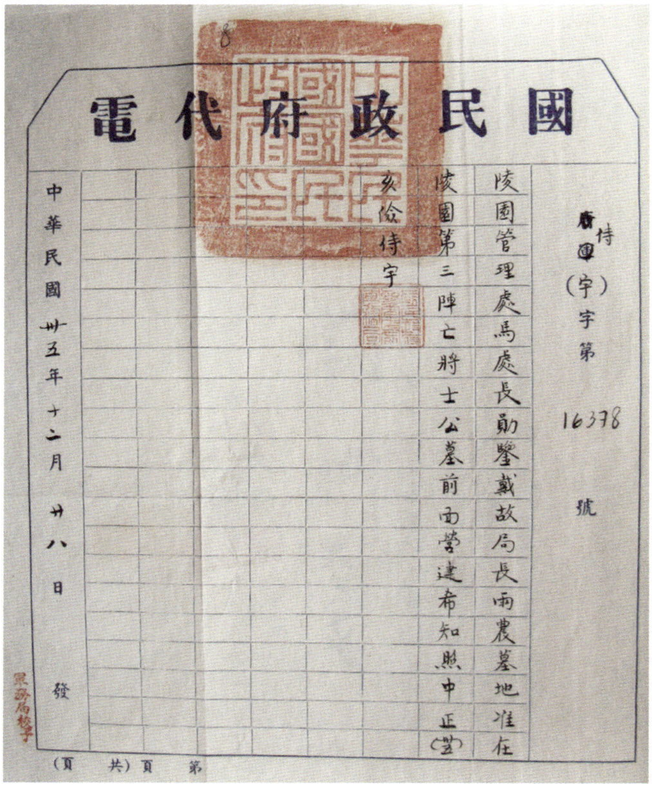
國民政府代電

陵園管理處馬處長勛鑒戴故局長雨農墓地准在陵園第三陣亡將士公墓前面營建希知照中正（亥儉侍宇）

中華民國卅五年十二月廿八日 發

（宇）字第16378號

国民政府代电封面

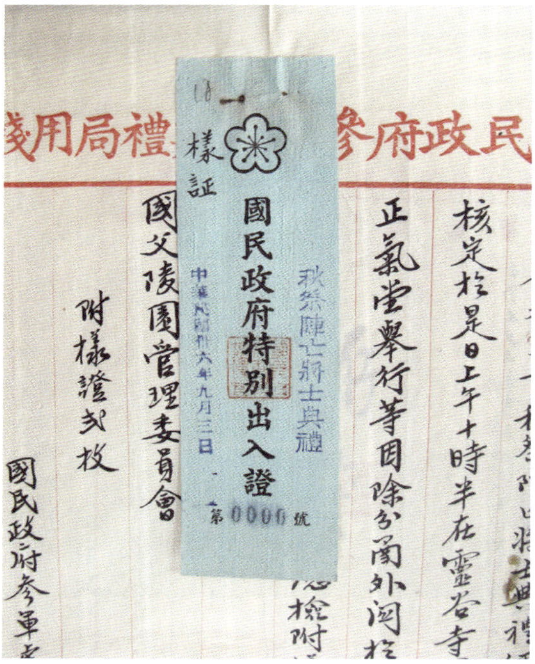
國民政府參軍處典禮局用牋

樣證

國民政府特別出入證

致祭陣亡將士典禮

中華民國卅六年九月三日

第0000號

核定於是日上午十時半在靈谷寺正氣堂舉行等因除分函外

國父陵園管理委員會

附樣證式枚

國民政府參軍處

代表证样张封面

5. 营建合同、验收证明等

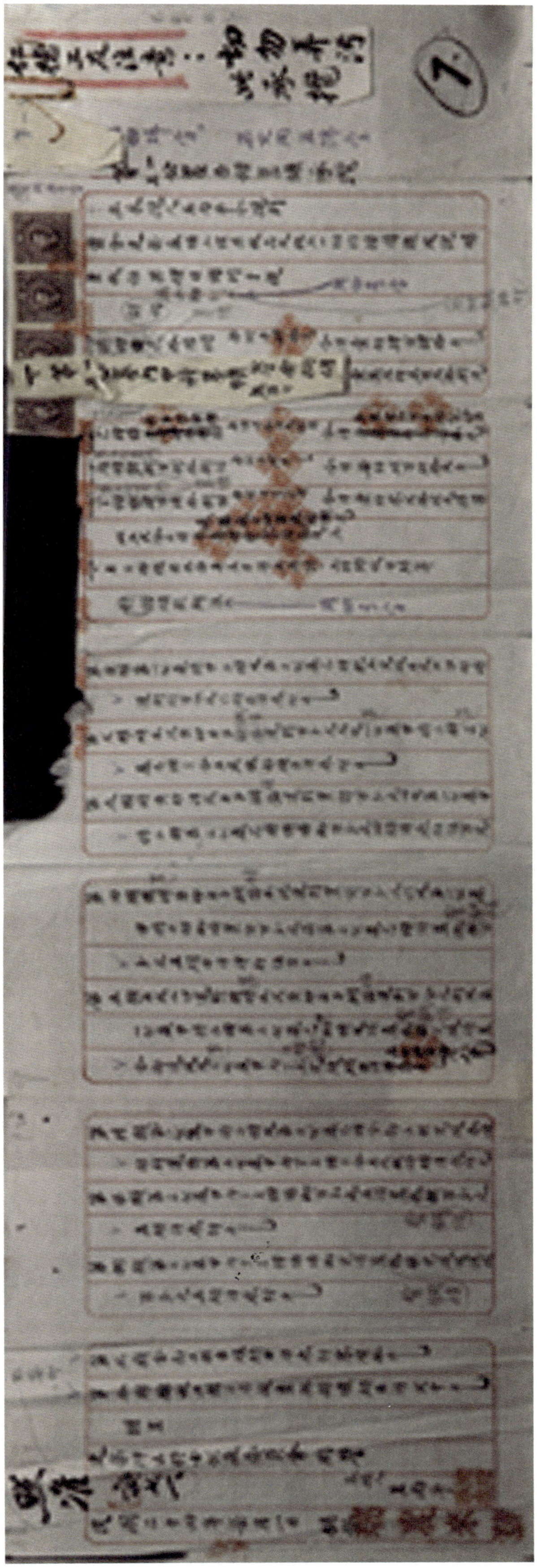

第一、第三公墓各种墓圹承揽合同

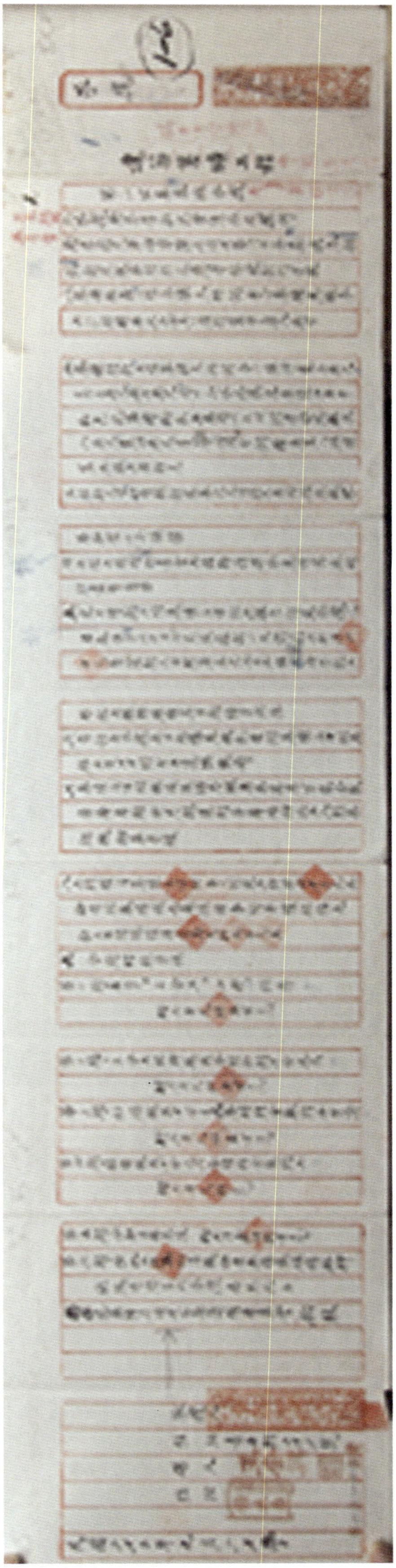

南京李新记营造厂建筑墓圹工程合同

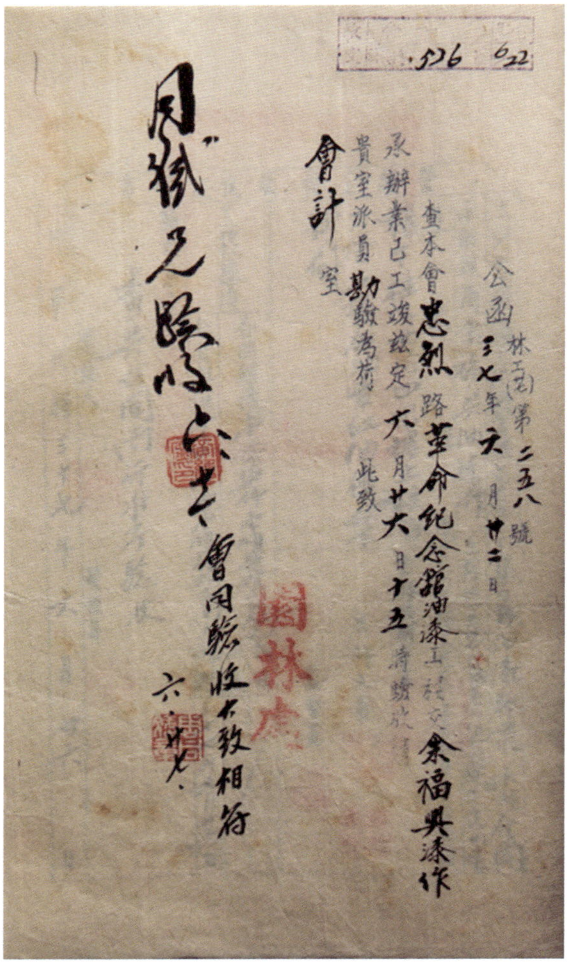

公函 林工(乙)第二五八號 三七年六月廿二日

查本會忠烈路革命紀念館油漆工程交余福興漆作承辦業已工竣，竣定六月廿六日十五時驗收，請貴室派員勘驗為荷。此致

會計室

園林處

园林处公函

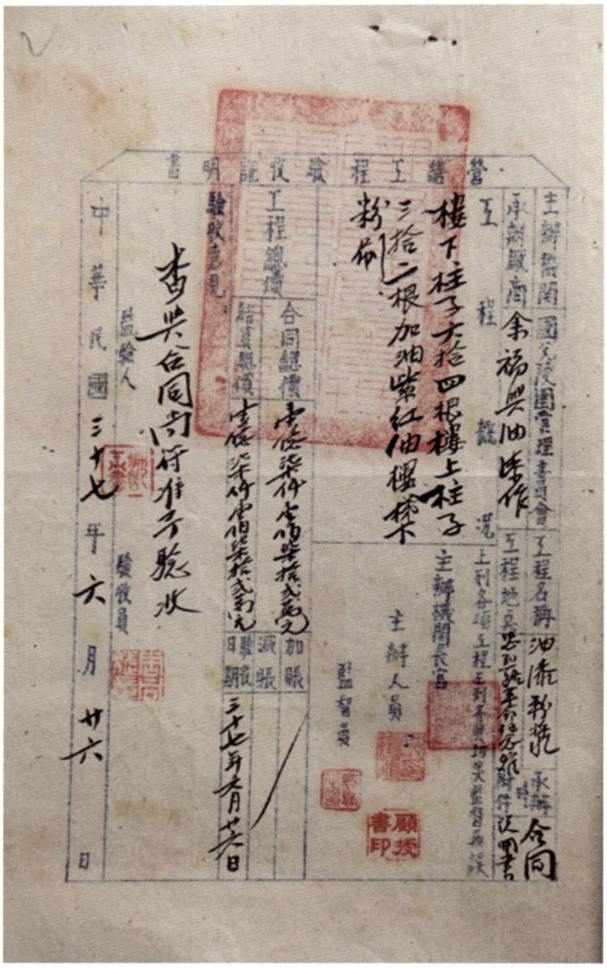

營造工程驗收證明書

主辦機關 國父陵園管理委員會

承辦廠商 余福興油漆作

工程 樓下柱子六拾四根 樓上柱子三拾二根加油紫紅油擺漆粉刷

工程總價 合同總價 結算總價

驗收意見 查與合同尚符准予驗收

監驗人 驗收員 主辦人員 監督員 主辦機關長官

中華民國三十七年六月廿六日

营造工程验收证明书 1

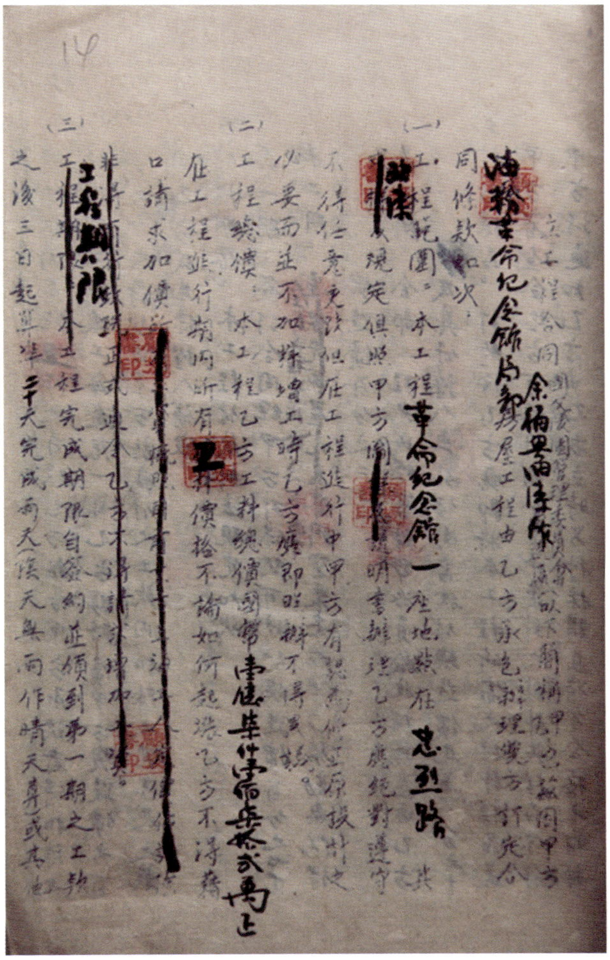

营造工程验收证明书 2

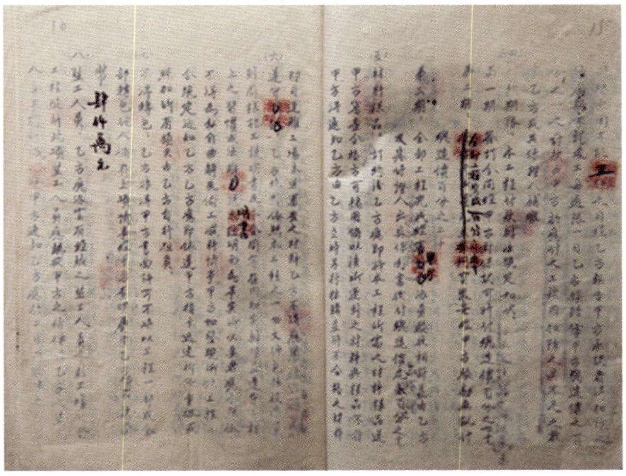

营造工程验收证明书 3

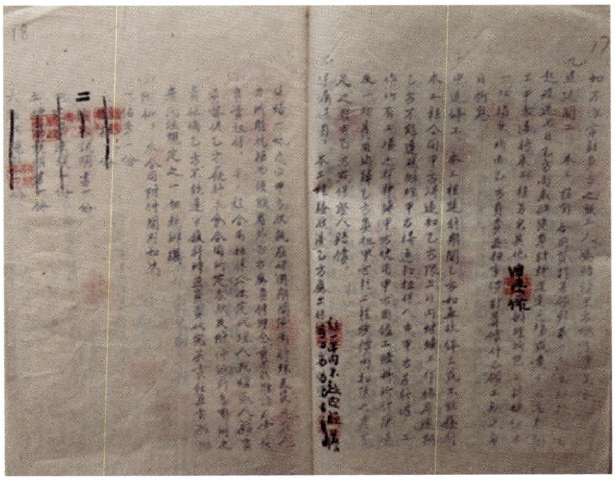

营造工程验收证明书 4

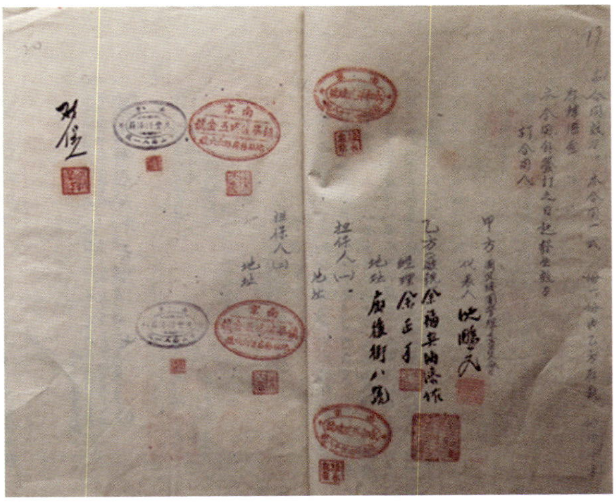

营造工程验收证明书 5

6. 图纸

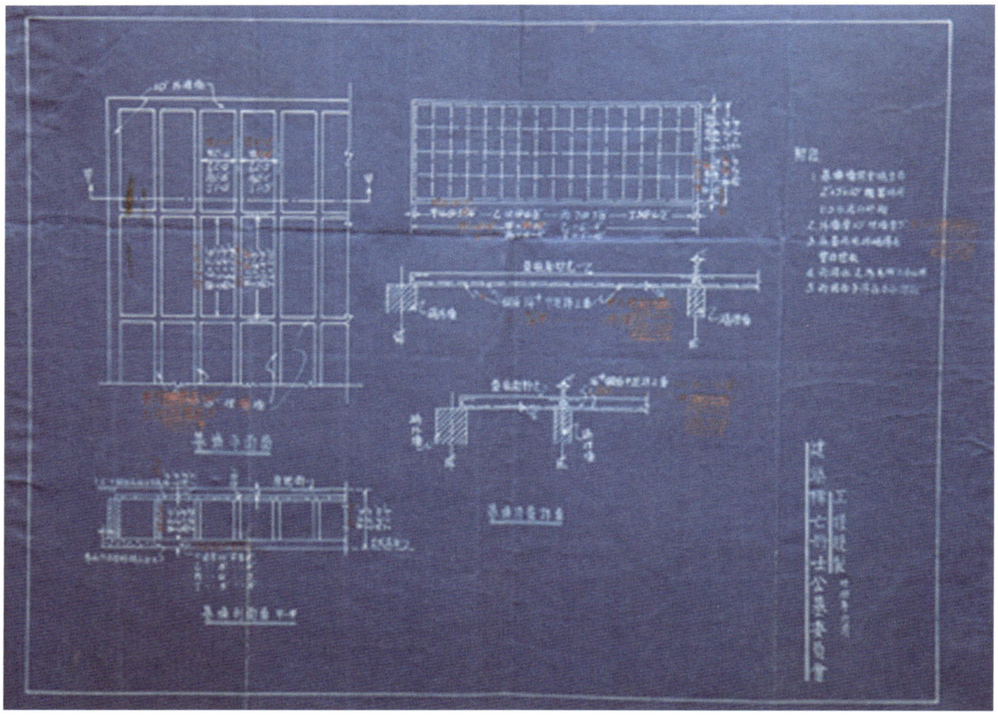

墓圹平、剖面图

第二节　现状照片

1. 山门

公墓门前的万工池

墓门近景（红山门）

墓门近景（红山门，雪景）

公墓大门入口局部（雪景）

墓门内景（红山门）

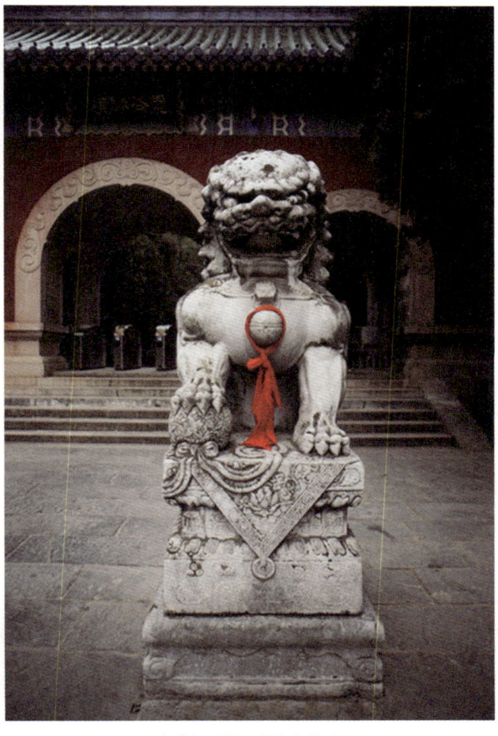

东侧石狮正面（公）

东侧石狮侧面（公）

西侧石狮背面（母）

公墓大门背面(局部)

2. 牌楼

大仁大义牌楼

大仁大义牌楼近景

大仁大义牌楼侧面

国民党元老张静江题写牌坊正面（明间）“大仁大义”四字

大仁大义牌楼屋顶（次间）

“大仁大义”牌楼背面题铭“救国救民”

国民党元老张静江题写牌坊反面“救国救民”

“大仁大义”牌楼背面的“救国救民”题铭

由“大仁大义”牌楼看无梁殿

3. 无梁殿

无梁殿正面

无梁殿正面明间

无梁殿正面明间局部

无梁殿外观

无梁殿侧面局部

无梁殿砖仿木斗栱 1

无梁殿砖仿木斗栱 2

阵亡将士牌位

阵亡将士名录

无梁殿铜门

无梁殿铜窗外观

纪念辛亥革命百年超荐法会无梁殿外景

纪念辛亥革命百年超荐法会无梁殿内景 1

纪念辛亥革命百年超荐法会无梁殿内景 2

纪念辛亥革命百年超荐法会无梁殿内景 3

纪念辛亥革命百年超荐法会无梁殿内景 4

无梁殿内景

无梁殿券顶

无梁殿内的民国“国歌”

无梁殿内民国时“总理遗嘱”

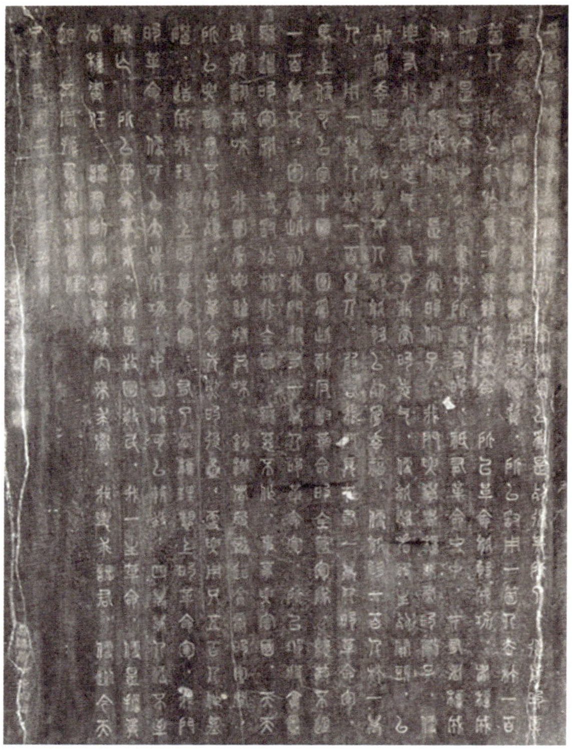

无梁殿内碑刻之一

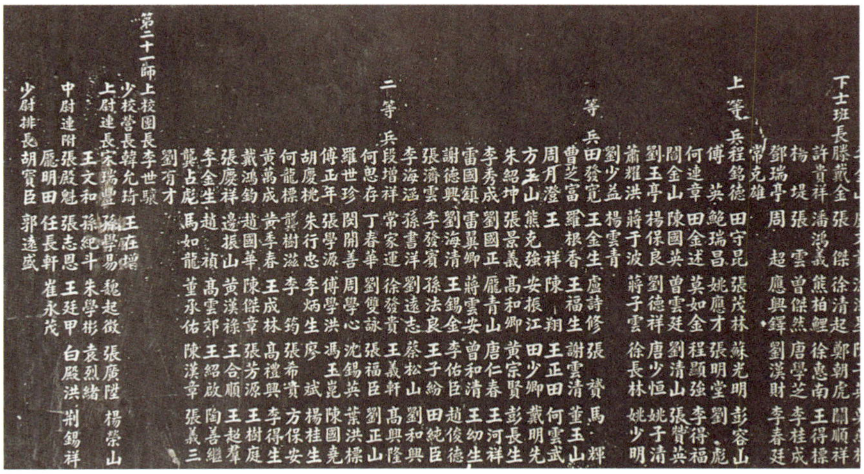

无梁殿内镌刻部分阵亡将士名录 1

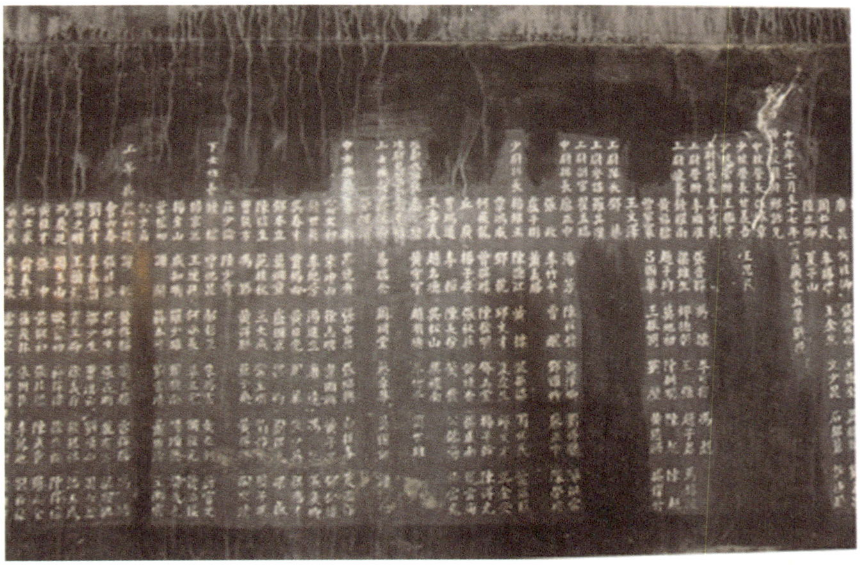

无梁殿内镌刻部分阵亡将士名录 2

无梁殿之窗

无梁殿内看牌楼

无梁殿内看一号公墓牌楼

无梁殿外碑座（石龟趺）

4. 第一公墓

第一公墓现状

第一公墓围墙外侧

第十九路军淞沪抗战阵亡将士纪念碑环境

03-4 第十九路军淞沪抗战阵亡将士纪念碑护栏正面

第十九路军淞沪抗战阵亡将士纪念碑正面

第十九路军淞沪抗战阵亡将士纪念碑侧面

第十九路军淞沪抗战阵亡将士纪念碑围墙及抱鼓石侧面

第五军淞沪抗战阵亡将士纪念碑环境

第五军淞沪抗战阵亡将士纪念碑正面（雪景）

第五军淞沪抗战阵亡将士纪念碑正面

第五军淞沪抗战阵亡将士纪念碑背面题铭（局部）

第五军淞沪抗战阵亡将士纪念碑背面题铭（局部）

第五军淞沪抗战阵亡将士纪念碑护栏

第五军淞沪抗战阵亡将士纪念碑后围墙

5. 松风阁

松风阁正面远景（雪景）

松风阁正面

松风阁前廊

松风阁翼角

松风阁侧视（局部）

松风阁北立面

松风阁翼角（雪景）

松风阁下层翼角

松风阁下层翼角里转

松风阁上层翼角

松风阁上二层的楼梯

松风阁内部楼梯局部

松风阁二层内景

松风阁内楼梯栏杆

6. 灵谷塔

灵谷塔远观

灵谷塔正面

灵谷塔近景

灵谷塔近景

灵谷塔台阶、丹陛侧视

灵谷塔基座栏杆阶、丹陛侧视

灵谷塔首层塔身局部

灵谷塔首层须弥座阶基（局部）

灵谷塔首层大门入口（局部）

灵谷塔塔身（局部）

灵谷塔首层傅焕光题写“成功”

灵谷塔首层傅焕光题写“成仁”

灵谷塔首层傅焕光题写“有志竟成”

灵谷塔首层蒋中正题写的“精忠报国”

灵谷塔首层内四壁镶嵌的碑刻之一

灵谷塔内旋转楼梯

灵谷塔一层旋转楼梯与顶棚

灵谷塔楼层标识

灵谷塔八层屋檐走兽

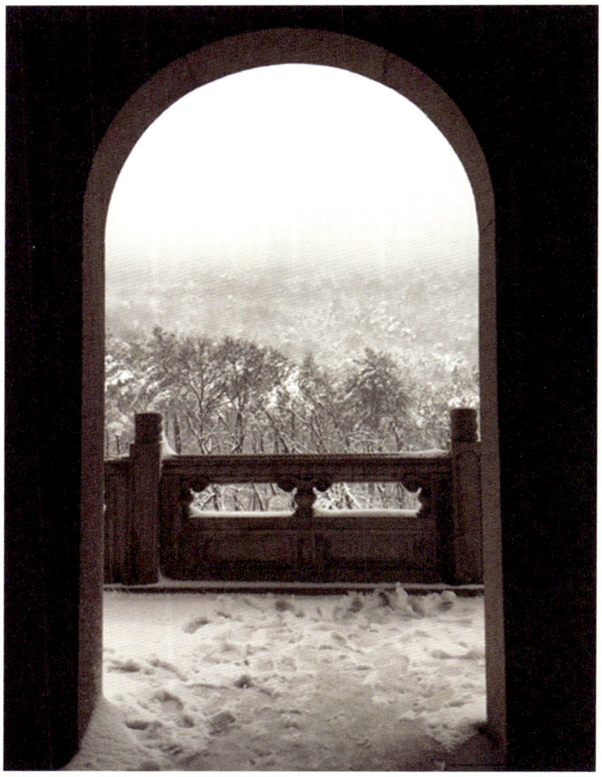

灵谷塔二层室内向外望

灵谷塔顶层仰视（自旋转楼梯处）

灵谷塔顶层屋顶构架

灵谷塔顶层仰视

灵谷塔顶层内景

灵谷塔顶层外廊

灵谷塔顶层屋顶仿木构斗栱

灵谷塔上远眺松风阁、无梁殿等

由灵谷塔远眺松风阁、无梁殿等

7. 第二公墓

外垣墙与邓演达墓（摄影：殷力欣）

邓演达墓正面全景（摄影：殷力欣）

邓演达墓近景（摄影：殷力欣）

邓演达墓近景 2（摄影：殷力欣）

邓演达墓（摄影：殷力欣）

邓演达墓近景 3（摄影：殷力欣）

邓演达墓近景 4（摄影：殷力欣）

邓演达墓东侧（摄影：殷力欣）

邓演达墓北侧俯视（摄影：殷力欣）

8. 第三公墓

原第三公墓花坛位置

原第三公墓起始端

原第三公墓外垣

原第三公墓外垣墙局部

9. 志公殿

志公殿正面

志公殿正面（雪景）

志公殿侧面

志公殿背立面

志公殿前檐卷轩

志公殿梁架（局部）

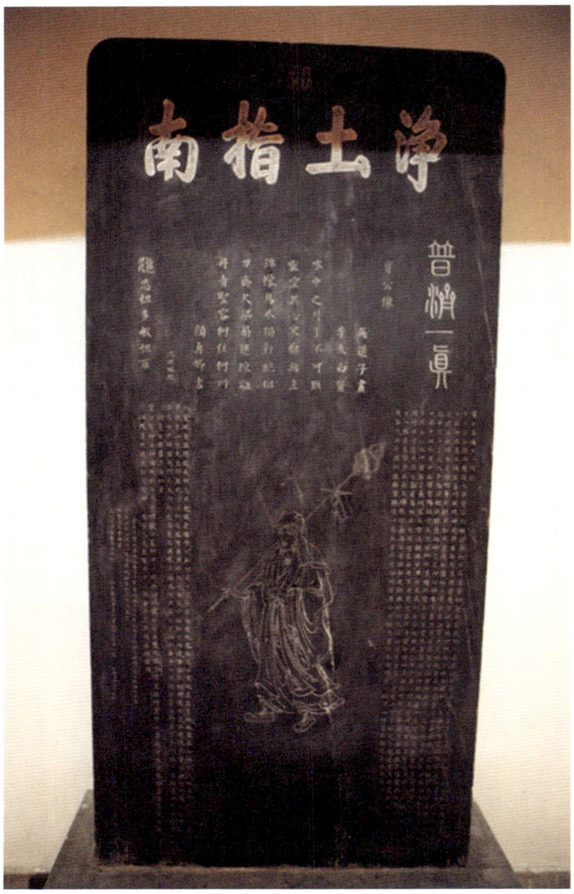

志公殿墙壁上镶嵌的碑刻

志公殿内景

志公殿旁的飞来剪

志公殿旁的碑首

单拱石桥

10. 宝公塔

宝公塔、三绝碑

宝公塔

11. 护碑亭

护碑亭标志碑

护碑亭外观

护碑亭内顶

护碑亭翼角

12. 谭延闿墓

龙池“八功德水”

通向谭延闿墓的牌坊

谭延闿墓前广场

谭延闿墓墓道两侧的石马

谭延闿墓待祭堂（局部）

牡丹花台

谭延闿墓

谭延闿墓全景

谭延闿墓华表

谭延闿墓花盆

谭延闿墓石狮（公）

谭延闿墓石狮（母）

谭延闿墓前的香炉与石栏杆

谭延闿墓及墓前的丹陛道

谭延闿墓坟丘与坟丘前石供桌

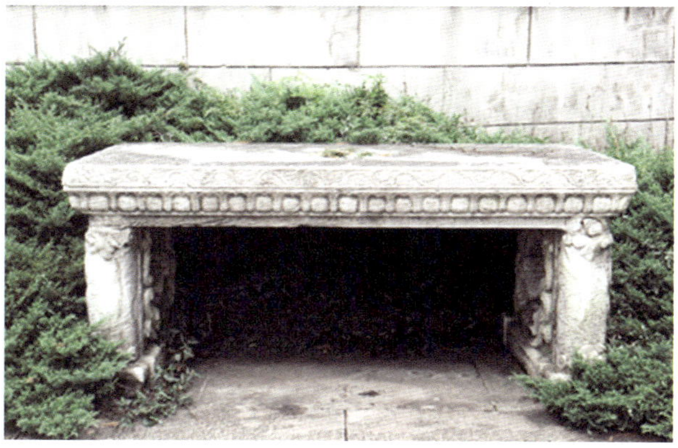

谭延闿墓前石供桌

谭延闿墓周边的石栏杆

13. 灵谷深松碑

灵谷深松碑正面

灵谷深松碑正面(局部)

灵谷深松碑正面（局部）

14. 新灵谷寺

新灵谷寺八字式照壁

新灵谷寺山门

新灵谷寺大殿正面

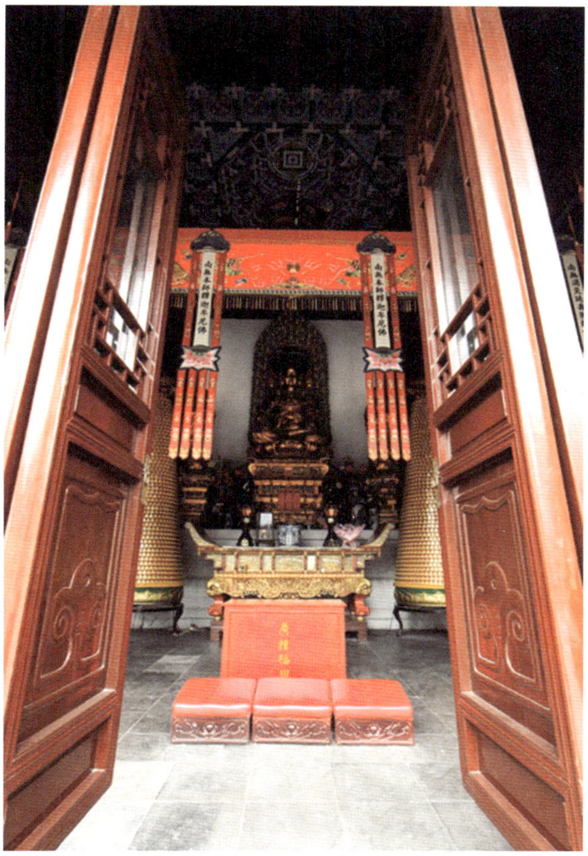

新灵谷寺大殿正面

新灵谷寺大殿内景

新灵谷寺玄奘院大门

新灵谷寺玄奘院大门（局部）

新灵谷寺玄奘院大堂

新灵谷寺玄奘院大堂（雪景）

新灵谷寺玄奘院大殿内坐像

新灵谷寺与灵谷深松碑

15. 藏经楼

藏经楼（摄影：殷力欣）

藏经楼近景（摄影：殷力欣）

藏经楼前孙中山先生像（摄影：殷力欣）

藏经楼上檐（局部。摄影：殷力欣）

藏经楼入口（摄影：殷力欣）

藏经楼屋顶局部（摄影：殷力欣）

藏经楼下檐（局部。摄影：殷力欣）

藏经楼正脊（摄影：殷力欣）

藏经楼背面（摄影：殷力欣）

藏经楼背面屋顶（局部）（摄影：殷力欣）

藏经楼侧的爬山廊（摄影：殷力欣）

16. 灵谷寺鸟瞰

国民革命军阵亡将士公墓鸟瞰

大门（红山门）鸟瞰

无梁殿鸟瞰

无梁殿、牌楼鸟瞰

松风阁鸟瞰

松风阁、第一公墓、无梁殿、新灵谷寺鸟瞰

灵谷塔鸟瞰

灵谷塔

第二章　测绘图纸

一、中山陵规划图

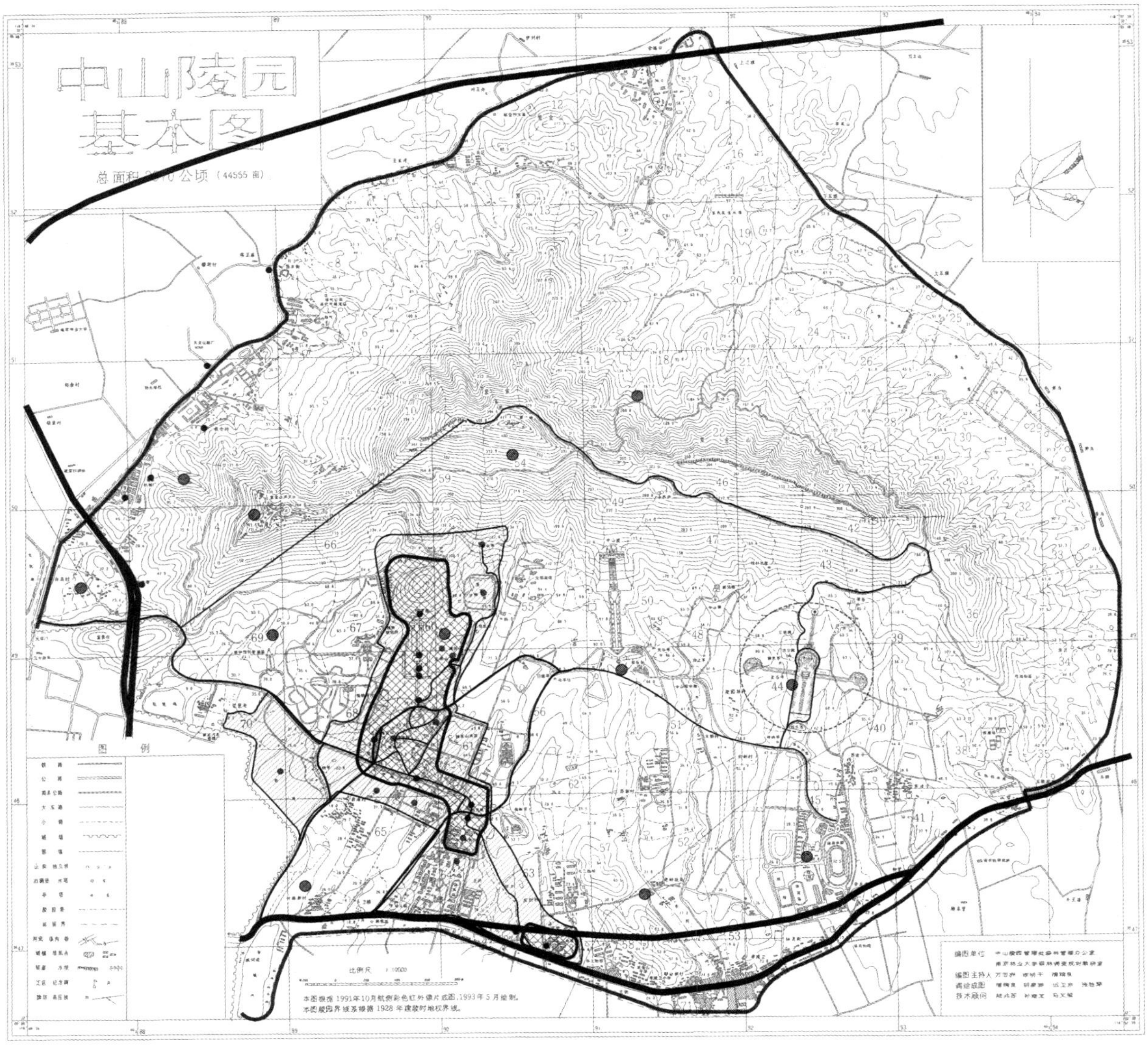

中山陵规划图

二、总平面图

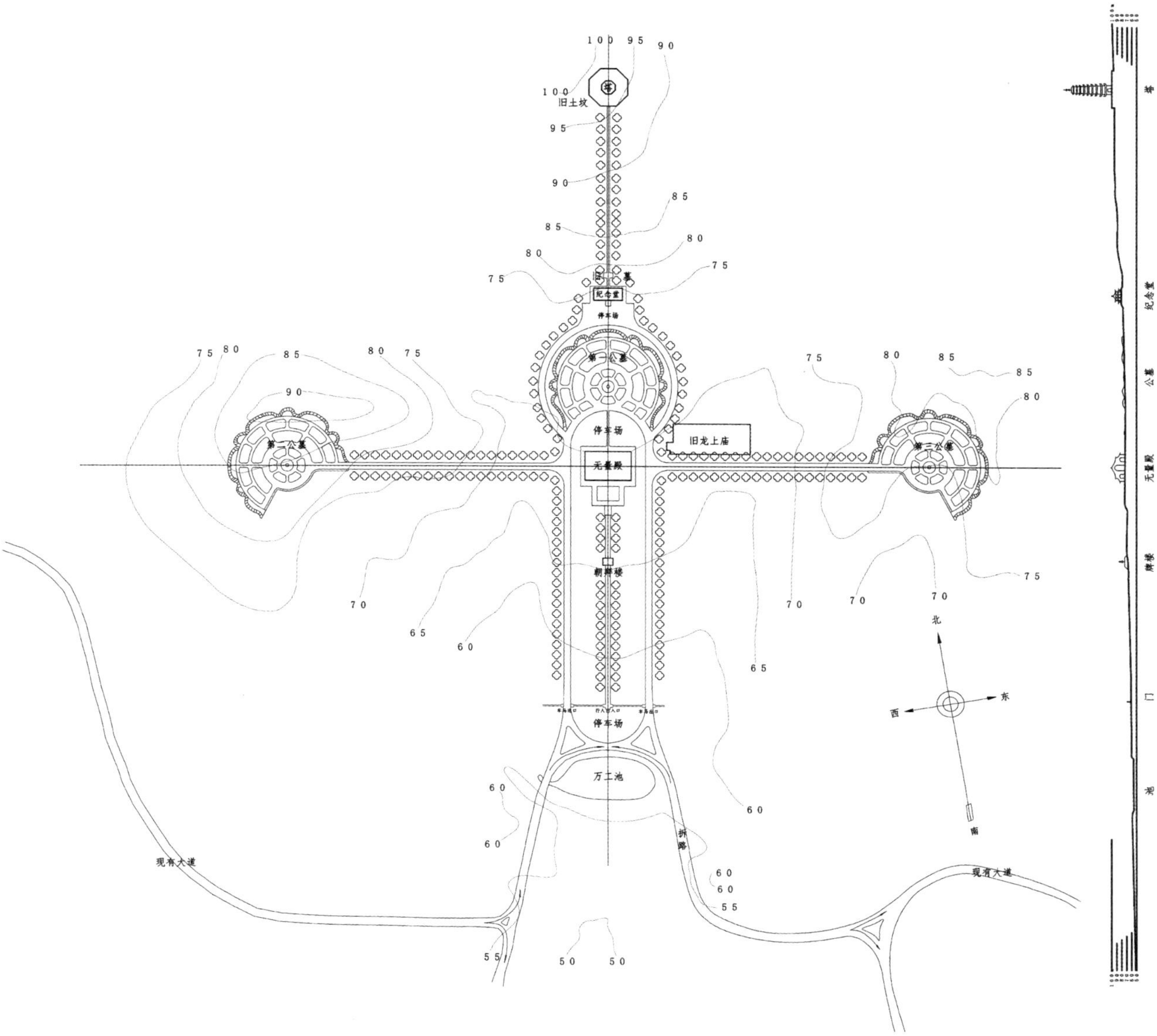

公墓总平面图

三、山门

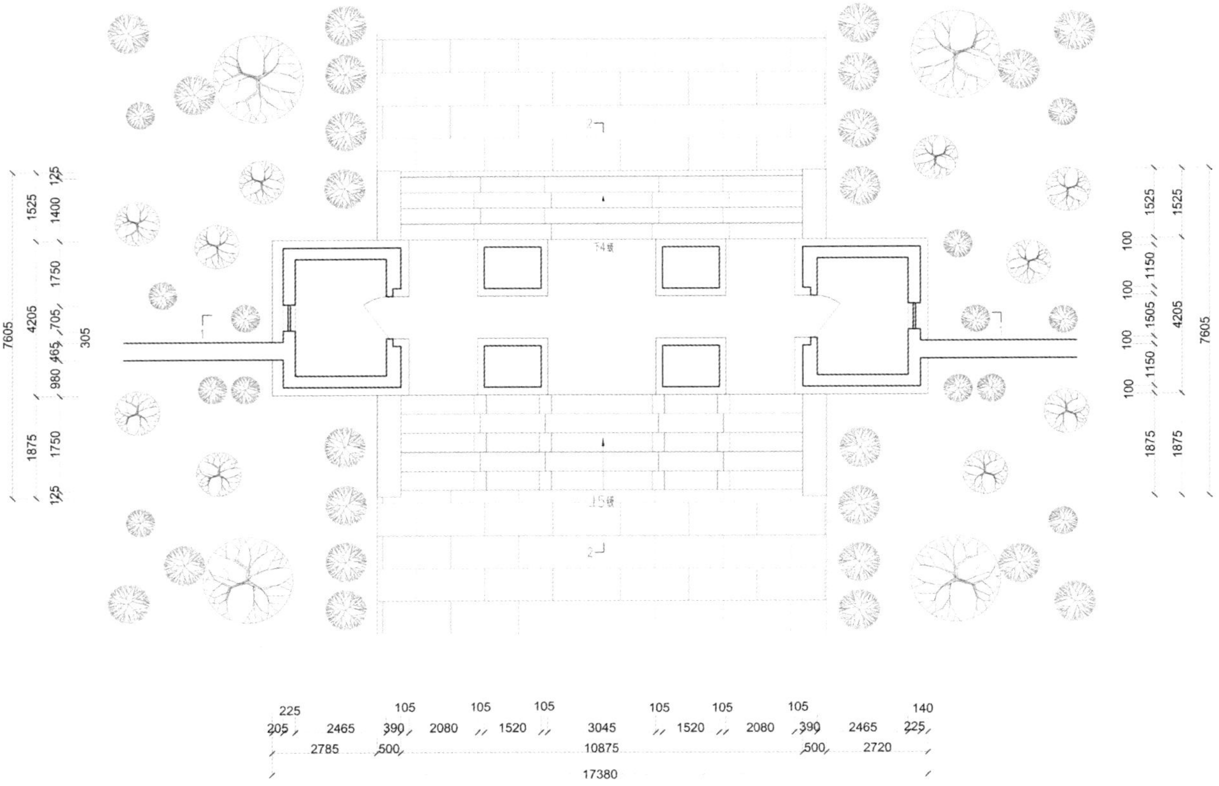

山门平面图

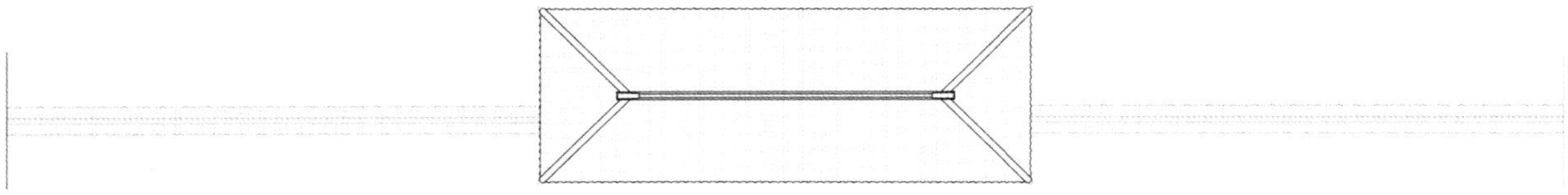

山门屋顶平面图

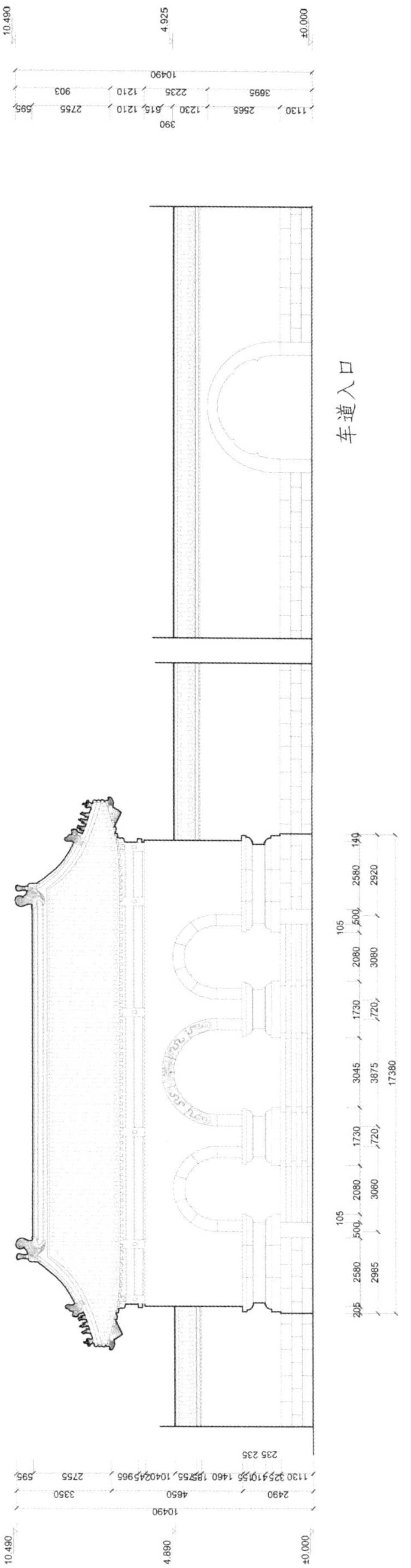

山门正立面图

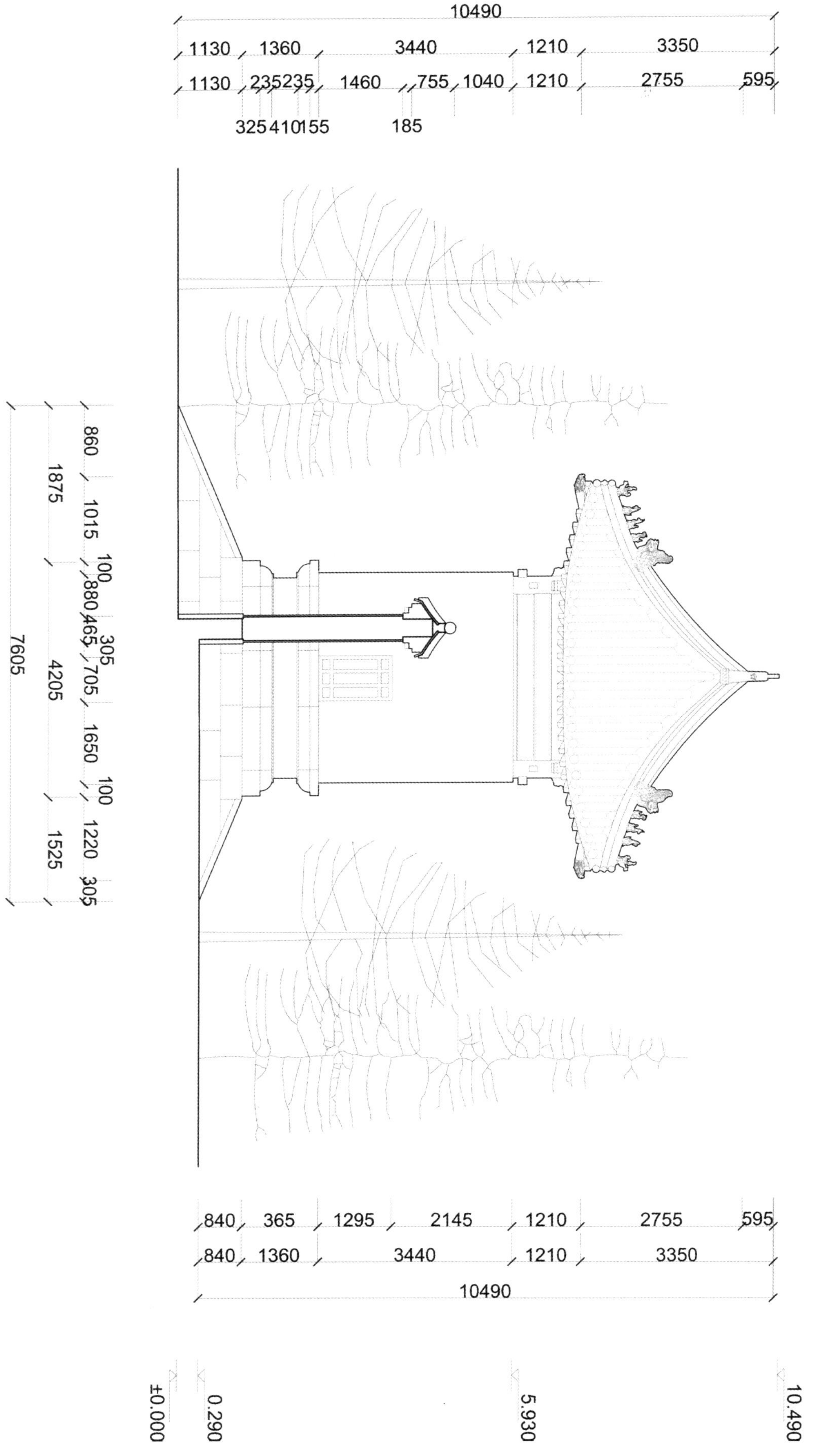

10490
1130 1360 3440 1210 3350
1130 235 235 1460 755 1040 1210 2755 595
325 410 155 185
860 1015 100 880 465 305 705 1650 100 1220 305
1875 4205 1525
7605
840 365 1295 2145 1210 2755 595
840 1360 3440 1210 3350
10490
±0.000 0.290 5.930 10.490

山门侧立面图

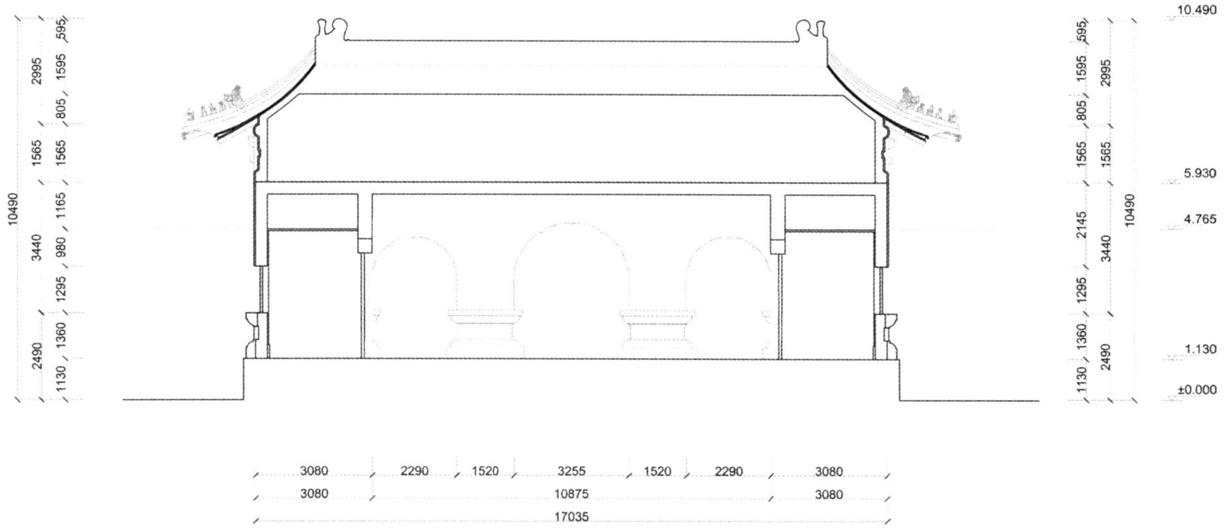

山门 1–1 剖面图

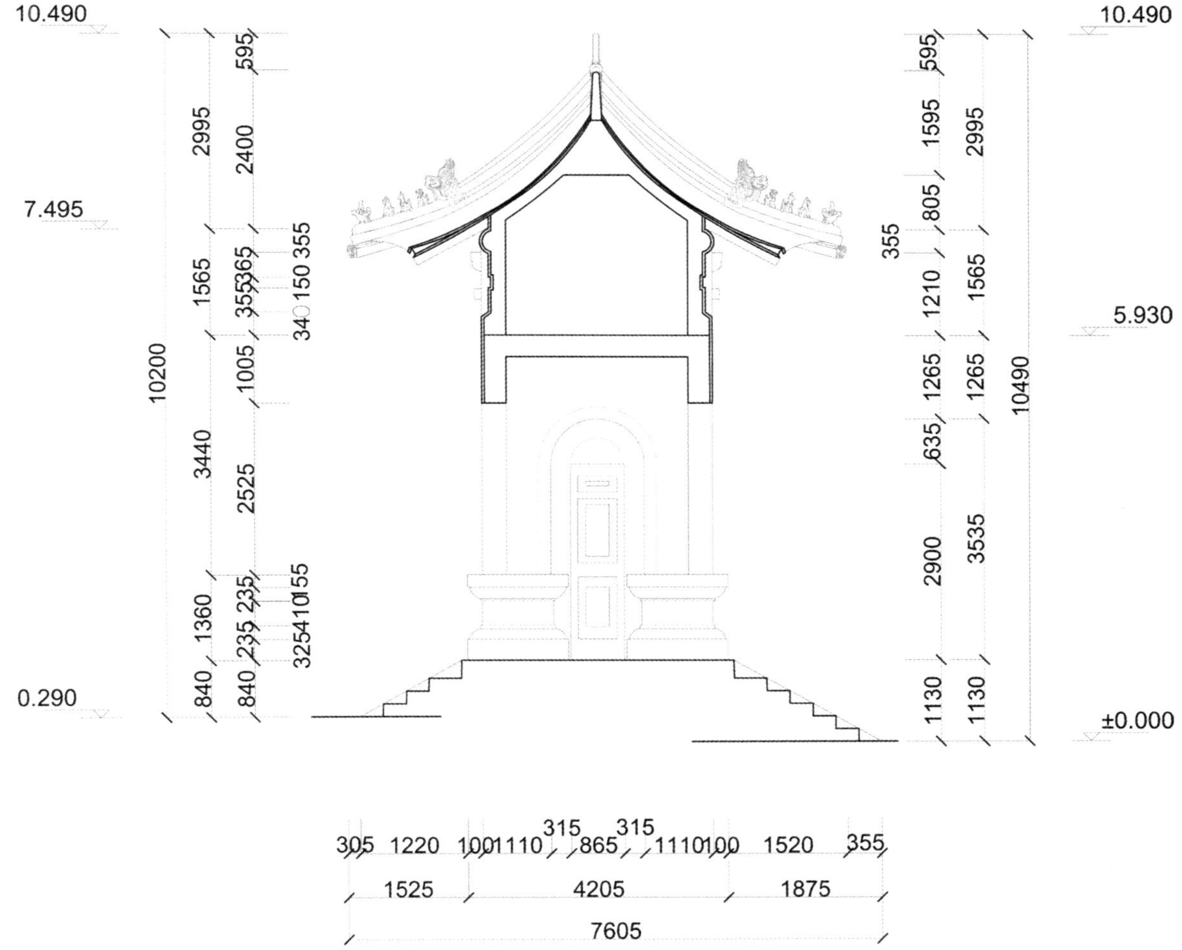

山门 2–2 剖面图

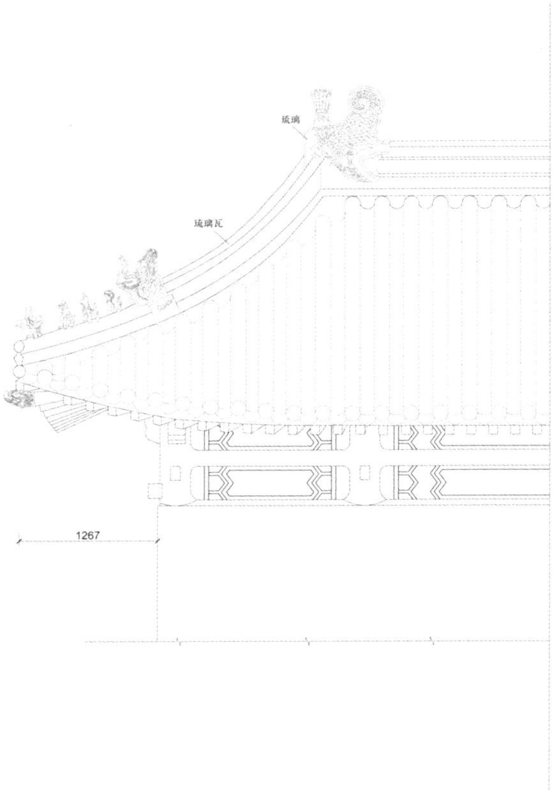

转角立面（局部）

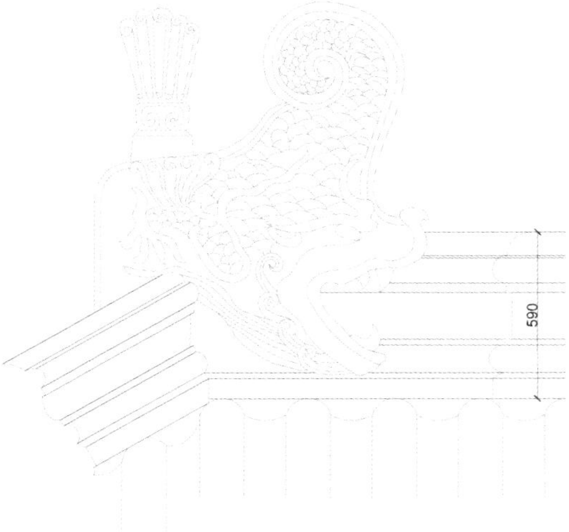

鸱吻细节

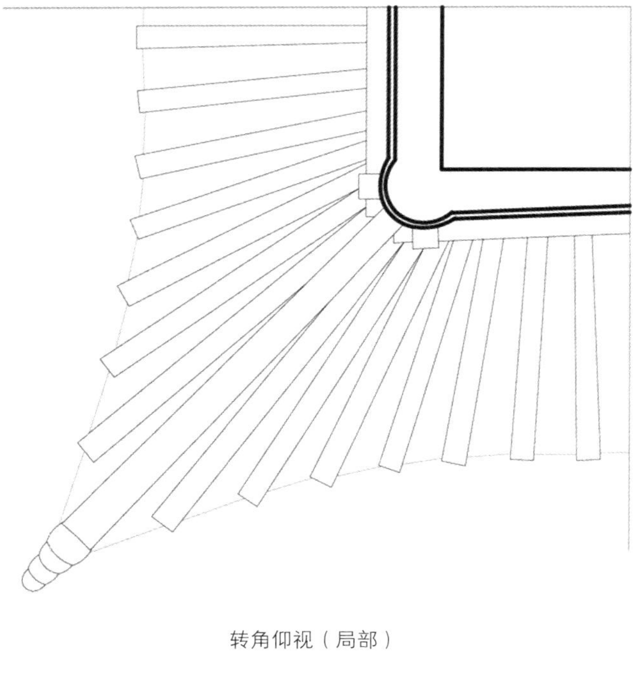

转角仰视（局部）

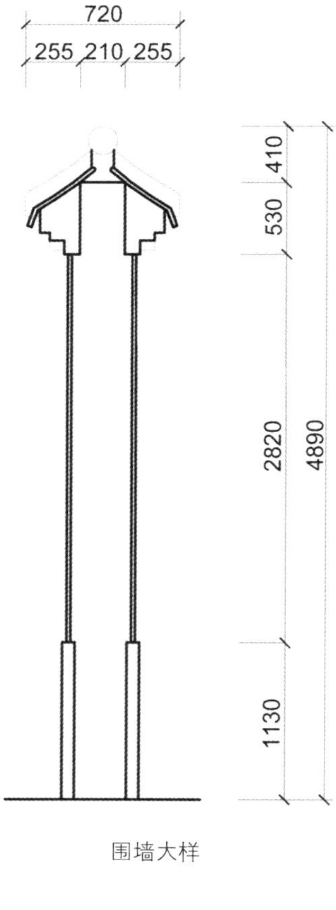

围墙大样

山门大样图

四、牌楼

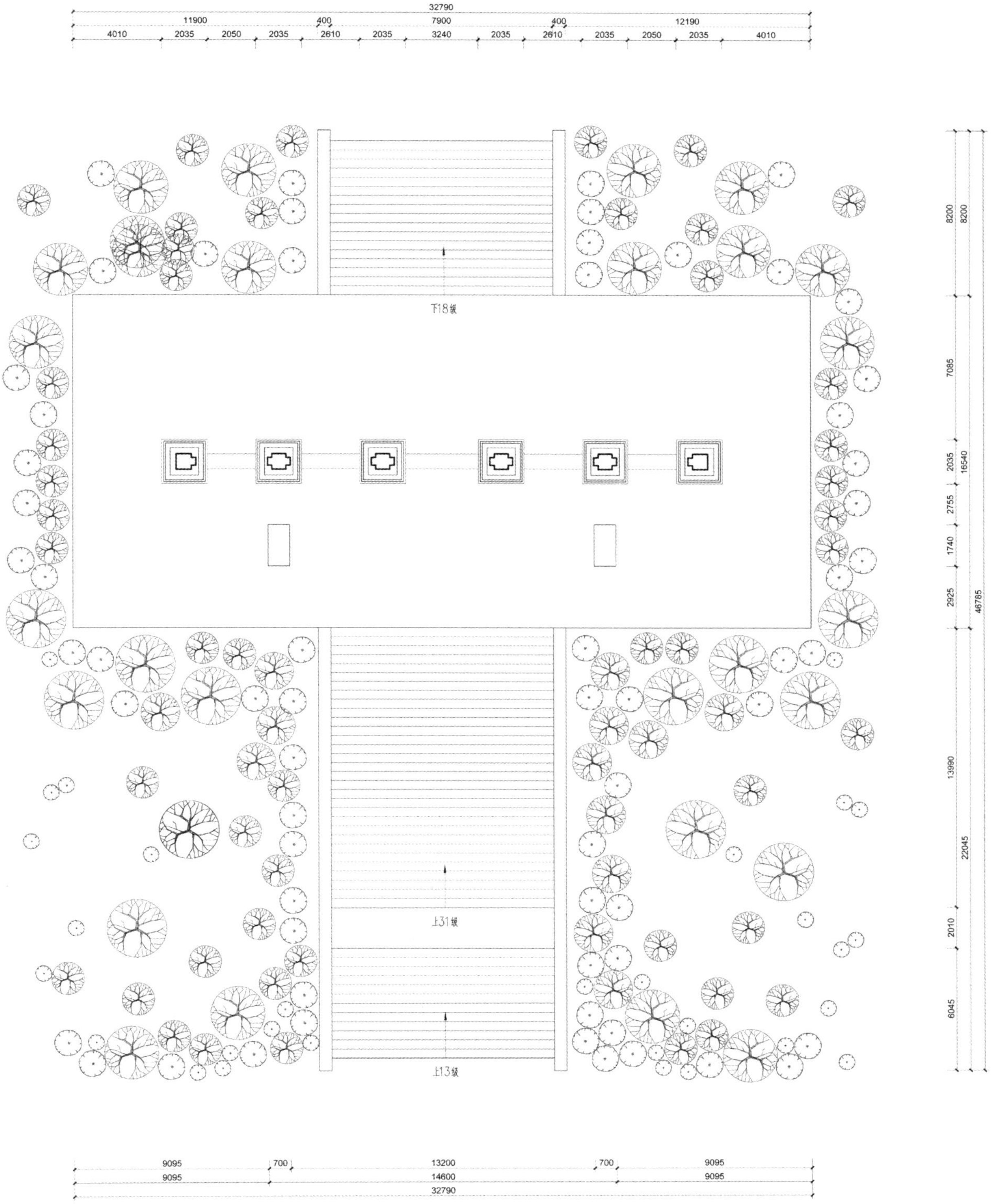

牌楼平面图

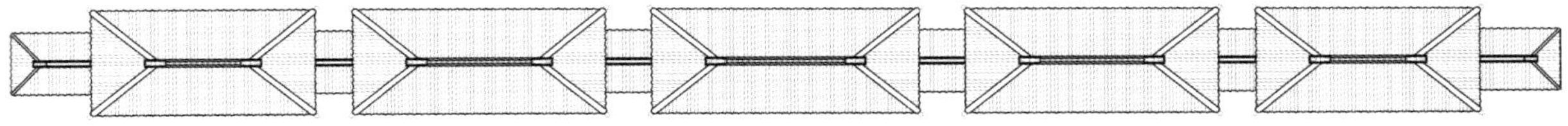

牌楼屋顶平面图

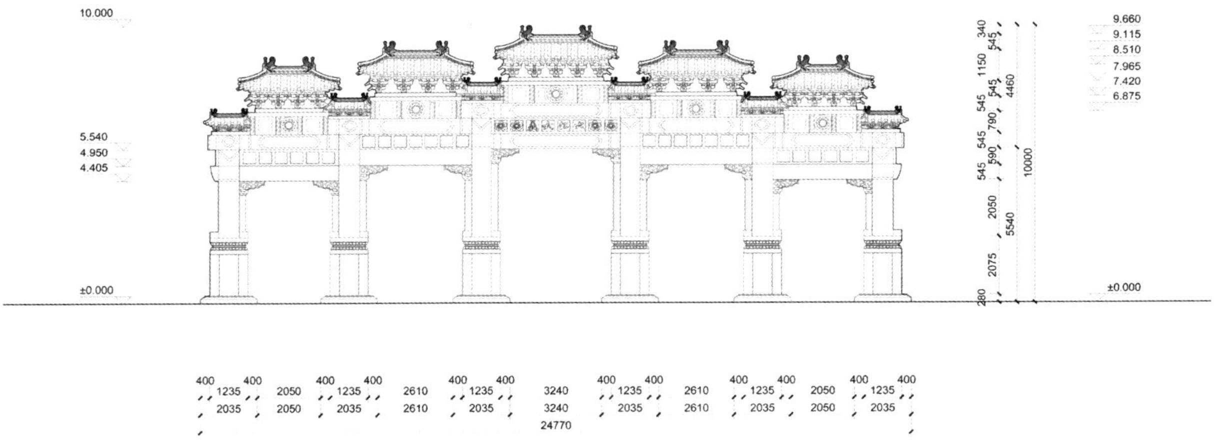

牌楼正立面图

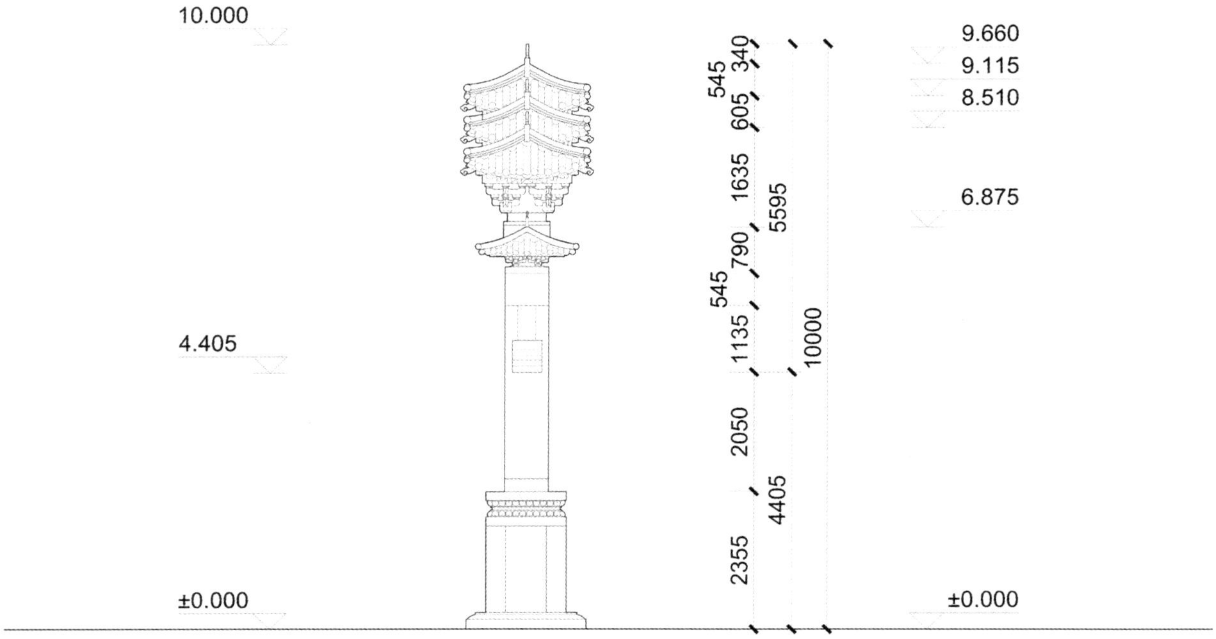

牌楼侧立面图

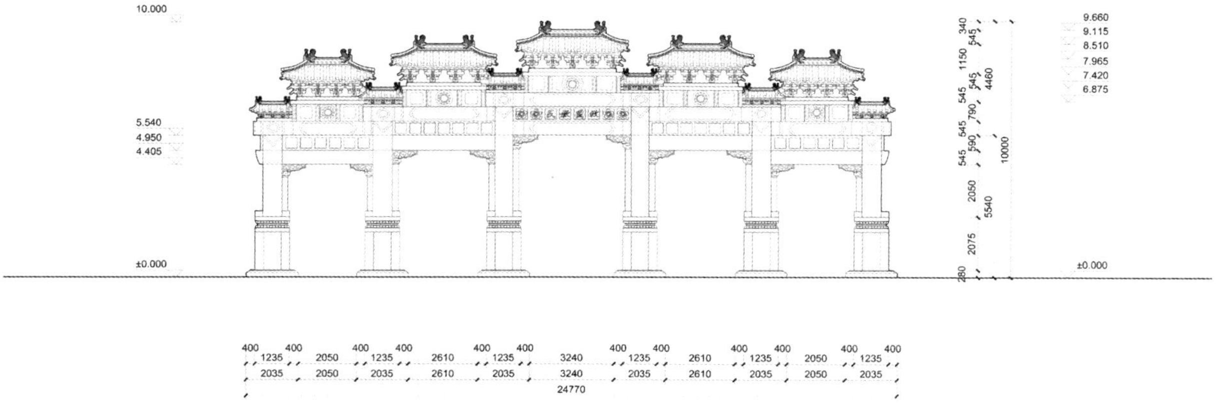

牌楼背立面图

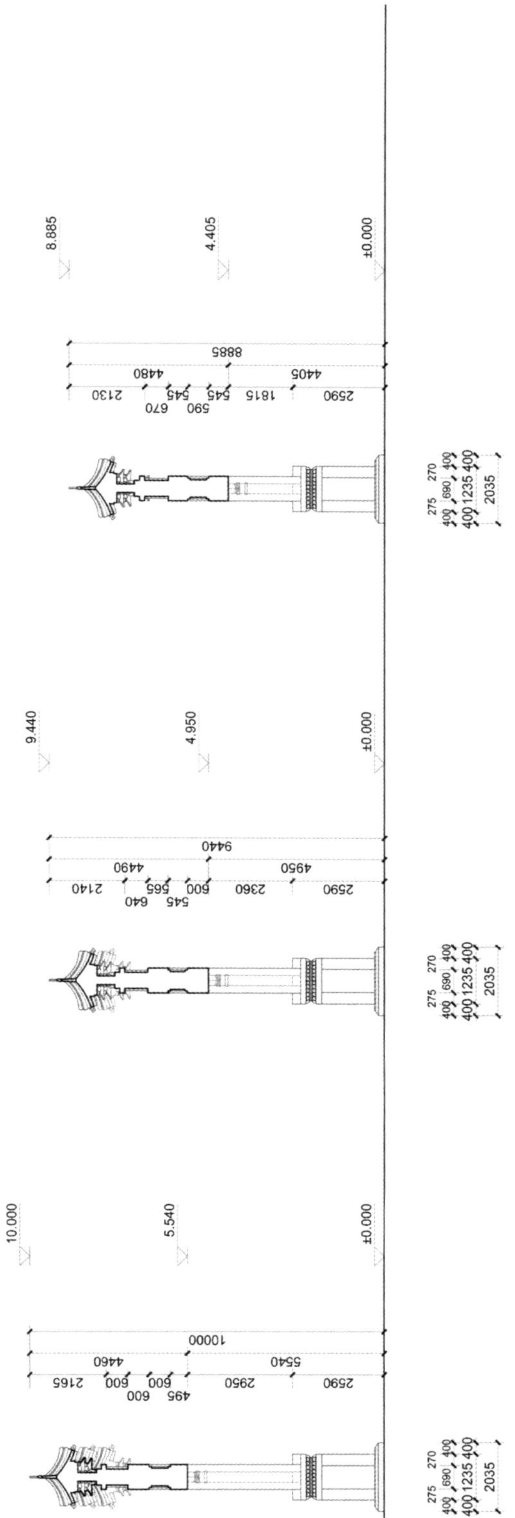
8.885
4.405
±0.000
8885
4480
4405
2130
545
545
1815
2590
670
590
275
270
400
690
400
400
1235
400
2035
9.440
4.950
±0.000
9440
4490
4950
2140
565
600
2360
2590
640
545
10.000
5.540
±0.000
10000
4460
5540
2165
600
600
2950
2590
495
600

牌楼剖面图

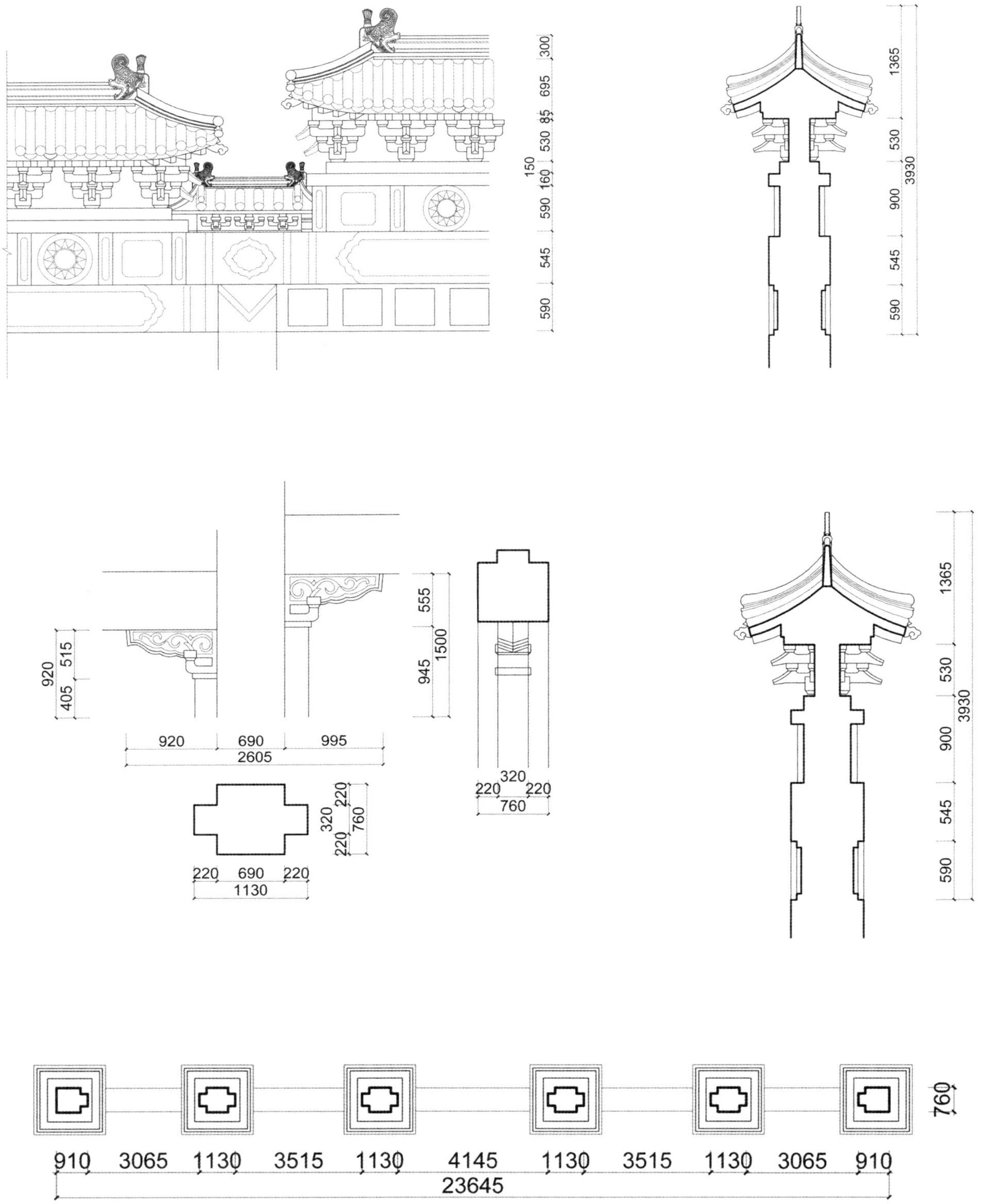
300
695
85
530
150
160
590
545
590
1365
530
3930
900
545
590
555
1500
945
920
515
405
920
690
995
2605
220
320
220
760
220
690
220
1130
320
220
220
760
1365
530
3930
900
545
590
760
910
3065
1130
3515
1130
4145
1130
3515
1130
3065
910
23645

牌楼局部详图

五、无梁殿

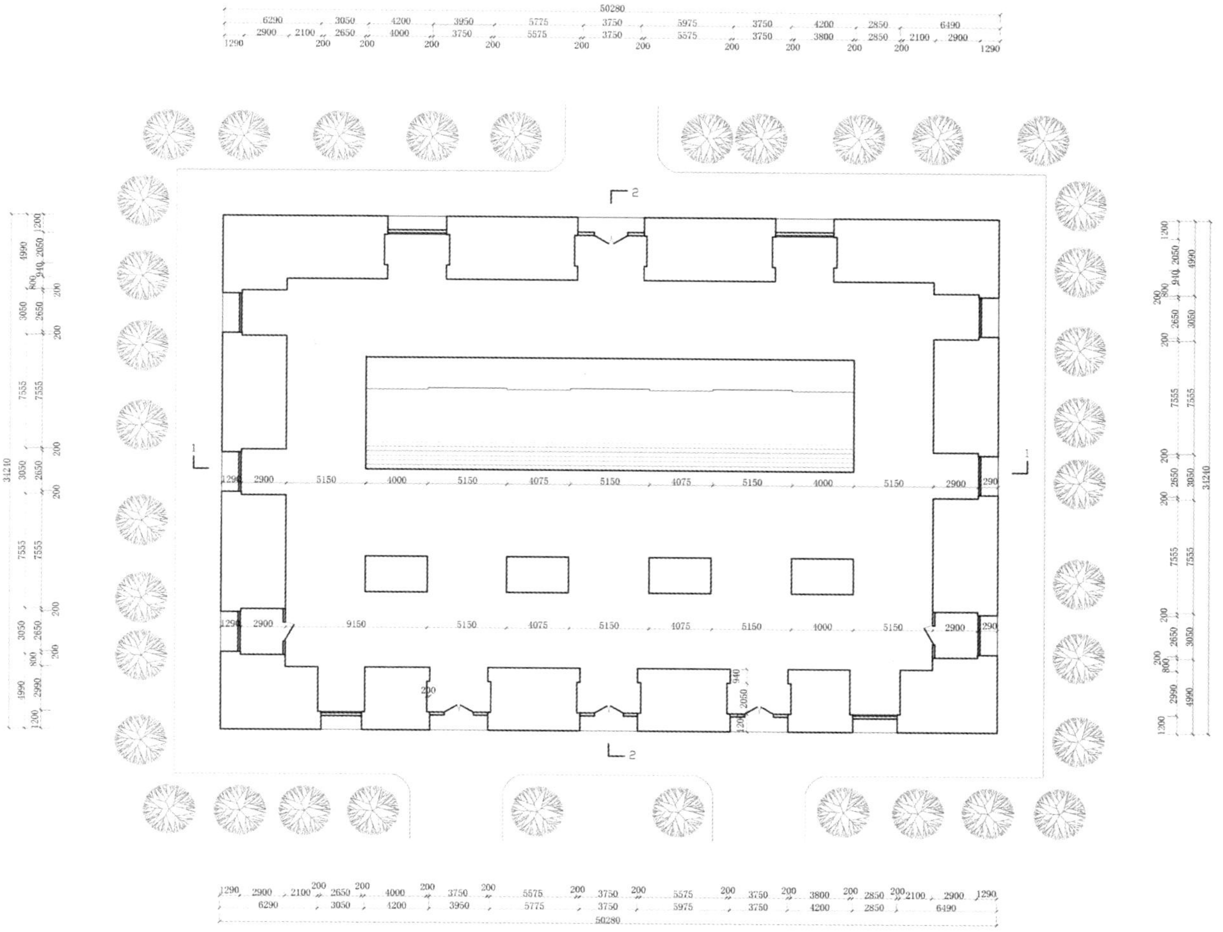

无梁殿平面图

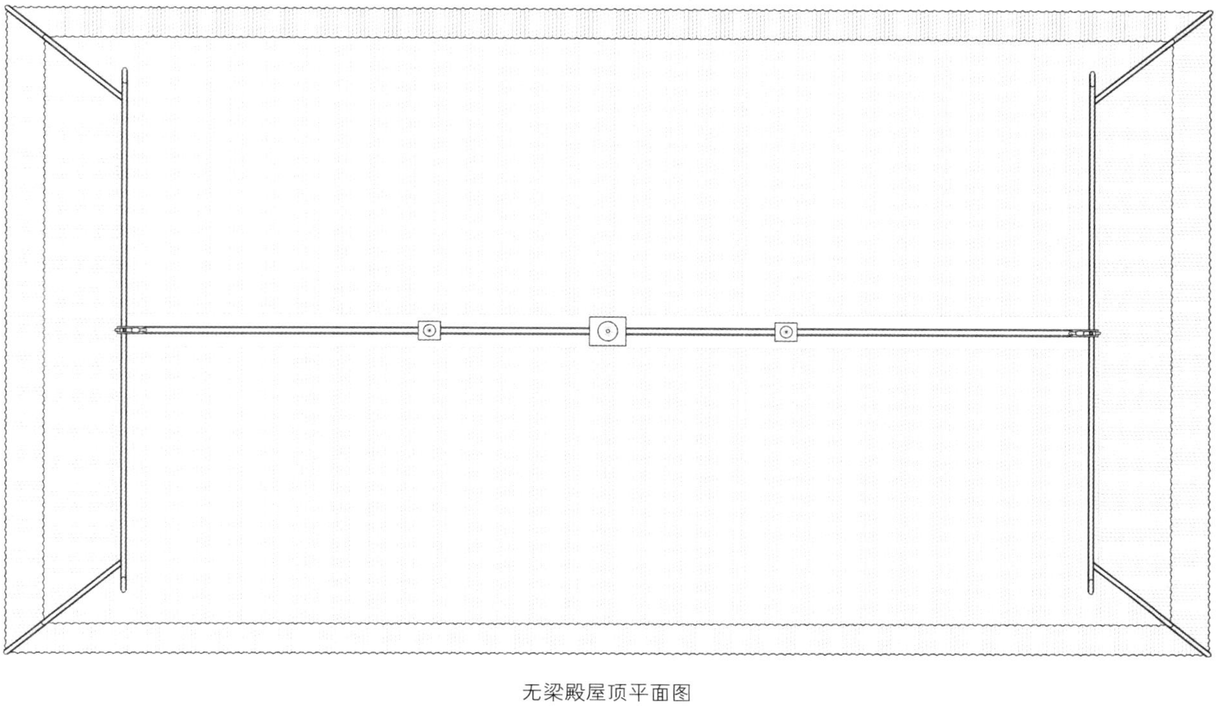

无梁殿屋顶平面图

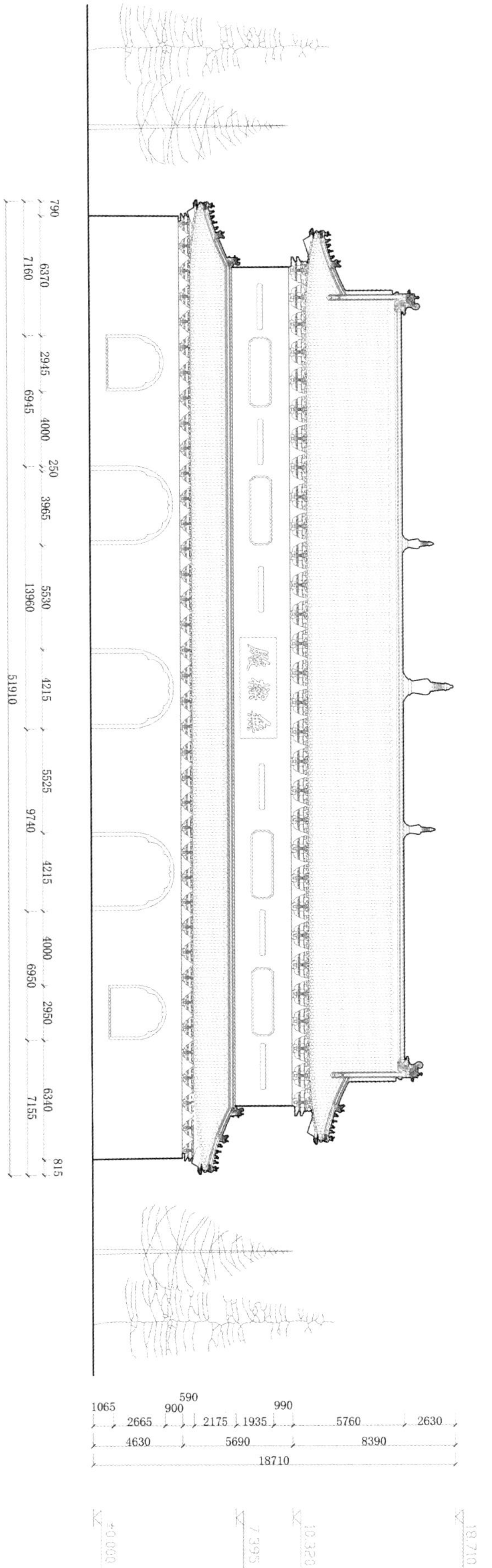
790
6370
7160
2945
6945
4000
250
3965
5530
13960
4215
51910
5525
9740
4215
4000
6950
2950
6340
7155
815
1065
2665
900
590
2175
1935
990
5760
2630
4630
5690
8390
18710
±0.000
7.395
10.320
18.710

无梁殿正立面图

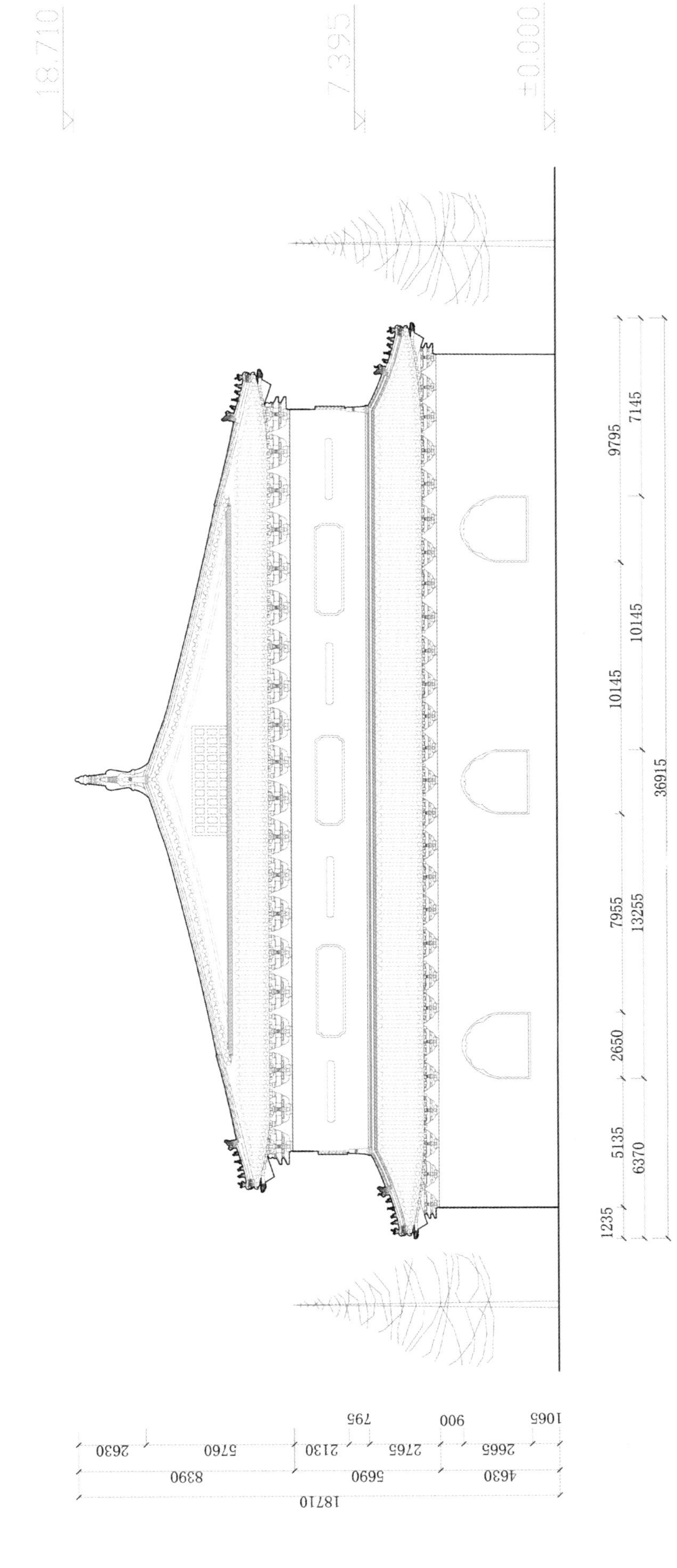
18.710
7.395
±0.000
9795
7145
10145
10145
36915
7955
13255
2650
5135
6370
1235
18710
8390
5690
4630
2630
5760
2130
2765
2665
795
900
1065

无梁殿侧立面图

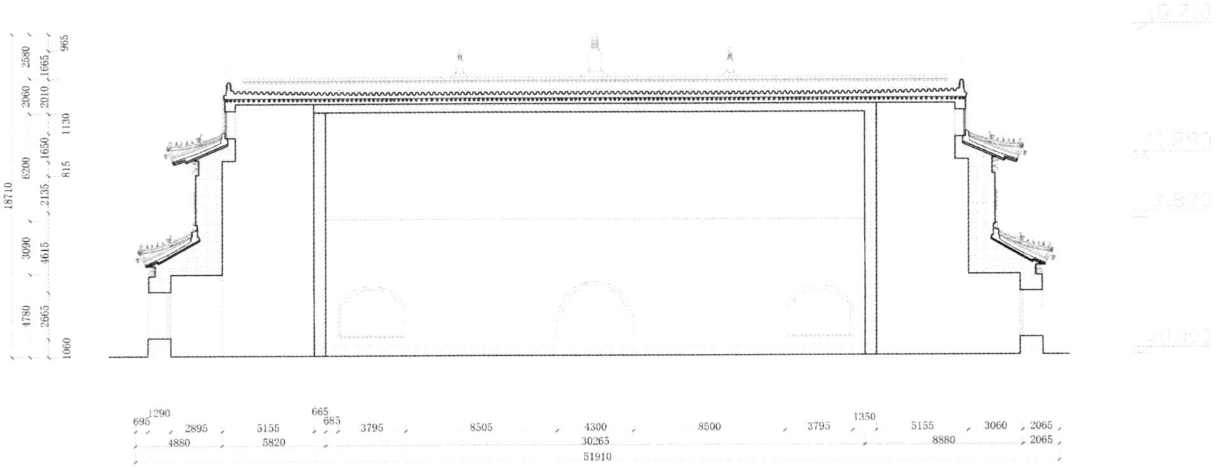

无梁殿 1–1 剖面图

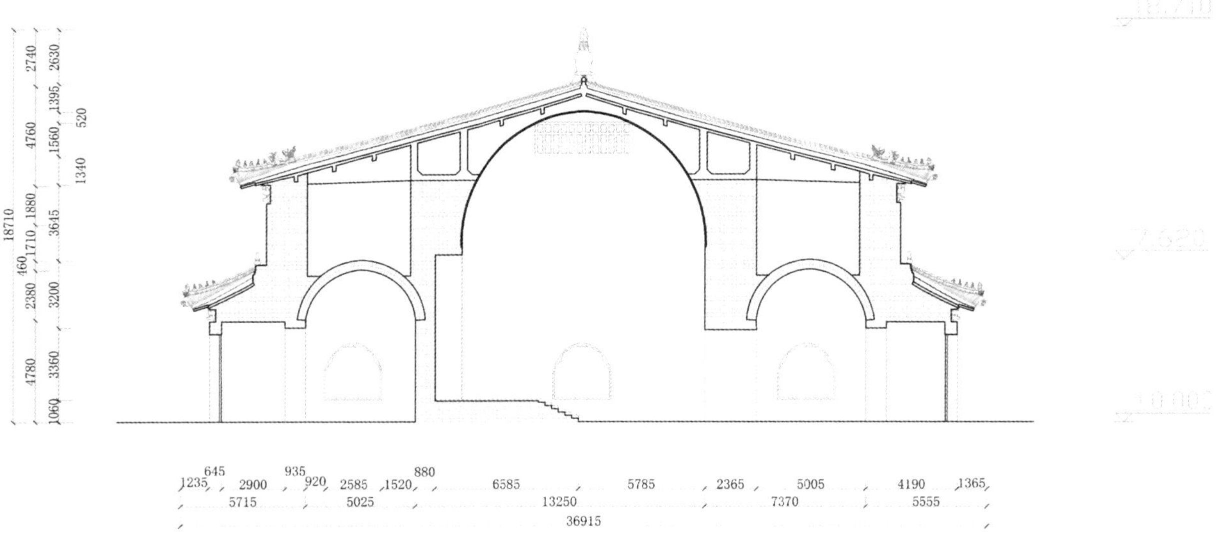

无梁殿 2–2 剖面图

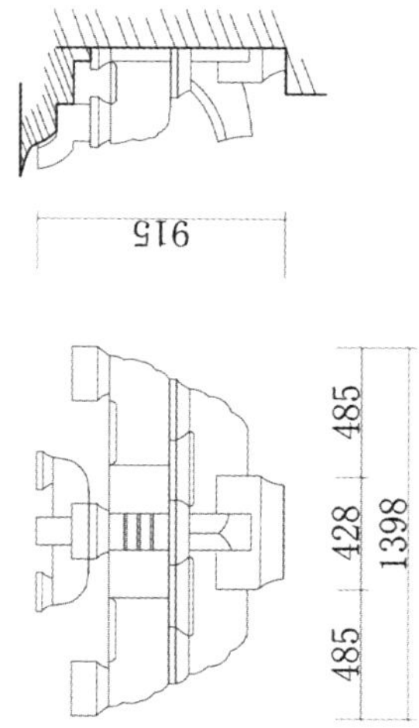

上层斗拱

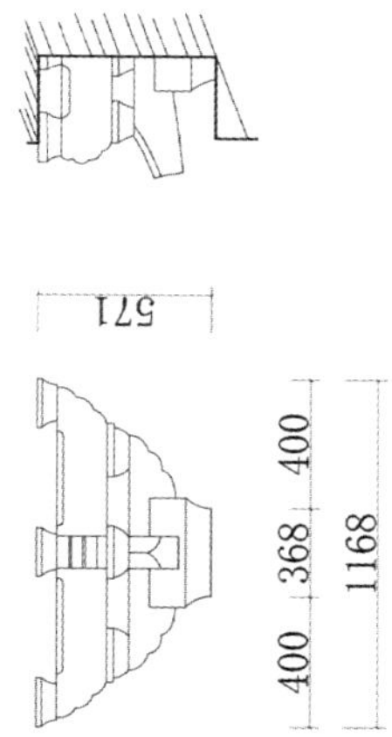

下层斗拱

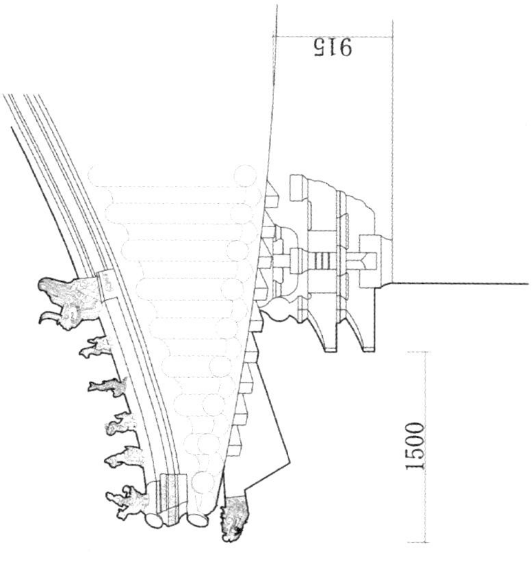

脊饰细节

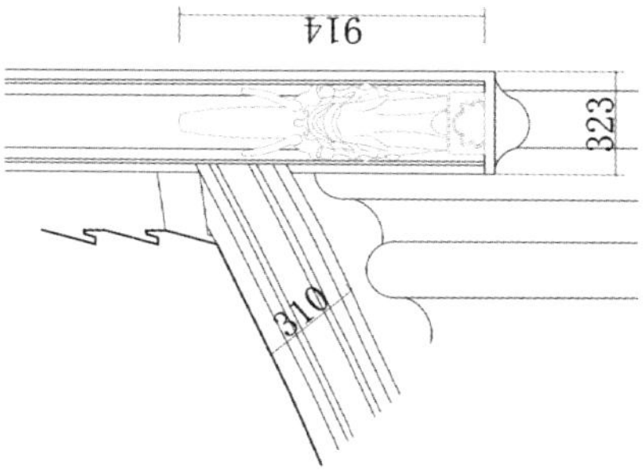

垂脊大样

无梁殿大样图

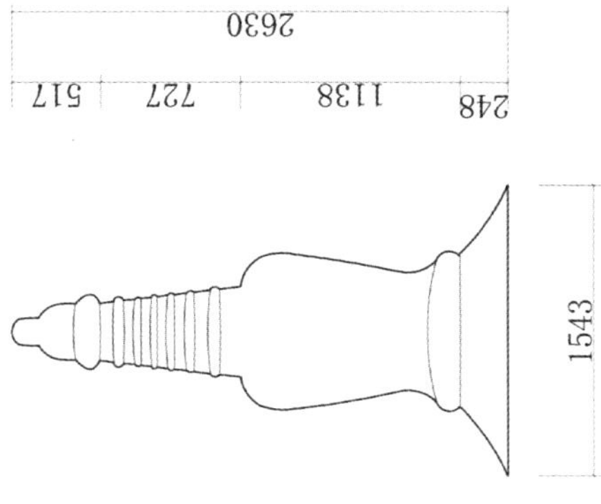

宝珠大样

鸱吻大样

六、松风阁

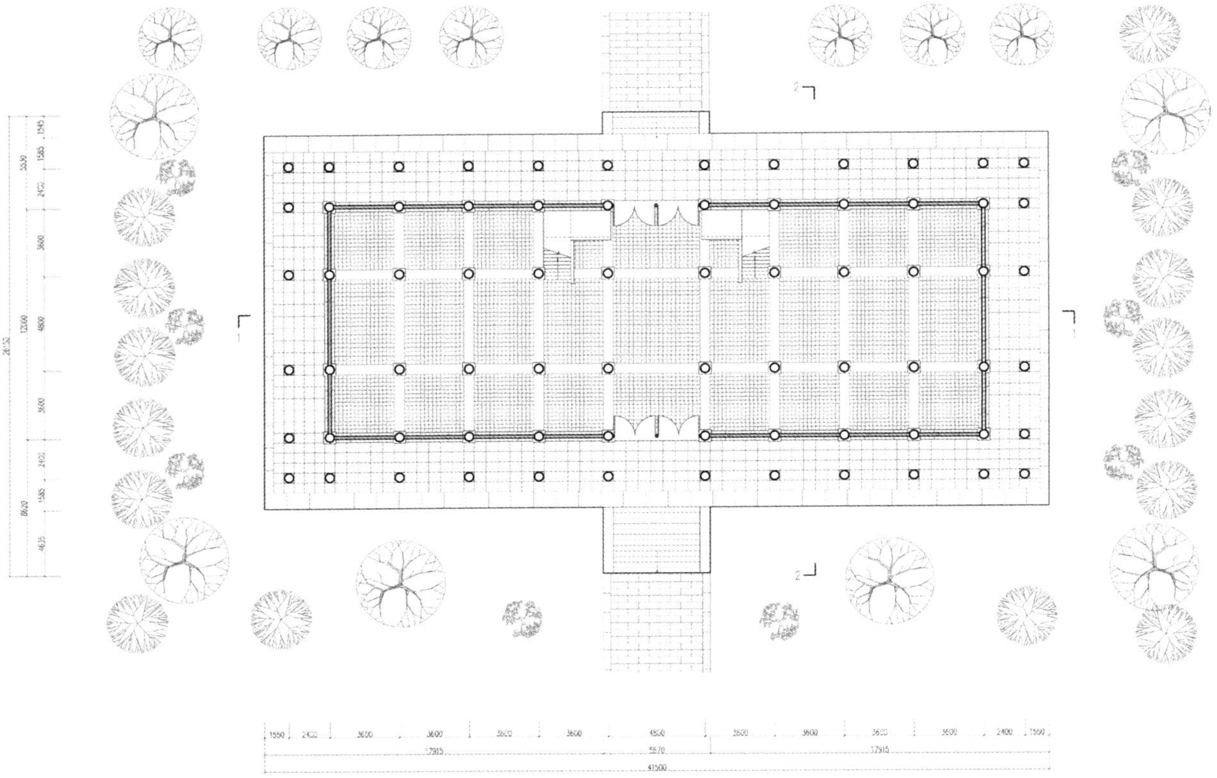

松风阁平面图

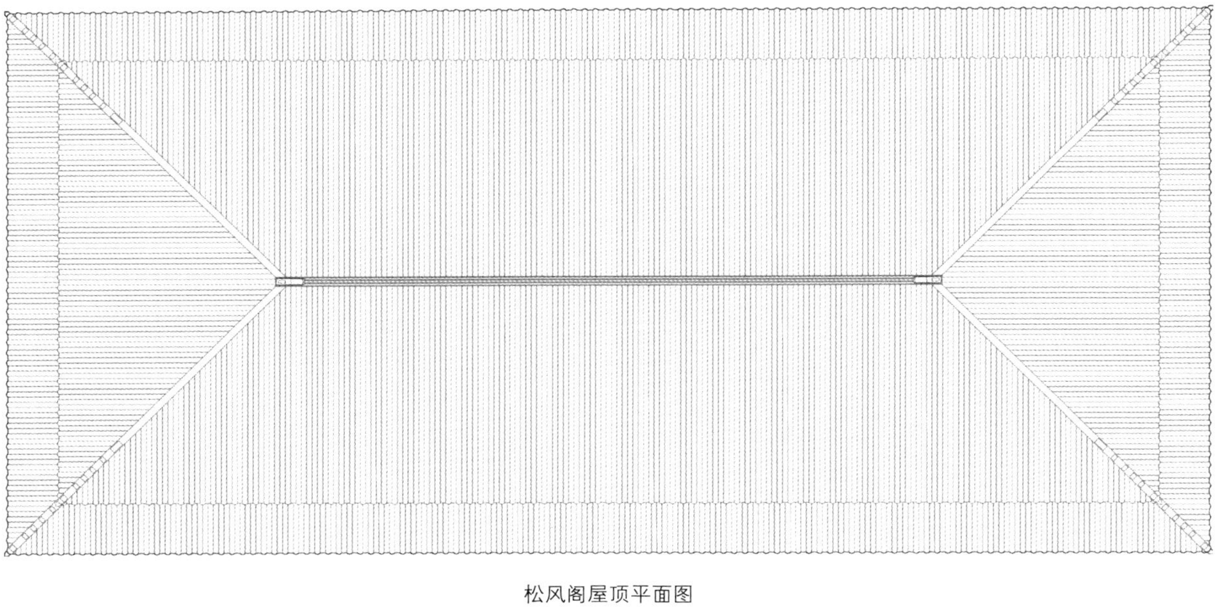

松风阁屋顶平面图

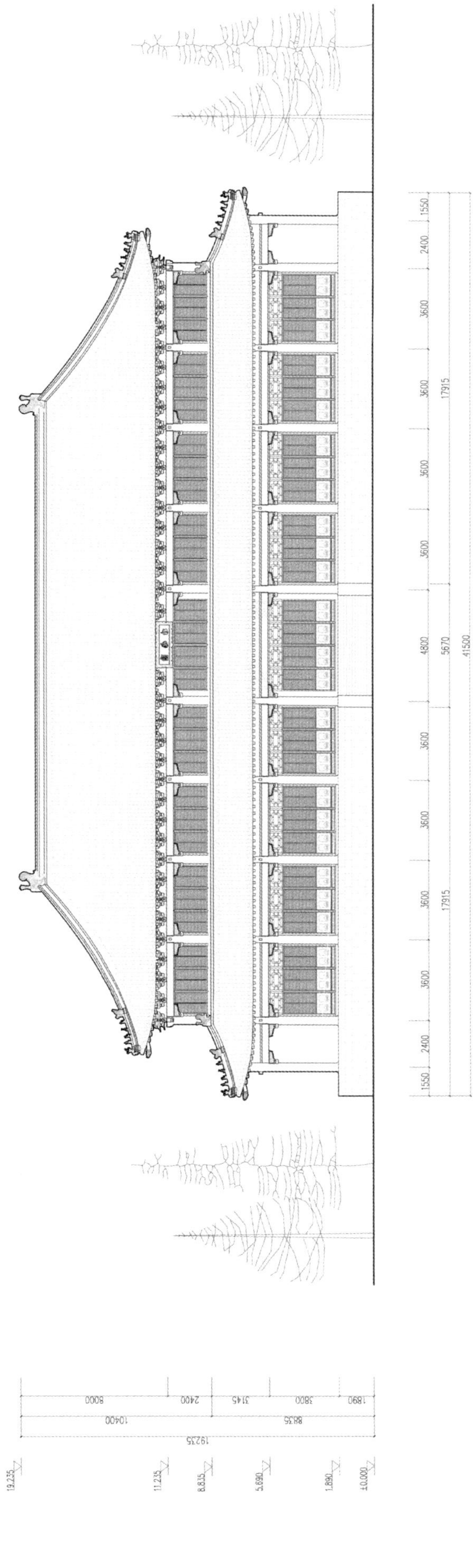

松风阁正立面图

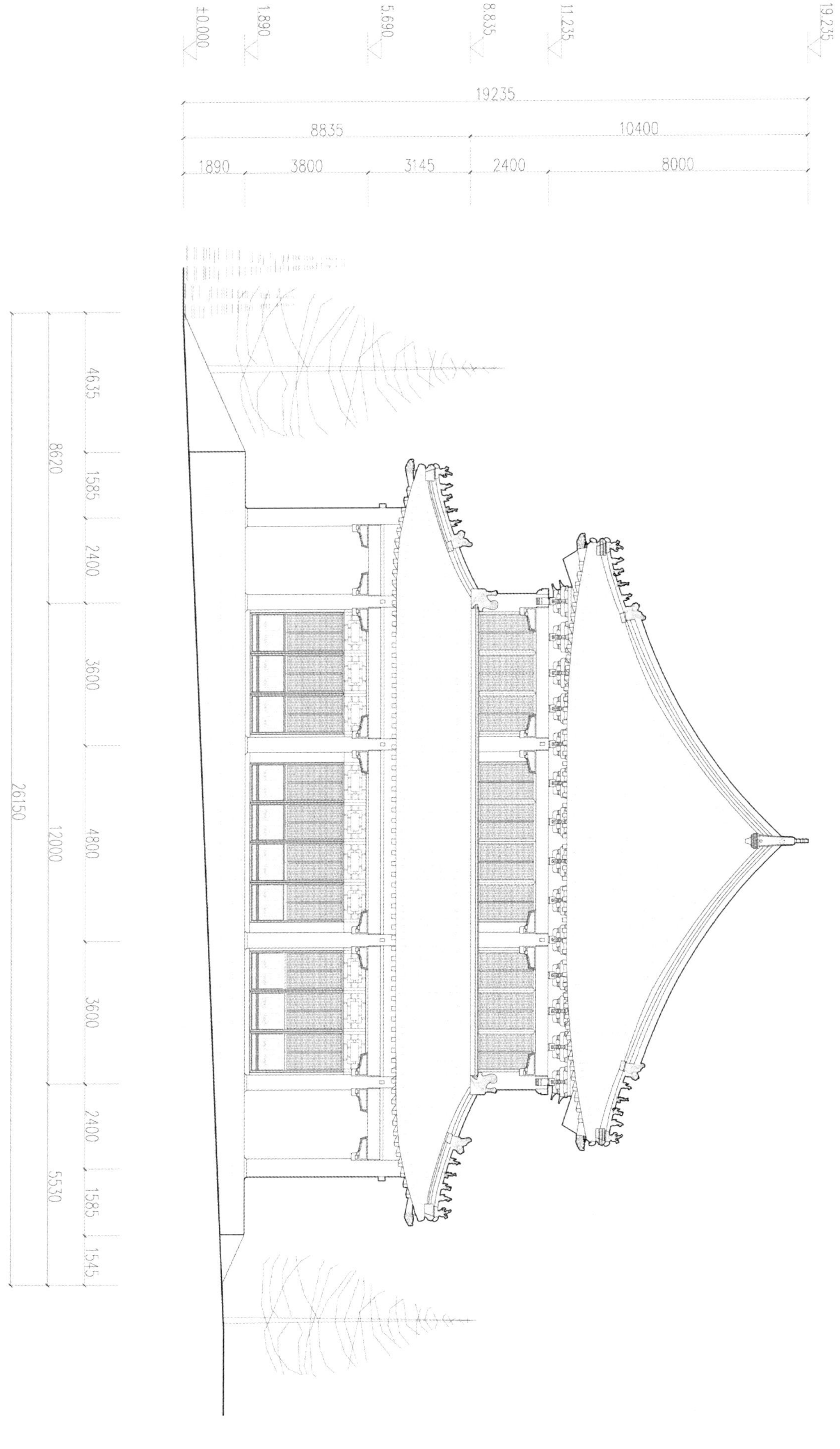
±0.000
1.890
5.690
8.835
11.235
19.235
19235
8835
10400
1890
3800
3145
2400
8000
4635
8620
1585
2400
3600
26150
12000
4800
3600
2400
5530
1585
1545

松风阁侧立面图

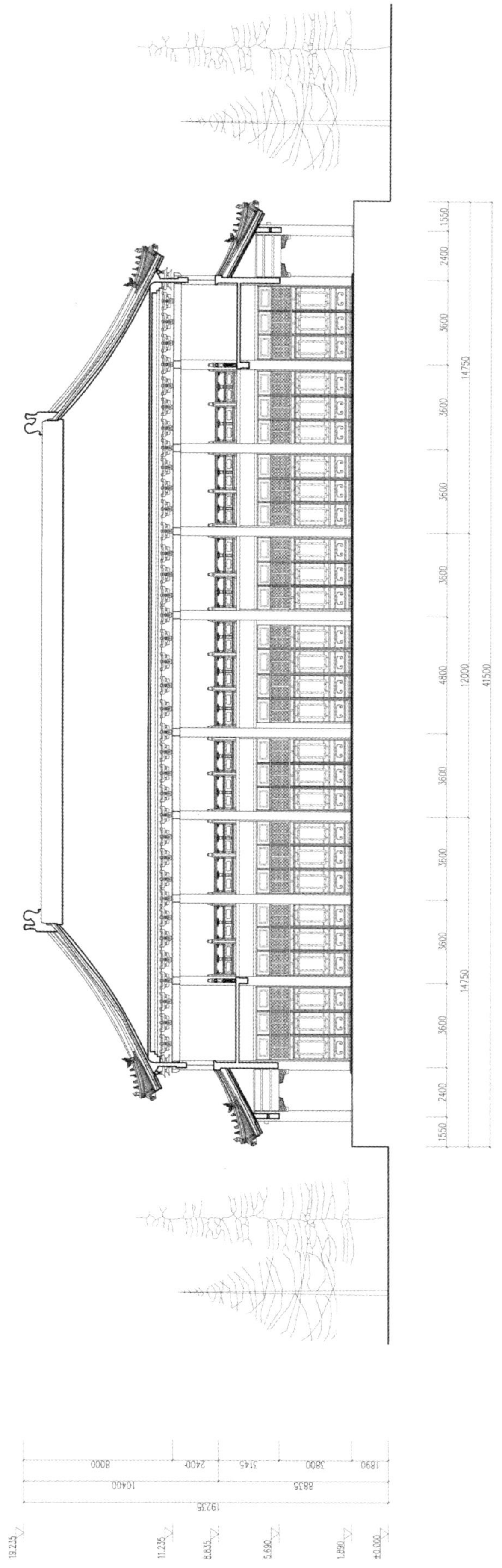

松风阁 1-1 剖面图

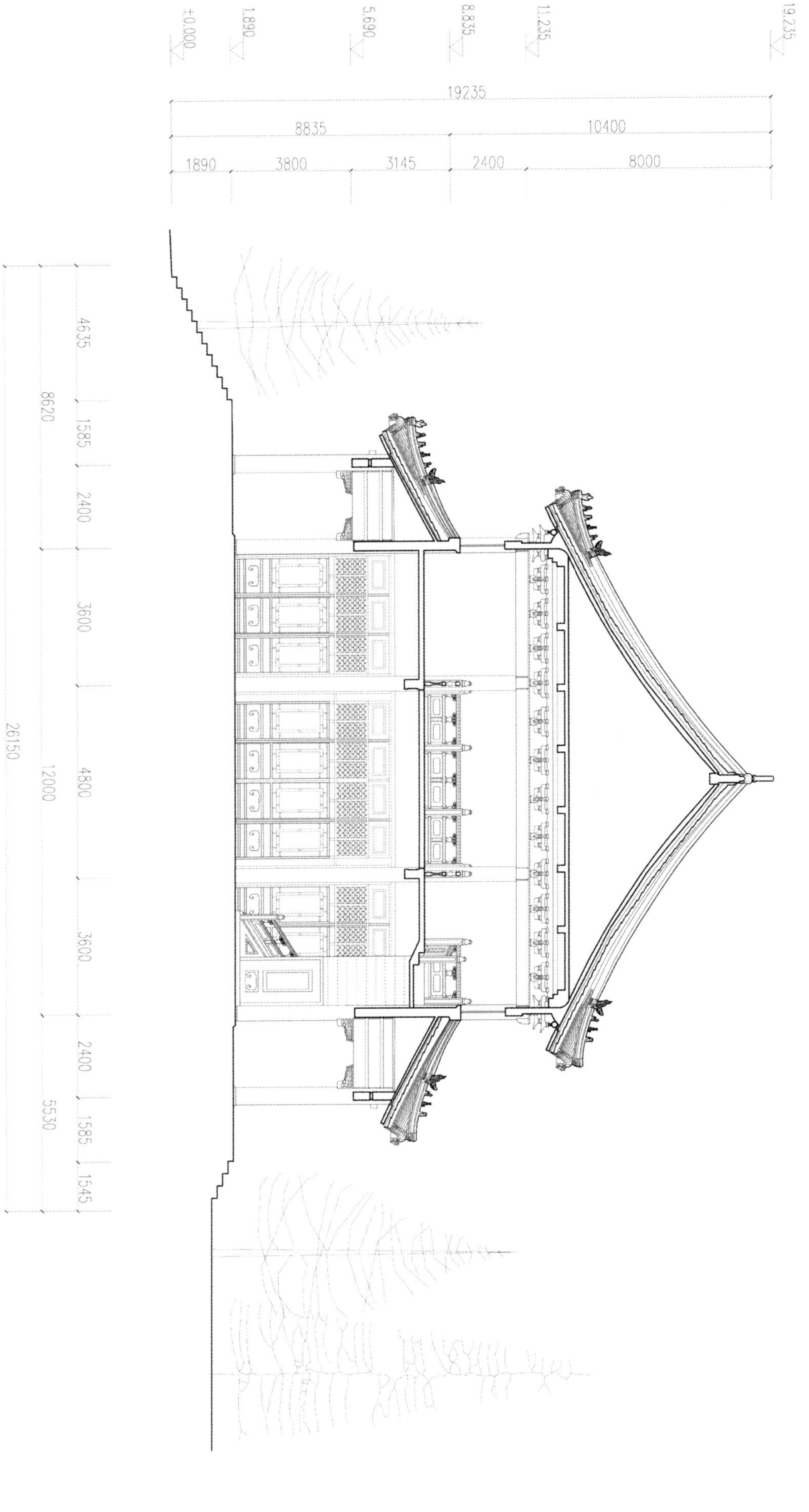
±0.000
1.890
5.690
8.835
11.235
19.235
19235
8835
10400
1890
3800
3145
2400
8000
4635
8620
1585
2400
3600
26150
12000
4800
3600
2400
5530
1585
1545

松风阁 2-2 剖面图

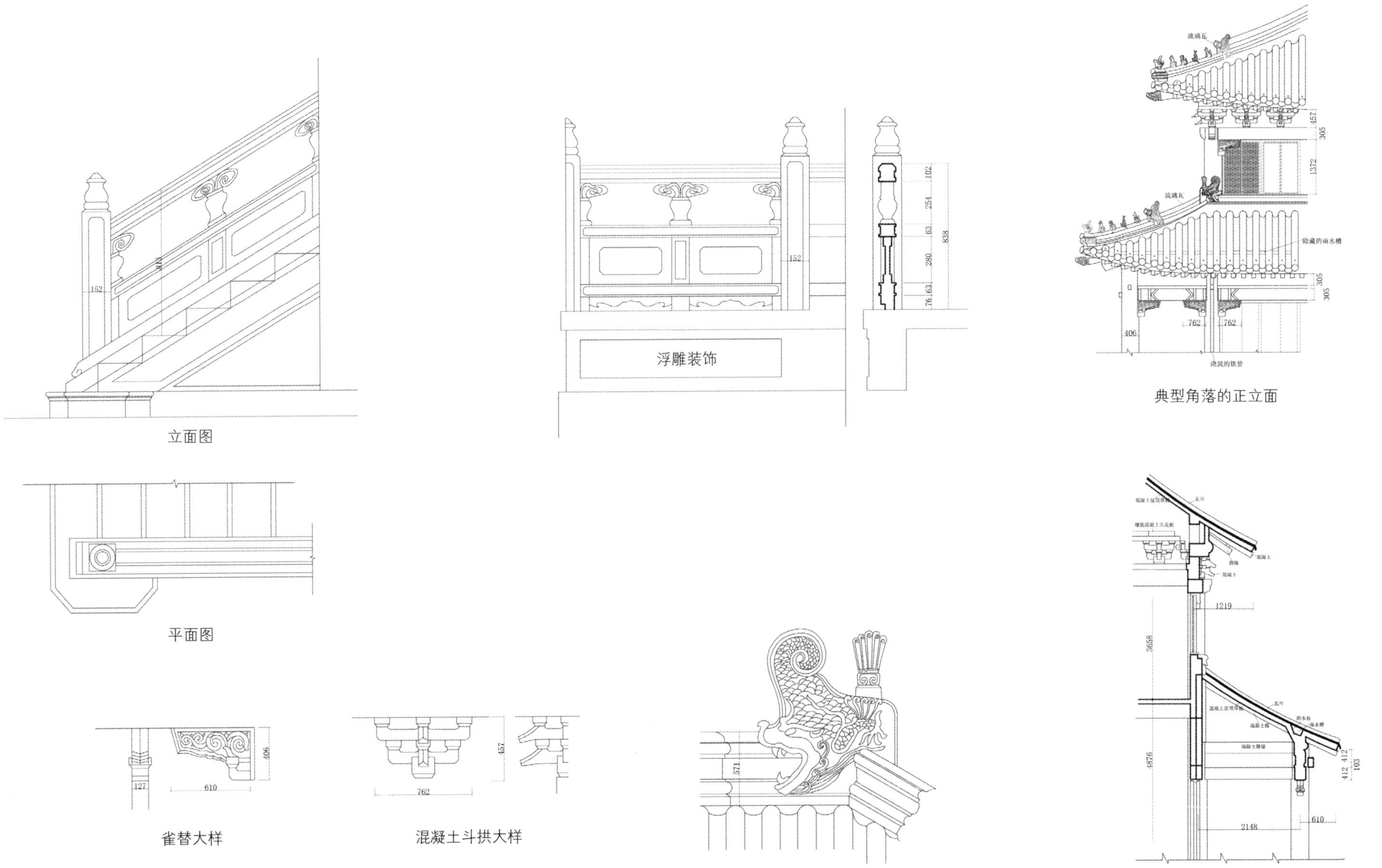

立面图

平面图

雀替大样

混凝土斗拱大样

鸱吻细节

松风阁大样图

典型角落的正立面

典型部分

七、灵谷寺塔

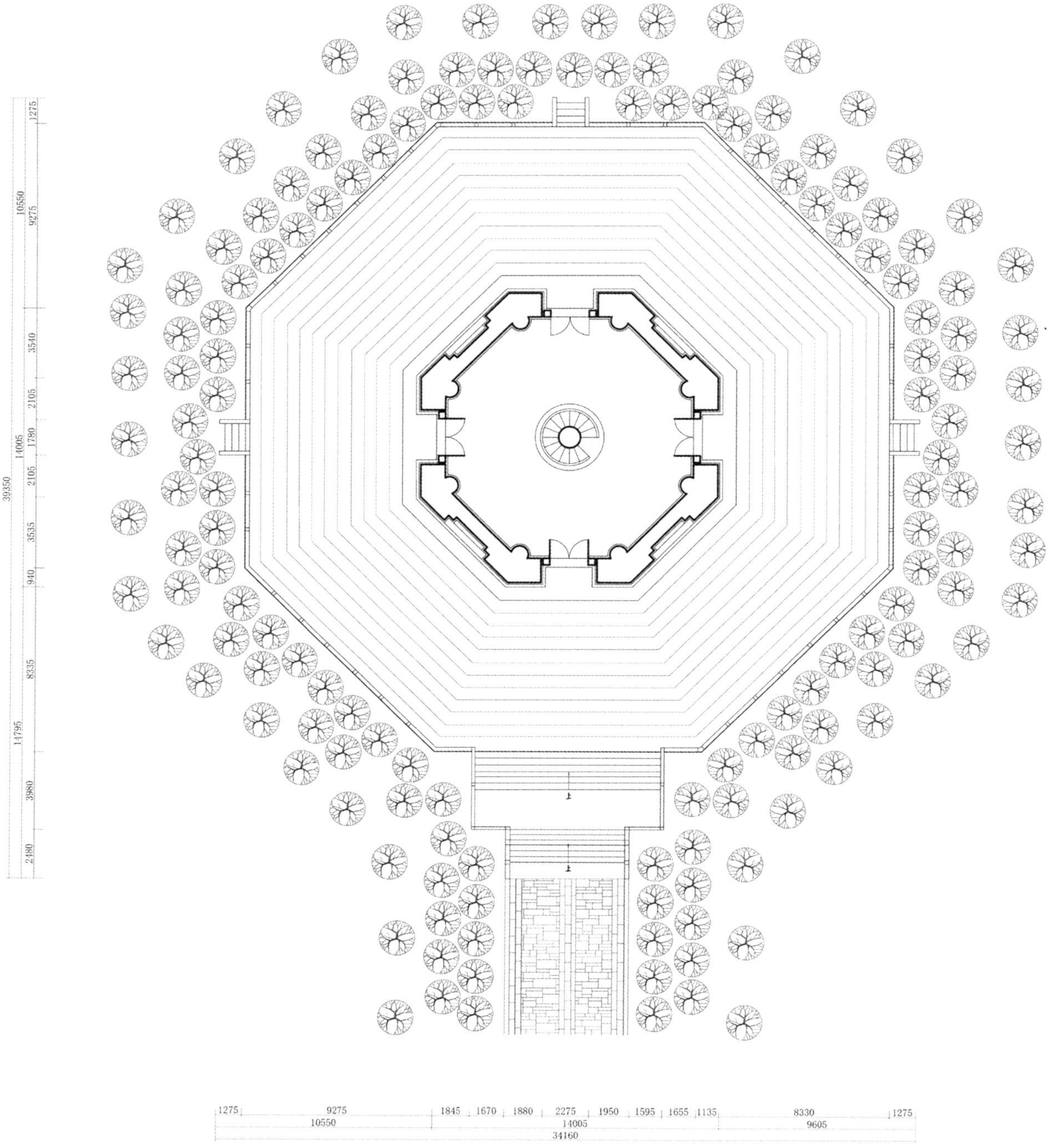

灵谷塔底层平面图

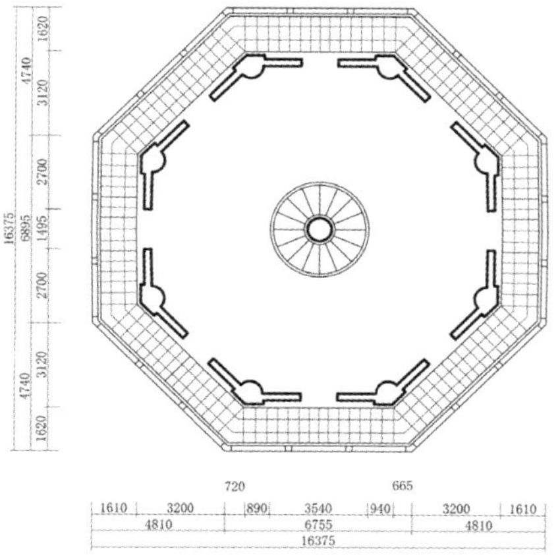

二层平面

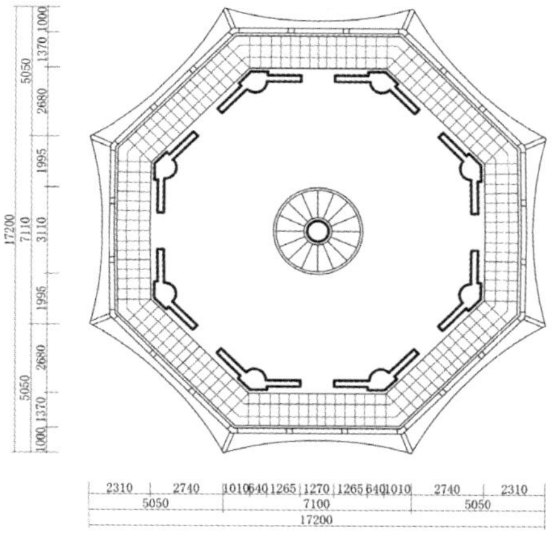

三层平面

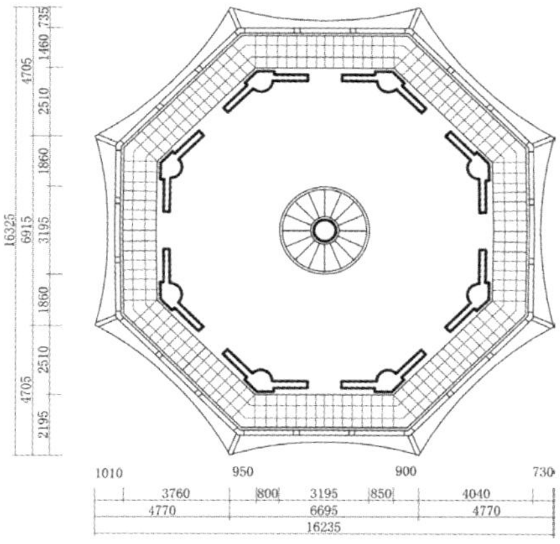

四层平面

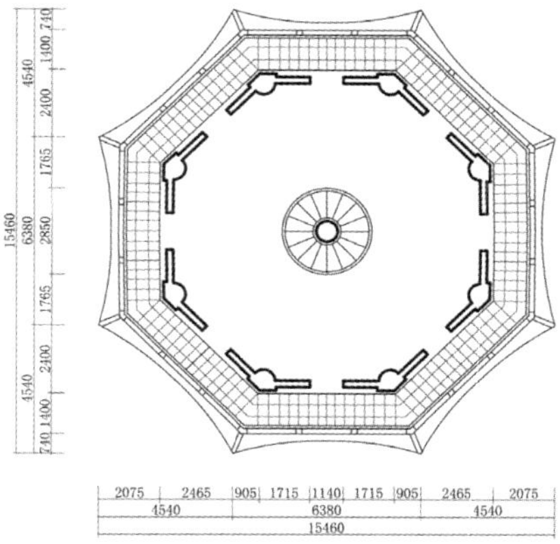

五层平面

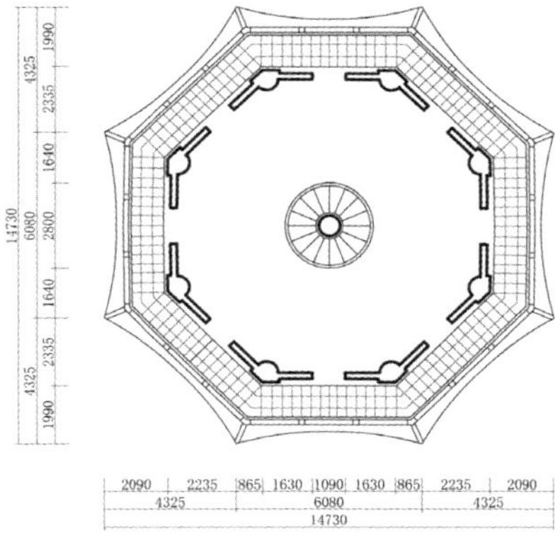

六层平面

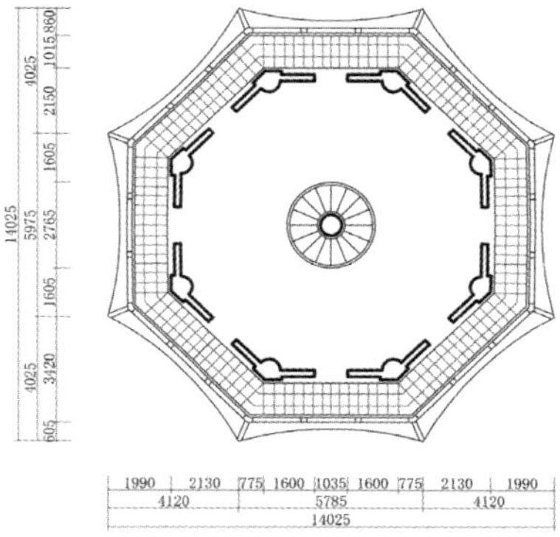

七层平面

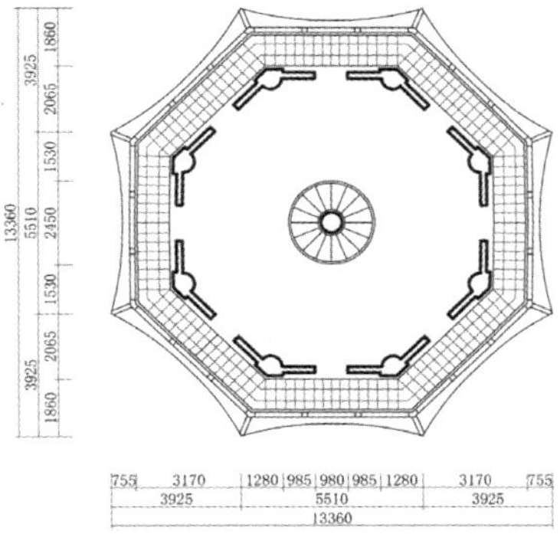

八层平面

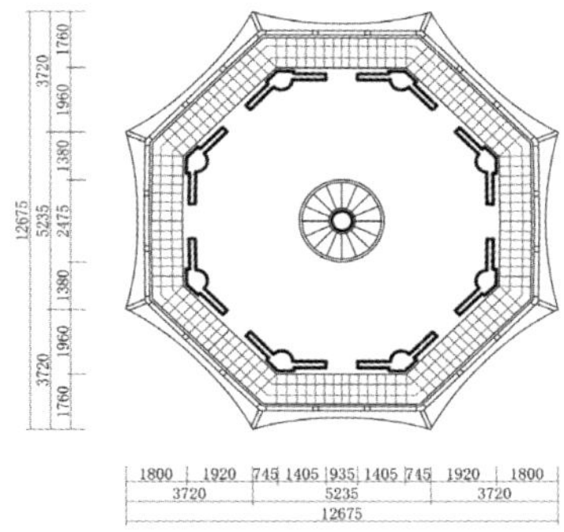

顶层平面

灵谷塔各层平面图

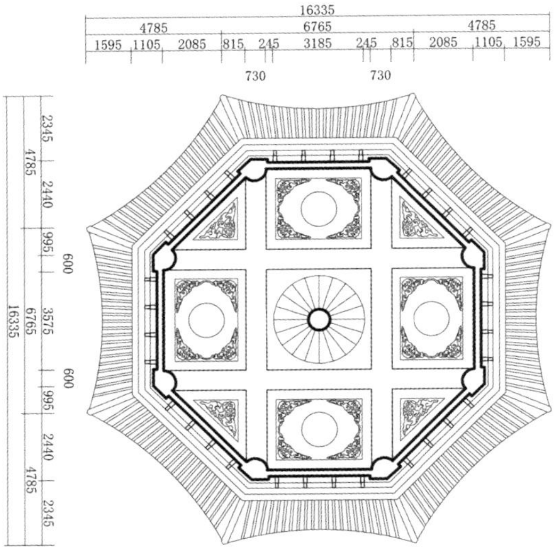

四层天花

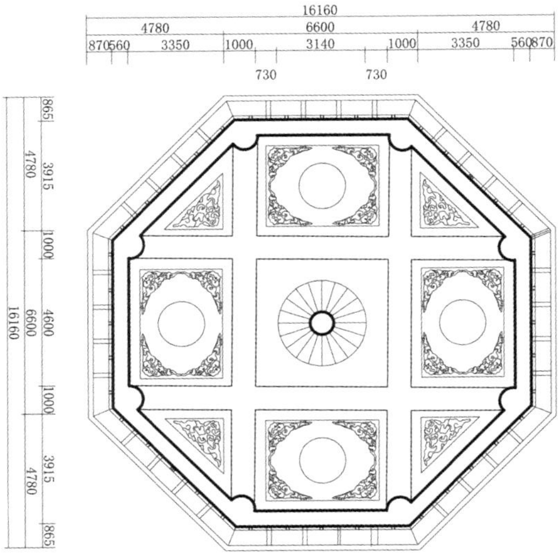

底层天花

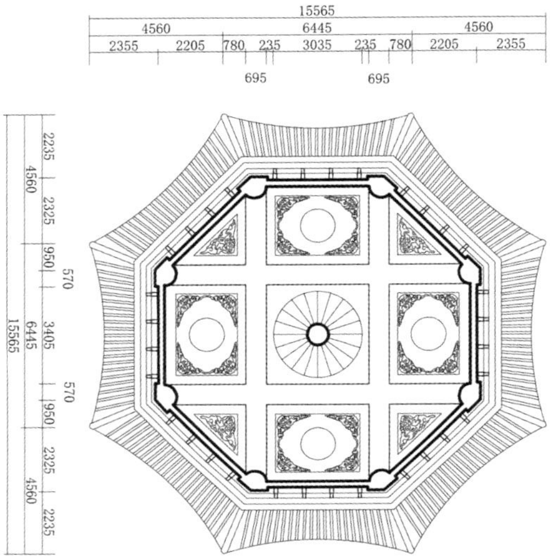

五层天花

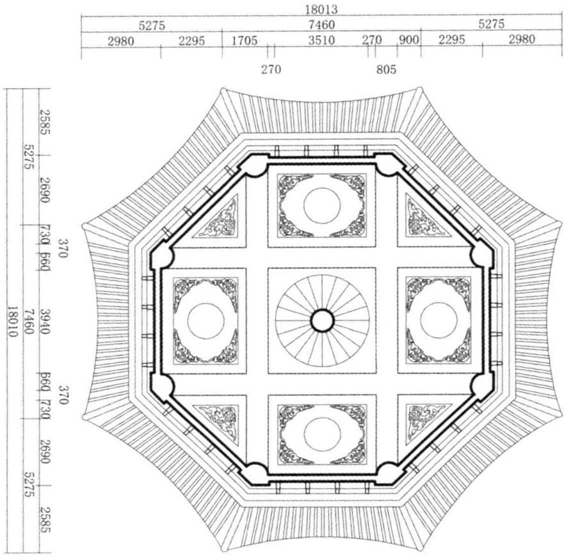

二层天花

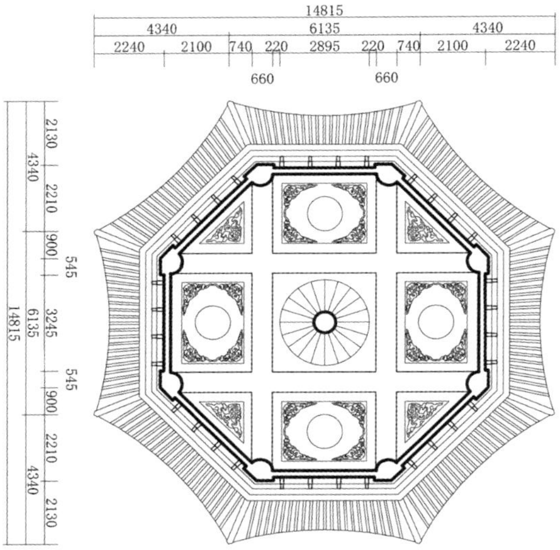

六层天花

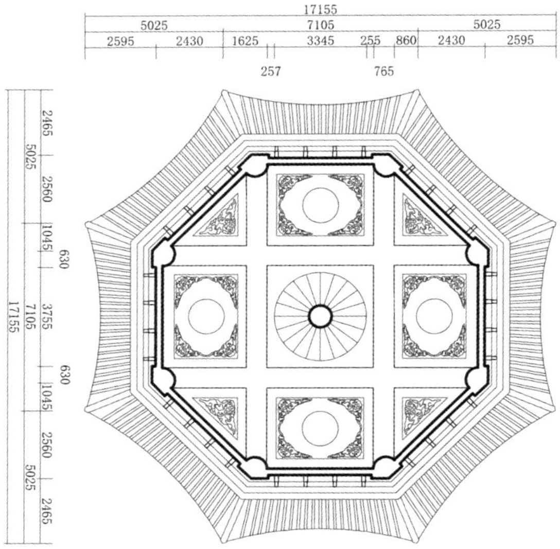

三层天花

灵谷塔各层天花仰视图

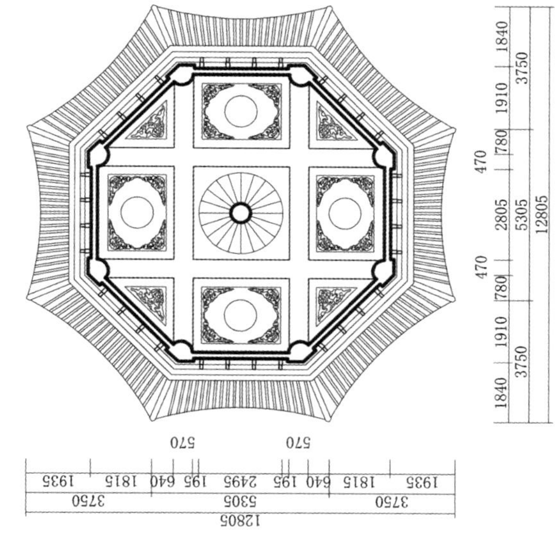

顶层天花

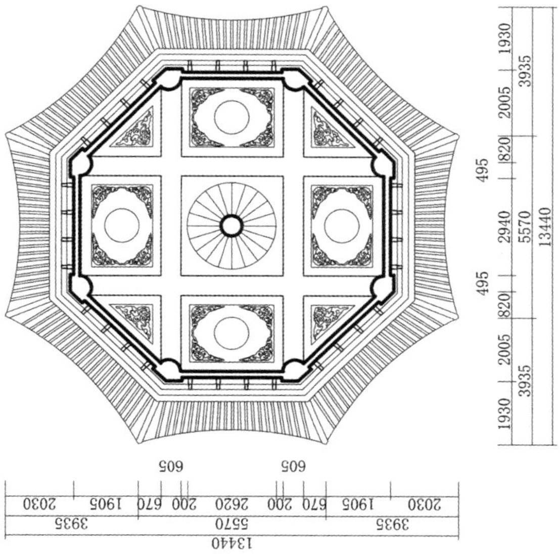

八层天花

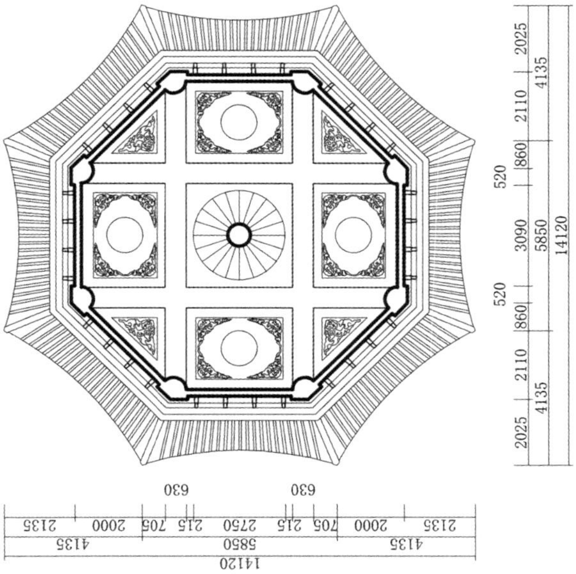

七层天花

灵谷塔各层天花仰视图

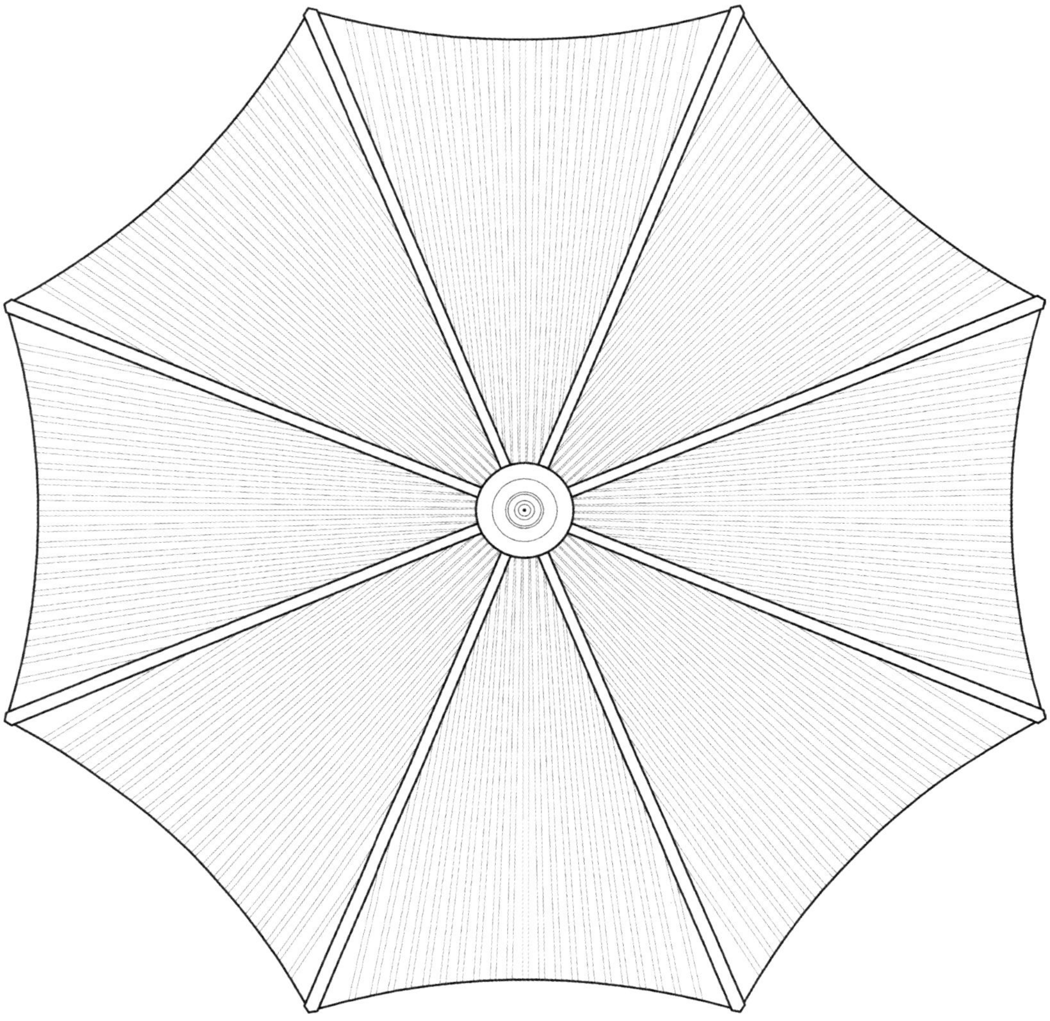

灵谷塔屋顶平面图

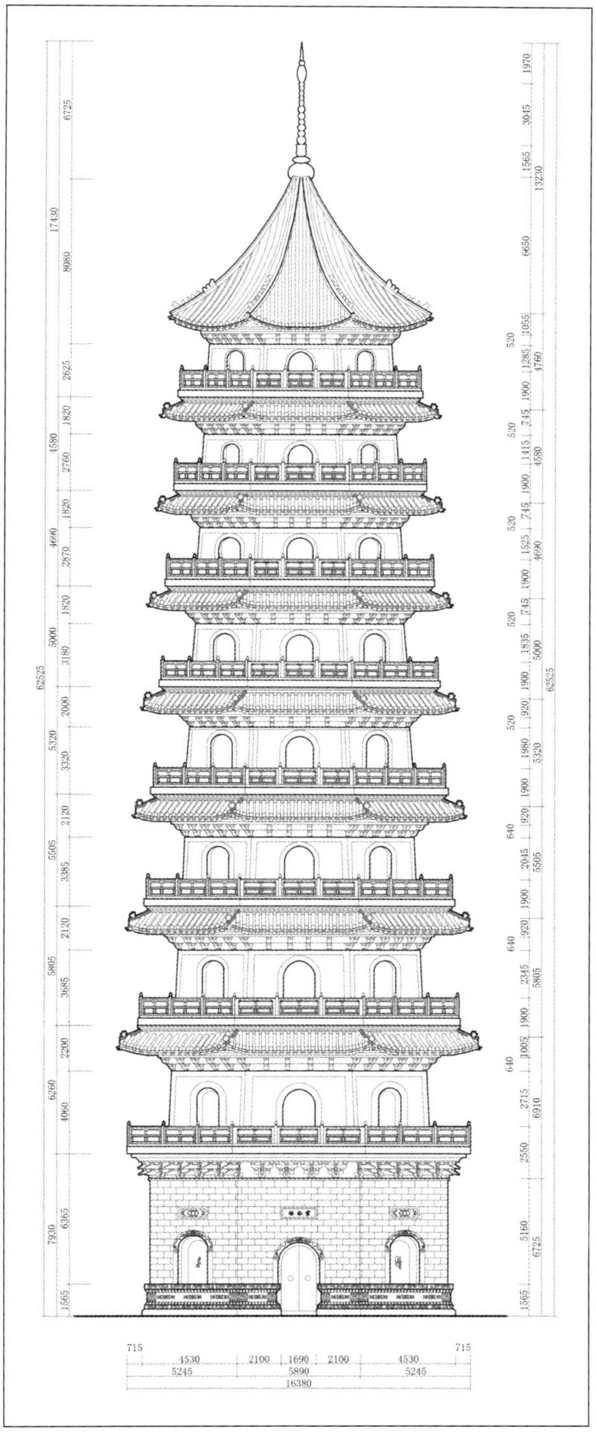

灵谷塔立面图

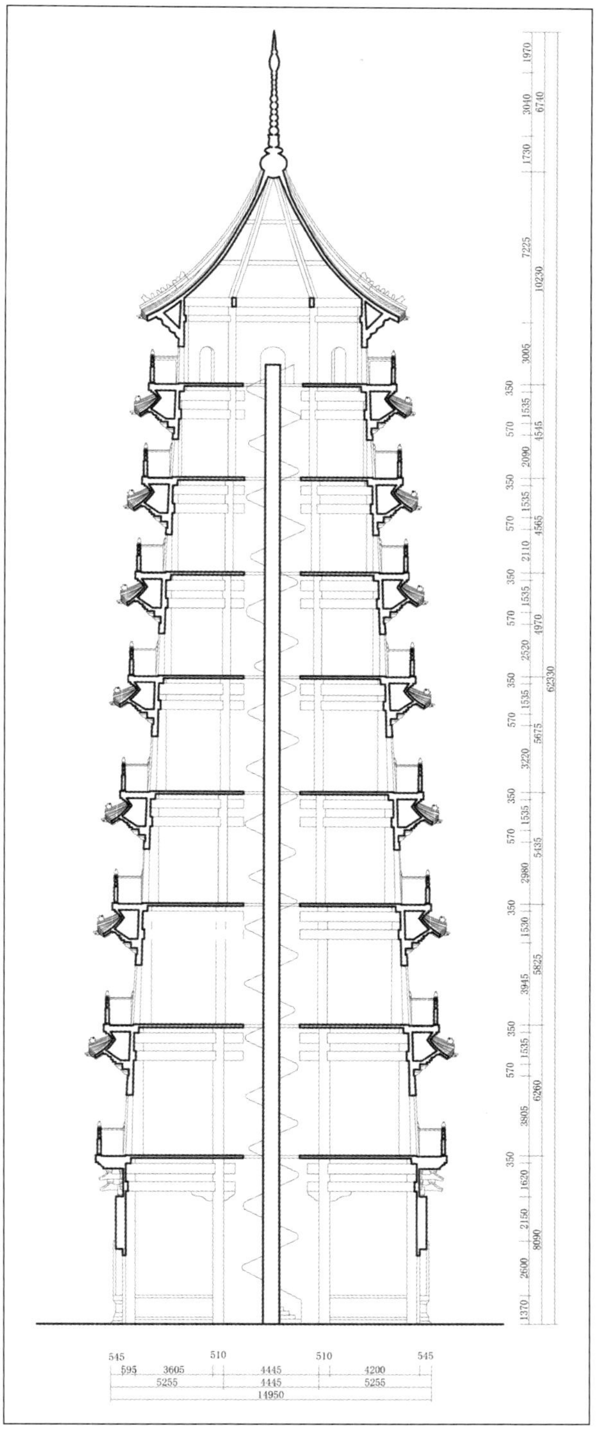

灵谷塔剖面图

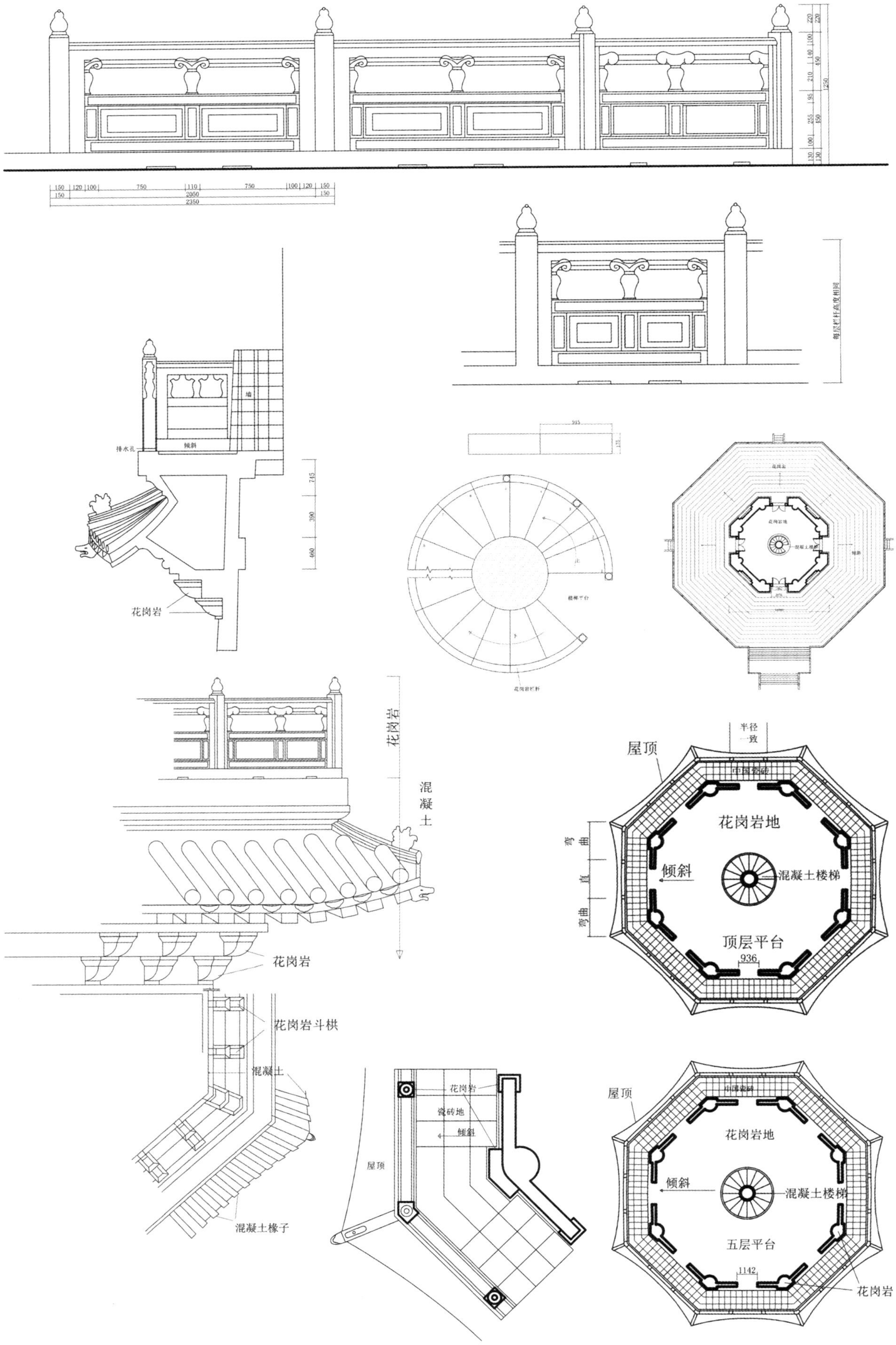

墙
排水孔
倾斜
花岗岩
花岗岩
混凝土
花岗岩
花岗岩斗栱
混凝土
混凝土椽子
花岗岩
瓷砖地
倾斜
屋顶
半径一致
屋顶
花岗岩地
倾斜
混凝土楼梯
顶层平台
936
弯曲
直
弯曲
屋顶
花岗岩地
倾斜
混凝土楼梯
五层平台
1142
花岗岩

灵谷塔局部详图

主要参考文献

1. 档案

[1] 邓泽如 . 中国国民党二十年史迹 [M]. 上海：正中书店，1948.
[2] 罗家伦 . 革命文献 [G]. 台北：正中书店，1955.
[3] 邹鲁编 . 中国国民党史稿 [G]. 北京：中华书局，1960.
[4] 沈云龙 . 近代中国史料丛刊 [G]. 台北：文海出版社，1971.
[5] 张梓生 . 中国国民革命史略 [M]. 北京：商务印书馆，1937.
[6] 中国社会科学院近代史研究所近代史资料编辑组 . 近代史资料 [G]. 北京：中国社会科学出版社，1981.
[7] （苏）切列潘诺夫 . 中国国民革命军的北伐——一个驻华军事顾问的札记 [M]. 中国社会科学院近代史研究所翻译室译 . 北京：中国社会科学出版社，1981.
[8] 中国社会科学院近代史研究所 . 中华民国史料丛稿 [G]. 北京：中华书局，1982.
[9] 荣孟源 . 中国国民党历次代表大会及中央全会资料 [G]. 北京：光明日报出版社，1985.
[10] 中国第二历史档案馆 . 中华民国史档案资料汇编 [G]. 南京：江苏人民出版社，1986.
[11] 中国第二历史档案馆 . 中国国民党第一、二次全国代表大会会议史料 [G]. 南京：江苏古籍出版社，1986.
[12] 韦显文等 . 国民革命军发展序列 [M]. 北京：解放军出版社，1987.
[13] 李新，李宗一 . 中华民国史 [M]. 北京：中华书局，1987.
[14] 中共安徽省委党史工作委员会，安徽省档案馆 . 国民革命军北伐进军安徽 [M]. 河南省固始县印刷厂，1988.
[15] 彭明 . 中国现代史资料选辑第二册（1924—1927）[G]. 北京：中国人民大学出版社，1988.
[16] 南京市政协文史资料委员会 . 中山陵园史录 [M]. 南京：南京出版社，1989.
[17] 王仲奋 . 中国名寺志典 [M]. 北京：中国旅游出版社，1991.
[18] 丁雍年，董建中 . 国民革命史 [M]. 北京：中国文史出版社，1991.
[19] 黄修荣 . 国民革命史 [M]. 重庆：重庆出版社，1992.
[20] 中国第二历史档案馆 . 蒋介石年谱初稿 [M]. 北京：档案出版社，1992.
[21] 南京市地方志编纂委员会、南京文物志编纂委员会编 . 南京文物志 [M]. 北京：方志出版社，1997.
[22] 戴逸 . 中国近代史通鉴（1840—1949）8 南京国民政府时期 [M]. 北京：红旗出版社，1997.
[23]《鼓楼区文物志》编纂委员会 . 鼓楼区文物志 [M]. 江苏文史资料编辑部，1999.
[24]《中国旅游百科全书》编委会 . 中国旅游百科全书 [M]. 北京：中国大百科全书出版社，1999.
[25]（美）明妮·魏特琳. 魏特琳日记 [M]. 南京：江苏人民出版社，2000.
[26] 黎世红 . 苏联与中国国民军 [M]. 重庆：重庆出版社，2001.

[27] 张宪文等 . 中华民国史 1~4 卷 [M]. 南京：南京大学出版社，2005.
[28] 金承平，蒋晓星 . 中共南京市委党史工作办公室，南京市地方志编纂委员会办公室 . 南京辞典 [M]. 北京：方志出版社，2005.
[29]《国民革命军第八路军史（图文版）》编辑组 . 国民革命军第八路军史 图文版 上 [M]. 北京：中央文献出版社，2005.
[30]《国民革命军第八路军史（图文版）》编辑组 . 国民革命军第八路军史 图文版 下 [M]. 北京：中央文献出版社，2005.
[31] 李朝润 . 玄武新志 [M]. 南京：南京出版社，2006.
[32] 朱洪 . 重话大革命 [M]. 北京：人民出版社，2006.
[33] 鼓楼区地方志编纂委员会编. 鼓楼区志（下）[M]. 北京：中华书局，2006.
[34] 姜克夫 . 民国军事史 第 1 卷 1911—1928 北洋军阀和国民革命军 [M]. 重庆：重庆出版社，2009.
[35] 赵德兴 . 南京建城小史 [M]. 南京：东南大学出版社，2011.
[36] 赖德霖 . 走进建筑　走进建筑史：赖德霖自选集 [M]. 上海：上海人民出版社，2012.
[37] 束建民主编 . 南京百年城市史 1912—2012　3　市政建设卷 [M]. 南京：南京出版社，2014.
[38] 王鹏善 . 中山陵志 [M]. 南京：南京出版社，2013.
[39]（民国）傅焕光 . 总理陵园小志 [M]. 南京：南京出版社，2014.

2. 著作

[1] 师郑 . 国民革命要览 [M]. 北京：商务印书馆，1927.
[2]（日）田中忠夫，李育文译，蓝梦九校 . 国民革命与农村问题　上 . 北平村治月刊社，1931.
[3] 吴相湘 . 南京 [M]. 台北：正中书局，1957.
[4] 中华民国历史与文化讨论集编辑委员会 . 中华民国历史与文化讨论集　第 1 册　国民革命史 [M]. 中华民国历史与文化讨论集编辑委员会，1984.
[5] 孙中山先生与近代中国学术讨论集编辑委员会 . 孙中山先生与近代中国学术讨论集　第 3 册　国民革命与对外关系史 [M]. 孙中山先生与近代中国学术讨论集编辑委员会，1985.
[6] 杨之水等主编 . 南京 [M]. 北京：中国建筑工业出版社，1989.
[7] 张光宇 . 第一次国共合作时期的国民革命军 [M]. 武汉：武汉大学出版社，1989.
[8] 邓天德 . 龙蟠虎踞帝王都 [M]. 台北：幼狮文化事业股份有限公司，1989.
[9] 罗家伦先生文存编辑委员会编辑 . 罗家伦先生文存 [M]. 中国国民党中央委员会党史委员会，1989.
[10] 李新 . 中国新民主主义革命史长编国民革命的兴起 1923—1926 [M]. 上海：上海人民出版社，1991.
[11] 黄修荣 . 纪念中国共产党成立七十周年学术讨论会论我党早期工作从工人运动向国民革命的转变 [M]. 中共中央党史研究室，1991.

[12] 季士家，韩品峥 . 金陵胜迹大全 [M] . 南京：南京出版社，1993.
[13] 李吉荪 . 国民革命军一级上将唐生智 [M] . 北京：中国旅游出版社，1993.
[14] 全国政协文史资料委员会，广东省政协文史资料委员会 . 国民革命军北伐亲历记 [M] . 北京：中国文史出版社，1994.
[15] 蒋赞初 . 南京史话 [M] . 南京：南京出版社，1995.
[16] 刘曼容 . 孙中山与中国国民革命 [M] . 广州：广东人民出版社，1996.
[17] 曾宪林 . 国民革命事典 [M] . 武汉：湖北辞书出版社，1996.
[18] 刘曼容 . 中国国民革命探微 [M] . 广州：广东人民出版社，1997.
[19] 王逸民，李璞 . 南京 [M] . 北京：中国旅游出版社，1997.
[20] 南京市档案馆 . 南京市档案馆指南 [M] . 北京：中国档案出版社，1998.
[21] 陈桥驿 . 中国都城辞典 [M] . 南昌：江西教育出版社，1999.
[22] 杨永生，顾孟潮 . 20 世纪中国建筑 [M] . 天津：天津科学技术出版社，1999.
[23] 张燕 . 南京民国建筑艺术 [M] . 南京：江苏科学技术出版社，2000.
[24] 马伯伦等 . 南京 [M] . 北京：旅游教育出版社，2001.
[25] 卢海鸣，杨新华 . 南京民国建筑 [M] . 南京：南京大学出版社，2001.
[26] 中国第二历史档案馆 . 中华民国历史图片档案 第二卷（1）[M] . 北京：团结出版社，2002.
[27] 罗哲文，刘文渊，韩桂艳 . 中国名寺 [M] . 天津：百花文艺出版社，2002.
[28] 杨秉德 . 中国近代中西建筑文化交融史 [M] . 武汉：湖北教育出版社，2003.
[29] 邹德慈. 城市设计概论 [M] . 北京：中国建筑工业出版社，2003.
[30] 周兴梁 . 国民革命与统一建设：20 世纪初孙中山及国共人物的奋斗 [M] . 天津：天津古籍出版社，2004.
[31] 孙中山纪念馆 . 民国名人与中山陵 [M] . 南京：凤凰出版社，2004.
[32] 陆素洁 . 民国的踪迹 南京民国建筑精华游 [M] . 北京：中国旅游出版社，2004.
[33] 张庆军，刘冰 . 国共合作之伟业国民革命志北伐壮举 上 [M] . 长春：吉林文史出版社，2006.
[34] 张庆军，刘冰 . 国共合作之伟业国民革命志北伐壮举 中 [M] . 长春：吉林文史出版社，2006.
[35] 张庆军，刘冰 . 国共合作之伟业国民革命志北伐壮举 下 [M] . 长春：吉林文史出版社，2006.
[36] 赖德霖. 中国近代建筑史研究 [M] . 北京：清华大学出版社，2007.
[37] 王鹏善 . 钟山文化之旅 [M] . 南京：东南大学出版社，2007.
[38] 钟启河 . 孙大元帅东征暨国民革命军东征纪事 [M] . 广州：广东人民出版社，2007.
[39] 苏则民. 南京城市规划史稿近代篇 [M] . 北京：中国建筑工业出版社，2008.
[40] 周学鹰，殷力欣，马晓，刘江峰等 . 中山纪念建筑 [M] . 天津：天津大学出版社，2009.
[41] 王鹏善 . 钟山志 [M] . 南京：南京出版社，2009.
[42] 叶皓 . 南京民国建筑的故事 [M] . 南京：南京出版社，2010.
[43] 肖瑶，田静 . 中国古代建筑全集 [M] . 北京：西苑出版社，2010.

［44］吴德广 . 老南京记忆 故都旧影［M］. 南京：东南大学出版社，2011.
［45］马晓 . 城市印迹：地域文化与城市景观［M］. 上海：同济大学出版社，2011.
［46］罗福惠，朱英等 . 辛亥革命的百年记忆与诠释 纪念空间与辛亥革命百年记忆 第四卷［M］. 上海：华中师范大学出版社，2011.
［47］叶兆言 . 老明信片 · 南京旧影［M］. 南京：南京出版社，2012.
［48］苏艳萍 . 生死相随伴中山 廖仲恺与何香凝［M］. 南京：南京出版社，2012.
［49］韩巍 . 中国设计全集 第 2 卷 建筑类编 城垣篇［M］. 北京：商务印书馆，2012.
［50］叶兆言，卢海鸣，韩文宁 . 老照片 · 南京旧影［M］. 南京：南京出版社，2012.
［51］朱同芳 . 江苏名塔［M］. 南京：南京出版社，2013.
［52］国家文物局 . 海峡两岸及港澳地区建筑遗产再利用研讨会论文集及案例汇编（上）［G］. 北京：文物出版社，2013.
［53］黄华 . 共产国际东方战略与中国国民革命［M］. 长春：吉林人民出版社，2013.
［54］康振贤 . 虎贲独立师——国民革命军第 140 师抗战纪实［M］. 北京：团结出版社，2013.
［55］刘永国 . 中国国民革命运动新探 以现代化为研究视角［M］. 成都：西南交通大学出版社，2014.
［56］汪晓茜 . 大匠筑迹 民国时代的南京职业建筑师［M］. 南京：东南大学出版社，2014.
［57］喻学才，贾鸿雁，张维亚，龚伶俐 . 中国历代名建筑志上册［M］. 武汉：湖北教育出版社，2015 年 .
［58］国家文物局 . 全国重点文物保护单位 第Ⅴ卷 第六批［M］. 北京：文物出版社，2016.
［59］徐宁 . 南京历代名著［M］. 南京：南京出版社，2016.
［60］蔡晴 . 基于地域的文化景观保护研究［M］. 南京：东南大学出版社，2016.
［61］张隼 . 第十八军抗战风云 国民革命军五大主力抗战纪实［M］. 重庆：重庆出版社，2018.
［62］Gaines, Thomas A. The Campus as a Work of Art［M］. New York: Praeger, 1991.
［63］凌轸 . 国民革命军北伐 . 大成出版公司，1948.

3. 论文

［1］江世荣，蔡述传，韩益之 . 江苏的三处无梁殿［J］. 文物参考资料，1955（12）.
［2］常青 . 元明中国砖石拱顶建筑的嬗变［J］. 自然科学史研究，1993（7）.
［3］龚良 . 论南京“民国特色旅游”［J］. 南京社会科学，1995（4）.
［4］刘敬忠，王树才 . 试论冯玉祥及国民军在 1925—1927 年的政治态度［J］. 历史研究，2000（10）.
［5］潘泽庆 . 对中国共产党与国民军关系研究的考察［J］. 北京党史，2001（5）.
［6］杨琪 . 试论国民军的形成［J］. 佳木斯大学社会科学学报，2001（7）.
［7］刘敬忠，王树才 . 国民军在南口大战前与苏联的关系［J］. 中国社会科学院研究生院学报，2002（3）.

［8］黎世红．大革命运动北方战场研究［J］．南阳师范学院学报(社会科学版)，2003（8）．
［9］林凤升，吕书额．试析国民军对直奉两系军阀的主和活动（1926年初到南口大战前）［J］．河北大学成人教育学院学报，2003（12）．
［10］刘敬忠，吕书额．试析南口大战前国民军内部矛盾斗争［J］．河北大学学报（哲学社会科学版），2004（1）．
［11］冯文中．冯玉祥与国民军［J］．武汉文史资料，2004（8）．
［12］王文玉．国民军与善后会议［J］．河北大学学报(哲学社会科学版)，2004（11）．
［13］王毅，刘东华．紫金山藏经楼［J］．钟山风雨，2004（12）．
［14］谭文勇，阎波．“图底关系理论”的再认识［J］．重庆建筑大学学报，2006（4）．
［15］马长虹．重读冯玉祥 再看国民军——评人民出版社新书《国民军史纲》［J］．炎黄春秋，2005（8）．
［16］任云仙、王文玉．还历史真实面目——评刘敬忠教授《国民军史纲》［J］．历史教学，2005（5）．
［17］邹德慈．人性化的城市公共空间［J］．城市规划学刊，2006（5）．
［18］孙芙蓉．几座明代砖结构佛寺建筑典范［J］．文物世界，2007（3）．
［19］海澄．灵谷秋塘［J］．佛教文化，2007（12）．
［20］王斌．试论国奉战争中的天津之战［J］．军事历史研究，2008（3）．
［21］冷天．得失之间：从陈明记营造厂看中国近代建筑工业体系之发展［J］．世界建筑，2009（11）．
［22］龚荣华，邱洪兴．优秀民国建筑的抗震加固设计［J］．工程抗震与加固改造，2010（6）．
［23］汪晓茜，俞琳．民国南京钩沉之建筑师篇［J］．新建筑，2011（5）．
［24］张进帅，马晓．人性化视角下的南京近代大学校园规划——以南京三所大学老校区为例［J］．华中建筑，2011（12）．
［25］黄家猛．苏联援助国民军的几个问题［J］．武汉科技大学学报(社会科学版)，2011（10）．
［26］马晓，周学鹰．地域建筑的文化解读——南京“九十九间半”［J］．华中建筑，2012（1）．
［27］周学鹰，马晓．南京江宁府学的古建技艺［J］．古建园林技术，2012（3）．
［28］马晓，周学鹰．南京杨柳村“九十九间半”［J］．古建园林技术，2013（2）．
［29］马晓，周学鹰．南京秦淮河房（厅）的建筑技艺［J］．中国建筑文化遗产，2013（5）．
［30］马晓，周学鹰．渐行渐远的秦淮河房（厅）［J］．建筑与文化，2013（11）．
［31］马晓，周学鹰．过去与现在 出世与入世——传承世界文化遗产的高野山宿坊［J］．建筑与文化，2013（12）．
［32］马晓，周学鹰．兼收并蓄 融贯中西——活化的历史遗产之一・翁丁村大寨与白川村荻町［J］．建筑与文化，2013（12）．
［33］传静．慧灯永照　法乳长流：纪念南京灵谷寺开山一千五百年［J］．中国宗教，2014（6）．
［34］叶雅慧．以南京民国建筑的保护现状为例看文化遗产的价值［J］．赤峰学院学报（哲学社会科学版），2014（1）．
［35］马晓，周学鹰．兼收并蓄 融贯中西——活化的历史文化遗产之二・中国上杭与土耳其番红花城［J］．建筑与文化，2014（3）．
［36］冯琳．南京民国建筑中的中国传统建筑元素应用［J］．大舞台，2015（6）．

［37］赵轩，邱华青．南京佛教文化旅游资源开发策略研究［J］．文化艺术研究，2015（1）．
［38］李海霞，殷力欣．中外二战纪念建筑初探［J］．中国文化遗产，2015（7）．
［39］庞思纯．国民革命军第一〇二师抗战始末［J］．贵州文史丛刊，2015（8）．
［40］丁苏煌，聂璐枫．南京灵谷寺无量殿测绘研究［J］．住宅与房地产，2017（1）．
［41］李吉奎．北伐初期的国民革命军第一军［J］．岭南文史，2017（6）．
［42］李国华，郭华瑜．南京近现代建筑辑录 -2［J］．南京工业大学学报(社会科学版)，2017(6)．
［43］侯培和，翁有为．北伐前夕国民军与西北军政格局的演变［J］．河北学刊，2017（11）．
［44］陆琦．南京灵谷寺景区［J］．广东园林，2018（2）．
［45］侯培和．北洋裂变与政治革新：改革开放以来的国民军研究［J］．周口师范学院学报，2018（7）．
［46］刘旭．昙花一现的国民军空军［J］．书屋，2018（8）．
［47］李建新．开封国民革命军阵亡将士纪念塔建筑形制和价值分析［J］．重庆建筑，2018（9）．
［48］喻子．沧桑灵谷寺［J］．中国地名，2018（9）．
［49］邵亚琳．见证钟山风景区［J］．档案与建设，2019（3）．

4. 学位论文

［1］董黎．中西建筑文化的交汇与建筑形态的构成［D］．南京：东南大学建筑研究所博士学位论文，1995 年
［2］郑红岩．国民革命与中国的政治发展［D］．扬州：扬州大学，2007.
［3］崔海峰．国民党党军体制的建立与变异（1924—1928）［M］．长春：吉林大学，2009.
［4］孙桂珍．国民革命军政工制度研究［D］．天津：南开大学，2010.
［5］张杏春．灵谷寺景区植物景观研究［D］．南京：南京林业大学，2011.
［6］张进帅．基于场所精神的南京近代大学校园规划初探——以原金陵大学为例［D］．南京：南京大学建筑与城市规划学院硕士学位论文，2012.
［7］徐路华．国民革命军阵亡将士纪念塔的形制与技术探析［D］．南京：南京大学，2012.
［8］曾成贵．鲍罗廷与中国国民革命［D］．武汉：华中师范大学，2013
［9］邵奇慧．钟山风景区旅游景点可达性研究［D］．武汉：华中师范大学，2014.
［10］郑植．江苏省抗战阵亡将士纪念设施的调查与研究［D］．沈阳：辽宁大学，2015.
［11］江玲君．中国近代军服研究［D］．上海：上海戏剧学院，2015.

5. 会议报告

［1］刘敦桢．南京灵谷寺无梁殿的建造年代和式样来源——关于中国建筑史问题的一封信［D］．中国建筑学会建筑史学分会专题资料汇编．建筑历史与理论（第一辑），1980.
［2］南炳文．明代寺观经济初探．［R］中国社会科学院历史研究所明史研究室专题资料汇编．明史研究论丛（第四辑），1991.

［3］黄学明. 文脉延续与创新——南京地区近代建筑环境的保护、更新和发展［C］. 张复合主编 . 中国近代建筑研究与保护（二）. 北京：清华大学出版社，2001.
［4］南炳文 . 国内外趣味建筑［R］. 核工业勘察设计，2005（1）.
［5］冯欣 . 明孝陵景区申遗成功后营销手段调查报告［R］. 文化遗产保护与旅游发展国际研讨会，2006.
［6］方法林，魏文静 . 基于 AHP 法的南京重点宗教旅游资源开发现状及开发潜力评价——以栖霞寺、灵谷寺、鸡鸣寺为例［R］. 中国旅游科学年会，2013.

跋

《国民革命军阵亡将士公墓图志》一书，由南京大学历史学院周学鹰教授主持的调研团队编著，经多年的辛勤劳作（实地调研测绘、查阅梳理历史文献、多方学术研讨交流和殚精竭虑的伏案写作等），已于近期完稿。出版在即，谨记零星感言如下。

一

在1911年辛亥革命至抗日战争胜利的这段中国社会大变革时代，我国建筑界曾陆续建造一批重要的纪念先贤烈士的建筑组群，如广州黄花岗七十二烈士墓、十九路军坟场、南京紫金山南麓中段之中山陵、紫金山南麓西段之灵谷寺国民革命军阵亡将士公墓、长沙岳麓山辛亥革命先烈墓群、衡山南岳忠烈祠等。其中，南京紫金山中山陵、灵谷寺国民革命军阵亡将士公墓和南岳忠烈祠，可谓这个时期整体规划最为完整、建筑最为庄重肃穆的三大纪念建筑群。此次《国民革命军阵亡将士公墓图志》专著的出版，加上2015年出版印行的《南岳忠烈祠》，则此三大纪念建筑群中已有两座拥有了体例完备、资料翔实的研究专著。这不仅仅是中国近现代建筑史研究方面的大事，更为研究中国近现代社会发展留下了珍贵的历史建筑坐标，对展望中国未来的文化建设无疑具有多重的借鉴与启示。

尤其令人称道的是，这两部专著都由周学鹰教授主持完成，前后历时达十年之久——2011年至2021年。自2008年起，周学鹰教授与笔者作为建筑文化考察组的成员，合作完成了中国近现代建筑经典丛书之《中山纪念建筑》《抗战纪念建筑》和《辛亥革命纪念建筑》。这三部书算是不同时段建筑专题的概览通论，涉及面虽广，但还有待集中一点作深入研究。

建筑历史学界流传一句概括治学途径的话："有什么？是什么？为什么？" 于是，就在包括笔者在内的其他参与者们转向其他课题——也即转向其他课题的"有什么？是什么？"的时候，周学鹰教授选择了继续集中精力开展原课题由面及点的细化与深化研究，矢志不渝于"为什么？"的探究。于是，就有了2011—2015年的《南岳忠烈祠》、2016—2021年的《国民革命军阵亡将士公墓图志》。

二

有关灵谷寺国民革命军阵亡将士公墓，我在数年前应《民间影像》编者陈立群先生之邀，撰写过一篇《默默无闻的灵谷寺国民革命军阵亡将士公墓》，文中记录了我个人的两个遗憾：灵谷寺中原作为国民革命军阵亡将士纪念馆的松风阁的一楼明间门楣上赫然挂着"金陵小吃鸭血粉丝汤"的招牌；位于祭堂背后的第一公墓，不知具体在什么时候也被铲平墓穴而成草坪，一年四季供游人任意穿行。

关于后一个遗憾，我还记下了一则亲历：“一位素不相识的游客漫步草坪，看见我对着脚下剪裁齐整的草丛中若隐若现的圆弧状砖砌痕迹拍照，便走过来向我打听‘为什么草坪上会有这样的划界’。我告诉他，这是烈士墓穴分区的界限——以如今的这株桂树为圆心，当年环绕圆心向外依次划分出多层次的扇形分区，每个扇形分区内布置若干墓穴……那位游客听到我的这番话后，本悠然自得的神情渐渐变得凝重起来，他顺着我手指的方向，走到纪念碑前鞠躬致敬了。”

今重提这两个遗憾，一方面想再次呼吁：如国民革命军阵亡将士公墓这样的先烈先贤圣地，不仅仅要保护、研究，还应该令游人来此时遵循一个应有的敬仰仪式。或者说，来此地者，不应仅作为游客，更应该是致敬者、拜谒者；另一方面也深知，我的这个呼吁仅仅靠以往停留在“有什么？是什么？”的普查和初步研究是远远不够的，更有赖于周学鹰教授学术团队这般的持续思考“为什么？”

我深信，如果我们的研究工作能够深入下去并及时进入公众视野，“走到纪念碑前鞠躬致敬”者将会越来越多，更无须有人作专项指点。

由此，我个人期待周学鹰教授与他的科研团队能在不久的将来再完成一部《南京中山陵》。

于 2021 年 1 月 8 日

后 记

晚清以降的中国，在迈向现代化的进程中历经坎坷。国门被动开启后，对专制的批判与反思，对新思想、新文化、新秩序的渴望与尝试，屡试屡败、屡败屡试，波澜壮阔、催人泪下。究其根本，缘于认识不到或缺乏坚定勇气正视政治体制的彻底变革，而政治体制的改善才是一切改革成功的先决与基础①。

贯穿中华民国始终，以国共两党为主的中国国民党人、中国共产党人，时而称兄道弟、时而兵戎相见，恩恩怨怨、分分合合。然而，在面对日寇全面侵华、中华民族生死存亡的危急关头，国共两党捐弃前嫌，一致对外，协力御辱，取得了中华民族抗日战争的伟大胜利。这一华夏民族史上的空前壮举，必将永远彪炳史册，激励华夏儿女奋勇向前。

惜乎！紧随其后，兄弟萧墙、兵戎相见、中原逐鹿，国民党败退台湾、共产党一统大陆，海峡两岸分隔至今，令人扼腕。然而，国共两党携手全体中华儿女浴血奋战，取得抵御外辱、驱逐倭寇的伟大胜利，不仅是两岸中国人的共同体认，亦为全世界中华儿女血浓于水的永远纽带。

已有资料表明，国外建筑样式传入我国甚早，东汉时期已见端倪。虽然，与外来建筑文化的交融，总体趋势是类型越来越多、范围越来越普及、规模越来越大。但是，相对而言，晚清之前的中外建筑交流，均属零星活动。其最主要因素是，没有出现外来的建筑师团体，亦未形成系统性输入。

因此，中国建筑真正走向现代化，起先确为由外国建筑师来华、以公共建筑为主、以建筑师事务所为组织，所开展起来的现代化规划设计活动，目前，一般学者们的研究成果，几乎都以鸦片战争为肇始。有学者统计，此时来华建筑师人数已达200—300余人，涉及英国、美国、德国、法国、比利时、俄国、加拿大及日本等国②。

客观而言，外籍建筑师人数不少，且各有所长，为我国带来了此时世界上最先进的设计与技术。他们之中杰出者众，尤以美国建筑师墨菲(Henry K. Murphy)为著。民国政府早期的最重要公共建筑，几乎均与其有关或经其手。南京国民政府聘请他为建筑顾问，以其得力学生吕彦直为助手制定纲领性文献《首都计划》③而誉称中外。其成熟的设计手法及对我国古典宫殿式建筑的独到理解，把我国现代传统复兴式（中国固有式）建筑提高到相当水准，又经此时官方提倡，对我国各地域的现代建筑发展均产生了广泛而深刻的影响。

本书之诞生，更直接有赖于此——1929年9月召开的阵亡将士公墓第五次筹备委员会议，决定以灵谷寺旧址为公墓墓址，聘请墨菲担任公墓建筑师。1930年1月，加聘中山陵监工工程师刘梦锡为公墓监工工程师④。

---

① 周学鹰、马晓：《南大建筑百年》，南京：南京大学出版社，2018年，第429页。

② 张林：《近代外籍建筑师在北京的执业成果研究》，北京：北京建筑大学硕士学位论文，2017年，第12页。

③ 黄慧英、张燕萍：《南京百年城市史 1912—2012 12 国际化进程卷》，南京：南京出版社，2014年，第83页。

④ 王鹏善主编《中山陵志》，南京：南京出版社，2013年，第281页。

本书为集体智慧结晶，得益于众多单位与部门的帮助与支持。感谢南京大学历史学院、南京市中山陵园管理局孙中山纪念馆、南京市档案馆、中国第二历史档案馆、《中国建筑文化遗产》杂志社及田野新考察组等有关单位的通力协作。特别感谢南京大学出版社、社科处、科研处等鼎力支持！

谨表深切谢忱！

周学鹰　马　晓　鄢增华　苏艳萍

2019 年 3 月 18 日于南京大学东方建筑研究所